《永乐大典》研究与整理新论

张升 项旋 葛小寒 主编

国家图书馆出版社

图书在版编目（CIP）数据

《永乐大典》研究与整理新论/ 张升，项旋，葛小寒主编.

北京: 国家图书馆出版社, 2025. 1. -- ISBN 978-7-5013-8372-6

Ⅰ. Z224-53

中国国家版本馆CIP数据核字第20252SB298号

书　　名	《永乐大典》研究与整理新论
著　　者	张　升　项　旋　葛小寒　主编
责任编辑	许海燕
装帧设计	翁　涌

出版发行	国家图书馆出版社（北京市西城区文津街7号　　100034）
	（原书目文献出版社　北京图书馆出版社）
	010 – 66114536　63802249　　nlcpress@ nlc. cn（邮购）
网　　址	http://www.nlcpress.com
印　　装	北京雅图新世纪印刷科技有限公司
版次印次	2025年1月第1版　2025年1月第1次印刷

开　　本	16
印　　张	21.25
字　　数	330千字
书　　号	ISBN 978 – 7 – 5013 – 8372 – 6
定　　价	98.00元

目　录

谈谈《永乐大典》研究与复原（代前言）

张　升

　　《永乐大典》共 22937 卷（其中目录 60 卷），装成 11095 册，是我国古代最大的类书，自明成祖六年（1408）抄成后，没有印行。嘉靖末年又抄一副本，正本于明末流传已不清楚，副本则历尽劫难，至今只有八百余卷存世。《永乐大典》（以下省称《大典》）是具有世界性影响和知名度的古书，其收罗资料丰富，卷帙浩繁，影响深远，无论从内容还是形式上说，都堪称中国古代之经典性巨著，实为书籍史上的长城和丰碑。

　　当前，《永乐大典》系统性保护、整理与出版工程已被列入国家十四五规划，由中宣部古籍办牵头，集中全国多家单位共同参与攻关。本人承担的国家社科基金特别委托项目"《永乐大典》综合研究、复原"是该系统工程的重要组成部分，正在有序推进。为了进一步推动《永乐大典》研究与整理，由北京师范大学历史学院主办、本项目组承办的"《永乐大典》研究与整理新进展"学术研讨会于 2023 年 10 月 14 日成功举办。来自中国国家图书馆、人民文学出版社、北京大学、清华大学、复旦大学、山东大学、兰州大学、郑州航空工业管理学院、长江大学、北京师范大学等单位的三十余位学者参加了此次学术研讨会。本次研讨会共报告论文 18 篇，涉及《永乐大典》与《永乐大典目录》的编撰、《永乐大典》征引文献、《永乐大典》副本流传与署名页、《永乐大典》的物质形态等方面内容，展现了与会学者对《永乐大典》研究的前沿性思考。得益于北京师范大学科研基金的支持，我们将此次会议论文汇编出版，以供学界同仁交流，或可备商量旧学、培养新知之一助。

　　本人借此机会，谨将关于《永乐大典》研究与复原的思考和认识汇报如下，请学界批评指正。

一、《大典》研究

《大典》研究，从缪荃孙《永乐大典考》（1908 年）开始，走过了一百多年的历史，其成就是显著的。例如，对《大典》编纂人员的考证，已可得四百多人；对正本下落的研究，大致可推断正本毁于明亡之际；对副本数量与收藏地的调查也基本清楚；大典本与《四库全书》（以下省称《四库》）关系密切，其相关研究成果更为丰富。此外，对《大典》编纂体例等的研究也取得了不少成绩，尤其对《大典》引书的研究，目前已有多篇论文专门讨论，其基本共识为：《大典》所引有出自原书者（如全书、全文之引录），有出自前代类书或汇编之书的（如节录部分。这部分大多数情况下不是纂修官从原书摘出的）。

本人研究《大典》二十余年，就个人的体会而言，《大典》研究现在进入了一个瓶颈期，主要体现在一方面新的、重要的研究问题难以发现、提出；另一方面对已有研究的推进比较缓慢，而造成这种局面的主要原因是材料有限。《大典》研究的主要材料不外乎三类：其一为现有的《大典》残本。这些残本已有多种数据库、影印本，有的甚至有整理本，最近又有很多高清影像资源，十分方便读者阅读、利用，以从事辑佚、校勘、研究等工作。其二为大典本，尤其是清末《大典》大规模散亡之前所辑出之大典本。学界目前对《四库》大典本的研究比较深入。其三为有关《大典》的相关记载。这方面的材料，从袁同礼集中搜辑开始，经学者不断积累和添加（本人亦曾编有《永乐大典研究资料辑刊》），其基本和主要的材料已为研究者所熟知，且容易获得。

如果要寻求新的突破，我们只有寄希望于：一方面需要发现新的《大典》残本和大典本（事实上，每次有新的《大典》残本的发现都会引起《大典》研究短暂的热潮）；另一方面找到更多有关《大典》的相关记载材料（如有的学者从方志、家谱中找材料，有的学者从外文书档中找材料）。前者偶然性很大，可遇而不可求。后者虽有可能，而且确实能获得一些新材料，如最近刘波利用方志补充考证《大典》参修者，高树伟利用家谱考证参修者和录副者，刘怡飞利用英文材料考证莫理循旧藏《大典》的流传与下落，本人亦曾利用美国国会图书馆的材料考证该馆入藏《大典》之时间与数量。但是，总的来看，这些材料所起的也是小修小补的作用，而重要的材料还是难以觅得。

既然今后发现更多、更重要的《大典》研究相关材料的可能性比较小，那么我们如何寻求突破呢？我认为有两条途径：

其一，就现有材料进行"精耕细作"，仍是今后很长时间内要做的主要工作。本人最近撰写了《〈永乐大典〉录副本的誊录、圈点及总叶数》一文，其基本材料即是《大典》残本的署名页。依据对誊录、圈点者署名方式和人数的统计分析，拙文认为，《大典》录副本誊录由官员与非官员组成，在署名页中分别著录为：写书官＋官名＋姓名，书写＋身份＋姓名；誊录的来源有二：从两房官（包括中书舍人及带衔办事官员）中选派，从在京的举人、监生、生员、儒士内考选。日常在馆的誊录数为110名（每馆各11名），日常在馆圈点者共20名（每馆各2名）。上述研究有助于我们探讨录副之进程、运作，乃至于正本的誊录情况。

其二，创新思路，以大典本为抓手，通过复原《大典》，寻求《大典》研究的新突破。一般来说，大典本的主要内容或部分内容是出自《大典》的，如果能将其复原回《大典》，即可视为《大典》之新发现。然而，目前关于大典本（主要是《四库》大典本）的研究虽然比较多，但很少从这个角度来分析。现存大典本有6000余卷，其中有一些是标明《大典》出处的。如果我们能将这些大典本复原回《大典》，既可以新获得一部分《大典》之内容，亦可以据此更清楚地了解大典本之辑佚过程（主要指四库馆辑佚）及《大典》之编修情况。例如，通过复原，可以考证《大典》录入各书的底本，事目是如何编排的，材料是如何搜集的，参修者是如何分工合作的，等等，从而全面推进《大典》研究。

二、《大典》复原

《大典》一直以来颇受人们重视，尤其是清乾隆年间从中辑得佚书数百种，此后《大典》辑佚之风甚盛，影响至今，仍有人乐此不疲，形成了史上颇负盛名的大典本。可以说，大典本是中国典籍的一道靓丽的风景，很特殊，也很有意义。它是辑佚的范例，也是版本学上独有的一类。但是，我们都想从《大典》中辑佚书，而《大典》本身也是佚书（即残佚，部分佚），是否需要辑呢？这是很有意思的问题。也就是说，《大典》虽已亡佚绝大部分，但是在其亡佚之前，人们已从《大典》辑出很多佚书，因此，我们可以通过这些已辑出之佚书来复原《大典》，也即是通过大典本来复原《大典》。这是一种反哺式的辑佚：大典本辑佚书为《大典》之子，兹又回馈《大典》。事实上，这样一种文献整理方法和思路还可以进一步推广，成为今后辑佚的一个新方向。

需要说明的是，以往谈《大典》辑佚，均指从《大典》中辑佚书，而这里谈《大典》辑佚，是指对《大典》本身的辑佚，因此，为与之前的概念相区别，故称《大典》复原。当然，这种复原并不是文物意义上的复原，不是物质层面的复原，而是文献学意义上的复原，是文本（包括文字内容、体例、形式）复原。因此，《大典》复原只是内容上的"重生"与发现，不是真正意义上的原书重现。

（一）总体思路

如前所述，大典本是《大典》复原的主要材料，我们要充分利用好存世的大典本。此外，清朝有些非大典本书籍也或多或少会引用到《大典》，这些材料虽然比较零散，但也应该注意。尤为重要的是，《大典》所引书仍有很多存世，这些书也可以作为复原《大典》的主要材料。在以上这些思考的基础上，我们制订了如下复原计划。

1. 以大典本复原《大典》

存世的大典本非常多，因此，据大典本复原是复原《大典》的主要途径。首先，将现存的大典本编一个总目录，以反映现存大典本的全貌。当然，我们要仔细区分大典本中哪些全部或主要内容来自《大典》，哪些只是据《大典》作补辑或校补，前者是我们主要利用的对象，后者只能起拾遗补缺的作用；我们还要区分大典本中哪些是据现存的《大典》残本辑出的，哪些是据佚失的《大典》辑出的。比较而言，前者价值不大，我们主要利用的当然是后者。其次，我们利用现存大典本复原《大典》。对大典本的利用，可分两步来实施：第一步，标佚文出处者，据其出处将这些佚文一一复原回《大典》。例如，《宋会要辑稿》、《旧五代史》（熊罗宿影印武英殿抄本）、《春秋会义》、《九国志》、朱申《礼记句解》、《彭氏纂图注义》，以及文廷式、缪荃孙的一些辑佚书等均有《大典》佚文出处。如《宋会要辑稿·帝系一》的"僖祖立道肇基积德起功懿文宪武睿和至孝皇帝……"一条，出自《大典》卷一二三〇〇，即可直接将此条复原回此卷。大典本《旧五代史》卷八、九、十，分别为"梁书·末帝纪"上、中、下，全部出自《永乐大典》卷六六〇五。参考《大典》目录和体例，我们可以将此三卷复原回《永乐大典》卷六六〇五。第二步，没标佚文出处者，我们会一一考证其出处，然后再将其复原回《大典》。我们先做第一步的复原，然后根据积累的经验再做第二步的复原。

2. 以其他书所引《大典》材料复原《大典》

除了大典本之外，还有一些书籍因这样那样的原因而引用过《大典》，而这部分引文又为现存《大典》或大典本阙佚之部分，我们即可据其来复原《大典》。我们在利用这部分材料时要注意以下两点：其一，有些书只是利用《大典》材料作校勘，而不是直接引用《大典》原文。对于这部分内容我们要合理地使用。其二，有些书所引材料并不直言出自《大典》，但我们据相关材料可推知其出自《大典》。对于引用过《大典》之书籍（大典本除外）的搜集，我们主要通过这样的方法进行：其一，依据目前相关的研究中提到的线索，搜集该类书目，并查明其存佚情况。其二，依据古籍数据库进行检索，搜集该类书目及有关材料。其三，近代以前曾经看过《大典》的学者所校勘、辑佚之书籍。上述三种方法可以同时进行。我们把通过上述方法搜得的材料，借鉴上一阶段总结的方法和经验，再参照《大典》目录、体例等，将其复原为《大典》之内容。

3. 利用其他可补《大典》之书籍来复原

据《大典》目录可知，其中有明言采自何书者，可以推断《大典》某卷收录的内容，若其所采之书存世，即可据以复原。我们主要采取以下步骤来复原：第一步，制订"《大典》目录引书存佚表"；第二步，制订"现存《大典》残本引书存佚表"；第三步，制订"《文渊阁书目》所收书存佚表"；最后，我们综合以上三表，再进行校正、去重，就应该可以得出比较完整准确的《大典》引书存佚表。我们据此表统计可知，《大典》引书现存者（包括辑佚本）有多少，亡佚者有多少，即可大致推算出我们复原《大典》所能达到的最大量。我们把通过上述方法搜得的材料，借鉴上两个阶段总结的方法和经验，再参照《大典》目录、体例等，将其复原为《大典》之内容。

最后，我们将上述复原成果汇编起来，再加上现存《大典》残本（包括目录），最终形成《永乐大典（复原本）》（包括全文版和图像版）。

（二）目前的进展

我们在项目开展之初即拟定了复原分工表，由项目成员根据个人的情况提供拟复原的卷次，然后陆续完成复原和不断添加新的拟复原卷次。目前已形成约三千卷的分工表，其中已提交的复原稿件约两千卷。

上述已复原的稿件，均严格按照我们拟定的"复原体例"撰成长编，其中既体现了《大典》的格式规范，又有新加的校勘，以及"前言"（复原依据、材料等相关说明）。例如，"据《九国志》复原《大典》卷一八一三四至一八一三七"的前言如下：

> 《九国志》是关于五代十国时期十国史事的纪传体史书，有着重要的史料价值，流传颇广，影响颇大。原书为宋朝路振所撰，共四十九卷，分世家、列传之目，包括九国，分别为吴、南唐、前蜀、后蜀、东汉（即北汉）、南汉、闽、楚、吴越。后又有张唐英补撰《北楚》二卷，加上原书共为五十一卷，仍用"九国志"之名。据载，原书曾流传至清初，而清代中期以后则不见原书之相关著录，估计已失传。清乾隆年间四库馆开馆，馆臣从《永乐大典》中辑出《九国志》，但并没有将其收进《四库》及《四库总目》。周梦棠将大典本《九国志》整理为十二卷，收列传一百三十六首，且保留了各篇传记在《大典》的出处。目前所见之大典本《九国志》各版本（其中《守山阁丛书》本较为通行），均是由周氏整理本衍生出来的。据各篇传记所标之《大典》出处可知，大典本《九国

志》之全部内容均出自《大典》卷一八一三四至一八一三七。以下即以《守山阁丛书》本为底本（不再一一标明佚文出处），以清抄本等作为参校本，复原《大典》卷一八一三四至一八一三七。其编排依据，可参张升《大典本〈九国志〉之版本、编次与整理》（载《史学史研究》2021年第4期）。

三、复原与研究的相互促进

经过我们初期复原的实践可以发现，复原与研究是相互促进的，研究是复原的基础，而复原又可验证或修正我们的研究。例如，《大典》目录是我们复原的最主要依据，但据我们考察，《大典》目录所载偶有失误之处，我们需要参考《大典》编纂规则，并与正文相参证，对目录中的失误作纠正，然后才能合理地进行复原。

又如，存世的抄本《永乐琴书集成》二十卷在以往多被误认为抄袭《琴书大全》而成的伪书，但据我们考证，《永乐琴书集成》为明永乐初年敕撰之有关琴学的专题类书，随后被整书收入《大典》卷九五一二至九五三四"琴"字"大明永乐琴书集成"。现存《永乐琴书集成》内容和来源均可靠与真实，我们完全可以据其复原《大典》卷九五一二至九五三四，这样又可新得《大典》二十卷之内容。

又如，大典本《九国志》几乎每条佚文都标明其在《大典》的出处，注明出自《大典》何卷、何页，我们可以据此复原《大典》卷一八一三四至一八一三七共四卷。而且，通过复原，我们可以更清晰地看出大典本编排顺序是否合理，内容是否完整，所标示的卷次、页码是否正确，等等。例如，复原后的卷一八一三七应与《大典》原卷内容差不多（共二十余页），但大典本《九国志》中该卷所收北楚将只有一位。从页数来看，该卷不太可能再收他书中的北楚将传，而北楚将传也不太可能收于《大典》其他卷次，且乾隆时《大典》卷一八一三七并无缺佚，但是，《九国志》原书"北楚"部分有两卷之多，不至于只载一位将领的传记，因此，本人怀疑《大典》编纂时原书"北楚"部分可能已有缺佚。总之，参照大典本《九国志》的整理个案，我们可以逐一开展对所有大典本的重新整理：既复原了《大典》的部分内容，又可据复原之《大典》重新检讨和整理这些大典本。

至于《文子缵义》的情况相对更复杂一些，我们需要在复原与研究之间反复比较。《文子》（共十二篇）为道家重要之经典，在唐玄宗时得诏封为《通玄真经》，也常被简称为《通玄经》。元朝杜道坚为《文子》作解说，成《文子缵义》（又可称《通玄真经缵义》）十二卷，后被收入《正统道藏》。清乾隆年间开馆修《四库全书》，从《大典》中辑出《文子缵义》大部分内容，复厘为十二卷，并以活字印行，收入《武英殿聚珍版丛书》中。

《文子缵义》是对《文子》的注释（缵义），因此其缵义部分一般会收载在《文子》相应的各篇原文之下。《文子》各篇在《大典》中的收载卷次曾有明确的记录，据《大典》卷一〇二八六"子·道家子书五"载："《仙传》：……其著曰《文子》，天宝中封为通玄真人，书曰《通玄真经》。其著书一十二篇，一曰道原（详原字），二曰精诚（详诚字），三曰九守（详守字），四曰符言（详言字），五曰道德（详德字），六曰上德（详德字），七曰微明（详明字），八曰自然（详然字），九曰下德（详德字），十曰止（上）仁（详仁字），十一曰上义（详义字），十二曰上礼（详礼字）。"可以看出，《文子》一书在收进《大典》时是完整的，而且各篇分别收载入《大典》相应各字之下。既然如此，《文子缵义》也应该收载在上述各篇之下。

但是，我们检《大典》目录后发现，上述的出处是有一定的问题的。其中符言、上礼、上义、上德、下德、微明六篇的出处与《大典》收载的实际情况是相符的，即《大典》目录相应各字下均明确标明收载此六篇。不过，道原篇此处标为收于原字下，而《大典》目录显示则是收于道字下。可见，前引《大典》卷一〇二八六的记录可能只是《大典》编者原来的设想，但后来又对收载卷次作了个别调整。而且，查《大典》目录，精诚、自然、九守、道德、上仁五篇在上述所标示的各字下并没有收载，而《大典》目录其他字下也没有收载，这是为什么呢？本人推测，这五篇肯定也是收载在《大典》的，而且很可能收在卷一〇二八六所记录的各字之下，但《大典》目录的编者由于疏漏而没有将其在目录中明确标示出来。

虽然《大典》收载了《文子》全书，但四库馆臣只从《大典》中辑出七篇缵义（实则六篇有缵义，一篇只有旧注）："其精诚、符言、上德、微明、自然、下德、上义七篇，首尾完备，惟道原、十守、道德、上仁、上礼五篇，原本失载。或修《永乐大典》之时已散佚不完欤？"（《四库全书总目》"《文子缵义》提要"）这又是为什么呢？是收入《大典》时《文子缵义》已有残缺，还是四库馆臣失检所致？现存《文子缵义》各篇均有缵义，且馆臣认为大典本自然篇是首尾完整的，但为何大典本自然篇只有旧注而没有缵义？此外，目前关于《文子缵义》的研究，都没提到有旧注，《正统道藏》本也没有旧注，而且，大典本只有上德、自然、下德三篇有旧注（另，微明篇只有一条旧注）。如果如提要所云，七篇都是首尾完整的，为何只有三篇有旧注呢？因此，旧注是否为《文子缵义》原书所有，也是一个值得研究的问题。

总之，我们以大典本《文子缵义》来复原《大典》，确实会遇到很多问题需要解决：《文子缵义》在收入《大典》时是全是缺；《大典》正文所标示的出处并不可靠，而《大典》目录所标示的出处又不全，《文子缵义》有些篇目需要考证其在《大典》的卷次；旧注是否为《文子缵义》之一部分。当然，通过对大典本《文子缵义》个案的考察，我们对如何确定佚文在《大典》中的位置会有一些新的认识：其一，《大典》正文中的"详某字"的收载位置标示未必可信，因为《大典》正文中的"详某字"是编者初步的考虑，而《大典》目录是据最后的定稿编写的，其所标示的出处更可信。其二，《大典》目录有时并未能完全反映其下各卷的收书情况。这些认识对于研究《大典》、大典本和《大典》复原均有一定的参考价值。

上述《文子缵义》的例子进一步证明，如果我们不弄清楚《大典》所引原书及大典本，就无法准确地复原《大典》。因此，我们要将研究与复原紧密结合，边研究边复原，以期实现研究与复原的互相促进。

关于《永乐大典》易学典籍整理研究的思考 *

张　涛

一、引言

《周易》作为"群经之首"，是我国现存最古老的文化经典，是中华文化重要的源头活水。唯其如此，历代学者对于《周易》和易学典籍的研究层出不穷，形成了极为丰厚的学术积淀。然而在历史传承中，不少典籍由于各种原因出现散佚，其中不乏具有重要学术价值者，如两汉之际的《易纬》，北宋胡瑗《周易口义》、司马光《温公易说》，南宋李光《读易详说》、冯椅《厚斋易学》等。这些重要典籍的亡佚，造成了易学、经学研究的巨大损失，更有碍于人们认识和重构易学史乃至整个经学史。

幸运的是，明代永乐年间编纂的《永乐大典》（以下省称《大典》）收录了上自先秦、下迄明初的大量典籍，包括许多明初尚未亡佚的易学著作，其中一些被整部、整篇、整段地保存，为我们整理、恢复这些著作的原貌提供了极其珍贵的文本依据。然而，作为类书《大典》"用韵以统字，用字以系事"①的编纂形式，容易使易学典籍的内容分散各处，甚至原貌不存，给检索、阅读造成诸多不便。因此，清代开馆编纂《四库全书》时，就曾对《大典》

＊本文系国家社科基金冷门绝学研究专项学术团队项目"《永乐大典》易学典籍辑校与研究"（项目号：21VJXT010）阶段性成果。

① （明）解缙：《永乐大典》卷首《明成祖文皇帝御制〈永乐大典〉序》，中华书局 1986 年影印本，第 10 册，第 1 页。

中部分已亡佚的易学典籍进行过恢复性整理，为此后研究典籍原貌提供了基本依据和重要参考。但其中也不无问题，例如不少辑本存在漏辑、脱文和臆改的情况。虽然已有学者措意于此，但全面、系统的研究尚未见开展。因此，从学术繁荣发展的角度来看，对《永乐大典》易学典籍进行系统整理和深入研究显得尤为重要。

二、学术界相关成果述略

《永乐大典》作为一部集中国历代典籍之大成的类书，共收录宋元以前的重要古籍 7000 余种，其内容包罗万象，所谓"凡书契以来，经、史、子、集、百家之书，至于天文、地志、阴阳、医卜、僧道、技艺之言，备辑为一书，毋厌浩繁"①，被誉为世界有史以来最大的百科全书。但自成书以后，《大典》命运多舛，历经战火和盗毁，屡遭劫难，全书传续至今的卷数几乎十不存一。迄今为止，关于海内外所存《大典》零册、残本的调查和搜集一直在持续进行，与此有关的研究也成为学术界关注的焦点。

明清以来，与《大典》相关的研究主要集中在《大典》的流传与辑佚，其中都不同程度地涉及《大典》易学典籍的整理研究。如顾力仁《永乐大典及其辑佚书研究》即以《周易口义》《厚斋易学》等典籍为例，论述了《大典》辑本的学术贡献②。也有学者对《大典》在世界各地的流传和收藏情况进行细致梳理，并将所知已辑佚典籍包括易学典籍书目制表③。这些都为我们的相关研究提供了便利。

对《永乐大典》易学典籍的专门研究，近年来也不断取得新进展。罗琳、杨华的《〈四库全书总目〉"永乐大典本"与〈文渊阁四库全书〉考》述及《大典》中辑出的《易学辨惑》《易纂言》等易学典籍，并对四库馆臣的辑

① （明）杨士奇等：《明太宗实录》卷二一，"永乐元年七月丙子"条，台湾"中央研究院"历史语言研究所 1962 年校印本，第 393 页。
② 顾力仁：《永乐大典及其辑佚书研究》，台湾文史哲出版社 1985 年版，第 377—379 页。
③ 张忱石：《永乐大典史话》，国家图书馆出版社 2014 年版，第 45—46 页。

佚之功给予了高度评价①。张雪丹《南图所藏〈永乐大典〉残页文献考——兼述现存〈永乐大典〉所载已佚金元〈易〉学著作四种》认为南京图书馆所藏《大典》残页属于古代易学类文献，并结合金元时期的四种易学著作对《大典》所见易学著作进行了评述②。李振聚《〈易传灯〉撰者考》经过翔实考证指出，辑自《大典》的易学典籍《易传灯》的撰者应为徐菱③。杜以恒《〈永乐大典〉引〈周易〉经注疏释文底本初探》通过全面辑校《大典》残卷所引《周易》经、注、疏、释文，推断《大典》所引《周易注疏》的底本存在两种可能，或是业已失传的宋十行本，或是与日本关西大学所藏《尚书注疏》相似的宋本《周易注疏》④。高树伟和张鸿鸣《罗振玉藏〈永乐大典〉残帙辨伪》⑤、张学谦《今传〈易纬稽览图〉的文本构成——兼论两种易占、易图类著作的时代》⑥及张玲莉《〈四库全书总目·易类〉研究》⑦等亦对辑自《大典》的易学典籍多有梳理研究，为《大典》易学典籍的整理和研究奠定了必要的学术基础。

应该看到，现有成果大都集中在对某一种或几种具体典籍上面，聚焦在《永乐大典》新见残页的具体考订上，尚未见将《大典》所引易学典籍尤其是七十余种已佚《易》学著作视作一个整体开展系统整理和综合研究，至于从易学发展史角度对这些典籍进行学术研究的成果更为鲜见。由此可知，《大典》易学典籍的整理研究存在明显的薄弱环节，同时也存在相当大的可以拓

---

① 罗琳、杨华：《〈四库全书总目〉"永乐大典本"与〈文渊阁四库全书〉考》，《中国典籍与文化》2012 年第 3 期。

② 张雪丹：《南图所藏〈永乐大典〉残页文献考——兼述现存〈永乐大典〉所载已佚金元〈易〉学著作四种》，《古籍整理研究学刊》2016 年第 4 期。

③ 李振聚：《〈易传灯〉撰者考》，《周易研究》2019 年第 5 期。

④ 杜以恒：《〈永乐大典〉引〈周易〉经注疏释文底本初探》，《周易研究》2021 年第 1 期。

⑤ 高树伟、张鸿鸣：《罗振玉藏〈永乐大典〉残帙辨伪》，载《历史文献研究》第 45 辑，广陵书社 2020 年版。

⑥ 张学谦：《今传〈易纬稽览图〉的文本构成——兼论两种易占、易图类著作的时代》，载《国学研究》第 44 卷，中华书局 2020 年版。

⑦ 张玲莉：《〈四库全书总目·易类〉研究》，博士学位论文，北京师范大学，2021 年。

展的空间，存在尤为突出的学术价值和研究意义，相关工作也亟待开展。

三、《永乐大典》易学典籍的基本情况

自《永乐大典》辑录易学典籍始于清代全祖望，全氏有《读易序录》一文，记录了辑自《大典》的诸多易学典籍：

> 若河南史文徽徵《易口诀义》六卷，司马温文正公《易传》三卷，陈中肃《了斋易说》一卷，李庄简公光《读易老人解说》十卷，丹阳都圣与絜《易变体义》十六卷，长阳先生郭雍《传家易》十一卷、《卦辞旨要》六卷，华亭田兴斋畴《学易蹊径》二十卷，山斋先生易祓《周易总义》二十卷，金华郑亨仲刚中《读易窥余》十五卷，都昌冯厚斋椅《易辑注》《辑传》《外传》共五十卷，节斋先生蔡渊《周易经传训解》三卷、《卦爻辞旨》□卷，吴陈宁极深清《全斋读易编》三卷，长乐赵虚舟以夫《易通》十卷，建安张中溪清子《大易附录集注》十一卷，眉山李谦斋杞《易详解》二十卷，大名齐伯恒履谦《易本说》六卷，宁德陈石堂普《易解》两卷，莆田陈宏《易童子问》一卷，天水赵静之善誉《易说》二卷，郭东山昺《易解》一卷，朱祖义《易句解》十卷，黄岩陈泽云应润《爻变易蕴》四卷，及兰溪徐子才《周易直说》，泰和鲁传道贯《易学变通》，吉水解求我蒙《易经精蕴大义》，陈讷《河图易象本义》，胡震《易衍义》，则虽见于史志、书录，而绝不可得矣。至杨瀛《易尚四通》，赵与迥《易遗说》，张应珍、赵珪《易解》，苏起翁《读易记》，姑汾遁叟《□□指龟》，贡清之《易摄要》，吴说之《易疑问》，陈至《易辨疑》，无名氏《易象龟鉴》《易纂》，则并其名亦为史志、书录之所希见。（杨瀛以下，朱竹垞《经义考》皆无之）因亟钞一编，而别识其目于此，使予得以数年无事，遍钞诸经，遗棙滞穗，莫非经苑之腴，昔儒有知，其尚克相予也。[1]

---

[1]（清）全祖望撰，朱铸禹汇校集注：《全祖望集汇校集注》附录《读易序录》，上海古籍出版社 2018 年版，第 2688 页。

以上易学典籍共计41种，可惜这些辑本今皆佚失，诚为缺憾。

此后四库馆臣利用《大典》编纂《四库全书》时，自《大典》辑出多种易学典籍，其中《四库全书·经部·易类》题"永乐大典本"书目有：唐史徵《周易口诀义》六卷，宋司马光《温公易说》六卷，宋邵伯温《易学辨惑》一卷，宋李光《读易详说》十卷，宋郑刚中《周易窥余》十五卷，宋都絜《易变体义》十二卷，宋程大昌《易原》八卷，宋赵善誉《易说》四卷，宋徐总幹《易传灯》四卷，宋冯椅《厚斋易学》五十二卷，宋蔡渊《易象意言》一卷，宋李杞《用易详解》十六卷，宋丁易东《周易象义》十六卷，元俞琰《读易举要》四卷，元吴澄《易纂言外翼》八卷，元解蒙《易精蕴大义》十二卷，元曾贯《易学变通》六卷，郑玄注《乾坤凿度》二卷、《周易乾凿度》二卷、《易纬稽览图》二卷、《易纬辨终备》一卷、《易纬通卦验》二卷、《易纬乾元序制记》一卷、《易纬是类谋》一卷、《易纬坤灵图》一卷，共计25种①。另有宋郭雍《郭氏传家易说》十一卷亦由四库馆臣从《永乐大典》中辑出，并付聚珍版排印，但后来得见浙江郑大节家藏旧钞本，遂以此本代辑本，收入《四库全书》②。还需要补充的是，也有部分易学典籍散见于古人的文集，经四库馆臣辑出后收录于《四库全书·集部》，如陆佃《陶山集》中的《易解》《八卦解》等，这不仅是四库馆臣辑录易学典籍的重要成果，也为我们从《永乐大典》中辑录易学典籍提供了重要启发和宝贵借鉴。

事实上，依然有多种易学典籍并未辑出。经统计，除了上述典籍外，现存《永乐大典》中目前仍有亡佚易学著作79种，这些典籍因具继绝存亡之功，尤为珍贵，更值得我们开展整理研究。从著述时代来看，亡佚的易学著作主要集中在宋元时期，还有个别著作属于明初，如陈讷《易象本义》。其中：

宋代26种，包括徐复《周易经义》、王楚《周易六十四卦》、张浚《读易

---

① 曹书杰：《〈四库全书〉中"大典"本辑目》，《古籍整理研究学刊》1986年第3期。
② 史广超：《〈四库全书总目〉未载四库馆〈永乐大典〉本辑佚书考》，《文艺评论》2011年第2期；吴婷：《〈四库全书荟要〉与〈四库全书〉所采〈永乐大典〉本书目比较分析》，《文教资料》2012年第26期。

杂记》、何基《周易发挥》、何万选《周易经义》、沈应丑《周易经义》、李杞《周易详解》、袁说友《周易讲义》、董楷《周易集说》、黄必大《周易经义》、蔡渊《卦爻辞指》《周易训解》、杨时《周易经说》、柳正孙《周易经义》、陈觊《周易经义》、陈宏《童子问》、陈次公《周易经义》、陈松龙《周易经义》、陈普《周易解》、田畴《学易蹊径》、冯勉《周易经义》、冯去疾《周易经义》、左梦高《周易经义》、姚镛《周易经义》、黄友龙《周易经义》、麻衣道者《火珠林》。

金元 13 种，其中金代 2 种，为杨瀛《四尚易通》、曹珏《周易经义》；元代 11 种，包括齐履谦《易本说》、邓锜《大易图》《周易图说》、张清子《周易总论》、傅贵全《周易经义》、解观《周易经义》、鲍恂《周易会要》、苏起翁《读易记》、赵珏《周易解》、陈深《读易编》、舒岳祥《周易兑》。

年代不确定者 39 种，包括龚琦《周易经义》、无名氏《诸家断易奇书》、李恕《易训》、郭昺《易解》《易本义》、王元《周易经义》、贡清之《周易撮要》、张应珍《周易解》、张有成《周易经义》、无名氏《双林影》、何庆璋《周易经义》、程缤《周易经义》、徐友龙《周易经义》、徐相直《周易说》、汤望之《周易经义》、祝毅《周易经义》、袁庄臣《周易经义》、董文虎《周易经义》、莫梓《周易经义》、姑汾遁叟《证类指龟》、叶应午《周易经义》、叶有庆《周易经义》、叶开先《周易经义》、赵与演《周易经义》、赵与洵《易遗说》、赵与瀓《周易经义》、无名氏《易象龟鉴》、吴说之《易疑问》、吴适《周易经义》、吕好义《周易经义》、陈至复《周易辨疑》、周应虎《周易经义》、周元《周易经义》、周震龙《周易经义》、周源《周易经义》、金璋《周易经义》、钟大得《周易经义》、郑元序《周易经义》、郑天岩《周易经义》。

由于《永乐大典》的散佚，这些典籍成为残帙，有的甚至仅存一二散片。但是《大典》作为官修类书，在永乐初年进行编撰时，所选录古籍肯定大多是各个研究领域的代表性著作。这就意味着，尽管这些易学典籍如今只能见于《大典》残卷，但它们在明初应当都具有一定的影响力和知名度。因此，这些典籍包含了哪些内容和特点？具有怎样的价值和影响？当时何以能够被选录入《大典》？后来又如何在社会发展中淹没未彰，端赖《大典》而幸存？诸如此类的问题不仅有利于考察、把握更为丰富完整的易学思想文化史，也有助于彰显《大典》在文献学、思想史等方面的重要价值，值得我们认真思考和关注。

四、关于《永乐大典》易学典籍整理研究的思路

《永乐大典》所保存的中国古代易学典籍种类众多、内容丰富，且所据底本价值极高，尤其今已亡佚的诸多易学著作，更是弥足珍贵。但由于类书体例的限制，同一部典籍不同部分的内容往往被分割于各字韵之下，加之《大典》散佚严重，在缺乏系统整理的情况下，后人很难对《大典》所引易学典籍的全貌产生完整的认识。同时，目前的《大典》标点整理本也存在失于校对的问题，不少错讹较为明显。例如，"穷神知化"条，影印本作"《易·系辞》：'穷神知化，德之盛也'"，内蒙古大学出版社整理本"神"讹为"伸"；同条，影印本为"注曰：乃德盛仁熟而自化耳"，前述整理本"化"讹为"致"，等等 [1]。

在这种情况下，对《永乐大典》所引易学典籍进行全面整理与系统研究，就显得尤为迫切、尤为必要。《永乐大典》易学典籍系统整理，包括辑录、标点和校勘。我们结合《永乐大典》所引易学典籍的实际情况，大体做如下三种分类：

第一，对于仅见于《永乐大典》但前人尚未辑录的易学典籍，需要运用辑佚学的方法，借助相关古籍文献数据的检索手段，辑出现存《永乐大典》及新见残卷中所引全部易学典籍，并按照原书体例重新编排，所有录文注明出处，拟按中华书局影印本标明册数、卷数和页码，新见残卷标明出处，以及《永乐大典》原卷数和韵部。如田畴《学易蹊径》认为《同人》上互卦乾、下互卦巽，进而注解其《大象传》曰：

> 巽为齐类也。乾为父，父者，族之至亲，类族之象。离为明，为言辩也。乾，阳物也，辩物之象。《象》曰："天与火同人，君子以类族辩

---

[1] 郑福田等：《永乐大典精华》，内蒙古大学出版社 1998 年版，第 862 页。

物。"或者解曰："同人之象，不云火在天上，天下有火而言，天与火者，天在上，火性炎上，火与天同，故为同人之义。"如或者之说，固能辨圣人《大象》立言如此，其不苟然，不过解得"天与火同"四字耳，又岂可去一"人"字，而止解"同"字而已乎？愚尝探索，而为之说曰："《洪范·五行》不言用，说者谓五行所以行其气以用乎人，非人可得而用之也。且水之成用，可以灌溉，可以浣濯；木之成用，可为舟车，可为梁栋；火土金之成用，则可陶可冶、可范可合，是岂人不得而用之乎？然而不言用者，以其用之最多而不可定名之，况在九畴之初，则尤贵乎藏用故也，虽金木水火土五者之在天下，无非为人之用，然亦非人力之能成其用，故水则资于雨，泄于泉；金则聚于沙，产于土；木则渐于山，升于地，此皆原于天地之造化者也。唯火则不然，艮石之火，不击则不见；巽木之火，不钻则不然，盖火者得地二之数者也。火之字，左右两点，乃地二之数，而其中以人字间之，意谓非属之人，则不成其火也。天与火同人者，五行之中，天独与火同人，以共成之也。"

即出自《永乐大典》卷之三千九"九真·人部"①。

第二，对于前人已从《永乐大典》中辑出的易学典籍，还有进一步补充完善、考辨论证的空间。比如《四库全书·经部·易类》的邵伯温《易学辨惑》由四库馆臣辑自《永乐大典》，"朱彝尊《经义考》载此书，注曰未见。此本自《永乐大典》录出，盖明初犹存。《宋史·艺文志》但题《辨惑》一卷，无'易学'字，《永乐大典》则有之，与《书录解题》相合，故今仍以《易学辨惑》著录焉"②，可见四库馆臣苦心孤诣，贡献良多。不过核诸史籍，则会发现《易学辨惑》亦见于《邵康节外纪》。《四库全书》所收《邵康节外纪》为"两江总督采进本"，《四库全书总目》云："明陈继儒编……又附载伯温《易学辨惑》。"③显然，《易学辨惑》存有"大典本"和"附载本"两个版本，关于

---

① （明）解缙：《永乐大典》卷三千九，中华书局1986年影印本，第2册，第1777—1778页。

② （清）永瑢等：《四库全书总目》卷二《经部·易类二》，中华书局1965年影印本，第7页。

③ （清）永瑢等：《四库全书总目》卷六〇《史部·传记类存目二》，第544页。

为何出现两种版本、它们之间有何异同等问题，进行探究都颇为必要。又如，《四库全书》所收《周易象义》并非全本，余嘉锡指出：

> 瞿镛藏有宋刻残本，《四库》本所阙豫、随、无妄、大壮、睽、蹇、中孚、既济、未济《象传》注，豫、随、无妄、大壮、睽、蹇、中孚《象传》注及《系辞上》"象也者，言乎其失得"至"各指其所也"之注，宋本皆全。瞿氏录其文入《铁琴铜剑楼藏书目录》卷一。好事者若刻此书，可据以补入。惟《四库》本豫、随、无妄经注之阙也，瞿氏宋本亦阙，则终无可考焉。①

核之《铁琴铜剑楼藏书目录》，诚如余氏所言②，可作为我们整理《周易象义》的重要补充。另外，四库馆臣也不乏漏辑者，如谢辉《曾贯〈易学变通〉易学思想论析》即列举漏辑《易学变通》数条③。张玲莉也对《大典》残本、《四库》底本和文渊阁底本的《易学变通》详加比对，指出《永乐大典》与《四库全书》不一致处数条④。凡此种种，都有待详考，宜选取版本最早、辑录最全的辑本作为底本，与现存《大典》残卷的文字对校，并撰写校勘记。

第三，尚有多种版本传世的易学典籍。该类可以程颐《易传》、朱熹《周易本义》等为代表，对于这类典籍，有必要选取学术界比较公认的善本与现存《永乐大典》残卷（影印本）或前人辑录本对校，并广泛借鉴、吸收学术界现有整理研究成果，注明异文，考订是非，且在校勘记中加以简要说明。

在对以上不同种类易学典籍校勘的过程中，注重综合运用校勘学的基本理论和方法包括对校、本校、他校、理校，或补底本文字之缺漏，或据校本、辑本改正底本文字之舛误，比如脱、衍、误、倒等，并在校勘记中加以记录

---

① 余嘉锡：《四库提要辨证》，中华书局 1980 年版，第 20—21 页。

② （清）瞿镛编纂，（清）瞿果行标点，瞿凤起覆校：《铁琴铜剑楼藏书目录》，上海古籍出版社 2000 年版，第 28—40 页。

③ 谢辉：《曾贯〈易学变通〉易学思想论析》，载张涛主编：《周易文化研究》第 8 辑，社会科学文献出版社 2016 年版，第 110—111 页。

④ 张玲莉：《〈四库全书总目·易类〉研究》，博士学位论文，北京师范大学，2021 年。

和分析。对于异体字，在不需要造字的情况下予以保留，不做校改处理。对于避讳字，在能确定是原书在流传过程中改动的前提下，尽量回改，并在文中出校。同时，博览广采现有研究成果，并在校勘记中予以必要说明。对所辑文本加以标点，则根据我国最新的《标点符号用法》（GB/T15834—2011）进行。

最后，根据易学典籍涉及的书名、人名（作者名）等专门名词制作索引，置于卷末，提高易学典籍的实用性和利用率。《永乐大典》易学典籍综合研究是在对相关典籍系统整理的基础上，突出问题意识，从文献学、思想史和易学史等方面进行的综合研究，具体包括如下内容：

第一，为《永乐大典》所引易学典籍撰写述评。在上述研究基础上，"辨章学术，考镜源流"，为所辑录易学典籍撰写述评，揭示作者生平里籍，考辨典籍成书年代，介绍著作基本内容，指出历代著录情况及篇卷分合，评析典籍的版本价值及学术意义等，力求文约义丰，言简意赅。如《周易解》作者陈普（1244—1315），字尚德，号惧斋，福建宁德人，生于宋理宗淳祐四年，卒于元仁宗延祐二年，享年七十二，居有石堂山，学者称石堂先生，是宋末元初福建著名理学家、教育家。陈普是朱熹在福建地区的三传弟子[①]，明清时期学者对其高度评价，"蕺山诸生曰先生之学，入闽者熊勿轩（熊禾）、陈石堂（陈普）其尤也"[②]。可以说，陈普是当时朱熹学说在闽地的传承者，也是忠实的拥护者与传播者，对程朱理学在福建的历久不衰作出了重要贡献[③]。撰写其人其书的述评，学术价值显而易见。

第二，通过分析、考辨《永乐大典》所引易学典籍，综合考察明初易学思想和治《易》风尚，揭示其在中国易学史上的重要价值。前面说过《永乐大典》编排原则是"用韵以统字，用字以系事"，其中抄录各书总体上以时

① （清）李清馥撰，徐公喜、管正平、周明华点校：《闽中理学渊源考》卷四〇《福宁陈石堂先生普学派》，凤凰出版社 2011 年版，第 517—519 页。

② 沈善洪主编：《黄宗羲全集》第 11 册，浙江古籍出版社 1993 年版，第 33 页。

③ 林颖政：《朱熹闽学三传：南宋福建遗民陈普学术源流初探》，载《中华传统文化研究与评论》第 3 辑，人民教育出版社 2009 年版，第 368—369 页。

代前后为序，但编纂者在涉及易学典籍的字韵之下，往往将程颐《易传》和朱熹《周易本义》置于首位，次以孔颖达《周易正义》等官方学术著作，最后才按照时代顺序编排其他易学著作，这在一定程度上反映出当时以程朱理学为尊，重义理、轻象数等学术风尚。众所周知，理学是明代学术的重要组成部分，"理学以前所未有的深度和广度影响着社会生活的各个方面"①，《明史·儒林传》即指出"明初诸儒，皆朱子门人之支流余裔，师承有自，矩矱秩然"②，朱伯崑《易学哲学史》阐述道："朱棣还命胡广等人编《性理大全》，将周、程、张、朱诸家言性理之书类聚成编，成祖为之作序，宣布程朱理学为官方认可的正统哲学"，"标志着宋代的经学即宋学终于代替了汉唐经学《五经正义》，成为占统治地位的学术形态，对明代思想文化的发展起了深刻的影响"③，而《永乐大典》征引易学典籍的编排顺序，可以说是明初易学界受到这种思想深刻影响的真实写照。

第三，上述研究的基础上，从宏观层面对《永乐大典》所引易学典籍的学术价值进行全面考察。如目录学方面，《永乐大典》通过"随字收载"的分类方式对易学典籍进行分类编排，尽管一定程度上割裂了原书的完整性，但它将不同典籍汇聚于同一主题之下的方法，则具有一定的借鉴意义和示范作用。辑佚学方面，《永乐大典》中所引易学典籍种类繁多，版本价值较高，许多在编纂《永乐大典》时尚存的典籍随着时间的流逝逐渐散佚，后人只能依靠《永乐大典》中保存的文献资料力求恢复其原貌，使诸多亡佚已久的古籍珍本重见天日。版本学、校勘学方面，《大典》编纂于明初，其中所引易学典籍的底本多为宋元善本，版本学价值极高，能够为易学典籍的校勘工作提供较大便利。尤其是对于有多种版本传世的典籍来说，《大典》本在订正讹误、校补脱漏等方面发挥了极为重要的作用，校勘学方面价值较为突出。

对《永乐大典》易学典籍的整理研究，需要严格遵守古籍整理的学术规范和研究方法，力求全面、精确地查找、抄录、编纂《大典》易学典籍，网

---

① 张学智：《明代哲学史》，中国人民大学出版社 2012 年版，《导言》第 1 页。
② （清）张廷玉等：《明史》卷二八二《儒林传一》，中华书局 1974 年版，第 7222 页。
③ 朱伯崑：《易学哲学史》第 3 卷，昆仑出版社 2005 年版，第 4—5 页。

罗广泛，无所遗漏。同时，密切关注《大典》残卷的最新发现，及时将其纳入研究工作之中。以规范的体例、合理的编排和统一的格式，进行点校整理，为读者研读提供便利。此外，充分运用现代数字文献学的成果，及时提高典籍文献的利用率。

另一方面，有必要积极探究易学典籍在文献学、思想史和易学史等方面的价值，尤其以《大典》所引易学典籍作为明代易学的一个重要环节加以考察。以往关于明代易学的研究一般以某一学者或著作作为研究对象，如蔡清、罗钦顺、来知德等，但是关于明代及某一历史时期整体的易学思想、易学风尚的研究则较为少见，尚属薄弱环节。《大典》所引易学典籍的种类、数量、性质、编纂方式等能够在一定程度上反映当时易学文化的风尚和趋势，通过对其进行综合研究，不仅能够深化认识明代易学发展的思想文化背景，而且还能有助于我们进一步考察和研究明代易学在整个中国易学发展史上的地位和作用。

简言之，《永乐大典》易学典籍的整理研究应当既注重在对《大典》所引易学典籍全面辑录、精审校勘基础上进行系统性研究，又强调从综合研究的角度反过来指导文献整理工作，以期促使整理研究密切结合、相互呼应、相辅相成、相得益彰。

五、结语

作为明代永乐年间举全国之力编纂的一部集历代典籍之大成的类书，《永乐大典》在我国历史上占有重要地位，影响深远。《大典》易学典籍的全面整理和综合研究，具有显著的学术价值和现实意义。在易学研究方面，对《大典》所引易学典籍的系统搜集、全面整理，不仅可以为学术界提供一个相对完整、可靠的文本，也可从历史学、文献学特别是校勘学等维度为今后易学文献的整理研究提供有益的借鉴和启示。对其中珍稀文献的辑佚和复原，更能为中国易学史、经学史、学术思想史等注入新的活力。在《大典》研究方面，广泛搜罗和系统整理其中所引易学典籍，是《大典》整理研究不可或缺的重要部分，对于深入挖掘《大典》的文化传承和学术价值具有独特意义，对开展类书的专题研究也具有一定的示范和借鉴作用。

就现实意义而言，《永乐大典》易学典籍的整理研究能够通过历史经验的必要总结和概括，理论联系实际，推动中华优秀传统文化的创造性转化和创新性发展。古籍是传承中华文明的重要载体，古籍的保护、整理和利用是实现中华优秀传统文化创造性转化和创新性发展的基础性工作。做好《永乐大典》易学典籍的整理研究，能够有助于实现让书写在古籍里的文字都活起来，让博大丰富的古老智慧重新焕发生机，为相关理论研究和相关部门的科学决策、精准施策提供历史经验、学术依据和智力支持，借鉴历史，赋能未来，为中华民族现代文明建设多做贡献。

《四库全书》本《考古图》底本考

——兼论《永乐大典》中所录《考古图》的文本来源

李振聚

《考古图》《续考古图》《考古图释文》三种书，世间所传以《考古图》十卷这一种较为常见。钱曾藏有这三种书的宋刻本，得于无锡顾宸，后归泰兴季振宜，又归昆山徐乾学。钱曾又从徐乾学处借钞，书中的图像也请良工描绘，不失毫发，纸墨更精于椠本①。钱曾的这个影钞本，后来贡入清内府，为乾隆皇帝天禄琳琅的藏品，《天禄琳琅书目》著录②。《文渊阁四库全书》本《考古图》十卷《续考古图》五卷《释文》一卷即据清宫天禄琳琅所藏钱曾影宋钞本钞录。而钱曾、季振宜、徐乾学递藏的宋本后来不见著录，或已亡佚③，钱曾的影宋钞本也毁于嘉庆二年（1797）的乾清宫大火，所以《文渊阁四库全书》中保存的这个钞本就弥足珍贵。

《续考古图》及《考古图释文》二书，自宋以后再无刻本，清光绪十三年（1887）归安陆心源据传钞翁方纲钞本刊刻，始为人所习知。清乾隆间纂修

---

① （清）钱曾：《读书敏求记》卷二，书目文献出版社1984年版，第41页。钱曾云："（《考古图》）十卷之外尚有《续考》五卷，《释文》一卷，乃北宋镂版，得于无锡顾宸家，后归泰兴季振宜，又归昆山徐乾学。曾复从乾学借钞，其图亦令良工绘画，不失毫发，纸墨更精于椠本。"

② （清）于敏中等：《天禄琳琅书目》，上海古籍出版社2007年版，第112页。

③ 陆心源《续考古图叙》云："相传徐氏传是楼之书，雍正中全归怡贤亲王之安乐堂。安乐堂之书，同治初亦不能守，潘伯寅、翁叔平两尚书各有所得，朱修伯宗丞、杨协卿太史得之为多。是书宋本不知所归，夫物之显晦有时，时之先后有数。安得一旦宋本复出，以慰嗜古者之望，而快余之夙愿乎。"

《四库全书》，四库全书馆汇集各地进呈之本乃至武英殿库贮之本甚多，皆仅有《考古图》十卷而已，并无《续考古图》五卷及《考古图释文》一卷。《浙江采集遗书总录》亦云："按大临又有《续考古图》五卷《释文》一卷，世所罕传，惟见钱曾《敏求记》。"① 学术界对《四库全书》本《考古图》底本来源进行讨论，李玉奇《〈考古图〉钱曾藏本非影宋本考》认为钱曾影宋之本非源出宋本，而是元大德本②。范桢《北宋吕大临考古图的版本考察》则认为《四库全书》本《考古图》出于钱曾影钞明宝古堂本③。无论是元大德本，还是明代宝古堂刻本，皆无《续考古图》五卷《释文》一卷，不可能是《四库全书》所据之本。那么《四库全书》中所收的附带有《续考古图》五卷《释文》一卷的《考古图》的底本来源尚值得进一步考索。

一、《文渊阁四库全书》本《考古图》所据底本考

（一）纂修《四库全书》时，各省采进诸书及武英殿库房所贮藏之本，皆无《续考古图》及《考古图释文》，非文渊阁《四库全书》承用之本。

各省采进之书。如，《江苏省第一次书目》："《考古图》（十卷，吕大临著），四本。"④《江苏采辑遗书目录简目》："《考古图》十卷，宋汲郡吕大临

---

① （清）沈初等辑：《浙江采集遗书总录》，载《四库全书提要稿辑存》，北京图书馆出版社 2006 年影印本，第 376 页。按，《续》及《释文》皆宋赵九成所撰。

② 李玉奇：《〈考古图〉钱曾藏本非影宋本考》，《古籍整理研究学刊》2001 年第 5 期。钱曾曾以元刻本校此书，《读书敏求记》记述云："间以元刻仇校，牴牾脱落，几不成书。"按，钱曾影钞宋本《考古图》，号称北宋刊板，今观文渊阁四库全书所录，当为南宋刻本。陆心源《续考古图序》亦云《续考古图》为南宋刻本："（《续考古图》）遵王所藏南宋刊本，与《考古图》并行，得之无锡顾询远，后归季沧苇。"似钱曾所藏北宋刊本《考古图》亦非真北宋刊本，当与《续考古图》合刊于南宋。李文疑钱曾所藏北宋本有问题，但据文津阁本立论，实未见文渊阁四库全书本。

③ 范桢：《北宋吕大临考古图的版本考察》，《艺术生活》2014 年第 2 期。

④ 吴慰祖：《四库采进书目》，商务印书馆 1960 年排印本，第 5 页。

著。"①《江苏采辑遗书目录》:"《考古图》共十卷。"②

《浙江第四次汪启淑家呈送书目》:"《考古图》十卷,吕大临著,五本。"③《浙江采集遗书总录简目》:"《考古图》十卷,(刊本)宋汲郡吕大临撰。"④《浙江采集遗书总录》:"《考古图》十卷,刊本。今本为元大德间陈翼子重所修定。按大临又有《续考古图》五卷《释文》一卷,世所罕传,惟见钱曾《敏求记》。"⑤

《六次续采》:"《考古图》(十卷,宋吕大临著),五本。"⑥

武英殿库房中检出之书。如,《武英殿第一次书目》:"《考古图》(十卷宋吕大临著。《续考古图》五卷《释文》一卷)四本。"⑦按翁方纲《纂校四库全书事略》一书记载办理内府武英殿有罗更翁考订本《考古图》。《四库全书总目》存目著录《别本考古图》十卷,题曰内府藏本,当即此本⑧。此内府藏本并无《续考古图》五卷《释文》一卷,为吴慰祖妄增⑨。

---

① 吴慰祖:《四库采进书目》,第 211 页。

② (清)黄烈:《江苏采辑遗书目录》,载《四库全书提要稿辑存》,北京图书馆出版社 2006 年影印本,第 200 页。

③ 吴慰祖:《四库采进书目》,第 101 页。

④ 吴慰祖:《四库采进书目》,第 267 页。

⑤ (清)沈初等:《浙江采集遗书总录》,第 376 页。

⑥ 吴慰祖:《四库采进书目》,第 165 页。

⑦ 吴慰祖:《四库采进书目》,第 194 页。杜泽逊师有按语云:"存目十卷,亦云内府藏本,即此本也,无《续》及《释文》,吴慰祖妄增。"

⑧ (清)莫友芝撰,傅增湘订补:《藏园订补邵亭知见传本书目》,中华书局 2009 年排印本,第 643 页。

⑨ 吴慰祖校订本《武英殿第一次书目》这样著录:"《考古图》(十卷宋吕大临著。《续考古图》五卷《释文》一卷)四本。"括号中的部分(十卷宋吕大临著。《续考古图》五卷《释文》一卷)是吴慰祖增补的内容。吴慰祖以《四库全书总目》逆推进呈诸目,以为进呈诸目皆应有"(十卷宋吕大临著。《续考古图》五卷《释文》一卷)"这部分内容,实际不然,以上所举各家进呈之本以及武英殿旧藏之本皆无"(《续考古图》五卷《释文》一卷)"这部分内容。因《续考古图》五卷《释文》一卷这部分内容,宋以后并未刊行,世所流行之本,只有《考古图》十卷而已。惟天禄琳琅藏本三部分内(转下页)

（二）翁方纲分纂稿①、《四库全书总目》皆题曰"内府藏本"，且云"此本勘验印记，即曾所手录"，并胪举与传世诸本异同，"字句行款之异同不可缕举，而参验文义，皆以此本为长"。翁氏所撰《考古图》分纂稿，刊载清光绪间归安陆心源所刊《续考古图》《考古图释文》之后。潘祖荫藏传录翁方纲所钞录《续考古图》五卷《考古图释文》一卷，后有二跋，其第一跋，即四库全书馆提要之底稿。陆心源又从潘祖荫处转录，为陆氏刊刻《续考古图》之底稿。陆心源序云："《考古图》，宋时甚行，至元而陈仁子刊于茶陵，至明而有泊如斋、宝古堂两刊，故流传甚广。《续图》《释文》，宋以后无刊本，著录家亦复罕见，余求之数十年而未得。同治己卯汉阳叶氏京邸藏书散入厂肆，邮来目录，列有此书，亟托陈小舫阁学购之，而已不可物色矣。甲申之夏，晤潘伯寅尚书于吴门，见插架有之，从翁覃溪手抄过录者，后有二跋。覃溪所据即遵王影摹之本。其第一跋，即四库全书馆提要之底稿也。爰借录而寿之梓。不见宋本，无从是正，其有断烂，未敢肊更。"②翁氏所撰《考古图》分纂稿及其他二跋即附载清光绪归安陆心源所刻《续考古图》卷末。

又乾隆皇帝于乾隆三十九年（1774）七月二十五日谕旨中明确："内府旧藏"不只包括武英殿库房之书，还包括"其官板刊刻，及各处陈设、库贮者"③。而天禄琳琅藏书就属于内府中"各处陈设、库贮者"。以是《四库全书总目》取天禄琳琅藏书用为底本，当遵乾隆皇帝谕旨题曰"内府藏本"。翁氏分纂稿首云："内府藏本《考古图》十卷《续考古图》五卷《释文》一卷，宋吕大临撰。"后具列异同，其所校者，一一校核，所据当为亦政堂本。分纂稿后，又有翁氏跋数则："此书仅得见馆写副本，或誊录手写多误，抑或钱氏影写原本有误，皆未可知也。其确可定者，方纲校勘之，次亦即改写，而其未

（接上页）容俱全。《文渊阁四库全书》即据天禄琳琅藏本抄录，《四库全书总目》也是据此撰写提要。吴慰祖以为《四库》所收之本即诸家进呈之本，此失考也。

① （清）翁方纲：《考古图分纂稿》，载《续考古图》卷五，浙江美术出版社2017年影印本，第827页。

② （清）陆心源：《续考古图序》，载《续考古图》卷首，浙江美术出版社2017年影印本，第1页。

③ 《高宗纯皇帝实录》卷九六三，乾隆三十九年七月二十五日。

改者尚极多。"而《四库全书总目》提要稿，即据翁氏分纂稿损益而成。

四库馆臣谨遵圣旨，不可不慎，其撰写分纂稿时也应添注版本来源信息。《四库全书初次进呈书目》俱未列藏所信息，其成书时间，夏长朴认为成书于乾隆四十年（1775）五月至四十一年（1776）正月之间，则忽视了乾隆三十九年颁发谕旨这则重要史料。刘浦江认为这是截至乾隆三十九年七月已进呈提要的汇编本，主要证据就是乾隆三十九年乾隆皇帝的谕旨。刘氏之说，较可信从。

由此可见，翁氏所见四库馆誊录副本是源出天禄琳琅所藏的钱曾影宋钞本。《文渊阁四库全书》中所录的《考古图》十卷《续考古图》五卷《释文》一卷是否就是翁方纲所见的这个誊录副本呢？需要经过进一步的校勘，才能知道结果。

（三）四库馆臣选择底本时，以内府藏本校当时进呈诸本，皆经审慎校核，《四库全书总目》中多胪列异同。今日复校诸本，文渊阁本与别本皆有不同之处，文渊阁本当别有来源，非通常所谓之"元大德本"或"明宝古堂本"。

如卷一"媸氏鼎"说明"《说文》云籀文作𪔂"。"𪔂"字，文渊阁本有，元大德茶陵陈氏刻本（以下简称"元刻本"）[1]、明万历泊如斋刻本（以下简称"泊如斋本"，明天启郑宏经校刻本翻刻自泊如斋本，无多校正，不复列举）、明万历二十九年（1601）吴万化宝古堂刻本（以下简称"宝古堂本"）、清乾隆十七年（1752）天都黄晟亦政堂校补重印明宝古堂本（以下简称"亦政堂本"）、文津阁本皆无。

卷二"⺁旅鬲"释文，文渊阁本作"释阙"二字。文津阁本有"云商父乙卣有非宀盖析字"。宝古堂本、亦政堂本作"薛尚功云商父乙卣有非字，此乃其半，盖析字也。旁一字奇古，未可考"。泊如斋本无释文。

卷二"仲信父方旅甗"说明，文渊阁本仅有"右得于好時，以黍尺黍"

---

① 按元刻本，中国国家图书馆著录作"元大德刻本"，台北"国家图书馆"著录作"元刻明修补后印本"，美国哈佛燕京图书馆著录作"明初刻本"，日本国立国会图书馆著录作"明刻本"。仔细审视，实皆一版，只是修补刷印先后有别。

九字，下注"缺"字。文津阁本作"右得于好畤，以黍尺黍量校之，缩八寸有半，衡尺有二寸。自唇至隔，口深八寸四分，四足皆中空。甋容六斗四升，足容斗有六升"。泊如斋本、宝古堂本、亦政堂本作"右得于好畤，以黍尺黍量校之，缩八寸有半，衡尺有二寸。自唇至隔底，深八寸四分，四足皆中空。甋容六斗四升，足容斗有六升。按旧图云：咸平三年，好畤令黄郓获是器，诣阙以献。诏句中正杜镐详其文，惟史字扬南仲谓不必读为史，当为中，音仲。《集古》云：中设铜箄，可以开阖，制作神精"。

卷七"走钟"图上，宝古堂本、亦政堂本、文津阁本有文字"五钟声制异铭文同"，文渊阁本无。

卷八"邛州天宁寺僧捧敕佩"图 2，说四十六字。文渊阁本有。元刻本、泊如斋本、宝古堂本、亦政堂本、文津阁本皆无。

卷九多京兆田氏"鹿卢镫"图 1，说四十七字。文渊阁本有，元刻本、泊如斋本、宝古堂本、亦政堂本、文津阁本皆无。

以上所举诸例，可见文渊阁本与诸本不同，与文津阁本也有较大差异。可知文渊阁本与文津阁本所据也非同一个底本。

《四库全书总目》承用翁方纲分纂稿，亦称《四库全书》承用内府所藏钱曾影宋钞本，与《天禄琳琅书目》著录相合。《四库存目标注》亦云："清初钱曾影宋钞本，即从前本出。后归天禄琳琅，《四库全书》据以收录，钱曾影钞本当已毁于嘉庆二年宫火。"[1] 学术界在讨论《四库全书》本《考古图》的底本来源时，如李玉奇《〈考古图〉钱曾藏本非影宋本考》认为《四库全书》本《考古图》源出影钞元大德本非真影宋本，并列举数条证据："卷首'《考古图》所藏姓氏'诸家之后，有'考订默斋罗更翁'七字，可知所据钱曾藏本实系影钞罗更翁考订之元大德本，而非影宋本。"文渊阁本无"《考古图》所藏姓氏"，更无"考订默斋罗更翁"七字，有此二项者为文津阁本。当日四库馆臣非未见元罗更翁本，《四库全书总目》存目之中著录《别本考古图》即元大德罗更翁本。此本仅有《考古图》十卷，无《续考古图》五卷《释文》一卷。如果说钱曾藏本是影钞罗更翁考订之元大德本，《续考古图》五卷《释

---

[1] 杜泽逊：《四库存目标注》，上海古籍出版社 2007 年版，第 1757 页。

文》一卷又来源何本呢？范桢《北宋吕大临考古图的版本考察》认为，《四库全书》本《考古图》出于钱曾影钞明宝古堂本，连影钞元刻本都算不上。也不能解释《续考古图》《释文》二书来源何处的问题。二人致误的根源在于仅据文津阁本而立论，非真见文渊阁本①。虽同为《四库全书》，但二阁之本有截然不同的区别。那么文津阁本《考古图》底本是来源何处呢？

二、《文津阁四库全书》本《考古图》所据底本②

（一）文津阁本源出于刻本，而非钞本，从上文所列文渊阁本与诸本异同看，与文渊阁本亦有不同。如卷一"蚕鼎"说明后，文津阁本衍"娟氏鼎河南"五字。宝古堂本、亦政堂本"蚕鼎"说明已至本页之末，与下页"娟氏鼎河南"相接，文津阁本钞写时，抄手遂将下页第一行顶格之"娟氏鼎河南"五字，亦认作为"蚕鼎"说明文字，接钞致误。此可见文津阁本所据之本当为宝古堂本或亦政堂本。

又卷首"考古图所藏姓氏"，文渊阁本无。泊如斋本作上下二行排列，且姓氏末复有"元默斋罗更翁考订／明新都丁云鹏／吴廷羽／汪耕绘图／吴元满篆铭／刘然书录／汪泉补录"七行，与文津阁本不合，知非文津阁本所据之本。文津阁本"考古图所藏姓氏"以及姓氏末题名，全同宝古堂本、亦政堂本。再校诸各本文字，文津阁本与宝古堂本、亦政堂本有近缘关系。

如卷一"乙鼎"释文，文渊阁本"乙作毛"，"乙"字下有一字空。宝古堂本、亦政堂本、文津阁本"乙"下有"○"。元大德茶陵陈氏刻本、泊如斋本释文仅有一"乙"字。

卷二"方乳曲文大鬲"图2，宝古堂本、亦政堂本、文津阁本有"方乳曲

---

① 文津阁四库全书本《考古图》，1987 年中华书局《宋人著录金文丛刊》据以影印，较为易得。虽然台湾商务印书馆 1983 年即已影印出版《景印文渊阁四库全书》，大陆学者当日并非能轻易得见。至《文渊阁四库全书》电子版普及之后，始为人所常用。

② 按中华书局《宋人著录金文丛刊》影印本《考古图》，出版说明云"据《四库全书》本影印"，实际是据《文津阁四库全书》本影印。

文次鬲同上"标名八字。文渊阁本无。

卷三"四足疏盖小敦"藏者,文渊阁本作"钱江李氏",泊如斋本、宝古堂本、亦政堂本、文津阁本作"庐江李氏"。

卷四"𪔂彝"下藏者"新平张氏"右,泊如斋本有"𪔂与庐同"四字,亦政堂本、文津阁本残存"庐同"二字。文渊阁本仅有"新平张氏"四字。以上所举诸例,可见文津阁本出于宝古堂本系统。亦政堂本实际据宝古堂本校补重印者,二者同出一系,略有不同。容庚所撰《考古图述评》云:"宝古本《三古图》板,乾隆间为天都黄晟所得,修补为亦政堂。"① 再校诸他处文字,可以确定文津阁本当据亦政堂本抄录。

《考古图》每卷卷前目录,文渊阁本皆无,文津阁本有。如卷三卷前目录,文津阁本次序与文字全与亦政堂本同,而与宝古堂本不同。目录中"郏敦"下铭"一百七字"中"七"字,文津阁本、亦政堂本皆作一字空格,宝古堂本"七"字不缺。"四足疏盖小敦"中"敦"字,文津阁本、亦政堂本皆无,宝古堂本有。"太公缶"中"公"字,文津阁本、亦政堂本皆无,宝古堂本有。"铭十二字",文津阁本、亦政堂本作"铭十"。以上皆是文津阁本出于亦政堂本之证。

文津阁本并不全同亦政堂本,多有校改之处。

如卷一"孔文父饮鼎"图1,铭十四字,说五十一字,元刻本、泊如斋本、宝古堂本、亦政堂本皆无。此文津阁本添补之例。

卷一"郑方鼎"下藏者"庐江李氏"四字,文渊阁本、文津阁本有,元大德茶陵陈氏刻本、泊如斋本、宝古堂本、亦政堂本皆无。

卷一"云鼎"下藏者"丹阳苏氏"四字,元刻本、泊如斋本、宝古堂本、亦政堂本皆有。文渊阁本、文津阁本无。

卷一"饕餮鼎"释文"戊"字,元刻本、泊如斋本无。宝古堂本、亦政堂本、文渊阁本、文津阁本有。

卷二"某父鬲"铭文,泊如斋本作环形排列。宝古堂本、亦政堂本、文渊阁本、文津阁本皆作长方二行排列。

---

① 容庚:《考古图述评》,载中华书局 2005 年《宋人著录金文丛刊》影印本,第 6 页。

卷三"散季敦"藏者"京兆吕氏"四字，文渊阁本、文津阁本有。泊如斋本、宝古堂本、亦政堂本无。

卷三"邾敦"图多一盖图。按此图文渊阁本、文津阁本有。元刻本、泊如斋刻本、宝古堂刻本、亦政堂本皆无。

卷四开封刘氏"小方壶"图，乃秘阁"方文方壶"图，秘阁"方文方壶"图，乃开封刘氏"小方壶"图，今本互相颠倒。按此二图文渊阁本、文津阁本位置正确。元刻本、泊如斋本、宝古堂本、亦政堂本位置皆互相颠倒。

卷四"兽环壶"藏者亦政堂本作"京兆吕氏"，泊如斋本、宝古堂本、文渊阁本、文津阁本作"河南文氏"。

卷八所载诸器所藏姓氏，诸本皆缺，惟文渊阁本、文津阁本存。

卷九"一华鸡足镫"说明，文渊阁本、文津阁本作"右不知所从得，无铭识"。元刻本、泊如斋本"右不知所从得，高二寸七分，径缩四寸半，衡二寸一分，容七合重一斤，无铭识，有盖，为转关鹿卢以开阖，盖上贮油，以仰锥为炷"。亦政堂本无此段文字。

卷九"高奴鼎"藏者文渊阁本、文津阁本作"华阴宋氏"。泊如斋本、宝古堂刻本、亦政堂本皆作"宋氏"。

卷十新平张氏《连环鼎壶》说明一段文字，文渊阁本、文津阁本作"右一器得于寿阳。高五寸，深四寸六分，径二寸半，容二升有半。一器不知所从得，量度未考，皆无铭识，其形制颇同，如壶而三足，其盖皆为三环，如鼎敦盖却之可以置诸地，皆有连环以为提"。元刻本、泊如斋本、宝如堂本、亦政堂本皆作"右所从得及度量铭识皆阙失无可考，惟样存于此"。

卷十多庐江李氏《鐎斗》图1，按文渊阁本、文津阁本有，元刻本、泊如斋本、宝如堂本、亦政堂本无。

卷十《兽炉》第二图后多说三十五字。按文渊阁本、文津阁本有。元刻本、泊如斋本、宝古堂本、亦政堂本今存"右得于寿春"五字。

由以上所举可见，文津阁本虽出于亦政堂本，然经过校正工作，且这些校正多与文渊阁本相合。可以推测文津阁本所据之亦政堂本，当经过与文渊阁本相近或有亲缘关系的版本校勘，此校勘者极有可能是翁方纲。

（二）文津阁本誊录之草率。文津阁本《考古图》书前提要截取四库馆所定提要而成，文渊阁本提要四页，文津阁本仅有二页，观其截取行格以及文末署名，当为有意为之。文津阁本提要"臣等谨案《考古图》十卷《续考古图》五卷《考古图释文》一卷"至"而参验文义，皆以此本为长，信善本也。乾隆四十九年（1784）十一月恭校上"，提要末有"总纂官臣纪昀臣陆锡熊臣孙士毅／总校官臣陆费墀"二行，正足二页之数。文津阁本变四页提要为二页，为省誊写之劳。

卷首诸家之序，有万历癸卯焦竑序，元祐七年（1092）吕大临序，大德己亥陈才子序，大德己亥陈翼子序，乾隆十八年（1753）黄晟序。文津阁本仅录吕大临序一篇，其余诸家之序，概皆芟除。这也是为四库馆省誊写之劳，意欲速成，有意为之。

书中所摹诸图铭文，诸本皆摹作阴文，文津阁本多作阳文，故多失其真。盖阳文易于临写，而阴文艰于摹绘。如《续考古图》卷一"铜虎符"铭文，卷一所附四图铭文，卷三"冰鉴"后一图环形铭文，文津阁本皆改绘作阳文，与诸本作阴文者，皆不同，盖绘手省写所致。四库覆校之人，多斤斤于文字的正误，而不及序跋之有无，图绘之精粗。

三、《文澜阁四库全书》本《考古图》所据底本

《文澜阁四库全书》本《考古图》原本已无，今存本为补钞。后有吴万化跋，当钞自明万历二十九年（1601）吴万化宝古堂刻本。《续考古图》《考古图释文》二书，当据清光绪归安陆心源刻本补钞。

四、《永乐大典》所录《考古图》文本来源

前所论《文渊阁四库全书》本《考古图》底本来源，有一个问题不可回避，即当时《永乐大典》基本完整，有没有一种可能性是四库馆臣从《永乐大典》辑录出一部《考古图》，或者四库馆臣认为明刻诸本皆有问题，转用《永乐大典》本加以校勘再钞入《四库全书》呢？所以我们不得不探讨《永乐大典》中《考古图》的文本来源问题。

　　《永乐大典》今存卷帙中所录《考古图》，特别是在"壶"字下，尚存部分图像与说明。《永乐大典》作为一部系统性编辑的类书，很多地方并不是盲目的照抄，也有一定的编辑和删削，大致表现在以下几个方面。

　　一是，录器名而删藏者。如《大典》卷二二五四著录方壶下"河南文氏"四字删。

　　二是，《大典》为了统一格式，增添编辑语言。依《考古图》例，每图后说明，一般会以"右得于某所"启首。《大典》不明其制，为与《博古图》等文字统一，径改《考古图》每器后说明启首的"右"字作"其制"，以至文义不通。

　　三是，《大典》所摹图像，因为底本来源和纹饰摹绘画工等问题，而致使多有失真之处。如下所举图 1、图 2、图 3，在纹饰上，我们也可以看出《兽环细文壶》这幅图像，虽然都是同出于《考古图》，但呈现出三种不同的面貌。在壶颈、兽环等部分，《永乐大典》摹录本与《考古图》元大德刻明修本、《文渊阁四库全书》本三者有明显的区别。

图 1 《永乐大典》卷二二五五摹录《考古图》中
《兽环细文壶》

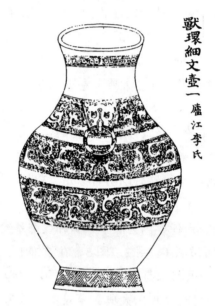

图 2　日本国立国会图书馆藏元大德刻明修补印本《考古图》
卷四《兽环细文壶》

图 3　《文渊阁四库全书》本《考古图》卷四《兽环细文壶》

通过图 1、图 2 比较，我们可以看出，在某种程度上，《永乐大典》摹录本与元大德刻明修本《考古图》在纹饰有相近的地方。元大德刻本虽刊行于《大典》纂修之前，但《大典》并不直接源出元大德本。在文字上也差别甚远，如《壶尊》说明部分，元大德本作"皇祐中议乐官既逸胡琴等"，这个"既逸""胡琴"显系讹误。《永乐大典》作"阮逸""胡瑗"，为得其实。当然其他文字部分《永乐大典》所录《考古图》与元大德本有很大的出入。《永乐大典》本《考古图》不是径钞自元大德刻本，在文字上又有一定的原始性，或源出另一宋本。如《兽环壶》二图，元刻本、《文渊阁四库全书》本等说明文字皆附于图 2 之下，作："右无铭识。一得于京兆，容五升七合。吕氏。一不知所从得。文氏。余未考。"而《永乐大典》所录说明文字在每图之下，《兽环壶》图 1 下，作："吕大临《考古图》：其制得于京兆，容五升七合，无铭识。余未考。凡二图，其式略异，皆列于后。"《兽环壶》图 1 下，作："右第二图。吕大临《考古图》：其制不知所从得，无铭识，余未考。"可见《永乐大典》本《考古图》，应自有来源，与今传诸本并非同一文本系统。

当然，通过图像与文字的对比，我们可以发现《文渊阁四库全书》本《考古图》不太可能源出《永乐大典》。但作为同出于宋本系统，保存了早期宋本的面貌，二者具有一定的同源关系。如《壶尊》说明部分，"既逸""胡琴"的讹误，现所见诸本《考古图》，仅《文渊阁四库全书》本和《永乐大典》本不误。

五、文渊阁本《考古图》与文津阁本底本不同原因之推测

《文渊阁四库全书》本《考古图》提要末，所署时间为乾隆四十六年（1781）十月。《文津阁四库全书》本《考古图》提要末所署时间为乾隆四十九年（1784）十一月。文渊阁本成书在前，文津阁本钞成在后，二阁校成告竣并非一时。纂修期间，屡有底本遗失的记载。

乾隆四十五年（1780）五月王杰参奏武英殿提调陆费墀遗失各书底本四五百种，陆费墀为掩己过，令誊录人员捐书缮写以塞责。可见当日四库全书馆底本遗失情况已较为严重。至本年五月，查明陆费墀实际遗失三十余种，

与三月份清点遗失四五百种相差悬殊，或此期间，陆费墀已经觅工钞补，尚有三十余种未能购觅而得。那么四库馆原藏底本，与遗失后再购觅缮写所得之底本，当互有出入，不能一致。加以七阁之书，成书时间非一，旷日持久，所用底本亦不能完全划一，自是情理之中。

《文渊阁四库全书》《文津阁四库全书》钞成校竣时间不同。我们可以推测，文渊阁本《考古图》钞竣，钱曾影宋本即还归天禄琳琅，作为底本的誊录副本或已经遗失。馆中底本遗失，购觅赔补之间，也不能完全与原本相同。等到钞写其余各本《四库全书》的时候，已不及再申前请，再次使用天禄琳琅的藏本了。当然，誊钞文津阁本时，各地进呈本堆积翰林院中，一书或至数本，临时选取一本以应急需，也来不及如钞《文渊阁四库全书》那样细细斟酌了，或在情理之中。

六、由《考古图》来看《四库全书》纂修与天禄琳琅藏书之关系

清乾隆九年（1744），皇帝命内廷翰林检阅内府藏书，择宋元明各朝善本进呈览定，珍藏在昭仁殿，亲书"天禄琳琅"。乾隆四十年（1775），由于敏中奉敕撰《天禄琳琅书目》十卷，著录图书四百二十九种。嘉庆二年这批藏书毁于宫火，后又重新搜集为天禄琳琅续藏。由《四库全书》中所收《考古图》等书来研究，我们会发现纂修《四库全书》与天禄琳琅藏书之间，关系密切，不止取用天禄琳琅藏书作为誊录底本那么简单，也有在纂修过程中发现宋元秘本充实天禄琳琅藏书的情况。

（一）纂修《四库全书》时，自武英殿库房中所检出宋元旧本送藏天禄琳琅。送入天禄琳琅之书，经过乾隆皇帝之鉴别题咏，一般会钞入《四库全书》，如《九家集注杜诗》《五百家注柳子厚集》等。《天禄琳琅书目》著录之宋刊《九家集注杜诗》即自武英殿库贮中发现，而移藏于天禄琳琅之中。乾隆三十九年（1774）五月，乾隆皇帝于《题郭知达集九家注杜诗》"适以遗编搜四库，乃斯古刻见漕司"句下小注记述此书发现之经过："此书旧藏武英殿，仅为库贮陈编，无有知其为宋椠者。兹以校勘《四库全书》，向武英殿移取书籍，始鉴及之。而前此竟未列入天禄琳琅，岂书策之遇合迟早亦有数

耶？"①《天禄琳琅鉴藏旧版书籍联句》小注亦云："《九家集注杜诗》，是书从武英殿库贮残书内检得之。"②次年正月，于敏中奉敕编《天禄琳琅书目》著录此书，过录乾隆皇帝御制诗，但并未录及诗中小注。

《五百家注柳子厚集》同《九家集注杜诗》一样，得自武英殿库贮残书。《天禄琳琅鉴藏旧版书籍联句》小注："《五百家注柳子厚集》乃武英殿旧贮，因新得《五百家注韩集》取校之，同为韩醇刊本，足称双璧。"③

（二）《四库全书》取用天禄琳琅藏书为底本。乾隆三十八年四月二十八日，乾隆皇帝办理《四库全书》有谕旨已经提及内府旧藏和《永乐大典》云："现今所有内府旧藏并《永乐大典》内检出各种，及外省进到之书，均分别应钞应刊，以垂永久。"④乾隆皇帝又在谕旨中规定"内府旧藏"不只包括武英殿库房之书，还包括"其官板刊刻、及各处陈设库贮者"。故《四库全书总目》题曰内府藏本者，应包含武英殿库贮、内府刊刻诸本及宫廷之内各处陈设书籍。而天禄琳琅藏书旧属于内府中"各处陈设库贮者"。《四库全书总目》于《考古图》条下题曰内府藏本者，即为天禄琳琅所藏钱曾影宋钞本，且文渊阁本《考古图》前有乾隆皇帝御题，正与《天禄琳琅书目》著录相合。翁方纲《纂校四库全书事略》载办理内府藏书之书单，计有南书房、武英殿、御书房、斋宫、圆明园、瀛台诸处。可见内府藏书来源不一，当日应有一次大规模的利用过程。郭伯恭《四库全书纂修考》论四库书之渊源，列举内府本时就提及存放天禄琳琅藏书的"昭仁殿"云："内廷藏书，专供御览，自明至清初，弆置甚富。如皇史宬、懋勤殿、摛藻堂、昭仁殿、武英殿、景阳宫、上书房、内阁大库、含经堂等处，或在宫掖，或在御园，皆所谓内廷者也。凡取自上列各处藏书者，谓之内府本。"⑤可见郭伯恭认为《四库全书》纂修过程

① （宋）郭知达：《九家集注杜诗》三十六卷，台湾商务印书馆《景印文渊阁四库全书》本，第 1068 册，第 1 页。按此诗《天禄琳琅书目》著录，并未录及小注。

② （清）于敏中等：《天禄琳琅书目》，第 6 页。

③ （清）于敏中等：《天禄琳琅书目》，第 6 页。

④ 《高宗纯皇帝实录》卷九三三，乾隆三十八年四月二十八日。

⑤ 郭伯恭：《四库全书纂修考》，岳麓书社 2010 年版，第 75 页。

中是利用了天禄琳琅的藏书的。天禄琳琅藏书为宫廷藏书之粹，又与《四库全书》纂修密切相关，不可小觑。

四库馆利用内府藏书，特别是各宫陈设以及天禄琳琅藏书的时候，肯定不能如使用武英殿和翰林院藏进呈本那样方便。故在《四库全书》纂修初期，翁方纲《纂校四库全书事略》中所举的内府各个宫殿陈设之书，列入应钞者，检《四库全书总目》著录和《文渊阁四库全书》誊钞者多换作进呈本。由此推测，当时利用天禄琳琅藏书时，不会让誊录者将乾隆皇帝珍视的宋元旧本分册领去随意翻阅誊录。应该先有一个誊录副本，供四库馆使用，翁方纲所见到的就是这个誊录副本。当然以《考古图》这种书的这个情况，是否可以说明四库馆利用内府藏书，特别是利用天禄琳琅旧藏的时候，都有一个录副的过程呢？现尚无更多的材料来证明，所以这个问题仍值得进一步探究。

《四库全书》七阁之本既成书时间不一，所据底本亦有差别。今所存若文津阁、文溯阁本价值亦不可与文渊阁本等量齐观，应该各自根据文本的来源来讨论。《四库全书》与天禄琳琅藏书的关系密切，也就是说《四库全书》也是追寻天禄琳琅藏书遗踪的一个重要的线索。虽然天禄琳琅前编著录原书已毁于清嘉庆二年的宫火，但《文渊阁四库全书》中保存的《考古图》十卷《续考古图》五卷《释文》一卷，是研究天禄琳琅藏书中这三种书文本的重要依据。这也为我们研究其他一些重要典籍，特别是仅知天禄琳琅曾藏，而今天已经亡佚的版本，如天禄琳琅旧藏宋刻本《谢宣城集》等，提供重要线索。以是《四库全书》本底本来源及其价值应当重估。

（本文原载《中国典籍与文化论丛》2020 年第 22 辑，2024 年 9 月再加修订，补充若干条目，特此说明）

从《皇览》到《永乐大典》

——中国古代官修类书的历史与传统 *

刘全波

类书是一种知识性资料汇编，1800 多年来，类书作为典籍之荟萃，知识之精华，对文献保存、知识传播和学术研究都产生了重要作用。对于中国古代官修类书的编纂，一直以来，却总有阴谋论的论调。明人李日华《紫桃轩又缀》载："《永乐大典》计二万二千八百七十七卷，一万一千九十五本，湖广王洪编纂，号召四方文墨之士，累十余年而就，亦所以耗磨逊国诸儒不平之气。"① 清人孙承泽《春明梦余录》卷一二《文渊阁》亦载："至靖难之举，不平之气遍于海宇，文皇借文墨以销垒块，此实系当日本意也。"② 鲁迅先生亦言："宋既平一宇内，收诸国图籍，而降王臣佐多海内名士，或宣怨言，遂尽招之馆阁，厚其廪饩，使修书，成《太平御览》《文苑英华》各一千卷。"③ "此在政府的目的，不过利用这事业，收养名人，以图减其对于政治上之反动而已，固未尝有意于文艺。"④ 古今学者在谈到帝王敕令文人学者编纂类书等大型图籍时，或言耗磨逊国诸儒不平之气，或言借文墨以销垒块，也就是说，这

* 本文系兰州大学中央高校基本科研业务费战略发展专项项目 "中国古代类书发展史" （2024jbkyzx004）阶段性成果。

① （明）李日华撰，薛维源点校：《紫桃轩杂缀》附录《紫桃轩又缀》，凤凰出版社 2010 年版，第 361 页。

② （清）孙承泽著，王剑英点校：《春明梦余录》卷一二《文渊阁》，北京古籍出版社 1992 年版，第 156 页。

③ 鲁迅：《中国小说史略》，载《鲁迅全集》第 9 卷，人民文学出版社 2005 年版，第 104 页。

④ 鲁迅：《中国小说的历史的变迁》，载《鲁迅全集》第 9 卷，第 329 页。

些帝王修纂图书是假，实行文化控制是真，他们摆出一份偃武修文的姿态来，借修撰不急之类书，困老英雄。当然，也有学者力挽狂澜，比如虞万里先生对《永乐大典》的编纂缘由做了详实的分析。其《有关〈永乐大典〉几个问题的辨正》言："《永乐大典》是《类要》《文献大成》发展的必然产物，而不是'文皇借文墨以销垒块'、'老英雄'策略下所产生的巨帙。"①总之，从魏晋至明清，历代帝王出于国家政治或学术的需要，皆组织当时的文化精英编纂出一部部卷帙浩繁、资料磅礴的鸿篇巨著。每一次大的类书编纂，朝野之文人雅士、宿学老儒、高僧道师等都被网罗其中，天下文艺之英，济济乎咸集于京师。梁启超《中国历史研究法》言："纂辑类书之业，亦文化一种表征。"②张涤华《类书流别》言："类书之升降，恒依政治、学术及社会制度诸方面为之进退，而其间尤以政治之关系为切。"③唐光荣《唐代类书与文学》亦言："虽然类书只是一种钞撮群书的资料汇编，学术地位远不及正史，但在历代帝王的眼里，编纂类书与编纂正史几乎是同等的润色鸿业的盛事。"④诚然，类书之编纂一点也不逊色于开国修史，类书编纂所拥有的官方地位、学术地位与正史编修处于伯仲之间，类书编纂已然成为一个王朝的文化工程，甚至成为一个王朝文治兴盛与否的标志。

一、《皇览》

王应麟《玉海》载："类事之书，始于《皇览》。"⑤《皇览》是汉魏交替之际，魏文帝曹丕敕令诸儒编纂的一部大型官修类书。《三国志》卷二《魏志·文帝纪》载："又使诸儒撰集经传，随类相从，凡千余篇，号曰《皇览》。"⑥诸儒在曹丕的敕令下整理文献，是在对汉末以来的典籍进行重新整理，

---

① 虞万里：《有关〈永乐大典〉几个问题的辨正》，《史林》2005 年第 6 期。
② 梁启超：《中国历史研究法》，上海古籍出版社 1998 年版，第 63 页。
③ 张涤华：《类书流别（修订本）》，商务印书馆 1985 年版，第 34 页。
④ 唐光荣：《唐代类书与文学》，巴蜀书社 2008 年版，第 2 页。
⑤ （宋）王应麟：《玉海（合璧本 2）》，日本京都中文出版社 1977 年影印本，第 1074 页。
⑥ （晋）陈寿：《三国志》卷二《魏志·文帝纪》，中华书局 1959 年版，第 88 页。

是对暂时中断了的儒家道统的重续，虽然没有挽救经学的中衰，但是其本意则在于文献的整理、道统的重建。周少川先生即指出，曹丕"登基后修孔庙、开太学、立石经，采取了一系列为儒学'拨乱反正'的举措，撰修《皇览》可视为系列举措中的一项"①。《三国志》卷二《魏志·文帝纪》载："秋七月庚辰，令曰：'轩辕有明台之议，放勋有衢室之问，皆所以广询于下也。百官有司，其务以职尽规谏，将率陈军法，朝士明制度，牧守申政事，缙绅考六艺，吾将兼览焉。'"②曹丕颁布的"庚辰之令"，应该就是编纂《皇览》之时的动员令。津田资久认为："该书是作为新国家理念深刻认识到《周礼》中'类'和序列化的世界观，并将之扩展至宇宙规模并赋予了秩序的最初的类聚体书籍，基本上是'经国'的记录集成，即可以认为应称之为'通史'。"③如此，又可见《皇览》的通史意义。我们认为在曹魏乃至西晋，《皇览》更像是一部"文献大成"。曹丕敕令编纂的这部大书的政治含义远比我们想象的要高、要大，他必然是帝王之书，更是王朝文化政策的代表作。

二、《华林遍略》与《修文殿御览》

《华林遍略》是《皇览》之后出现的又一部极其经典的官修类书，是类书编纂体例最终确立且流传开来的标志。《华林遍略》吸取了《皇览》以来类书编纂的经验和教训，比如《四部要略》《寿光书苑》《类苑》，都为《华林遍略》的产生奠定了资料基础和提供了体例示范。《华林遍略》之后的类书，如《修文殿御览》《长洲玉镜》《文思博要》，皆是以之为模范，故《华林遍略》在中国类书发展史上的承前启后之功，远远大于类书之祖《皇览》，是中古中国类书编纂成熟的标志。张涤华先生认为："若夫类书纂组之体，其始大抵排

---

① 周少川等：《中国出版通史（魏晋南北朝卷）》，中国书籍出版社 2008 年版，第 287 页。

② （晋）陈寿：《三国志》卷二《魏志·文帝纪》，第 58—61 页。

③ （日）津田资久：《汉魏之际的〈皇览〉编纂》，载《魏晋南北朝史论文集——中国魏晋南北朝史学会第八届年会暨缪钺先生百年诞辰国际学术研讨会论文集》，巴蜀书社 2006 年版，第 319—324 页。

比旧文，次其时代而已，《华林遍略》以前，无异轨也。"① 刘宝春博士亦言："《华林遍略》是我国类书史上的一座高峰。《华林遍略》以其博富的原始材料、成熟的体制特点，为后世数代类书所效仿、因袭。"②《华林遍略》成书之后，很快就从南朝流传到了北朝。《北齐书》卷三九《祖珽传》载："州客至，请卖《华林遍略》。文襄多集书人，一日一夜写毕，退其本曰：'不须也。'珽以《遍略》数帙质钱樗蒲，文襄杖之四十……又盗官《遍略》一部。"③ 既然有人要卖《华林遍略》，可见此书在南北朝的流传，而祖珽以《遍略》数帙质钱樗蒲的故事，更是引人入胜。《大业杂记辑校》载："大业二年，六月，学士秘书监柳顾言、学士著作佐郎王曹等撰《长洲玉镜》一部，四百卷。帝谓顾言曰：'此书源本出自《华林遍略》，然无复可加，事当典要，其卷虽少，其事乃多于《遍略》。'"④ 可见，《长洲玉镜》亦是深受《华林遍略》的影响，正如隋炀帝所说，其内容和结构都模仿了《华林遍略》，但是他避免了《华林遍略》的复记之弊。

《修文殿御览》是北齐后主高纬武平三年（572）以《华林遍略》为蓝本，历时七个月官修的一部类书，曾名《玄洲苑御览》《圣寿堂御览》。《北齐书》卷八《后主纪》载："《圣寿堂御览》成，敕付史阁，后改为《修文殿御览》。"⑤《北史》卷八三《文苑传》载："珽又奏撰《御览》，诏珽及特进魏收、太子太师徐之才、中书令崔劼、散骑常侍张凋、中书监阳休之监撰。"⑥ "当时操笔之徒，搜求略尽。"⑦《册府元龟》卷六〇七《学校部十一·撰集》载："待诏文林，亦是一时盛事，故存录其姓名。"⑧《北史》记载了参与《修文殿

① 张涤华：《类书流别（修订本）》，第 18 页。

② 刘宝春：《〈华林遍略〉对中国古代类书编纂的影响》，《图书情报工作》2010 年第 11 期。

③（唐）李百药：《北齐书》卷三九《祖珽传》，中华书局 1972 年版，第 514—515 页。

④（唐）杜宝撰，辛德勇辑校：《大业杂记辑校》，三秦出版社 2006 年版，第 23 页。

⑤（唐）李百药：《北齐书》卷八《后主纪》，第 105—106 页。

⑥（唐）李延寿：《北史》卷八三《文苑传》，中华书局 1974 年版，第 2780 页。

⑦（唐）李延寿：《北史》卷八三《文苑传》，第 2781 页。

⑧（宋）王钦若等编纂，周勋初等校订：《册府元龟》卷六〇七《学校部十一·撰集》，凤凰出版社 2006 年版，第 6998 页。

御览》编纂的人，多达几十人，史书亦言，此中诸人，亦有文学肤浅，附会亲识、妄想推荐者，但北齐的知名文士，多在此中，可见《修文殿御览》的编纂在当时的影响是巨大的，文士、公卿皆以参与到其中为荣。《大唐新语》载："姚崇初不悦学，年逾弱冠，尝过所亲，见《修文殿御览》，阅之，喜，遂耽玩坟史，以文华著名。"① 由此事可见《修文殿御览》之编纂质量，更可见《修文殿御览》之流传。《太平御览》载："《三国典略》曰：篇次放天地之数，为五十部，象乾坤之策，成三百六十卷。"② 对于上文之内容，胡道静先生提出了修订意见，其认为"五十部"脱"五"字。其言，"放天地之数"，一定是五十五，不会是五十。宋代的《太平御览》摹仿《修文殿御览》，也是分五十五部。由于《三国典略》脱去一个"五"字，故聂崇岐《太平御览引得序》认为《太平御览》的分部比《修文殿御览》多五部，是一个误会③。《修文殿御览》仿天地之数，为五十五部，象乾坤之策，共三百六十卷，其中蕴含着什么意蕴呢？《周易系辞》载："天数二十有五，地数三十，凡天地之数五十有五，此所以成变化而行鬼神也。《乾》之策二百一十有六，《坤》之策百四十有四，凡三百六十，当期之日。二篇之策万有一千五百二十，当万物之数也。"④《修文殿御览》在卷部的安排上，以天地万物为对象，可见其编纂动机。后人多言类书之思想性差，通过天地之数、乾坤之策，其实可以见到类书编纂亦蕴含着庞杂而深奥的价值追求。

三、《长州玉镜》

《长洲玉镜》是隋炀帝即位之初敕令编纂的一部著名类书，编纂者有虞绰、虞世南、庚自直、柳顾言。查阅史料，我们认为诸葛颖、王劭、蔡允恭

① （唐）刘肃撰，许德楠、李鼎霞点校：《大唐新语》卷六《举贤第十三》，中华书局 1984年版，第 91 页。

② （宋）李昉等：《太平御览》卷六〇一《文部十七·著书上》，中华书局 1960 年影印本，第 2706 页。

③ 胡道静：《中国古代的类书》，中华书局 2005 年版，第 63 页。

④ 周振甫：《周易译注》，中华书局 1991 年版，第 241 页。

和王胄等人也参与了《长洲玉镜》的编纂，而且《大业杂记》中记载的王曹很可能是王胄的误写①。至于隋炀帝为何会编纂如此一部类书，我们通过其名字即可得到解释。在敦煌遗书中，有一类以"镜""境""竟"命名的文献，如《沙州城土镜》《寿昌县地境（镜）》《西天路竟（镜）》《书仪镜》《新定书仪镜》《韵关辩清浊明镜》《佛说示所犯者瑜伽法镜经》《大乘稻芉经随听手镜记》等。李并成《"镜"类文献识略》言："'镜'类文献是以'镜'字假为概观、一览、察鉴、通鉴、指南之义，具有简明扼要、大处落墨、文省意赅、主旨鲜明、鉴古资今、简便实用等特点，当与纂要、备要、会要、史要、集要、类要、指要、撮要、语要、鉴要、切要、举要、要略、要录、要览、要义、要望、要鉴、要记、要抄、指掌、手鉴、手册、简本一类著述有诸多相类之处。"②陈炳应《西夏兵书〈贞观玉镜将〉》亦言："'玉镜'有多种含义，这里应是作为政治上的比喻，比喻当时的最高统治者、政教、社会犹如玉镜一样洁白无暇、高尚清明；又可借喻能鉴别真伪、美丑、善恶的宝镜。"③《通志二十略·艺文略第七》子部"类书类"载："《长洲玉鉴》，二百三十八卷。虞绰等编。"④《通志》是唯一所见将《长洲玉镜》之"镜"作"鉴"的典籍，或许这样就更能说明《长洲玉镜》的鉴戒作用。

四、《文思博要》与《三教珠英》

《文思博要》是唐太宗贞观十五年（641）至贞观十六年（642）编纂的一部官修类书，其编纂者有高士廉、房玄龄、魏徵、杨师道、岑文本、颜相时、朱子奢、刘伯庄、马嘉运、许敬宗、崔行功、吕才、李淳风、褚遂良、姚思廉、司马宅相、宋正峕、高玄景等人，如此多优秀的文人学士参与其中，

---

① 刘全波：《〈长洲玉镜〉编纂考——兼论中古时期官修类书的因袭与替代》，载罗家祥主编：《华中国学》第 12 卷，华中科技大学出版社 2019 年版，第 121—139 页。

② 李并成：《"镜"类文献识略》，《敦煌研究》1999 年第 1 期。

③ 陈炳应：《西夏兵书〈贞观玉镜将〉》，《宁夏社会科学》1993 年第 1 期。

④ （宋）郑樵撰，王树民点校：《通志二十略·艺文略第七》，中华书局 1995 年版，第 1732 页。

是《文思博要》编纂质量的保障。《文思博要》编纂的开始时间在贞观十三年（639）十一月之后，《旧唐书》《唐会要》《册府元龟》记载其编纂完成时间为贞观十五年，而根据考察我们认为《文思博要》编纂完成应该在贞观十六年（642）七月前①。《文苑英华》卷六九九《文思博要序》载："帝听朝之暇，属意斯文，精义穷神，微言探赜。"②"帝乃亲萦圣情，曲留玄览，垂权衡以正其失，定准绳以矫其违，顿天纲于蓬莱，纲目自举，驰云车于策府，辙迹可寻，述作之义坦然，笔削之规大备。"③"义出六经，事兼百氏，究帝王之则，极圣贤之训，天地之道备矣，人神之际在焉，昭昭若日月代明于下土，离离若星辰错行于躔次。"④总之，通过《文思博要序》，我们可以看到唐太宗编纂《文思博要》的目的。此外，《文思博要》的编纂，是在唐太宗欲封禅泰山的历史背景下完成的，如此更可见其政治目的。

武周时代大型类书《三教珠英》的编纂，是官修类书编纂潮流的延续。《三教珠英》的编纂者多被称为"珠英学士"，"珠英学士"群体除了张昌宗、张易之、武三思外，更有李峤、徐彦伯、魏知古、沈佺期、宋之问、阎朝隐、刘允济、王无竞、韦元旦、尹元凯、李适、富嘉谟、员半千、王适、张说、徐坚、刘知几、崔湜、薛曜、乔备、元希声、马吉甫、杨齐哲、胡皓、于季子、李处正、房元阳、蒋凤等人，至唐中宗、唐睿宗、唐玄宗时代，诸学士仍然活跃于政坛、文坛⑤。对于《三教珠英》的编纂，史书皆言"二张"无才学，盛赞张说、徐坚之功，以今度之，有因人废事、锦上添花之嫌，我们不应过分夸大张说、徐坚之功，亦不应抹杀李峤、徐彦伯、沈佺期、宋之问、阎朝隐、王无竞、刘允济等等诸人之劳，当然，此中诸人与"二张"之关系，也就是诸人与武则天之关系，皆是太过亲密，故被开元时代的人所不屑，他

① 刘全波、何强林：《〈文思博要〉编纂考》，载张福贵主编：《华夏文化论坛》第18辑，吉林文史出版社2017年版，第97—111页。

② （宋）李昉等：《文苑英华》卷六九九《文思博要序》，第3607页。

③ （宋）李昉等：《文苑英华》卷六九九《文思博要序》，第3607页。

④ （宋）李昉等：《文苑英华》卷六九九《文思博要序》，第3607页。

⑤ 刘全波：《武周时代的类书编纂者群体及其影响——以"珠英学士"为中心》，《敦煌学辑刊》2021年第3期。

们的很多业绩自然也被抹杀或者转移。《三教珠英》是武则天时代的杰作，就其卷帙而言，前无古人，此后几百年间，也未曾被超越，而由其必须超越《文思博要》的编纂目标来看，《三教珠英》必然是拥护武则天的一群文人学士的集体成果，"珠英学士"群体的延续时间长达十几年，加之其频繁的文学活动，必然深远地影响了此时此后的文风、学风，更带动了类书的大发展。《隋书·经籍志》中，诸类书是附于杂家之中的，而到了开元时代，政府再次整理图书典籍的时候，尤其是毋煚编纂《古今书录》之时，诸类书已经有了独立的目录学位置，即为后来的"事类"，或称为"类事"。类书一目的独立与唐初近百年的类书大发展、大繁荣是有密切关系的，而《三教珠英》的作用不容小觑。

五、《太平御览》与《册府元龟》

《太平御览》的编纂开始于北宋太平兴国二年（977）三月，太平兴国八年（983）十二月编纂完成①。《太平御览·引》载：

> 谨按《国朝会要》曰：太平兴国二年三月，诏翰林学士李昉、扈蒙，知制诰李穆，太子詹事汤悦，太子率更令徐铉，太子中允张泊，左补阙李克勤，左拾遗宋白，太子中舍陈鄂，光禄寺丞徐用宾，太府寺丞吴淑，国子监丞舒雅，少府监丞李文仲、阮思道等，同以群书类集之分门，编为千卷。②

《宋朝事实》卷三《圣学》载：

> 太宗笃好儒学，尝览前代《修文殿御览》《艺文类聚》，门目繁杂，失其伦次，乃诏翰林学士李昉、扈蒙，知制诰李穆、左拾遗宋白等，参

---

① 周生杰：《〈太平御览〉研究》，巴蜀书社 2008 年版，第 81—82 页。
② （宋）李昉等：《太平御览·引》，中华书局 1960 年影印本，第 3 页。

详类次，分定门目，编为《太平总类》一千卷，俄改为《太平御览录》。①

历代官修大类书的编纂都有深远的政治意味，《太平御览》概莫能外。《太平御览·序》载：

> 祖宗圣学，其书之大者有二：曰《太平御览》，曰《资治通鉴》。《通鉴》载君臣治道之安危，明天人庶证之休咎。威福盛衰之本，规模利害之端，无一不备。而其书公传于天下久矣。《太平御览》备天地万物之理，政教法度之原，理乱废兴之由，道德性命之奥。……为百圣立绝学，为万世开太平，为古今集斯文之大成，为天下括事理之至要。②

诚然，祖宗圣学蕴含在《太平御览》与《资治通鉴》之中，但是世人皆知《资治通鉴》，而《太平御览》总是被遗忘，其实，《太平御览》之中备天地万物之理、政教法度之原、理乱废兴之由、道德性命之奥，如此之书，岂是獭祭、渔猎之书。

《册府元龟》编纂开始于景德二年（1005），历时八年，于大中祥符六年（1013）修成。《直斋书录解题》卷一四《类书类》载：

> 《册府元龟》一千卷。景德二年，命资政殿学士王钦若、知制诰杨亿修《历代君臣事迹》。八年而成，总五十部，部有总序，一千一百四门，门有小序，赐名制序，所采正经史之外，惟取《战国策》《国语》《韩诗外传》《吕氏春秋》《管》《晏》《韩子》《孟子》《淮南子》及《修文殿御览》，每门具，进上亲览，摘其舛误，多出手书，或召对指示商略，案《文献通考》作一千二百四门。③

---

① （宋）李攸：《宋朝事实》卷三《圣学》，《文渊阁四库全书》，上海古籍出版社 1987 年影印本，第 608 册，第 30 页。

② （宋）李昉等：《太平御览·序》，第 1 页。

③ （宋）陈振孙撰，徐小蛮、顾美华点校：《直斋书录解题》卷一四《类书类》，上海古籍出版社 1987 年版，第 425 页。

对于《册府元龟》编纂的宗旨，亦是渗透着宋真宗皇帝的远大抱负。"朕遹遵先志，肇振斯文，载命群儒，其司缀缉。粤自正统，至于闰位，君臣善迹，邦家美政，礼乐沿革，法命宽猛，官师论议，多士名行，靡不具载，用存典刑。"[1] 周勋初先生《册府元龟·前言》指出：

> 此书原名《历代君臣事迹》，后来才改名《册府元龟》。这番改动，说明真宗的指导思想更趋明确。原先他只想追踪先朝，编一部有关历代君臣事迹的大书，顾名思义，可知这只是一部有关政事的资料书，主题虽与前朝三书不同，性质则无大异。"册府元龟"一名的情况就不同了。"元龟"者，大龟也。古时以龟为灵物，三代之时，有大事则以占卜定吉凶，求行事的指导，因此此书改名"册府元龟"，表明其着眼点已不仅放在纂辑历代君臣事迹上，而是注意提供可供借鉴的资料，以便从中汲取治国的经验教训。这样的一种"册府"，所包容的内涵，也就起到了治国指针的作用。[2]

在学者们看来，《册府元龟》选用的史料不但正统而且丰富完整，所以周勋初先生在《册府元龟》的序言中也提到了"利用《册府元龟》中的材料，可以分门别类地编写成多种专题历史"[3]，这也是此书的一大学术史价值。并且宋真宗编写此书的目的之一就是重新树立乱世之前的经世准则，"故在编纂体例上，也要参照《春秋》史法"[4]，也就是保留引用原史原文的样貌，不加以改变，这也为《册府元龟》有很高的史学价值打下了基础。

---

① （宋）王应麟：《玉海（合璧本 2 ）》，第 1079 页。
② （宋）王钦若等编纂，周勋初等校订：《册府元龟·前言》，凤凰出版社 2006 年版，第 2 页。
③ （宋）王钦若等编纂，周勋初等校订：《册府元龟·前言》，第 8 页。
④ （宋）王钦若等编纂，周勋初等校订：《册府元龟·前言》，第 8 页。

六、《永乐大典》

《永乐大典》是明成祖先后敕解缙、姚广孝等编撰而成的一部浩瀚巨著，其内容囊括百家，统驭万类，卷帙之丰富，为明代以前的官书所未有。《永乐大典》从永乐元年（1403）开始编撰，至永乐六年（1408）全书告竣，初名《文献大成》，后明成祖赐名为《永乐大典》，并亲自撰写序言。顾力仁有言："是书之作，奠基于五代、十国、宋、辽、金、元诸朝之中秘藏书，故奥籍秘典，往往而有，蕴蓄之富，创世界文献之记录。"① 遗憾的是，如此一部规模庞大、内容宏富的著作，却不断散落遗失，直至变得残缺不全。然而《永乐大典》的残缺似乎并没有磨灭学界对他的关注和研究，反而激起了学者们的好胜心和好奇心。民国时期，由京师图书馆（即现在国家图书馆的前身）馆长江翰请求，国务院将清朝翰林院保存的永乐大典残本六十卷由吴士鉴带到京师图书馆。江翰等学者据此考察《永乐大典》之体例，认为其"按韵列字，按字列辞，实为百科全书之长编，非类书之比"②。顾力仁出版有《永乐大典及辑佚书研究》一书，旨在发掘古书，整理我国类书精粹。他在书中提出"以《永乐大典》为基础，建立'大典学'，足可与敦煌古卷及汉简之研究并称"③。

《永乐大典》全书正文 22877 卷，目录 60 卷，按《洪武正韵》编排，分装为 11095 册。明代嘉靖末年对《永乐大典》进行重录，至隆庆元年（1567）完成，《大典》遂分正副，原本为正本，重抄本为副本。《大典》正本在隆庆以后已下落不明，副本在近代亦命运多舛，屡遭劫难，目前只剩原书 4% 的篇幅④。《永乐大典》编纂完成之后，朱棣亲自做序。《明成祖文皇帝御制永乐大典序》载：

> 朕嗣承鸿基，勔思缵述，尚惟有大混一之时，必有一统之制作，所

---

① 顾力仁：《永乐大典及其辑佚书研究》，台北文史哲出版社 1985 年版，第 1 页。

② 顾力仁：《永乐大典及其辑佚书研究》，第 1 页。

③ 顾力仁：《永乐大典及其辑佚书研究》，第 3 页。

④ 张升：《〈永乐大典〉流传与辑佚研究》，北京师范大学出版社 2010 年版，第 1 页。

以齐政治而同风俗。序百王之传，总历代之典，世远祀绵，简编繁夥，恒慨其难一。……上自古初，迄于当世，旁搜博采，汇聚群分，著为奥典。……包括宇宙之广大，统会古今之异同，巨细精粗，粲然明备。[①]

如此之恢弘气度，可见一斑。《永乐大典·凡例》亦载：

> 是书之作，上自古初，下及近代，经史子集，与凡道释、医卜、杂家之书，靡不收采。诚以朝廷制作所关，务在详备无遗，显明易考。用韵以统字，用字以系事。凡天文、地理、人伦、国统、道德、政治、制度、名物，以至奇闻异见，庾词逸事，悉皆随字收载。……包括乾坤，贯通今古，本末精粗，粲然备列，庶几因韵以考字，因字以求事，开卷而古今之事，一览可见。[②]

《永乐大典》的编纂宗旨，即是旁搜博采、贯通今古、本末精粗、巨细精粗、汇聚群分，如此任由枝蔓肆意生长，也就导致了篇章结构的不均衡，知识的无限扩展也使得《永乐大典》看起来不像类书，这是主持类书编纂者的主观意志所决定的，是类书编纂时代背景不同所导致的，更与类书编纂主持人的学识、眼界、性格、志趣息息相关。

七、结语

《皇览》开创了一个新的图书编纂模式，其自身也被后人追奉为"类书之祖"，《皇览》之后出现了一千余种各式类书，这个庞大的家族占到了《四库全书》的十分之一。从魏文帝曹丕敕纂《皇览》以来，类书的编纂与正史的修撰一样，受到历朝历代帝王的重视，成为一个王朝的文化工程，甚至成为一个王朝文治兴盛的标志。从梁武帝到隋炀帝，从唐太宗到武则天，从宋太

---

① （明）解缙等：《永乐大典》，中华书局1986年影印本，第10册，第1页。
② （明）解缙等：《永乐大典》，第10册，第2页。

宗到明成祖，皆组织当时的文人墨客编纂类书，于是一部部皇皇巨著应时而出，《华林遍略》《修文殿御览》《长洲玉镜》《文思博要》《三教珠英》《太平御览》《册府元龟》《永乐大典》等就是代表。那些古代的博学之士，如沈约、颜之推、虞世南、欧阳询、房玄龄、魏徵、岑文本、张说、徐坚、白居易、李商隐、晏殊、秦观、吕祖谦、王应麟、解缙、陈梦雷等，多编纂过类书。任何一部优秀的类书都是一个时代知识的总结，宇宙的、国家的、历史的、动物的、植物的乃至日常生活的知识都被网罗搜辑，且分门别类，清晰而整齐地排列组合在一起，一展卷，天下万事万物尽在于此，这就为读书人积累知识、开拓视野提供了极大的便利，也正因如此，"肴馔经史""渔猎子集"的类书才被一代代读书人所重视、认可，并不断编纂新的类书以实现类书的新陈代谢。《皇览》之后的类书之间，明显是有因袭、替代关系的，《史林》《四部要略》是《皇览》之流，《四部要略》甚至是《皇览》的翻版，《寿光书苑》的编纂又受到了《四部要略》的影响，《华林遍略》是《寿光书苑》《类苑》的结晶，《修文殿御览》直接剿袭《华林遍略》，《长洲玉镜》亦是受到了《华林遍略》的影响，而参与编纂《修文殿御览》的诸葛颖、王劭又参与编纂了《长洲玉镜》，如此种种，可见整个魏晋南北朝时期的类书编纂不曾断裂一点。《文思博要》的编纂者多是由隋入唐的重臣、老臣，他们必然也无法脱离整个的时代发展潮流，而他们选择的类书编纂体例，完美地展现了他们的思想，他们没有采用《艺文类聚》的新体例，而是延续了从《皇览》直至《长洲玉镜》的旧体例，《三教珠英》更是直接剿袭《文思博要》。但是作为后来者，他们也的确做了诸多努力，最直观的努力就是他们在他们的时代，将类书的卷帙推向新的高峰，一千二百卷的《文思博要》，一千三百卷的《三教珠英》，皆是极致，皆是不容置疑的极致，此后几百年也无人能超越。唐高宗时代夹在中间，但是通过多部类书的涌现，我们认为此时期绝不是低谷，《东殿新书》《累璧》《瑶山玉彩》《碧玉芳林》《玉藻琼林》《策府》皆是极其有特点的官修类书，只可惜他们皆散佚殆尽，故我们不能知道他们的面貌。我们猜测他们的编纂质量不会很差，因为类书发展至此，如果编纂出一部"殆同书抄"的类书出来，是交不了差的，是不容于时代潮流的。《太平御览》是整部流传下来的官修大类书，其价值不容置疑，与其说《太平御览》是因袭《修文殿御览》而来，不如说是因袭唐代类书而来，北宋初年《修文殿御览》存世与否，其实不好判断，但是唐代编纂的诸大类书应是更容易见到，唐代诸大类书应该更是《太平御览》必须参考的经典。《册府元龟》是专门性更强的类书，编纂内容的专门化取向，是他与《太平御览》不同的地方，也是他故意而为的，这就是类书编纂的全面性、综合性与专门化、专业化之区别，如此也就造就了一部专门性更强的《册府元龟》，他的史鉴意义也就更大。唐高宗时代编纂了《东殿新书》，也是抄撮史部文献而成，唐高宗其实不满意，但是仍然做了序，藏于秘府。几百年后，《册府元龟》成功胜出，即可见类书编纂之延续与发展，更可见类书编纂的创新与因袭。《永乐大典》是不是类书？很多人会产生疑惑，细看文字，粗看体例，分析对比，很显然，《永乐大典》在某些方面的确与上文我们所说的唐宋经典类书的经典体例有诸多不同，但是，甚至是可以说，毫无质疑地说，《永乐大典》仍然是类书，将之视作类书若有疑惑，但将之不视作类书，更是难以接受。类书是知识性的资料汇编，类书是博物观念与知识主义扩展的结果，《永乐大典》更是知识无限扩张的结果。明成祖朱棣与解缙为了超越古今类书，也为了超越历代君臣，对《永乐大典》的编纂提出了包括乾坤、贯通今古、本末精粗、粲然备列的宏大目标，这必然会把类书编纂引向极端，就像一个胖子仍然感觉自己不够胖，于是把自己变成了超级胖子。《永乐大典》为了无所不包、囊括古今天地，于是把自己变成了超级、超级的胖子。但是分析《永乐大典》之内容，又处处可见中国类书编纂史、中国类书发展史上留下的种种痕迹，故《永乐大典》仍然是中国古代类书发展史这棵大树上的果子，只不过是一个超级大并且有点与众不同甚或是异化了的果子。类书的编纂是很复杂的任务，在没有底本可参考的情况下，原创一部极其高水平的类书是需要多年的积累的，而官修类书成于众人之手，编纂时间也很短的情况下，其必然要有底本可参考，不然难以成书。当然，历代类书编纂者也不是无原则地剿袭，他们的学问与人品我们还是要认可与信赖的，他们必然是在原有底本的基础上进行了新的探索，他们完成了他们的时代使命，他们在他们的时代，萃取了诸底本之精华，而又编纂出一部部与众不同的新作。

《永乐大典》纸张问题浅述

易晓辉

《永乐大典》从内容上看，它包罗万象、融汇古今，汇集百家经典，囊括天下典籍之精华，是人类有史以来体量最大的一部百科全书。从材料的角度来看，《永乐大典》是写在纸上的，这些纸的种类和状态，不仅影响《永乐大典》的外观品相，更决定了《永乐大典》原件的存续寿命。不过遗憾的是，现存的文献史料中并没有关于《永乐大典》抄录用纸的明确记载。过去虽有学者对这一问题开展过考证研究，但相关结论在今天看来或有值得商榷之处。而且《永乐大典》体量庞大，用纸复杂，非一两种情形可以简单概括，相关问题的探究不仅要考证文献史料，还需结合实物信息，进行科学深入的分析和鉴别才能获得结论。研究《永乐大典》的纸张材料，弄清它的原料种类和纸张性能，不仅仅是从实物角度深入了解《永乐大典》，更是为科学化推进《永乐大典》的传承、保护提供基础材料方面的信息参考。

一、"白棉纸"说的模糊与矛盾

关于《永乐大典》所用的纸张，过去比较常见的一种说法是白棉纸[①]，或者写作白绵纸。但是"白棉纸"这个名称，在古代并不具体指某个特定的纸张品种，它通常用来泛指一大类纸张。在古籍文献领域，白棉纸一般指的是

[①] 王鼎吉：《煌煌一部〈永乐大典〉遭何劫难，怎连一张纸也没留下》，《科学大观园》2017 年第 7 期。

明清时期制作比较精细的各种皮纸或者含皮混料纸，既包括构皮纸、楮皮纸、桑皮纸，或者结香皮、瑞香皮等瑞香类的细皮纸，也包括《天工开物》提到的在皮料中添加一部分竹料或者草料的混料皮纸。可以说"白棉纸"这个概念非常宽泛，《永乐大典》到底是不是白棉纸，又究竟是哪种白棉纸，需要有更加准确的说法。

当然，也有一些资料明确提到《永乐大典》的纸张为白棉纸中的楮皮纸。比较有代表性的如著名纸史专家潘吉星先生，他在《中国造纸史》中认为，《永乐大典》的纸张应为江西南昌西山官纸局所产楮皮纸，其主要依据来自明代江西新建学者陈弘绪在《寒夜录》中的一段记载：

> 国初贡纸，岁造吾郡西山，董以中贵，即翠岩寺遗址以为楮厂。其应圣宫西皮库，盖旧以贮楮皮也。今改其署于信州，而厂与寺俱废。[1]

这里提到明代永乐初年，于江西南昌府西山翠岩寺兴建官办造纸厂，供内府御用，朝廷派宦官监造，用当地所产楮皮制作高档的楮皮纸。潘先生认为《永乐大典》正是由官纸局所产楮皮纸抄写而成，这种纸纸质洁白、匀细、厚实。甚至还推测西山官纸局可能是为了给《永乐大典》提供纸张而于永乐元年（1403）所特设。潘先生此说，一度成为《永乐大典》用纸的重要论断，不过仔细琢磨潘先生的说法，可以发现其中似乎有两处疑点：

其一，从机构的建制上来看，明代的官纸局归属于户部的宝钞提举司，主要业务是生产纸币所用的钞票纸。据《大明会典》记载：

> 洪武八年，诏中书省造大明宝钞，取桑穰为钞料，其制方高一尺、阔六寸许，以青色为质，外为龙文花栏，横题其额曰：大明通行宝钞。……其合用桑穰数目……每岁预为会计……将来文立案札付宝钞提举司交收。

---

[1] 潘吉星：《中国科学技术史（造纸与印刷卷）》，科学出版社 1998 年版，第 228 页。

由此可知，所谓西山官纸局专门给《永乐大典》供纸，实际上很难成立。归属于宝钞提举司的西山官纸局有特定职能，再考虑到宝钞用纸还有技术保密的要求，一般不会兼着生产其他类型的纸张。尽管西山官纸局成立于永乐时期，但在没有确切依据的情况下，不应该轻易将它与《永乐大典》用纸联系起来。尤其是特设之说明显牵强，并没有可靠证据支持。

其二，今天现存的《永乐大典》，并不是永乐年间的正本，而是嘉靖时重新抄写的副本。现在大家讨论《永乐大典》的纸张，其对象自然是嘉靖副本，而非永乐正本。明确这一点，若再对照西山官纸局的发展历程，就可发现嘉靖副本的用纸很难与官纸局相联系。西山官纸局在洪武、永乐时期主要生产宝钞用纸，到宣德四年（1429）因宝钞发行失败，改而生产各类宫廷加工纸，著名的宣德纸就出现于这一时期。宣宗之后官纸局逐渐冷落，又转为生产宫廷使用的"草纸""香事草纸"这类低端生活用纸[1]。明中期以后，江南手工业蓬勃兴盛，广信府的玉山、铅山发展为当时的造纸重镇，不仅依靠河口纸市通达的水路行销全国，还成为朝廷用纸的重要产地。位于南昌的西山官纸局，也于隆庆、万历之际，迁到了广信府，原来西山翠岩寺的纸厂此后就荒废了。陈弘绪在《寒夜录》中提到"今改其署于信州，而厂与寺俱废"，说的就是这件事。虽然嘉靖副本是在官纸局搬家之前抄写而成，但其实从明代中期开始，彼时的西山官纸局，早已日薄西山，不得不关门迁往广信府了。

因此从这两点来看，《永乐大典》用纸来源于西山官纸居的说法很难成立。既然明中期以后广信府的造纸业非常发达，生产大量官方用纸，那嘉靖副本的纸张有没有可能来自广信府，这个问题目前还需要进一步考证，虽然从已经掌握的一些证据来看，其可能性比较大，但还需要更多有力的证据来支撑。

二、已有的实物分析结果

历史文献中找不到确切的证据，但《永乐大典》有实物存世，对其纸张的原料和理化特性开展科学分析，也是揭示其纸张来源的一条重要途径。不

---

[1] 王菊华：《中国古代造纸工程技术史》，山西教育出版社 2006 年版，第 315 页。

过目前对于珍贵文物开展分析检测的机会并不多，操作难度也比较大，一方面像纸张纤维成分分析这类检测由于是微损检测，需要提取很少的几根纸毛来进行显微分析，收藏单位出于谨慎考虑一般也不太容易获得允许；而一些无损的光谱和色谱等检测手段则由于在纸质文物方面应用的技术成熟度不够，或是数据可靠性不够等问题，也很少开展有效的研究。所以整体上来看，通过学科分析的方法来弄清这个问题，虽然在技术上具有可行性，但仍有许多基础工作要做。

不过尽管如此，这方面的研究还是在近些年获得了一些进展。首先是国家图书馆修复组的同事在《永乐大典》的修复工作中，为了配纸曾对这一问题展开过初步研究。宋晖曾对《永乐大典》的一小片残片纸张进行过纤维成分的检测分析，这份小残片是当年修复虫蛀的书页时无法拼回原位的一小片零余纸样，被细心的前辈修复师保存下来，后交由她分析研究。根据纤维显微分析的结论，这一小片纸样是由竹子和构皮按 2∶1 的比例混合抄制而成（图 1），属于竹皮混料纸，而非纯皮纸[①]。

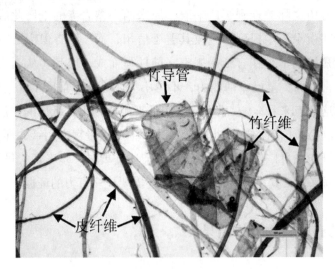

图 1 《永乐大典》残片纸样纤维显微图

---

① 宋晖：《现代显微技术在纸质文物鉴定与修复中应用》，《文物保护与考古科学》2015 年第 2 期。

不过这件样品在来源上有一点不确定之处，由于前辈修复师在保存这件小残片时，并没有留下详实的文字记录其具体出处，仅标注来自《永乐大典》的破损书页。所以严格来讲，没有确切具体的来源，证据链就不够完整，证据力也因此略显不足。前些年为了从侧面验证这一结果，笔者也找到两方面的旁证，能够在一定程度上支持竹皮混料纸这一分析结果。

首先是纸张的质感。虽说不能对原件取样检测，但若近距离观察比对部分在展览中展出的书页纸张的质感，还是能够大致判断纸张所用纤维的种类。一般来讲，纯料楮皮纸跟竹皮混料纸在质感上的差异是比较明显的。从纤维特性来看，楮皮纤维粗而且长，竹纤维则比较短细。所以纯楮皮纸一般有非常明显的纤维感，而添加三分之二竹浆的混料纸则更倾向于竹纸的细腻平匀。许多资料在描述《永乐大典》书页时都有类似"匀细"的词语，这种质感显然跟短细的竹纤维要更加契合一些。近距离仔细观察《大典》的纸页，无论是从细匀的质感，墨迹洇散的程度，还是纸面黄斑的形态，都更倾向于竹皮混料纸，跟纯楮皮纸的质感有明显区别。

其次在文献记载方面，《天工开物·杀青》提供了另一个旁证。据学者考证，这篇造纸技术史上的重要著作描述的正是明晚期江西广信府到福建西部一带竹纸和构皮纸的制作过程。在《造皮纸》中有这么一段：

> 凡皮纸，楮皮六十斤，仍入绝嫩竹麻四十斤，同塘漂浸，同用石灰浆涂，入釜煮糜。近法省啬者，皮竹十七而外，或入宿田稻稿十三，用药得方，仍成洁白。

这段话说明当时往楮皮纸中添加竹草是很常见的操作，而且混了竹料，仍然能称为皮纸。从造纸工艺的复杂程度来看，混料纸的制作至少需要两套制浆工序，一般要在较大规模的产区才容易实现。明清时期广信府的玉山、铅山多产竹纸，永丰多产楮皮纸，竹皮混料纸正是广信府一带的著名出产。前文提到从现有资料来看，《永乐大典》用纸出自广信府的可能性很大，而残片纸张的分析结果和《天工开物》的记载又恰好吻合，不得不说这很难用巧合来解释。

尽管是两处旁证，但还是能从一定程度上佐证《永乐大典》用纸的成分和渊源。此外近年由于社会力量的支持，更多《永乐大典》修复项目得以开展，在此过程中也对书页纸张的纤维成分进行了验证，结果与之前残片的分析结论能够吻合。这部分详细结果近期或由相关方公布，此处暂不展开讨论。

三、《永乐大典》副叶笺纸的分析结果

根据清宫档案记录，乾隆皇帝因喜用前朝旧纸，曾命人将《永乐大典》的前后副叶裁下，或赏赐大臣，或作为底纸加工制成藏经纸、仿澄心堂纸、梅花玉版笺等多种笺纸[①]。如乾隆四十一年（1776）一份宫廷笺纸的清单中就提到"梅花玉版笺柒百玖拾捌张（系永乐大典副页纸染做）"[②]。此类笺纸有用"毁抄"法将副叶纸打成纸浆重新抄纸制作笺纸，也有直接用副叶纸作为底纸加工制作笺纸。根据故宫博物院王璐的统计和研究，清宫梅花玉版笺绝大多数直接以《永乐大典》副叶纸为底纸制成。而今存世的梅花玉版笺有斗方形和长方形两种规格，其尺寸恰与《大典》前副叶和后副叶相吻合，笺纸上仍保留有清晰的书口折痕，这些特征都可判断其来源于《永乐大典》副叶纸。鉴于此，存世的具有《大典》副叶纸相关特征的清宫梅花玉版笺便可成为研究《永乐大典》用纸的一个重要途径。表1为笔者接触或搜集到的8件梅花玉版笺底纸的纤维成分分析结果，其中前7件为个人收藏者的藏品且都符合《大典》副叶纸的尺寸及书口折痕特征，经藏家同意取样开展纤维成分分析；最后1件由收藏单位学者开展过分析并发表相关论文，本文直接参考引用[③]。

---

① 张升：《永乐大典余纸考》，《史林》2010年第2期。
② 李国荣主编：《清宫瓷器档案全集》卷十四，中国画报出版社2008年版，第276页。
③ 屈雅洁、谷岸、马越等：《清代梅花玉版笺的科学分析与加工工艺复原研究》，《文物保护与考古科学》2023年第6期。

表1 8件梅花玉版笺底纸的纤维成分

样品序号	收藏者	纤维成分
1	收藏者 A	竹
2	收藏者 A	构皮
3	收藏者 B	构皮
4	收藏者 B	构皮，结香皮，竹
5	收藏者 B	竹
6	收藏者 C	构皮
7	收藏者 C	构皮
8	故宫博物院	构皮，竹

从这8件具有《大典》副叶纸特征的梅花玉版笺底纸纤维成分分析结果来看，《永乐大典》的书叶用纸的确存在明显的多样性，不仅有符合潘吉星先生认为的"白棉纸"的纯皮纸（2号、3号、6号和7号），以及先前个案实物分析所发现的皮竹混料纸（8号），还包括有纯竹纸（1号、5号），甚至还发现有构皮、结香皮、竹三种原料的混料纸（4号）。在其他相关研究中，笔者还发现同为构皮＋竹的纤维搭配还存在比例差异，有的样品竹料多，有的样品则以构皮为主。这些多样化的分析结果揭示《永乐大典》的用纸并不仅有一种，而是存在多样化的情况。

笔者工作中曾近距离仔细观察过多册《永乐大典》原书，重点查看纸张质感，目鉴结果也发现《永乐大典》书页纸张不止一种。有的书页纸张纤维感非常明显，更像是桑构皮纸，即比较典型的"白棉纸"；有的则稍细腻匀整，接近皮竹混料纸的质感；还有的特别细腻平滑，有非常明显的竹纸质感。不仅册与册之间的纸张质感存在差异，甚至还发现一册书中有明显不同的两种纸。这些目鉴经验和梅花玉版笺纸分析结果都说明《永乐大典》这样一部巨著并非使用一种纸张抄写而成，更可能是使用了规格形制相近的多种纸张。对《永乐大典》用纸情况的深入研究还需要有更多的分析案例来形成更加准确和完备的结论。

四、《永乐大典》用纸复杂

前述相关纸样的分析结果及笔者对《永乐大典》纸张的目鉴经验指出了《大典》书页用纸的多样性，考虑到分析样本及目鉴样本数量有限，跟《大典》总册数相比不过九牛一毛，因此《永乐大典》实际用纸情况可能要比目前所揭示的更加复杂。这种复杂性主要来自以下两方面：

其一，《永乐大典》体量庞大，全套共有 11095 册，嘉靖副本亦历经多年抄录完成，所用纸张很可能不止一种。而且明代官用纸张的名称通常会规定其规格尺寸及颜色，但未限定产地及原料，因此不同的产区、不同的原料做出的纸最后被归为同一种纸是很有可能的。这就可能会造成纸库里的同一种纸，可能在原料和产地上存在差异，纸张质感也会有细微差别。从笔者目测经验以及来自《永乐大典》副叶的笺纸的分析结果来看，《永乐大典》书页用纸至少有 3—4 种，不仅有过去曾检测到的构皮竹子混料纸，还有纯皮纸和纯竹纸，甚至还有包含结香皮的多原料混料纸。

其二，《永乐大典》装帧复杂，除了书页用纸，还有书皮、题签、纸捻等许多部件用到纸张，这些纸张是否与书页纸张材料一致，还需要详细深入研究才能知晓。此外在不同书册之间，这些部件所用纸张是否一致，目前仍未可知。

总之，《永乐大典》的用纸问题，虽然目前已进行一定程度的揭示，但离窥得全貌尚有距离，未来仍需通过不同方法和渠道，从文献考证、实物分析，尤其是无损分析等诸多角度了解其纸张材料的种类及特性，为后续开展《永乐大典》的保护修复、出版再造等工作提供材料层面的参考。

由《永乐大典》所存《周官讲义》论宋孝宗与史浩的君臣帝师关系

张 涛

史浩（1106—1194），字直翁，明州鄞县（今浙江省宁波市鄞县）人，曾在南宋孝宗为皇子时任其教导讲经之职，历时三年，后于孝宗朝两度居相位，虽均任职不久即去职，而屡有建言，颇受孝宗敬重。死后备极哀荣，先谥文惠，改谥忠定，宁宗嘉定十四年（1221），追封越王，配享孝宗庙庭。[①]

孝宗为皇子时，史浩曾为其讲《周礼》等经；孝宗即位后开经筵，史浩又讲《易经》《尚书》及《三朝宝训》、宋真宗《正说》等书[②]。不过，史浩的各种讲义，今日所能得见的大概只有《尚书讲义》与《周官讲义》两种。《尚书讲义》收入《四库全书》，今日颇为易得，而《周官讲义》则较少为人知晓。

---

① （元）脱脱等：《宋史》卷三九六《史浩传》，中华书局1985年版，第12065—12069页。
② 目前能够确定为史浩任建王府直讲时所讲者，惟《周礼》一种。刘力耘根据孝宗即位后经筵首选《尚书》《周礼》，推测孝宗潜邸时，史浩同时讲授两经，亦极有可能，见氏著：《史浩〈尚书讲义〉与宋孝宗朝政治》，《齐鲁学刊》2022年第2期，收入氏著：《政治与思想语境中的宋代〈尚书〉学》，中国社会科学出版社2022年版，第132—153页。《尚书讲义》书成于晚岁，多经斟酌改动，内容难以确切反映皇子教育的情况。至于孝宗即位后，史浩进讲经筵情形，略见史浩《鄞峰真隐漫录》卷三《经筵读正说终篇恭进谢恩感遇诗（淳熙八年四月二十九日）》《拟进讲筵尚书终篇锡宴诗二首》、卷八《经筵论进读宝训札子》，及《讲易彻章乞宣付史馆（淳熙八年四月二十九日）》等篇，见（宋）史浩撰，俞信芳点校：《史浩集》，浙江古籍出版社2016年版，第59、73、180、901页。

一、三礼馆《永乐大典》辑录稿所存《周官讲义》的概况与价值

《周官讲义》，又题《周礼讲义》《周礼天官地官讲义》，乃孝宗为建王时，史浩为建王府直讲讲经之际所撰，书凡十四卷，未毕全经，至《周礼·地官·司关》而止①。此书现存宋刻残本一、散叶若干，另在存世其他古籍中也有引用，而以《永乐大典》残卷及其辑录稿保存文字最多②。

宋刻本十四卷，今存八卷：卷五（七至十七叶）、卷六（三至八叶）、卷七（二至末叶）、卷八（一至二叶）、卷一〇（八至十叶）、卷一二（五至末叶）、卷一三（一至十八叶）、卷一四（八至十三叶），装成一册，残损极多，无一卷首尾完具。今寄存台北故宫博物院③，2013年印入《原国立北平图书馆甲库善本丛书》。另民国间《旧京书影》《宋元书式》等书曾刊布少量书影，而原书叶莫详所踪，殆与宋刻残本同出一书。

古书引《周官讲义》，最显著者是南宋王与之《周礼订义》，其书引用史浩《讲义》共309条④，但已变其体例，省其字句。降及其他，更嫌零碎⑤。《永

---

① （元）马端临：《文献通考》卷一八一《经籍考八》引《中兴艺文志》，中华书局1986年影印本，第1558页；（宋）王应麟：《玉海（合璧本）》卷三九《艺文·三礼》，日本京都中文出版社1977年影印本，第29页；（元）脱脱等：《宋史》卷二〇二《艺文志》，第5050页。

② 可参谢继帅：《略说史浩〈周官讲义〉之流传、辑佚与复原》，载《中国经学》第25辑，广西师范大学出版社2019年版，第219—230页；谢继帅：《史浩〈周官讲义〉析论》，第四届礼制与礼学工作坊，曲阜，2023年4月。

③ 2011年顷，友人刘千惠复印一帙见贻，书此致谢。

④ 夏微：《〈周礼订义〉研究》，吉林人民出版社2011年版，第160页。

⑤ 今人整理史浩文献，从清徐乾学《读礼通考》录出《周官讲义》佚文五则，然此五则皆徐乾学从《周礼订义》转引而已，见（宋）史浩撰，俞信芳点校：《史浩集》附录一《诗文补遗》，第911—912页。徐乾学似就内阁藏书中觅得此书宋刻残本，第其所撰书未加引用耳，参（清）全祖望：《鲒埼亭集外编》卷二三《史（卫）（魏）王周礼讲义序》，载朱铸禹汇校集注：《全祖望集汇校集注》，上海古籍出版社2000年版，第1177—1178页。

乐大典》中收载史浩文献不少，乾隆四库全书馆臣从中辑出《尚书讲义》，而遗此书。现存《永乐大典》残卷中，惟卷一〇四六〇《周礼》"诸家序文"尚存其序。不过，清人重视《永乐大典》文献价值，其时残卷所存仍多，故清世多有抄录史浩此书者。可惜目前所知，仅乾隆初开三礼馆所抄《永乐大典》辑录稿还在国家图书馆保藏，"中华古籍资源库"资源平台已公布其胶卷电子影像。

此书在《永乐大典》所载《周礼》各书中，往往列于末位，多位居易祓《周官总义》、毛应龙《周官集传》之后，易祓年辈晚于史浩，毛应龙则系元代儒者；此书又时而排在朱申《周礼句解》前，时而排在其后，而朱申乃南宋理宗淳祐间人。此种排序，可能与各书内容性质有关，史浩书多串讲某官大义，非句句为解，列于最后较便。亦可知，《永乐大典凡例》所称"若传注则取汉唐宋以来名家为首，余依世次，各附其后"云云①，实未能贯彻始终。

辑录稿中，此书先标作者、书名，次标经文起讫，以明所属，再列《讲义》正文。据此书宋刻本残叶，知其书原本收录《周礼》经文，今辑录稿均略去，而代以经文起讫，当系《永乐大典》抄录时所删节。其书写格式，经文起讫与《讲义》正文之间，多空一格，以为区隔，当系仿照《永乐大典》原式；亦颇有接连而写不空格者，盖因三礼馆辑录稿系备纂修工作使用，重在内文，而形式上未能严谨美观故尔。

三礼馆辑录程序，先是誊录人员在纂修官指导下摘抄礼书资料，再由纂修官复查批阅，因系备纂修《三礼义疏》使用，故瞩目于内容价值，而忽略其形式，誊录、校阅之际，不无错漏，而涂改增删亦颇有之②。《永乐大典》所载此书序文，名曰"史浩《周官讲义》序"，而辑录稿于书名则多省作"史浩《讲义》"，今《永乐大典》残卷中仍留有史浩《尚书讲义》若干遗文，亦题作"史浩《讲义》"，可知《永乐大典》所在《周礼》各官中，此书确题作"史浩《讲义》"。不过辑录稿时有误字，所见此书第一条，即讹作"史浩讲官"，间有讹作"朱浩讲义""史浩读义"者。

---

① （明）解缙等：《永乐大典凡例》，《永乐大典》，中华书局1986年影印本，第10册，第3页。
② 参张涛：《三礼馆辑录〈永乐大典〉经说考》，《故宫博物院院刊》2011年第6期。

辑录稿为工作使用草稿，并非清稿，纸上多有涂抹修改。其涂改手法，或就原字上直接改动，或圈去原字改于右侧，或圈去原字接连写于原字之下。如此等等，除接写于原字下者能判定为是三礼馆誊录官所改外，其他情况多难以骤断是出自三礼馆纂修官抑或誊录官之手，进而难以判断是否是据《永乐大典》副本所作的修改。三礼馆纂修官所作涂抹，有时近乎批语，系其阅读资料时随手札记，又有若干句读，但较随意，应为三礼馆纂修官使用时随手施加者。《永乐大典》原有句读，但三礼馆臣并未移写到辑录稿上。整体来看，辑录稿上的这些涂改，不易准确判定归属，特别难以确认史浩原书的相关情况。史浩解说《天官·外饔》时有一语谓："《传》曰'悦以使民，民忘其劳'是也。"辑录稿中，"使"字有涂抹，旁改作"先"。案这是引据《易·兑卦·象传》，原经"使民"实作"先民"，后世有转引作"悦以使民"者。然而此处《永乐大典》所载史浩书究竟作"先"还是"使"未易知。恰巧宋本残叶书影有此部分，正作"悦以使民"[1]，足见《周官讲义》及《永乐大典》所引本如此，乃史浩根据记忆信手写下，三礼馆纂修官校读时，才据《易经》本文改回，不可依辑录稿误认史浩原书作"悦以先民"。不过类似的例证并不多觏。

《周官讲义》写入《永乐大典》，再辗转由三礼馆誊录官钞撮，再由纂修官批校，文字迭经变改，质量有限，并不易读。尽管如此，三礼馆辑录稿的意义仍不容低估。

三礼馆《永乐大典》辑录稿中，《周礼》部分共有 27 册，史浩《周官讲义》内容便分散其中。《周官讲义》内容包括《周礼·天官》《地官》，《地官》亦仅至《司关》而至。《周礼·天官》63 官，《地官》于《司关》前有 39 官，此尚未计序官在内。宋本残卷涉及共 49 官，《天官》26 官，《地官》23 官，且多有残缺不完者，甚或《亨人》《世妇》独剩经文，已失《讲义》[2]。因雍乾之际《永乐大典》已无《地官》，《天官》亦不无残缺，故三礼馆所抄辑录稿

---

① 佚名编：《宋元书式》，《珍稀古籍书影丛刊》，北京图书馆出版社 2003 年影印本，第 3 册，第 339—340 页。

② 参张涛：《也谈〈永乐大典〉礼学文献残阙事》，《中国哲学史》2016 第 4 期。

内《周官讲义》已非全璧，但是，宋本缺失部分，可据三礼馆辑录稿补足不少，尤其是从《天官》序官开始，《大宰》《小宰》等数官内容，乃《周礼》全经纲领、要着所在，价值无可替代。

在孝宗皇子时代的数十位教师当中，史浩是非常重要的一位。他担任这一角色的时间并不很早，但却非常关键。从绍兴二十九年（1159）开始的三年里，史浩作为教师陪伴孝宗完成了普安郡王、建王、太子三个时期的身份转变，他自己的官职也从秘书省校书郎兼二王府教授、侍讲、宗正少卿，到太子右庶子，直至两度居相位，又历任他职，在孝宗朝政坛举足轻重。此前，高宗绍兴初特地甄选的范冲、朱震等"极天下之选"的"名德老成"早已亡故，后续有一些教师由秦桧安插，独陈俊卿与史浩是高宗在秦桧死后钦定的，尤其史浩，乃因转对时"冒万死以毕愚忠"，论及建储，遂为高宗亲加擢用，直至高宗禅位，孝宗终于顺利即位①。在孝宗被确立为皇子这一阶段，史浩起到了重要作用，前人已多有论述。高宗对史浩这方面的工作是满意的，在禅位后还曾当面称道说："皇帝诚孝，卿辅导之效居多。今又得卿佐之，朕心亦安。"另勉励史浩说："卿为皇帝亲臣，凡有规正，不可回忌，赖卿悉力调护。"②史浩大致做到了不顾忌讳，悉力规正，那么孝宗是否听取了史浩的劝导呢？据史浩自陈：

> 臣幼之所学，受于师传，与他人言，率不晓悟。独于陛下之前每有陈述，则如顺风而呼声，如以石而投水。帝王之道，陛下既自得之，故臣之所言未及一二，而陛下已如破竹迎刃而解。③

史浩赞美孝宗能够嘉纳臣言，声称他向孝宗进言非常顺畅，孝宗也能举一反

---

① 王明：《论绍兴朝的皇子教育和孝宗政局》，《通识研究集刊》第 7 期，第 117—158 页。

② （宋）楼钥：《纯诚厚德元老之碑》，载（宋）史浩撰，俞信芳点校：《史浩集》附录二，第 926—927 页。

③ （宋）史浩：《鄮峰真隐漫录》卷三〇《谢正月二十一日所进故事宣付史馆札子》，载（宋）史浩撰，俞信芳点校：《史浩集》，第 551 页。

三,二人彼此投契,相得益彰。值得注意的是,史浩回忆这些时,已在孝宗登基以后。孝宗初政之时,也的确对史浩说过:"朕粗勤庶政,然军务、民事未得其要。若矿金璞玉,方以卿为良工,其毋怠焉。"① 上引高宗"今又得卿佐之,朕心亦安"一语,可见史浩任相也是高宗安排辅佐孝宗的重要一步。然而,这位"良工"既然与孝宗师生情深,又获太上皇支持,为何不数月即遭罢相呢?其间固然有史浩"主和",与孝宗英锐、初即位便力主北伐的政见不和作为主要因素在,可是,在细绎《周官讲义》,并参照孝宗诸多理政事宜以后,便会发现罢相的缘由并不如此简单。

史浩因孝宗绕过三省而采纳张浚意见,在隆兴元年(1163)五月贸然出兵伐金,遂决意求去。通过其在此一时段前后的言行,能够大致理解他的立场与想法。从他与同僚陈康伯的抱怨"吾属俱兼右府,而出兵不得预闻,则焉用相哉",和向孝宗直抒的牢骚"诸将出兵,而臣不知;近习积憾,而臣不去,尚何待乎"②,可以总结出史浩之所以求去,主要集中于三事:首先当然是"出兵";其次则是相权,"不知""不得预闻"令史浩感到已不被信任,"宰相"空有其名;最后,似乎与出兵无关,但史浩仍坚持要挑明的一点是"近习积憾"。孝宗治国,通常为人诟病者有二,即"勤于论相"与"近习用事"。史浩在首次去职时的牢骚似乎已经预见到这两点。其实,在三礼馆《永乐大典》辑录稿所存《周官讲义》中,史浩也已对这两点作了有针对性的讲论。

《周官讲义》在孝宗后期淳熙年间才刊于杭州地区③,仅从时间上说,史浩有修改其内容的条件,但目前并未发现能够证明史浩有过超出润色文字以外的改动的确据。史浩此书据云是在孝宗为建王时讲授的,这一时期约有两年,《周官讲义》才讲到《地官》的一半。孝宗从立为皇太子到即位,只有不到半

---

① (宋)楼钥:《纯诚厚德元老之碑》,见(宋)史浩撰,俞信芳点校:《史浩集》附录二,第927页。

② (宋)楼钥:《纯诚厚德元老之碑》,见(宋)史浩撰,俞信芳点校:《史浩集》附录二,第930页。

③ (日)阿部隆一:《增订中国访书志》,东京汲古书院1983年版,第676、696—697页。

个月的时间,《周礼》或由此彻讲 ①。如果这一推论不误,那么《周官讲义》应可视为史浩在孝宗即将登上皇位之前留给他的最后嘱托。

二、《周官讲义》中的君相议论与孝宗的态度

《周礼·天官·大宰》"以八柄诏王驭群臣"句,史浩先引《尚书·洪范》"惟辟作福,惟辟作威"云云,继而申之曰:

> 此言权可在王,而不可在臣下也。是故权在大臣则祸大臣,权在外戚则祸外戚,权在近习则祸近习,凡权之在臣下,无非所以为祸者。然则执之而无祸,唯王者一人。大宰于此,其敢自用而不以诏王乎?诏云者,告之而已矣。

在未来的君主面前,史浩当然要突出君臣之别,说权在王者一人,不可委之臣下。然而,他想要强调的重点则在彼而不在此。史浩把臣下分为三类,分别是外朝大臣、外戚和近习。他真正要点拨孝宗的是防范外戚和近习,对于大臣尤其是"大宰",责任重大,史浩说他们绝不敢"自用",他们要做的就是把行事内容向君主汇报,"告之而已"。

史浩要灌输的思想是君主无为,这是《周官讲义》的要点之一。君主无为,则臣下便要有为。通过对《周礼》的演绎,史浩主张,国之大事在祀与戎,祀与戎都需要大宰"戒百官而赞王命",至于"邦之小治,宜乎委任而使专听之也",大宰专任其责可也。至于关键的人事权,也是"冢宰之任也"。《周官讲义》提倡:

> 或诛或赏,人材之进退,王当委之冢宰而受其戒,是以进不疑其有

---

① 谢继帅推测孝宗初即位,开经筵,金安节等讲《周礼》,即承史浩未竟之绪,见氏著:《略说史浩〈周官讲义〉之流传、辑佚与复原》,载《中国经学》第 25 辑,第 219—230 页。

党，退不疑其有隙。王知择冢宰而已，冢宰得人则诛赏必公，无足疑也。
抑尝论为人臣者，职愈大则事愈简，事愈简则责愈重。自常人观之，冢
宰赞王，不过祀事，若无难也。殊不知六典、八则、八法之为治，九赋、
九式、九贡之节用，三岁大计之诛赏，所以为责重矣，何必区区于小事
乎？故曰事愈简者责愈重也。然则居冢宰之任者，其大小轻重，固当知
所先后矣。

所谓"冢宰之于赞王，盖无所不与矣"。治国之事多端，均需大宰擘画，并率
百官恭行政务，君主不必亲力亲为，天下自然得治："周之建官，无一官不任
职，无一事不为民，故大宰总其大，若网之在纲，而小宰任其细，若裘之有
领。王者何为哉？端拱无为而天下化矣。"臣下各司其职，而大宰则为其统
领，小宰辅之，二者的地位当然不能比拟君主，而其所承担的责任却极为重
大。在这种情况下，君主要做的工作仅在于选择一优秀的大宰来帮助他统治。
《周官讲义》曰："王之为王，能得一大宰，使大而邦国，小而都鄙，近而官
府，众而万民，远而夷狄，官得其人，事得其序。"据柳立言研究，高宗的政
治作风是掌握决策权，而把行政权和执行细节尽量委任能干的宰执[1]。史浩如
此教导，用心不可谓不深厚。他在《周官讲义》中规划王—宰—群臣的关系，
与此相仿，但是否吻合听讲者孝宗的预期呢？

史浩努力向孝宗渲染"周室之盛，文、武、成、康享无为之治，实由六
卿之属，下至胥徒，皆知其职之所当为，是以王者湛静渊默，而坐以视天民
之阜"。"天民之阜"语出扬雄《法言》，扬雄汲取《周易》等经典的理念，绾
合无为与因循，认为后世人君"袭尧之爵，行尧之道，法度彰，礼乐著"，便
能迎来治世。而具体彰法度、著礼乐的人，是大臣而不是君主，"小宰之所以
贰大宰而正群吏者，不在其他，在于保尧、舜、禹、皋陶相传之道也"。史浩
又说："古先圣王相传以一道，道者何也？顺自然之理，而不加私意于其间
者是也。故王者之所建立、之所施为，无非以天为说。天者，自然而无私者

---

[1] 柳立言：《南宋政治初探——高宗阴影下的孝宗》，载《宋史研究集》第19辑，台北"国
立编译馆"中华学术著作审委员会1989年版，第209页。

也……事得其叙，王者于此不可毫末加损矣。"王者奉天，秉公无私，因此不应将个人私欲强加于大臣和百姓，王者又不可任意增损天道，于是，执行政务、奉承天道乃至承担道统的主要责任，就落在了大臣一边。

史浩认为，如此一来，君主与大臣都尽到了各自的职责："太宰之所以诏王，与夫王之所以责任大宰者，岂不两尽乎？以此知自古隆平极治之时，未有不由君臣相得而致然也。"君臣相得在于臣下能自觉肩负起治国的重担，而并不在于大臣严格执行君主的各项指令，倘若君主学不会分权，以一人而任天下事，绝不是好的现象。秦始皇和隋文帝是宋人提倡士大夫政治、批评君代臣职时经常会说起的反例，此二人均独断自用，身为君主而时时代下司职。史浩也批评了这两位君主，说他们看似勤政，"殊不知由其不能择人而委任，故至于如此之不惮烦也"。君主包揽大权，不会委任臣下行事，绝非"君臣相得"的表现。

君主下放权责给臣下，做到"君臣相得"，在臣下一方，需要尽职尽责，在君主一方则要"进不疑其有党，退不疑其有隙"，给予臣下充分的信任。甚至遇有双方意见不一致的情况，史浩也侧重教导孝宗站在臣下一方的角度来考虑。在讲解《小宰》中"执邦之九贡、九赋、九式之贰，以均财节邦用"一句时，《周官讲义》特别强调："谓之'执'者，王有所赐予，苟涉于滥，小宰不敢从，而王亦知其能执法，不以为忤也。"史浩教导说，对于宰臣的不同意见，君主应当善加听取，而不要以为臣下是在冒犯自己的权威，因而"疑其有党，疑其有隙"，致使君相不和。史浩特别关注孝宗对大臣朋党的看法。他初次去相，受王十朋攻击，罪状之一便是"植党"，虽然孝宗后来有所警觉①，但朋党观念似亦深入其心。淳熙五年（1178），史浩再相之初即提起朋党的话头，掀起了一场讨论②。虽然孝宗朝的朋党之争算不上严重，但终其一

---

① 参夏令伟：《王十朋论史浩》，《贵州大学学报（社会科学版）》2010 年第 4 期。
② （宋）史浩：《鄮峰真隐漫录》卷一〇《论朋党记所得圣语》，载（宋）史浩撰，俞信芳点校：《史浩集》，第 197—200 页。另参佚名撰，孔学辑校：《皇宋中兴两朝圣政辑校》卷五六《孝宗·淳熙五年》，中华书局 2019 年版，第 1285—1287 页。

朝，孝宗长期保持对大臣结为朋党的警惕，时有指责[1]，而对近习朋党则网开一面。史浩谈论朋党，盖是针对孝宗对大臣的这种态度。

为了宣扬自己的理念，史浩有时不免会改动经书的训解。大宰八法，五曰"官成"，其义本谓官府保有历来文书簿册，可供考稽校验，而史浩引申发挥，必谓"成者，一成而不可变，是周家之成法也"。《周礼》所载，是周家成法，而史浩谆谆教导者，则是宋朝的"祖宗之法"。问题在于，孝宗是受本朝祖宗之法羁绊最深的一位皇帝，同时也是力图有所作为、有所突破的一位皇帝[2]。这样矛盾的处境与性格，造就了孝宗特殊的处理君臣关系的方式。孝宗从皇子时期直至高宗作为太上皇去世，五十余年都处在高宗的威压之下，遇事多秉承高宗大政方针，"实际等于是将孝宗当做了丞相"[3]。孝宗的皇权受到太上皇的压抑，只好到大臣那里去找补。他不但不可能下放权力给大臣，甚至心理上也并不信任他们。刘子健称孝宗不信任大臣，举的头一个例子就是史浩。

淳熙六年（1179）冬，孝宗针对当时科举情形发出一段御批，略谓："用人之弊，人君患在乏知人之哲，寡于学而昧于道，况有择相不审，至于怀奸私，坏纪纲，乱法度，及败而逐之。不治之事，已不可胜言矣。宰相不能择人，每差一官，则曰此人中高第，真好士人也。终不考其才行何如。国朝以来，过于忠厚，宰相而误国者，大将而败军师者，皆未尝诛戮之。要在人君必审择相，相必为官择人，懋赏立乎前，严诛设乎后，人才不出，吾不信也。"[4]此段御批涉及三事，其一为科举择士是否可靠，其二为宰相用人是否可取，其三为国朝忠厚是否太过。据时人传说，由科举牵涉到宰相问题，是有一名近习曾觊在背后鼓噪。从中分析孝宗的想法，可知他吸收了史浩有关人

---

① 略参崔英超的梳理，见氏著：《宰相群体与南宋孝宗朝政治》，暨南大学出版社2014年版，第175—180页。

② 邓小南：《祖宗之法：北宋前期政治述略》，生活·读书·新知三联书店2006年版，第472—480页。

③ 刘子健：《两宋史研究汇编》，台湾联经出版事业公司1987年版，第53—54页。

④ （宋）李心传：《建炎以来朝野杂记》乙集卷三《孝宗论用人择相（史文惠论忠厚岂有过）》，中华书局2000年版，第545页。

君必审择相、宰相要在择人的议论，但没有停留于"王知择冢宰而已"的教导，也未理会"人材之进退，王当委之冢宰而受其戒"之说，而是亲自下场干预。孝宗此举直接引发时任相臣赵雄紧张回奏。当时史浩已第二次去相位，而孝宗仍派曾觌将此御批宣示给史浩。史浩的回奏，避开了科举与宰相问题，仅谈第三事：

> 我太祖皇帝深以行一不义、杀一不辜为戒，而得天下，制治以仁，待臣下以礼。列圣传心，至仁宗而德化隆洽。朝廷之上，至于耻言人过。故本朝之治，独与三代同风。此则祖宗之家法也。而圣训则曰："国朝以来，过于忠厚。"夫忠厚，岂有过乎？周家自后稷、公刘、太王、王季积德累仁，至于文武、成康之盛，而忠厚之风始达于天下，故《行苇》之诗歌之。夫为国而底忠厚，岂易得哉！而岂有过者哉！陛下此言垂之后世，臣恐议者以陛下自欲行刻薄之政而归过祖宗。此不可不审思也。若必欲宣示于外，乞改曰"一于忠厚"，尚庶几焉。①

在史浩看来，善待士大夫，是祖宗家法，与三代同风，他在此所说的"文武、成康之盛"，与在《周官讲义》中说的"周室之盛，文、武、成、康享无为之治"，实在是一以贯之，太祖"制治以仁，待臣下以礼"也就是"王者湛静渊默"。相比之下，孝宗此番言论，未免刻薄，恐"加私意于其间者"。可以看出，史浩一直坚持他的政治理念。据李心传说，孝宗颇有悔意，欲改削其辞。而据周密记载，则孝宗另有一番说辞。孝宗说，对于他的御批，"或以为过，或以为是。以为过者，史浩也；以为是者，阎苍舒也。浩极长者，故不欲朕用威刑；阎苍舒趋事赴功之人也，故赞朕以为是"②。周密赞成孝宗对科举得人问题的批评，故如此说。从他的记述中，可知孝宗肯定了史浩的人品，但却

---

① （宋）史浩：《鄮峰真隐漫录》卷一〇《回奏宣示御制策士圣训》，载（宋）史浩撰，俞信芳点校：《史浩集》，第 202 页。

② （宋）周密：《癸辛杂识·前集·科举论》，《全宋笔记》，大象出版社 2017 年版，第 8 编第 2 册，第 172 页。

看不出他对史浩意见的支持。

三、史浩对近习的申斥和孝宗给他的反馈

淳熙六年君臣二人这次交流，议者皆谓孝宗御批有其近习曾觊参与"视草"，遂"有宰相不能择人之说也"①。而史浩隆兴元年（1163）首次去相，亦有孝宗近习龙大渊的因素在，所谓"近习积憾"是也。据李心传说，"当时之论，以为避大渊权势而去也"，自此"史公不召者，凡十三年"②。而史浩第二次罢相既与言语触怒孝宗有关，也与近习王抃有关③。盖史浩直言极谏，而近习言伪而媚，足动人主。孝宗早非潜邸听讲皇子，谁言悦耳，毋庸再辨。近习成为了史浩政治生涯中的梦魇。

史浩讨论近习最深入的，是他对《周礼·天官·宫正》的解说。宫正一职本与近习无涉，但因其职掌在"王宫之戒令、纠禁"，符合史浩对近习的严厉态度，其文又有"淫怠与其奇邪之民"的字样，符合史浩对孝宗周围一众近习品格的判断，因此史浩在解说《宫正》时着重针对近习生发了一通议论：

> 三代之王，所以中心无为而守至正，岂独以德行、道艺教养作成外朝之臣，使之辅佐而致是耶？抑左右前后亦先于德行、道艺，使王出则闻正言，入则观正事，盖无往而不正也。后世王宫谓之禁中，以其无所不禁也……宫正之官，专以德行、道艺教王左右前后近习之臣、环卫之士，其淫怠奇邪者，又不得厕迹于其间，无惑乎罔非正人也……宫正之戒令纠禁，可谓尽矣。然其所专主于纠之以德行，教之以道艺，德行、道艺行于近习、禁卫之臣，则自然皆为正人，此先王爱下之道也。三代

---

① （宋）李心传：《建炎以来朝野杂记》乙集卷三《孝宗论用人择相（史文惠论忠厚岂有过）》，第545页。

② （宋）李心传：《建炎以来朝野杂记》乙集卷七《史文惠以直谏去位》，第615页。

③ 蒋义斌：《史浩研究——兼论南宋孝宗朝政局及学术》，载《古代历史文化研究辑刊》2编第22册，台湾花木兰文化出版社2009年版，第63—64、71—72页。

之后，人主之爱其下，不知教之而每祸之。教之而使正，正则无邪矣，罪何由生？不教而祸之者，不会其行事，而假以权，使之光焰可炙手，趋炎附热（势）之徒，风靡从之，忠良为之屏息，奸雄为之切齿，一有变故，则草剃禽狝，俾无噍类，其祸可胜言哉！然则王者平居无事，不借之权势，立宫正以教之，而使归于正，非徒欲其卫己，实所以尽爱之之道也。

在这里，史浩继续王者无为的言说，而将对臣下德行、道艺的教养作为王者的责任，并特别点明要在宫内"立宫正以教之"，使"近习之臣""归于正"。宫正以掌管宫内禁令为职，史浩顺势将后世王宫之内的别称"禁中"加以发挥，宣扬三代王者会通过宫正对近习严加管束，此其所以爱之，而指斥后世君主不明此理，宠溺近习，放纵恶行，遂成为家国祸患。史浩因此告诫说，决不能让近习倚仗王者权势的情况出现。

　　讲解至此，犹觉不足，史浩在下一节《宫伯》继续专论近习的问题。据《周礼》，宫伯主要负责统领宿卫宫中的公卿大夫子弟，史浩藉此引申说，这些人"平居渐渍父兄之教、师友之训熟矣"，又有王者派宫正、宫伯"为之纠帅"，自然都是正德正行之人，可在后世——史浩像其他宋儒一样，用"汉唐之世"来指称，而未明言本朝——王者疏于管教，近习中不免杂有许多"淫怠奇邪者"。史浩问道："日有百刻，人主与外庭之臣论议者能几刻？"长此以往，君主很容易受"淫怠奇邪之近习"的蛊惑熏染，进而疏远正直忠良，扰乱朝政。这样的例子，"汉唐之君比比然也"；本朝如何，则是史浩尽在不言中的深深忧虑。在另一本《尚书讲义》中，史浩借《舜典》"明试以功，车服以庸"句，告诫"后之帝王"不要假"私恩"以名器权柄，亦与南宋朝臣欲杜绝私恩侥幸获进的思路相同[1]，只是此处重在揭示"舜作选诸侯之法"[2]，并不专门针对以潜邸旧人为主的近习。《尚书讲义》另于《咸有一德》《说命》《君

---

[1] 刘力耘：《史浩〈尚书讲义〉与宋孝宗朝政治》，《齐鲁学刊》2022 年第 2 期。
[2] （宋）史浩：《尚书讲义》卷二，《景印文渊阁四库全书》，台北商务印书馆 1986 年影印本，第 56 册，第 180 页。

夷》等篇亦论及近习危害，但若论批判近习，仍以《周礼讲义》中《宫正》《宫伯》等处较为集中、透辟、显白。

孝宗当日听讲，有何反应？皇子教育难比皇帝经筵，国史不加记录，是故这方面留下的资料较少，很难窥探内情。所幸一条孝宗听史浩讲论饮酒的史料见存，也与近习有关，可以略见孝宗的应对方式。

孝宗及其近习好酒无节，史浩讲《天官·酒正》时，有一段话系有为言之：

> 饮食均以奉王及后、世子，而膳羞则惟王及后、世子不会，至曰酒日饮，则惟王及后不会，不言"世子"者，以世子之饮所当会也。何者？酒之为物，虽以为礼，亦以为祸。彼方求其奉君之忠、奉亲之孝，苟以狂药动荡其心，则愦愦然不知其所以为忠、为孝之道矣；彼方求其主鬯以奉宗庙，元良以正万邦，苟以沉湎残贼其生，则奄奄然不知其所以为主鬯、元良之重矣。酒正于此乌得不节之以数，而会之于岁终乎？[①]

此段教导，在史籍中恰有记载，虽文字有减省变化，而旨意不殊。其事在孝

---

① 此段亦在今存宋本残卷中，文字全同，见（宋）史浩：《周官讲义》卷五，《原国立北平图书馆甲库善本丛书》第11册，国家图书馆出版社2013年影印本，第13B—14A页。《尚书讲义·酒诰》有一段经文串讲与这里描绘的人主酒后失德的状态非常接近，而更有过之，足见史浩对此痛心疾首，屡次提醒孝宗："在今后嗣王酗身者，纣既沉湎，六府漫漫，四支绵绵，不知其身之属我也。愦愦然岂复能造命以事天乎？其祇其保皆怀怨不可变易，大惟其纵肆淫泆于非常，用燕安以丧其威仪，民罔不尽然伤心。夫抑抑威仪，惟德之隅，纣既酗身，是无德以将，荡荡然矣，民乌得不伤心乎？既荒腆于酒，不思自止其过，乃恣厥心之疾，很不克畏死，又乌知天命之难谌乎？"其下又有一段可与本文上节涉及的"国朝忠厚"问题互参，可知史浩立场一贯如此："'尽执拘以归于周，予其杀'者，不用康叔专杀也。'予其杀'，若今之法当议处斩，非皆杀之也。禁止之辞，欲其知畏当如是言也。何以知之？至言商之臣工湎于酒，则曰'勿庸杀之，姑惟教之'，此成王之本心也，此周家之忠厚也。"见（宋）史浩：《尚书讲义》卷一四，《景印文渊阁四库全书》，台北商务印书馆1986年影印本，第56册，第326—327页。

宗为建王时，据《宋史》，"王作而谢曰：'敢不佩斯训'"①，据方志，"建王瞿然起曰：'谨受教。'自此节饮"②。孝宗当时刚因听从了史浩的谏言，在皇位的角逐中脱颖而出，而尚未被立为太子，故对史浩态度非常恭敬，似乎乐于纳谏，故方志有"节饮"之说。当时饮酒为寻常事，史浩之意，端在告诫孝宗不可沉湎于酒，愤然失态，放纵无礼，有损"元良"威仪。史浩还为此作诗，中云："乐饮虽及辰，沈酣非所恣。主人云梦胸，绰有容物智。温颜起谢客，博哉斯言利。平生千金躯，于此肯尝试。逡巡扫巨篇，华衮酬一字。观者叹贤王，不以儒为戏。"③极尽劝勉之情。孝宗生活素来俭朴，后来确实注意节饮，据说其宴会时，每饮多止半杯，一席之间，满杯不过二三④。他还在所撰《三教论》（初名《原道辨》）中赞赏佛家"不饮酒"，以为可当儒家五常之"智"⑤。晚年禅位后，孝宗与皇亲燕谈之际，还道及："大凡饮酒不可连日，令人神思不清。"又云："人主没人道得，若不自制禁，任意恣纵，何所不可？非独酒一事也。"⑥此时他早已经历过"人主没人道得"的时期，言语中依稀可以分辨出对早年受到史浩熏陶的怀想。

但是，孝宗的意志力可以节饮，却没能节制近习。方志记，孝宗当时好饮，是"以内知客龙大渊、曾觌善饮酒，多置酒会之"，而史浩一谏，"大渊、觌由是衔怒"⑦。史浩初次罢相的因由或许此时已经种下。孝宗即位后，"一日

---

① （元）脱脱等：《宋史》卷三九六《史浩传》，第 12065 页。

② （宋）胡榘、方万里、罗濬：［宝庆］《四明志》卷九《叙人中·先贤事迹下·史浩》，《宋元方志丛刊》，中华书局 1990 年影印本，第 5 册，第 4B—5A 页。

③ （宋）史浩：《鄮峰真隐漫录》卷一《和建王雨中闻戒酒之什》，载（宋）史浩撰，俞信芳点校：《史浩集》，第 16 页。

④ （宋）倪思：《经鉏堂杂志》卷一《孝庙圣德》，《全宋笔记》，大象出版社 2013 年版，第 6 编第 4 册，第 334 页。

⑤ （宋）史浩：《鄮峰真隐漫录》卷一〇《回奏宣示御制原道辨》，载（宋）史浩撰，俞信芳点校：《史浩集》，第 194—197 页。

⑥ （宋）倪思：《经鉏堂杂志》卷一《孝庙圣德》，《全宋笔记》，大象出版社 2013 年版，第 6 编第 4 册，第 333—334 页。

⑦ （宋）胡榘、方万里、罗濬：［宝庆］《四明志》卷九《叙人中·先贤事迹下·史浩》，《宋元方志丛刊》，第 5 册，第 4B—5A 页。

内宴"，史浩与曾觌均参加了，其时"一内人以帕子从曾乞词"，可谓造次失仪。史浩当场没有作声，后来则与陆游谈及此事，陆游又转告参知政事张焘，"张时在政府，异日奏：'陛下新嗣服，岂宜与臣下燕狎如此。'上愧问曰：'卿得之谁？'曰：'臣得之陆游，游得之史浩。'上由是恶游，未几去国"。[①]此为隆兴元年间事，或在史浩罢相后不久。这时孝宗尚处在"人主有人道得"的即位之初，却迁就近习，固执己见，拒谏若此，和战军国大事尚不能免，何况此等小事。据陆游本传，陆游谓张焘云："觌、大渊招权植党，荧惑圣听，公及今不言，异日将不可去。"[②]此语实与史浩同调。此时史浩不便进谏，而孝宗顾念旧情，仅迁怒陆游，没有殃及史浩，然而其放纵近习，了无节度，也不曾因史浩讲经而有些许改变。

四、结语

虽然在孝宗朝也曾出任经筵讲官，但早在皇子时期教育孝宗的经历，无疑更让史浩具备了"帝师"的资格。终其一生，史浩与孝宗都保持了良好的关系。孝宗曾不止一次弘扬史浩对自己的教导之功："朕学力坚固，心术明正，皆卿之力也""卿辅朕之久，日闻忠言，深悟朕心""君臣相得，殆非他人比也"[③]。史浩甚至有几次说出"义则君臣，情兼父子"这样的话来[④]。史浩所获礼遇之隆，非他人所能比拟，楼钥所谓"自古君臣以遇合为难，而笃眷不

---

① （宋）周密：《齐东野语》卷一一《陆务观得罪》，《全宋笔记》，大象出版社 2015 年版，第 7 编第 10 册，第 186 页。

② （元）脱脱等：《宋史》卷三九五《陆游传》，第 12058 页。

③ （宋）楼钥：《纯诚厚德元老之碑》，载史浩撰，俞信芳点校：《史浩集》附录二，第 931、934、925 页。

④ （宋）史浩：《鄮峰真隐漫录》卷八《论降诏视师札子》、卷三〇《再辞免明堂大礼陪祀札子》，载史浩撰，俞信芳点校：《史浩集》，第 169、564 页。后者作"义则君臣，情均父子"。

替，善始以终，殆千载而不一遇也"①，确乎不算太过夸饰。

皇子时期的讲官与后来的皇帝之间，既是师生，更是君臣。因讲官过于以"师道"自恃而造成君臣交流阻碍的例子，在宋代数见不鲜，如北宋哲宗与程颐、南宋宁宗与朱熹等皆是，而真德秀并不居高临下地向理宗灌输自己的意见，只是较委婉地进言以"启沃圣心"，效果则好得多②。在这方面，史浩无疑与真德秀更为接近。孝宗更是一个有耐心、有涵养的皇帝，对曾经从学的"保傅"怀有感情③。二人关系始终融洽，史浩也因此宠遇不衰。然而，在行政上，二人未能保持长时间的亲密合作。戴仁柱（Richard L. Davis）指出"这两个人有相似的性格，却有着相反的政见"，并认为"登上相位，史浩本该学会迁就的艺术"④。可是，具有"父子关系"潜意识的史浩始终没有放弃教育的姿态，不但早期的《周官讲义》中充满了有针对性的言说，指向孝宗实行统治后可能会发作的痼疾，而且在后来也尽可能寻机进谏。有一次，为了向孝宗进呈故事，史浩准备了两份稿子，其中几段都触及君相关系问题：

> 盖人君挈大器，而欲置之治安之地，非一人之力所能办，必寄之腹心之臣，而自提其纲。譬夫富商之运货，必使善负者负之而趋，维持保护，则在此而不在彼也。苟欲身自负之，行于夷途则可矣，险阻崎岖，前有蹶跌，后有遗忘，力或怠焉，左顾右盼，恐无肯任是责者？何者？素无委任之意，其可以一旦责成乎哉！明皇之用姚崇，知此道也。是故委任之意专，而崇乃得尽其腹心，进贤退不肖，了无疑忌之嫌。君臣之间，可谓两得矣。或曰："人主当总揽权纲，岂应以权付宰相？"对

---

① （宋）楼钥：《纯诚厚德元老之碑》，见史浩撰，俞信芳点校：《史浩集》附录二，第925页。

② 王化雨：《面圣：宋代奏对活动研究》，生活·读书·新知三联书店2019年版，第120页。

③ （宋）史浩：《鄮峰真隐漫录》卷一〇《从驾幸佑圣观记所得圣语》，载（宋）史浩撰，俞信芳点校：《史浩集》，第203页。

④ （美）戴仁柱：《丞相世家：南宋四明史氏家族研究》，刘广丰、惠冬译，中华书局2014年版，第79页。

> 曰："若舜、汤、武、高帝、孝宣、光武、太宗，岂不知治而必以权付诸
> 子者？"知宰相之权重，则朝廷之势尊。朝廷之势尊，则人主在上，赫
> 然丕冒，天下莫不知敬也。然则以权付宰相而总揽其纲，亦人主自尊之
> 道也。
>
> 　夫要者，人主执其纲，而百官有司各尽其职，所以百事详也。若人
> 主好详，则百官有司不任其责，而人主日不暇给矣。[①]

史浩对自己的意见非常坚持，对孝宗的反应也是介意的。孝宗有次恭维他
"前所奏陈如龟兆，数计无一不验"，并"访以治道"。史浩不能责问孝宗为何
不听逆耳忠言，只得再一次提醒孝宗万勿"求治太速，听言太杂"[②]。但孝宗自
有主张，在和战问题上没有听取史浩的意见，在君相、近习的问题上也没有
听取史浩的教导。孝宗已然受到高宗的全方位压制，心理上自然不会对臣下
这一方再做让步。余英时曾追索孝宗的心路历程，以求刻画其人格特质，并
以缺少孝宗文字作品而无法借以研究孝宗的潜意识活动为憾[③]，而《永乐大
典》辑录稿保存的《周官讲义》，给了我们一个从史浩的角度反观孝宗心理的
机会。

---

① （宋）史浩：《鄮峰真隐漫录》卷一一《进呈故事》，载（宋）史浩撰，俞信芳点校：《史
　浩集》，第 208 页。

② （宋）楼钥：《纯诚厚德元老之碑》，载（宋）史浩撰，俞信芳点校：《史浩集》附录二，
　第 931 页。

③ 余英时：《朱熹的历史世界：宋代士大夫政治文化研究》，生活·读书·新知三联书店
　2004 年版，第 708—768 页。

《永乐大典》所见"元史"佚文考

——兼论《永乐大典》之纂修体例

张　良

　　《永乐大典》引书多见张冠李戴、删削改易等情况，自不必论。然文本看似毫无章法，却建立在颇有条贯的引文层次之上。今本《永乐大典》卷二八〇六（卑韵）、一〇八八九（古韵）收录了两篇元人传记，分述西卑、别出古世系生平。《大典》引文起首题"元史"或"元史列传"，然不见于存世诸本《元史》当中 ①。马明达、汤开建认为，上述传记并非《永乐大典》标识差误，实属《元史》阙文。其后又提出两种可能的解释：（1）洪武二年（1369）、三年（1370）两次纂修卷次，合计 212 卷；而宋濂《目录后记》并今本所述总卷数均为 210 卷，"令人怀疑宋濂在'合前后二书'时，是否有过删削，西卑、别出古二传又恰在被删的二卷之中，而《大典》据以收录的底本是第一次修成后先行刊成的本子，或是《元史》的稿本。所以，今本《元史》没有二传，《大典》却保存下来"。（2）作者纂成此文时，尚无法看到洪武本全帙，故推测洪武旧版在嘉靖年间即残缺不全，而南监本因仍其陋，导致卷数残缺 ②。

　　首先，《永乐大典》增删引文、标识错误及张冠李戴的现象并不少见。因

---

① （明）解缙等：《永乐大典》卷二八〇六，中华书局 1986 年影印本，第 2 册，第 1419 页；（明）解缙等：《永乐大典》卷一〇八八九，第 5 册，第 4508 页。

② 马明达、汤开建：《今本〈元史〉散逸在外的两个列传》，《史学史研究》1983 年第 4 期，第 49—53 页；修订后收入汤开建《唐宋元间西北史地丛稿》，商务印书馆 2013 年版，第 405—417 页。

此，不能排除西卑、别出古二传出自其他文献，却误标"元史"的可能。此外《元史》洪武本全貌已非镜中水月，随着收藏于北京大学、日本京都大学的两个洪武配本渐为人知，推论（2）已不攻自破。而第（1）种猜测虽有合理性，但立论前提不确。通过判定《元史》列传洪武二年、三年两次纂修的分野，可以很明显地看出初修六十三卷、续补三十六卷并非简单叠加，成书过程中卷秩扩展、次序改易等问题，也侧面印证了宋濂"合前后二书，复厘分而附丽之"的说法①。毫无疑问，如果要揭开笼罩在西卑、别出古二传之上的种种迷雾，必须全面关照《永乐大典》征引《元史》的各种情况，并系统剖析其引文层次。

一、《永乐大典》所见"元史"范围

对照《永乐大典》及《元史》成书时间，永乐间编修者能够参考的《元史》版本只有洪武初刻本。《元史》编纂于洪武二年、三年之间，洪武初刻存世极少。民国间商务印书馆影印百衲本二十四史，《元史》一书即据北平图书馆所藏洪武残秩，配以南监本影印。其洪武板片多有描润，文本董理瑕瑜互见②，而板片则大失旧观，绝不能与洪武本等而视之。学者多据此本回溯《元史》早期面貌，自然会受到不小的误导。嘉靖七年（1528），南京国子监开始着手校正补刊南监本"二十一史"，十年（1531）开始刷印③，其中《元史》于嘉靖十一年（1532）毕功④。嘉靖二十一年（1542），明廷有重抄《永乐大典》之议，然事不果行；直到四十一年（1562）八月方抄成全帙，庋藏于皇史宬⑤。南监本叶面大致维持洪武旧式，惟版心上方标识"嘉靖八年补刊""嘉靖九年补刊"或"嘉靖十年补刊"字样。洪武版版心原本标识刻工、字数，嘉

① 张良：《〈元史〉列传部分二次纂修考实》，《文献》2022 年第 6 期。

② 周清澍：《〈元史〉点校的经历和体会》，载《"中国传统文化与 21 世纪"国际学术研讨会论文集》，中华书局 2003 年版，第 93 页。

③《南雍志经籍考》卷上，清光绪二十八年（1902）长沙叶氏刻本。

④《点校本〈元史〉出版说明》，《元史》卷首，中华书局 1976 年版，第 3 页。

⑤ 张升：《〈永乐大典〉流传与辑佚研究》，北京师范大学出版社 2010 年版，第 22—23 页。

靖本多付之阙如。一般认为，现今通行的《永乐大典》残帙均属嘉靖录副本，理论上不能排除重录本参考南监本的可能。然而实际上，嘉靖南京国子监编刊"二十一史"，对《元史》洪武旧版文字不乏校订修补，核洪武本、嘉靖南监本文字差异处，今本《永乐大典》引文均与洪武本保持一致。以《宗室世系表》《诸王表》为例：

（一）《元史》卷一〇七《宗室世系表》镇南王脱欢位："镇南王脱木不花"一条，洪武本（京大本、北大本）"王""脱"二字处由于断板贯穿而缺失；《永乐大典》（卷六七六七）引文同前此二本。而南监本则据上下文义补一"王"字。

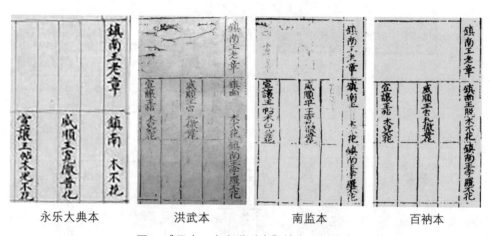

永乐大典本　　　　洪武本　　　　南监本　　　　百衲本

图 1 《元史·宗室世系表》镇南王脱欢位

（二）《元史》卷一〇八《诸王表》"武平王"一栏，洪武本"不花帖木儿"条接续"至顺元年"四字；南监本则援据"帖古思不花""秃满帖木儿"体例，在"至顺元年"后补一"封"字；《永乐大典》引文（卷六七六七）与洪武本一致，"不花帖木儿"条同样没有"封"字。

（三）同样是《诸王表》，在"高昌王"一栏"帖睦尔普化"条中，洪武本及《永乐大典》引文均作"至治□年"，南监本则在年份处补一"三"字。

对照上文可见，《永乐大典》引《元史》大致契合洪武旧式，并没有吸收嘉靖南监本的校订成果。

| 永乐大典本 | 洪武本 | 洪武本 | 南监本 | 百衲本 |

图 2 《元史·诸王表》"武平王"栏

| 永乐大典本 | 洪武本 | 洪武本 | 南监本 | 百衲本 |

图 3 《元史·诸王表》"高昌王"栏

二、《永乐大典》抄录诸史体例

《永乐大典凡例》将全书结构归纳为"用韵以统字，用字以系事"①。其中韵目、字目、事目（即主题词，包括事实、议论、诗文等）由高到低依次统摄，有条不紊。至于"事目"划分，《凡例》称：

> 事有制度者，则先制度（如朝觐、郊社、宗庙、冠婚之类）；物有名品者，则先名品（如龙凤、龟麟、松竹、芝兰之类）。其有一字而该数事，则即事而举其纲（如律字内有律吕、法律、节律，阳字内有阴阳、重阳、端阳之类）；一物则有数名，则因名而著其实（如黄莺、鸲鹆、竹筎、筼筜之类）。或事文交错，则彼此互见（如宰相、平章、参知政事，太守、刺史、知府之类）。或制度相因，则始末具举（如冠服、职官，历举汉唐宋沿革制度之类）。包括乾坤，贯通古今，本末粗精，粲然备列。庶几因韵以考字，因字以求事。开卷而古今之事，一览可见。②

前述说法仅仅划分一级事目（所谓"事有制度""物有名品"）、二级事目（"一字而该数事""一物则有数名"之类），从例证来看，所谓"事""物"，实际上不过是同义复用，没有依据词性加以区分。就史籍一门而言，当时编纂者已据词性差异，将相关"事实"大致划分为两种形态：其一，名目（obiectum），包括人名、地名、书名、篇名、官名之类；其二，事韵（eventus），涵盖各种具体行事。此外还有大量描摹性词汇（adjectivum），如忠义、孝友之类，并不单独成为一类，编者依据篇幅将其灵活划入名目抑或事韵两类。

---

① 《永乐大典凡例》，见《永乐大典目录》，国家图书馆藏抄本（索书号：02837），第1册，第6页。顾力仁、张升对此有专门研究。参见顾力仁《永乐大典及其辑佚书研究》第三章第三节"《大典》凡例考释"，台湾文史哲出版社1985年版；张升《〈永乐大典〉流传与辑佚新考》第一章第二节"《永乐大典》凡例详解"，社会科学文献出版社2019年版，第15—32页。

② 《永乐大典凡例》，见《永乐大典目录》，第1册，第6—7页。

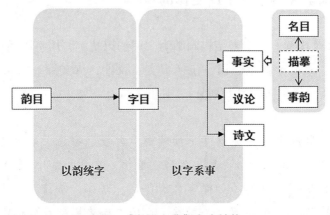

图 4　《永乐大典》文本结构

　　需要说明的是，《永乐大典》书成众手，缺乏划一，其纂修又经历初修本（《文献大成》）及定稿（题名《永乐大典》）两个阶段，在尚未厘清征引层次及文本结构的情况下，不能贸然将见于其中的《元史》佚文视作整体。此外也要考虑编修《大典》时史臣触手翻检、就近取则的情况。前人研究指出，《永乐大典》引书分为两种方式：其一，全文／全篇抄录；其二，分段节引①。那么，《大典》抄录诸史又存在怎样的特点呢？不妨再从《永乐大典目录》入手，其书首《凡例》堪称破解《大典》引书规律的一把钥匙，其中详细记录了编次、抄录诸史的方式：

　　（1）正史、编年、纲目、诸史，并于"史"字收载其名，并附作者姓氏、先儒序论。（2）其各朝帝纪之类，则依次编入国号之下。（如"汉"字收汉高祖，先《帝纪》，次《通鉴》，次《纲目》、诸史。）（3）

① 参见王云海《宋会要辑稿研究》第三章第二节《〈永乐大典〉的编修和流传》，河南师大学报编辑部 1984 年版，第 60—63 页；林鹄《〈永乐大典〉编纂流程琐议——以〈宋会要辑稿〉礼类群祀、大礼五使二门为中心》，《文史》2020 年第 1 期，第 279—288 页；张良《南宋官藏本〈续资治通鉴长编〉传绪考》，《文史》2021 年第 2 辑。

世家、列传、表、志则各从所重者收。（如后、妃、诸王、公主，收入"后""妃""王""主"字，《诸侯王表》入"王"字，《天文志》入"天"字，《萧何传》入"萧"字之类。）（4）或一传兼载数人，止于一人姓氏下全录，余止书姓名，注云"事详某人传"。（如《窦婴》《田蚡传》之类。）（5）若诸史中文有重复者，止存一家。或事文互有详略，则两存之。或事同而文有详略者，则存其详者。（如十（外）七史，南北史，新旧《唐书》《五代史》之类。）（6）先儒详论，亦各依次附载。（如胡致堂《读史管见》，论一代事则附一代之下，论一帝或一人事则附一帝一人下之类。）（7）其间事实，分采入韵。①

《永乐大典》收录《元史》文本大致分布于"事目"中"事实"一门，纪、志、表、传可依据《大典》成书层次找到各自归宿。《凡例》（1）至（3）条属"事实"中的特例，各自对应《元史》不同部分：第（1）条对应诸史目录、序跋、诏表、凡例之类，第（2）条对应本纪（亦包括编年、纲目及部分宗室表、传），第（3）条大致对应志以及部分表、传。（4）、（5）条属通例，第（6）条"议论"，以及《凡例》诸史部分没有涉及到的"诗文"，均与《元史》本文无关。第（7）条属"事实"一门中不与前三条重合的部分，叙前文所未备，所引《元史》宜与前三条有所重复，引文特点也不尽相同。谨区别纪、志、表、传，依次条理：

（一）各朝帝纪

1. 全录：《凡例》称"各朝帝纪之类，则依次编入国号之下"。参照《永乐大典目录》，可以很明显地看出这部分内容当系于"元"字韵（卷五一四八至五一九七）。今《永乐大典》"元"字韵诸卷均不存，不过对照存世的"唐""宋""辽"诸韵，依然能够推测"元"字韵征引"帝纪"文献的面貌。

---

① 《永乐大典凡例》，见《永乐大典目录》，国家图书馆藏抄本（索书号：02837），第1册，第10页。并《连筠簃丛书》本，"外七史"讹作"十七史"。

表1 《永乐大典》唐、宋字韵部分见存卷目

（1）南朝宋（赵宋略）

韵目	卷次	叶数	《目录》标注	内容
宋	12269	34	文帝四	《资治通鉴》卷121—127
	12270	16	文帝五	
	12271	19	文帝六	
	12272	17	文帝七	
	12273	21	文帝八	
	12274	23	文帝九	
	12275	20	文帝十	《通鉴纲目》卷24—25下
	12276	28	文帝十一	

（2）唐

韵目	卷次	叶数	《目录》标注	内容
唐	6933	23	高祖六	《资治通鉴》卷187—188
	6934	9	高祖七	
	7078	16	宪宗十二	《通鉴纲目》卷48
	7079	16	宪宗十三	《通鉴纲目》卷48—49上；《群书足用》
	7080	17	宪宗十四	《群书足用》；《兼金合璧》；《声律会元》；《栏江网》
	7104	17	宣宗一	《新唐书》卷8；《旧唐书》卷18下
	7105	13	宣宗二	《旧唐书》卷18下；马永易《元和录》；《唐语林》；《中朝故事》；《习学记言》；晁无咎《济北集》；孙甫《唐史记论》
	7159	35	庄宗六	《资治通鉴》卷272—273

《永乐大典凡例》称："正史、编年、纲目、诸史……其各朝帝纪之类，则依次编入国号之下。"从卷帙容量与《大典》篇幅的对应关系来看，"宋"字韵所载刘宋、赵宋诸帝，分别以《宋书》《宋史》开头；而"唐"字韵下，后唐庄宗同样以新、旧《五代史》起首。由此可见，《永乐大典》征引历朝帝纪的顺序，大致遵循了《凡例》定下的规范，先正史（如《宋书》，新、旧《唐书》，新、旧《五代史》，《宋史》，《辽史》），次编年（如《资治通鉴》《续

资治通鉴长编》），次纲目（如《通鉴纲目》），最后则是杂处各处的记载。通过横向模拟，很容易得出结论，那就是"元"字韵诸帝名目之下，《元史》本纪自当首先迻录，且属全文征引。现存《永乐大典》卷七一〇四、七一〇五即全文抄录了新、旧《唐书》中的《宣宗纪》，可为此提供佐证。

表 2 《永乐大典》"元"字韵与《元史》本纪对应关系

《元史》		《永乐大典》对应卷目		
卷次	事目	韵目	卷次	《目录》标注
1	太祖纪			元朝：太祖
2	太宗、定宗纪		5162	太宗、定宗
3	宪宗纪			宪宗
4—17	世祖纪		5163—5167	世祖
18—21	成宗纪		5168—5169	成宗
22—23	武宗纪		5170	武宗
24—26	仁宗纪	元	5171	仁宗
27—28	英宗纪		5172	英宗
29—30	泰定纪		5173	泰定帝
31	明宗纪			明宗
32—36	文宗纪		5174	文宗
37	宁宗纪		5175	宁宗
38—47	顺帝纪		5176—5178	顺帝

明初史臣所能见到的"帝纪"文献，除《元史》本纪之外，还包括全分的十三朝《实录》。当然，《永乐大典》"唐""宋""辽"韵目下并没有成体系征引实录、时政记一类文献。然而入明之后，原为前朝官藏的历代典档残缺不全，偶有零篇断简，已远不成体系。而元朝实录明初尚称完好，为洪武二、三年《元史》编纂取资。对照《大典目录》可知，"录"字韵下同样没有抄录成卷的实录。那么，明人抄录《永乐大典》的时候，有没有可能径将元朝《实录》收入"元"字韵之下呢？

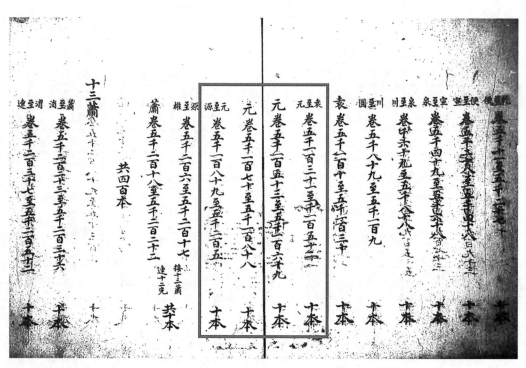

图5　清翰林院点对《永乐大典》见存目录（"元"字韵）

实际上，这一猜测是不能成立的。

据清翰林院点对目录，《永乐大典》"元"字韵在乾隆五十九年（1794）之前卷帙俱全（参见图5），咸丰年间依然完整无阙[①]。乾嘉诸老对蒙元已颇为重视，钱大昕即有重修《元史》之念；而道、咸间今文经学、西北史地已蔚然成风。若《永乐大典》中包含了元朝《实录》这样惊为天人的原始文献，前后百年间，学者绝无不赞一辞之理，而清代元史学的格局想必也会大不相同。

表3 《永乐大典》单卷抄录《元史》本纪所需叶数

《元史》			《永乐大典》	
卷次	事目	正文字数	卷次	所需叶数
22—23	武宗纪	24536	5170	28
24—26	仁宗纪	24104	5171	28（加上卷首、卷尾各一行）
27—28	英宗纪	15402	5172	18

当然，对比《元史》单卷字数与《永乐大典》卷册容量，完全可以排除"元"字韵系统采录元朝《实录》的可能性。《永乐大典》书写行款为半叶八行，小字双行，行二十八字。通计一叶，最多容纳八百九十六字。据《永乐大典目录》所示，武宗、仁宗、英宗分别占据了一卷篇幅，若将对应本纪全部抄入《大典》，则武宗、仁宗各自占据二十八叶，《英宗纪》也要有十八叶方能容纳，篇幅尚且在《永乐大典》一卷叶数的变动范围之内。考虑到《元史》本纪多就历朝实录刊削过录而成，而后者篇幅绝无可能小于前者。如果永乐诸臣将对应《实录》一并抄入，那么《永乐大典》卷五一七〇（对应武宗）、卷五一七一（对应仁宗）的篇幅均要延展至六十

[①] 张升：《〈永乐大典〉缺卷数新考》，《历史文献研究》2016年第1期，第307—314页。据张升先生考订，该存目"是乾隆五十九年编成的，记载当时《大典》缺卷数为二四〇四卷，而新、旧粘签反映的是嘉庆二十年至咸丰十一年之间《大典》新缺失的情况"。有关此卷目录的性质，还可参考史广超《四库馆〈永乐大典〉缺卷考》，《图书馆理论与实践》2009年第4期，第38—40页。

叶上下。而现存"唐""宋""辽"诸韵，一卷厚度最多也不过四十叶上下。种种迹象表明，《永乐大典》"元"字韵除抄入《元史》本纪之外，并没有迻录《实录》。当然，不能排除将《经世大典》帝号、帝系之类附于历朝本纪之后的可能性。

2. 节抄："元"字韵之外，《元史》本纪在《永乐大典》中还散见其他名目及事韵之下，都属片段式节引。与《元史》本文相较，面貌往往大异其趣。

表4 《永乐大典》现存卷目节录《元史》本纪示意

（1）名目

永乐大典			元史		目录标注 / 备注
卷	韵	条目	卷	篇题	
6766	王	北平王、河平王	6	世祖纪三	宗室封王三十
8706	僧	僧官	6	世祖纪三	僧官
19781	局	异样局	9	世祖纪六	诸局沿革四

（2）事韵

永乐大典			元史		目录标注 / 备注
卷	韵	条目	卷	篇题	
13496	制	太后称制	2	太宗纪	事韵一
7516	仓	漕仓	6	世祖纪三	事韵四
22181	麦	瑞麦	7	世祖纪四	事韵一

（二）志

1. 全录：《元史》诸志凡整篇抄入《永乐大典》，则以篇名定韵。虽相关卷帙已失，但依据《永乐大典目录》，并参考《凡例》，仍可大体还原其概貌。如《元史·五行志》即全篇系于《大典》卷八六二三"行"字韵下（参见图6）。天文、地理诸志亦同。又如《永乐大典》卷三八一二至三八一八，《目录》标识"元官"字样，大概抄录了《元史·百官志》及《经世大典·治典》相关内容。《凡例》也提到，"凡《天文志》，皆载于天字下"；"凡历代《地理

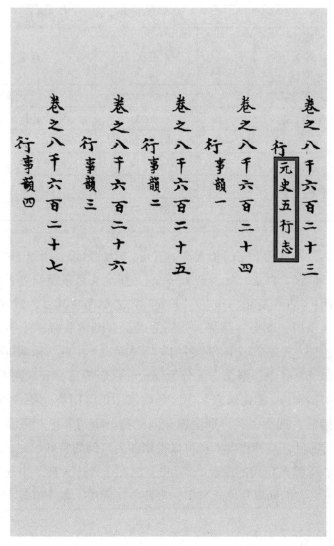

卷之八千六百二十三

行

元史五行志

卷之八千六百二十四

行事韵一

卷之八千六百二十五

行事韵二

卷之八千六百二十六

行事韵三

卷之八千六百二十七

行事韵四

图 6 《永乐大典目录》"行"字韵

志》及阴阳相地之术，皆附于地字下"①。

表 5 《永乐大典》全文过录《元史》志书对应卷目示意

《元史》			《永乐大典》可能对应卷目	
	卷次 事目 韵目		卷次	《目录》标注
48—49	天文志	天	4462—4499	天文
50—51	五行志	行	8623	元史五行志
52—57	历志	历	20833—20838	元历
58—63	地理志	地	14192—14193	地理四十三 / 四十四：元
64—66	河渠志	河	5648	金治河、元治河
85—92	百官志	官	3812—3818	元官

　　然《元史》志书凡十三门（天文、五行、历、地理、河渠、礼乐、祭祀、舆服、选举、百官、食货、兵、刑），并非一律全文系于篇韵之下。依据《永乐大典》体例，"古今礼乐，于礼字下举五礼之纲而疏其目，其郊祀、明堂、宗庙、社稷、山川、朝会、燕射、冠婚之类，各随字收载。乐字下载历代沿革雅胡俗部之制，其郊庙等乐仍详各韵"②。《元史》中礼、乐两部分均系于祭祀、礼乐诸志下，其中《祭祀志》分为郊祀、宗庙等目，分别同《永乐大典》"郊""庙"等韵对应。《礼乐志》亦区分朝仪、乐等门类，各自对应《大典》"仪""乐"诸韵。选举、兵、刑诸志亦同此类。所谓郊祀、宗庙之类，可视作志书之下的细目，某种程度上也可以视作篇名定韵的特殊形式。

　　2. 节抄：除篇名定韵的情况，《元史》志在《永乐大典》中还散见其他名目及事韵之下。它们同属片段式节引，多数与《元史》本文有较大差别。

---

① 《永乐大典凡例》，见《永乐大典目录》，第 1 册，第 7 页。
② 《永乐大典凡例》，见《永乐大典目录》，第 1 册，第 8 页。

表6 《永乐大典》现存卷目节录《元史》志书示意

（1）名目

永乐大典			元史		目录标注/备注
卷	韵	条目	卷	篇题	
7702	京	北京	58	地理志一	北京
		上京			上京
5453	郊	郊祀神位	72	祭祀志一	郊祀十九
5454					郊祀二十
17085	庙	寝庙	74	祭祀志三	寝庙
5455	郊	郊祀配侑事实	77	祭祀志六	郊祀二十一

（2）事韵

永乐大典			元史		目录标注/备注
卷	韵	条目	卷	篇题	
22181	麦	瑞麦	51	五行志二	事韵一
5839	花	非时开花			事韵五
13084	控	提控	83	选举志三	事韵

（三）表、传

1. 全录：表、传全文抄入《永乐大典》的情况可分为两类，一类是表、部分类传，均以篇名定韵，如《宗室世系表》《宗王表》，全文可见于《大典》卷六七六七"王"字韵下，不排除互见于《大典》卷一三四至一三五"宗"字韵（元宗室）[1]。《忠义传》则整篇过录在"忠"字韵下。《元史》宗王传虽无类传之名，在实际操作中也归入此类。

---

[1]《永乐大典》卷一三四、一三五或已不存，按《永乐大典目录》卷一，卷一三四标识"宗室三十九元"，卷一三五标识"宗室四十元"。

表 7 《永乐大典》现存卷目全录《元史》表、传一览（篇名定韵）

永乐大典			元史		目录标注 / 备注
卷	韵	条目	卷	篇题	
6767	王	宗室封王	107	宗室世系表	宗室封王三十一
			108	诸王表	
481	忠	忠义	193—195	忠义一至三（迄于桂完泽；同卷丑闾以下当系于《大典》卷四八二）	忠义十六
12015	友	孝友	197—198	孝友一至二	事韵一（孝友）

《凡例》所谓"或一传兼载数人，止于一人姓氏下全录，余止书姓名"，也在前述引文中有所体现。如《永乐大典》卷六七六六"宗王"条全录《别里古台传》，其孙爪都生平实附载其间。同卷"广宁王"条云："《元史》古台孙爪都中统三年封广宁王。"后附注称："详见宗王。"① 其后"越王"（秃剌）、"豫王"（阿剌忒纳失里）两条也如此比照处理。

至于其他专传则属传主定韵，系于相应姓氏或封号门目之下。其中，以传主姓名定韵自然容易理解，《永乐大典凡例》于此亦有专门解说：

> 古今姓氏……今以《元和姓纂》《姓氏辩证》诸书详著本末，随字收载。以世次系诸史列传及碑志杂说，先儒议论附之。覆姓则以下一字收之（如诸葛入葛字之类）。若辽金元所载诸臣，或无姓氏，至有五六字相连为名者，既无姓可收，亦以下一字附各字之后（如木华黎入黎字之类）。②

而封号定韵则以《元史》卷一一七所载诸王列传为代表，此处别里古台（宗王）、秃剌（越王）、牙忽都（楚王）、宽彻普化（威顺王）、帖木儿不花（宣让王）所系王名一般就是其平生最为显赫或具有代表性的封号。显宗传亦收录在《永乐大典》"王"字韵下，然仅略及其封晋王之生平，并非全录

---

① 《永乐大典》卷六七六六，第 3 册，2751 页下。
② 《永乐大典凡例》，见《永乐大典目录》，第 1 册，第 9 页。

传文。依封号定韵的体例，其生平全文宜附于《大典》"宗"字韵下。此外，《列女传》虽属类传，然其中相应部分同样归于各自姓韵之下。

表 8 《永乐大典》现存卷目全录《元史》列传一览（传人定韵）

永乐大典			元史		目录标注 / 备注
卷	韵	条目	卷	篇题	
6766	王	宗王、广宁王	117	别里古台	宗室封王三十
		越王、豫王		秃剌	
		楚王		牙忽都	
		威顺王		宽彻普化	
		宣让王		帖木儿不花	
2741	崔	崔斌	173	崔斌	姓氏九
		崔彧		崔彧	
2405	苏	苏天爵	183	苏天爵	姓氏十六
2741	崔	崔敬	184	崔敬	姓氏九
8024	成	成遵	186	成遵	姓氏
19743	逯	逯鲁曾	187	逯鲁曾	姓氏
2742	崔	周术忽妻崔氏	200	列女一·崔氏	姓氏十
7329	郎	朱甲妻郎氏		郎氏	姓氏

2. 节抄：篇名定韵、传主定韵之外，《永乐大典》凡征引《元史》表、传部分亦属节抄。

表 9 《永乐大典》现存卷目节抄《元史》表、传示意

（1）名目

永乐大典			元史		目录标注 / 备注
卷	韵	条目	卷	篇题	
920	师	国师	125	铁哥	国师
10115	旨	翰林学士承旨	139	阿鲁图	翰林学士承旨
			140	太平、达识帖睦迩	
			143	嵲嶪	
			145	亦怜真班	

（2）事韵

永乐大典			元史		目录标注／备注
卷	韵	条目	卷	篇题	
19637	目	瞑目	122	雪不台	事韵二
12043	酒	赐金卮酒	124	速哥	事韵十三
15075	介	廉介		塔塔统阿	事韵

（四）小结：抄录体例及校勘价值

综上所述，《元史》抄入《永乐大典》时，其韵目选取大致遵循如下规则：全录部分，本纪以书名定韵，志、表、部分类传以篇名定韵，专传及部分类传则以传主姓名或封号定韵。若引文所系韵目在前述三者之外，则属节抄。

表 10 《永乐大典》抄录诸史体例

	本纪	志、表、部分类传	专传、部分类传
全录	书名定韵	篇名定韵	传主（姓名／封号）定韵
节抄	其他名目／事韵	其他名目／事韵	其他名目／事韵

全录、节抄的引文情况豁然有别。就文本完整性、条理性来说，二者显然无法相提并论，惟有全录部分的佚文才有校勘价值。而厘定《大典》所引《元史》的性质，无疑要在整体征引部分基础上加以立论。

通过对照全文征引部分的佚文，并参照第一章结论可以明确：（一）从校勘层次来看，《永乐大典》本《元史》属于洪武（后印）本的衍生产物，从目前所见的材料来看，并没有发现参考南监本的确凿证据。（二）除《西卓传》《别出古传》两篇佚传之外，《永乐大典》全文征引部分的《元史》文本均不出今通行本范围。

还有细节可以佐证《永乐大典》这部分引文同洪武本之间的关系。如《永乐大典》卷六七六七引《元史·诸王表》，其中"梁王"一栏中，"王禅"直接连缀在上一条"松山"之后，并未依例另提行；观洪武本原文，"松山"

条恰好占满一列，其后紧接"王禅"条，故《大典》编者误将二者连写。此外，同卷宁昌郡王"不怜吉歹驸马"条亦同此例。

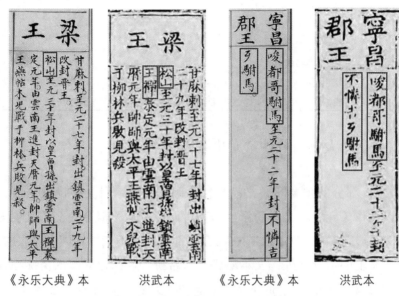

《永乐大典》本　　　洪武本　　　《永乐大典》本　　　洪武本

图 7 《元史·诸王表》"梁王""宁昌郡王"栏

今《永乐大典》全文征引《元史》部分均出自洪武本，没有独立的校勘价值。与通行刻本相较，《永乐大典》引文错漏百出，难堪重任。

表 11 《永乐大典》全录《元史》部分文本错讹例

篇目	洪武本	《永乐大典》本	南监本
宗室世系表	也不干大王	也不千大王	也不干大王
别里古台传	国法常以腹心遇败则牵从马	国法尝以腹心遇败则牵从马	国法常以腹心遇败则牵从马
秃剌传	尔何如？朕欲登舟	尔何知朕欲舟	尔何如？朕欲登舟
牙忽都传	诏遣牙忽都同力备御	诏遣牙忽都用力备御	诏遣牙忽都同力备御
宽彻普化传	宽彻普化，世祖之孙	宽彻普花，世祖之孙	宽彻普化，世祖之孙
崔斌传	得楮币十万缗	得楮弊十万缗	得楮币十万缗
苏天爵传	所办课为钞八十万定	所办课钞八十万定	所办课为钞八十万定

续表

篇目		洪武本	《永乐大典》本	南监本
逯鲁曾传		明宗、文宗二母后，固为妾也。今以无子之故，不为立主	明宗、文宗二母后，固为妾也。今以无人之故，不为立主	明宗、文宗二母后，固为妾也。今以无子之故，不为立主
忠义传一	石珪	昼夜粮绝援兵不至	昼夜粮绝授兵不至	昼夜粮绝援兵不至
	伯八	谋报父仇，后为也伯里秃	谋报父仇，后为也里伯秃	谋报父仇，后为也伯里秃

三、《永乐大典》节抄"元史"之文本分析

"全录"部分的主要问题是没有独立版本价值，且文字错讹较多，然而依旧可以视作《元史》文本的派生产物。而"节抄"部分佚文的性质无疑更为复杂，其形态多变，来源复杂，与全录部分已经不能算是同一层次的文献。除一般意义上的错讹之外，文本增删、哈希拼合、张冠李戴的情况亦每每可见。某种意义上来说，这部分引文不能和《元史》划等号，宜视作《元史》来源、并列或派生的对应文本。

谨从讹错删削、改易顺序、哈希拼合、张冠李戴四个层面加以分析：

（一）讹错删削

今天存世的《永乐大典》残帙均属嘉靖副本，经永乐、嘉靖两次转手抄录，其间错讹可谓比比皆是。这在其节录《元史》部分表现得尤为显著。以诸志节文为例：

表 12 《永乐大典》节录《元史》文本讹错例

篇目		洪武本	《永乐大典》本
地理志一	大都路	京城右拥太行，左挹沧海，枕居庸，莫朔方（小字注）	京城右拥太行，左挹沧海，枕居庸，莫朔方（大字）
舆服志一	天子质孙	则冠宝顶金凤钹笠	则冠宝顶金鼠钹笠
	祭服	领、袖、襕俱用皂绫（小字注）	领、袖、襕俱用皂绫（"绫"作大字）

续表

篇目		洪武本	《永乐大典》本
百官志二	御史台	至元二十二年（1285），参用南儒二人。书吏三十二人	至元二十二年，参用南儒二人。书吏三十二人
食货志一	海运	伯颜平江南时，尝命张瑄	伯颜平江南时，常命张瑄
食货志五	海运	二十二年五月，运粮赴京，视上年之数，仅加二万而已	二十二年五月，运粮赴京，视上年之数，仅加二万而已

又有断句致误，如《永乐大典》卷一三〇七五"鹅车洞"条，据《元史·张柔传》为文，然核对《张柔传》可以发现，所谓"鹅车洞"实际上是明人误读，原文宜断作"乃令何伯祥作鹅车，洞掘其城"[1]，若"洞"字属前，则文义不通。

《大典凡例》称："省、府、部、寺、台、院之类，古今建制沿革不一。今于省、府等字内举其大纲，其间统属及诸司职守、等级之详，各随字收载。"[2]既称"举其大纲"，那么撮录内容便不会太多，也不致巨细靡遗[3]。例如《永乐大典》的编修者在节抄《元史》时，往往围绕事目，对抄录对象加以删削。《大典》卷一〇一一五"旨"字韵"翰林学士承旨"一门主要抄录了《元史·百官志》"翰林兼国史院"条，其间往往节录其下"翰林学士承旨"相关内容，其他无关部分则一律删削。

表13 《永乐大典》节录《元史》文本删削例

《永乐大典》	《元史·百官志》
《元史·百官志》：翰林兼国史院，秩正二品。中统初，以王鹗为翰林学士，未立官署。至元元年始置，秩正三品。六年，置承旨三员。	翰林兼国史院，秩正二品。中统初，以王鹗为翰林学士，未立官署。至元元年始置，秩正三品。六年，置承旨三员、学士二员、侍读学士二员、侍讲学士二员、直学士二员。八年，升从二品。

---

[1]《元史》卷一七四《张柔传》，第13册，第3476页。

[2]《永乐大典凡例》，见《永乐大典目录》，第1册，第8页。

[3]张升：《〈永乐大典〉流传与辑佚研究》，第22—23页。

续表

《永乐大典》	《元史·百官志》
（至元）十四年（1277），增承旨一员。	十四年，增承旨一员。十六年，增侍读学士一员。
十七年（1280），增承旨二员。	十七年，增承旨二员。二十年，省并集贤院为翰林国史集贤院。……二十六年，置官吏五员，掌管教习亦思替非文字。
二十七年（1290），增承旨一员。大德九年，升正二品。	二十七年，增承旨一员。大德九年，升正二品，改典簿为司直，置都事一员。
（至大）元年（1308），置承旨九员。皇庆元年，升从一品。	至大元年，置承旨九员。皇庆元年，升从一品，改司直为经历。延祐元年，别置回回国子监学，以掌亦思替非官属归之。
（延祐）五年（1318），置承旨八员。后定置承旨六员，从一品。	五年，置承旨八员。后定置承旨六员，从一品；……都事一员，从七品；掾史四人，译史、通事、知印各二人，蒙古书写五人，书写十人，接手书写十人，典吏三人，典书二人。
（至元）十二年（1275），别立翰林院，置承旨一员。	蒙古翰林院，秩从二品。……至元八年，始立新字学士于国史院。十二年，别立翰林院，置承旨一员、直学士一员、待制二员、修撰一员、应奉四员、写圣旨必阇赤十有一人、令史一人、知印一人。
十八年（1281），增承旨一员。	十八年，增承旨一员、学士三员，省汉儿令史，置蒙古必阇赤四人。
二十九年（1292），增承旨一员。	二十九年，增承旨一员、侍读学士一员、知印一人。三十年，增管勾一员。大德五年，升正二品。九年，置司直一员、都事一员。皇庆元年，改升从一品，设官二十有八，吏属二十有四。
（延祐）二年（1315），改司直为经历。后定置承旨七员。	延祐二年，改司直为经历。后定置承旨七员、学士二员……典吏三人。

（二）改易顺序

《永乐大典》为了迁就事目，还会对引文顺序加以调整。以卷二六〇七"御史台"条引《元史》为例。《元史·百官志二》"御史台"本文以内台设官品秩（殿中司、察院附）、江南行台设官品秩（察院附）、陕西行台设官品级（察院附）、肃政廉访司、内八道名目、江南十道名目、陕西四道名目为次序，如后文所示：

（1）御史台，秩从一品。大夫二员，从一品；中丞二员，正二品；侍御史二员，从二品；治书侍御史二员，从二品。掌纠察百官善恶、政治得失。（中略）至元二十二年，参用南儒二人。书吏三十二人。（2）江南诸道行御史台，设官品秩同内台。（中略）后定置御史二十八员、书吏二十八人。（3）陕西诸道行御史台，设官品秩同内台。（中略）察院，品秩同内察院。监察御史二十员，书吏二十人。（4）（略）（5）内道八，隶御史台：（中略）山北辽东道，大宁路置司。（6）江南十道，隶江南行台：（中略）福建闽海道，福州路置司。（7）陕西四道，隶陕西行台：（中略）云南诸路道，中庆路置司。①

《大典》仅攫取内台、江南行台两门，抄录时将《元史》第（1）部分内台设官品秩与第（5）内八道名目衔接，又将第（2）江南行台设官品秩与第（6）江南十道名目连属，分别抄录。其余部分则悉数省略。

（三）杂凑拼合

《永乐大典》同样存在将不同来源的文本拼合、改编为一个整体的情况，这一现象突出表现在卷七八五六"太白星"（太白昼见、太白经天附），卷一九四一六"站赤"，卷一九七八一"软皮局"，以及卷二二一八一"瑞麦"诸条。

首先是《永乐大典》卷七八五六"太白星"条，在可以确定来源的记载中，存在穿插征引《元史》本纪和《天文志》的情况。这种情况集中在世祖至文宗朝；而在同一事目下，顺帝一朝的记载则全部过录《天文志》；随后"太白昼见""太白经天"两事目也不再参考本纪记载。可以看出，前述事目的抄录策略存在动态变化的过程。最初，《大典》编者或许并未意识到《元史·天文志》以及本纪中的对应记载系属同源，抑或是责任感使然，让他们

---

① 《元史》卷八六《百官志二》，第7册，第2177—2182页。

不敢轻易忽略某一参考数据。于是在纂辑伊始，编者一手本纪，一手志书，左右开弓，择善而从。然而这种"精细化"的操作并未持续下去，也许抄到文宗天顺二年（1329）一条的时候，编者终于意识到，相对于本纪，《天文志》材料无疑更加集中，摘取起来也较为便捷。自此之后，迄于事目结尾，《大典》编者再也没有参考过本纪中的相关内容。

表14 《永乐大典》节录《元史》文本哈希例

（1）世祖至文宗朝

《永乐大典》卷7856	《元史》本纪	《元史·天文志一》
二十年二月庚子，是夜，太白犯昴。	【世祖纪九】（至元二十年二月），……是夜，太白犯昴。	（至元二十年）二月……庚子，太白犯昴。
二十一年七月甲申，太白犯荧惑。	［本纪无］	（至元二十一年）七月甲申，太白犯荧惑。
二十三年……冬十月甲午朔，太白犯右执法。壬寅，犯左执法。甲寅，犯进贤。	【世祖纪十一】（至元二十三年）冬十月甲午朔，太白犯右执法。……壬寅，太白犯左执法。……甲寅，太白犯进贤。	（至元二十三年）十月甲午朔，太白犯右执法。戊戌，太阴犯建星。辛亥，太阴犯东井。甲寅，太白犯进贤。
六月己酉，犯舆鬼。甲午，犯舆鬼。	【成宗纪三】（大德五年六月）癸巳，太白犯舆鬼。岁星犯井。甲午，太白犯舆鬼。	（大德五年六月）己酉，太白犯舆鬼。……甲午，太白犯舆鬼。
九年冬十二月丙子，太白犯西咸。	【成宗纪四】（大德九年十二月）丙子，太白犯西咸。	（大德九年十二月）丙子，太白犯西咸。
十一月壬申朔，太白犯钩铃。	［本纪无］	（至顺二年）十一月壬申朔，太白犯钩铃。
＊《永乐大典》引文同源文献以粗体标识		

至于"站赤""软皮局""瑞麦"诸条，则是将不同来源的文本予以拼合。以"软皮局"条为例，详见下表：

表 15 《永乐大典》节录《元史》文本拼合例

《永乐大典》卷 19781 "软皮局" 条	《元史》
软皮局。《元史》百官志：上都、大都貂鼠软皮局提领所，掌内府细色银鼠野兽诸色皮货。提领二员。至元九年置，受府札。二十七年，给从七品印，改受省札。大德十一年，给从六品印，改受敕牒。至治三年，仍改受省札。	【百官志五】上都、大都貂鼠软皮等局提领所，提领二员。至元九年置，受府札。二十七年，给从七品印，改受省札。大德十一年，给从六品印，改受敕牒。至治三年，仍改受省札。其属附见。
	【百官志六】软皮局，掌内府细色银鼠野兽诸色皮货。大使、副使、直长各一员。至元二十五年置。

（四）张冠李戴

1. 书名误标例：节抄部分的《元史》引文，书名、篇目误标随处可见。例如《永乐大典》卷一九七八一"局"字韵"军器局"条："《宋史》大都弓匠提举司，秩正五品。达鲁花赤、提举、同提举、副提举各一员。其属双搭弓笤，大使、副使各一员。成吉里弓局，大使、副使各一员。至元三十年（1293），改提举司，置局。""《宋史》大都弦局，大使、副使各一员。至元三十年，改提举司，置局。"实际上均出自《元史·百官志六》[①]。与之相对，也有《宋史》误标"元史"之例。如《永乐大典》卷一九七八一"明金局"条："《元史》宦者传：童贯性巧媚。徽宗立，置明金局于杭，贯以供奉官主之。"实际是《宋史·宦者传》原文[②]。

如果说前述两种情况或许出自手民误植，那么将元人文集、贞珉、政书内容一概系于"元史"门目下，其背后的原因或许更为复杂。按《永乐大典》卷一三一三五"梦嵇侍中"条：

> 《元史》：赵松雪延祐元年十一月十九日，彰德朱长孺道邦人之意，求书"晋嵇侍中之庙"六字。余每叹其忠节，不辞而书之，运笔如飞，若有神助。是夜，京口石民瞻馆于书室中，梦一丈夫，晋衣冠，蓬首玄

---

① 《元史》卷九〇《百官志六》，第 8 册，第 2288 页。
② 《宋史》卷四六八《宦者三·童贯传》，第 39 册，第 13658 页。

衣，流血被面，谓民瞻曰："我嵇侍中也，今日赵子昂为余书庙额，故来谢之。"民瞻既觉，犹汗血。亦异事也。①

上述记载并不见于《元史》，实际是抄录了赵孟頫《纪梦嵇侍中》原文：

> 延祐元年十一月十九日，彰德朱长孺道邦人之意，求书"晋嵇侍中之庙"六字。余每敬其忠节，不辞而书之，运笔如飞，若有神助。是夜，京口石民瞻馆于书室中，梦一丈夫，晋人衣冠，蓬首玄衣，流血被面，谓民瞻曰："我嵇侍中也，今日赵子昂为余书庙额，故来谢之。"民瞻既觉，犹汗流。亦异事也。②

又《永乐大典》卷九二二"万世师"条称：《元史》加封孔子碑所谓祖述尧舜、宪章文武、仪范百王、师表万世者也。此事系于大德十一年（1307）七月辛巳，武宗即位之初。"祖述尧舜"以下十六字正是《诏加孔子圣号碑》原文：

> 上天眷命，皇帝圣旨：盖闻先孔子而圣者，非孔子无以明；后孔子而圣者，非孔子无以法。所谓祖述尧舜，宪章文武，仪范百王，师表万世者也。朕纂承丕绪，敬仰休风，循治古之良规，举追封之盛典，加号大成至圣文宣王，遣使阙里，祀以太牢。于戏！父子之亲，君臣之义，永为圣教之尊；天地之大，日月之明，奚馨名言之妙。尚资神化，祚我皇元，主者施行。大德十一年七月□日。③

然《元史·武宗纪》仅称"加封至圣文宣王为大成至圣文宣王"④，并

---

① 《永乐大典》卷一三一三五，第 6 册，第 5666 页。
② （元）赵孟頫：《纪梦嵇侍中》，《松雪斋文集·诗文外集》，《四部丛刊》初编影印景元刻本。
③ 此碑文极为常见，录文参见《续陕西通志稿》卷一六二。
④ 《元史》卷二二《武宗纪一》，第 2 册，第 484 页。

未过录碑文。很显然，《永乐大典》此处依据的不是明修《元史》。至于上述材料的直接来源，则难以确知。不过有证据表明，《永乐大典》所节引"元史"当中，确实阑入了不少历朝《实录》《经世大典》及《六条政类》原文。

《永乐大典》卷二二一八一"麦"字韵"瑞麦"条：

> 【永乐大典】《元史》世祖皇帝：（1）至元七年，瑞麦生东平。东平府进瑞麦一干五穗，及三穗者，（2）并为图具表称贺。省臣以闻。上若曰："是素所无耶？"对曰："臣尝闻有一茎二穗，未尝有五穗者。"遂命藏之大府云。（后略）①
>
> 【元史世祖纪四】（至元七年五月）壬戌，东平府进瑞麦，一茎二穗、三穗、五穗者各一本。②
>
> 【元史五行志一】（至元）七年夏，东平府进瑞麦，一茎五穗。③

题"《元史》世祖皇帝"，内文较今本《元史·世祖纪四》及其《五行志》当中的同源文献充实，尤其是第（2）句奉表称贺、君臣对话一段，并不见于其他文献记载，当源自《世祖实录》。亦不能排除《永乐大典》卷九二二"万世师"条源自《武宗实录》的可能性。

而在"元史"标目下，《永乐大典》节引不少内容应源自《经世大典》或《六条政类》一类政书。如卷一九七八一"琉璃局"条：《元史》：（1）琉璃局，大使、副使各一员，中统四年置。（2）又：中统四年始置，设提领三员。至元十四年，改置大使等员。今定置大使一员，副使一员。④ 即便不与其他文献对照，也能看出（1）、（2）两句属同源文献，二者所述为一事，然来历有别。其中第（1）句与《元史·百官志六》"琉璃局"条一字不差；第（2）句

---

① 《永乐大典》卷二二一八一，第 8 册，第 7860 页。
② 《元史》卷七《世祖纪四》，第 1 册，第 130 页。
③ 《元史》卷五〇《五行志一》，第 4 册，第 1085 页。
④ 《永乐大典》卷一九七八一，第 8 册，第 7381 页。

复又提及"中统四年始置""置大使一员，副使一员"，完全涵盖了前一句主干。考虑到《元史·百官志》与《经世大典》之间紧密的文献传承关系，第（2）句极有可能就是《经世大典》原文。

又如《永乐大典》同卷"玉局"条：

> 【永乐大典】《元史》：（1）玛瑙玉局，秩徒八品。直长一员。掌琢磨之工。至元十二年始置。（2）<u>至元十四年立，置局使、副使各一员，直长二员，俱受院札。</u>大德四年，给品印。十一年，大使、副使受敕牒，直长受省札。至治三年罢。今定置大使受敕，副使、直长受院札。（3）玉局提举司，秩从五品。提举一员，正七品；同提举一员，从七品；副提举一员，正八品。中统二年，以和林人匠置局造作，始设直长。至元三年，立玉匠局，用正七品印。十五年，改提举司。①
>
> 【元史百官志五】玛瑙玉局，大使、副使各一员，直长二员。至元十四年置。②

其中（1）、（3）两句为《元史·百官志一》"玛瑙玉局"③，以及《百官志四》"玉局提举司"本文④，姑不论。第（2）句起首部分与《百官志五》"玛瑙玉局"条同源，其后则是文书流程、部署升降，为《元史》所无。从源流关系来看，第（2）句显然是《元史》对应条目的文献来源，也极有可能属于《经世大典》原文。

同样的例子还见于"柴炭局"条：

> 【永乐大典】《元史百官志》：（1）大都、上都柴炭局各一，至元十二年置，秩从六品。……（2）柴炭局，秩从七品。……（3）至元二十年，

---

① 《永乐大典》卷一九七八一，第 8 册，第 7381 页。
② 《元史》卷八九《百官志五》，第 8 册，第 2256 页。
③ 《元史》卷八五《百官志一》，第 7 册，第 2145 页。
④ 《元史》卷八八《百官志四》，第 7 册，第 2226 页。

八剌哈赤、不花纳等管领收支柴炭。元贞二年，礼部降到从七品铜印一颗，设官四员，俱受徽政院札付。大德〔十〕一年，徽政院启准，御位下柴炭局一体换受敕牒官四员，达鲁花赤提领各一员，从七品。局使一员，并受中书省札付。直长一员，受院札。官三员，首领官、典吏一员。至治二年，衙门例革。至顺三年，复立。礼部降到从七品铜印一颗。设官三员，俱受院札。提领，大使，副使，攒典。（4）管领打捕人匠所，元系本管打捕皮货等户。乙未、壬子年，夺罗歹大使臣重阳所管。至元十四年，奏属皇太子位下。至元十五年，启奉令旨，夺罗歹孙子抄儿歹管的打捕户三百三户，与皇太子出气力者。至元十六年，奉省部符文，拨属位下当差。至元二十八年，抄儿歹身故，斡脱儿赤承袭，管领本所官达鲁花赤。（从五。）提领一，相付官一，都目，司吏。实有人户二百四十三户，岁办钞八锭四十两，皮货四百十五张。税粟六百二十一石四斗三升五合。①

其中，（1）、（2）两句分别对应《元史·百官志三》"大都、上都柴炭局"条②，以及《百官志五》"柴炭局"原文③，（3）、（4）两句不见于今本《元史》，必有其他出处。其中，第（3）句所述与上文同为"柴炭局"，时间节点亦间有对应。然制度因革颇有龃龉之处，或领属关系不同之故。其时间断限迄于至顺三年（1332），恰好符合《经世大典》断限。据此判断，第（3）句极有可能源自《经世大典》。

至于第（4）句"管领打捕人匠所"，情况则较为特殊，实际上是明人误抄入"柴炭局"条，与前文并无关联。值得注意的是其中"与皇太子出气力者"一句，保留了原始案牍的文辞面貌，却与《经世大典》"通国语于尔雅，去吏牍之繁辞"的特点颇有违和。

《永乐大典》同卷"供征局"条亦有类似一段，文字特点与"管领打捕人

① 《永乐大典》卷一九七八一，第 8 册，第 7381 页。
② 《元史》卷八七《百官志三》，第 7 册，第 2203 页。
③ 《元史》卷八九《百官志五》，第 8 册，第 2251 页。

匠所"条如出一辙：

> 【永乐大典】《元史》：局根脚，隶昭功万户府。至顺二年十一月，昭功万户府官奉圣旨："立一个正七品供徽局衙门，设典史一员，库子四名，本把二名，秤子二名。钦此。"又至顺三年六月，建都班副使等奏："新立来的供徽局里达鲁花赤提点执事是从四品、正五品，行使的是正七品印信有。本库勾当、库子、秤子、本把人等，至今不曾与准设有，可怜见呵。依着中兴武库例，与准设俸钱。六十个月满，常选里与除授呵。怎生，奏呵。奉圣旨，那般者。钦此。"中书礼部铸给到本局从五品铜印一颗行使。至元六年十一月十四日，昭功万户府例革拨属本院。至正九年九月初八日，中书省奏准，添设都达鲁花赤一员。本局官库达鲁花赤。（从五。）提点。（同。）大使。（从六。）副使。（从七。）首领官。库子四。本把二。概管人户苔剌赤酒匠二百二十八户。房舍九十八间。院地十亩一分五厘。①

这一条记载的时间下限迄于顺帝至正九年（1349），并非源自《六条政类》。②值得注意的是，"管领打捕人匠所"条所谓"本所""本管"，"供征局"条中"本局""本院"之说，玩味辞气，应当是站在本部门角度，由此凸显出文本的原始面貌。综上可知，这两条记载并非见于任何一部成文政典，而是直接来源于某种元代公文汇编。

2. 篇目误标例：除书名张冠李戴之外，《永乐大典》"节录"部分篇名误目标情况也比较常见。如《大典》卷五四五三、五四五四"郊祀神位"，卷五四五五"郊祀配侑事实"征引《元史·祭祀志》，均标识"郊祀志"，无一例外；卷一三〇八四"提控"条节抄《选举志三》原文，起首却题作"元史百官志"；卷九二〇"国师"条、卷二〇三一一"内臣问疾"条引用《铁哥

---

① 《永乐大典》卷一九七八一，第 8 册，第 7381 页。
② 《六条政类》成书于至正八年（1348）。参见刘晓：《元政书〈六条政类〉考》，《元史论丛》第 9 辑，中国广播电视出版社 2004 年版，第 37—39 页。

传》，首题篇名则作"铁歌传"；而《元史·孝友传》为《永乐大典》节引时多题作"元史孝义传"，却无一题作"孝友传"；与此相对照，卷一二〇一五全录《孝友传》，起首则如实标注篇名。

表16 《永乐大典》节录《元史》篇名误标一览

《永乐大典》		《元史》		备注
卷数	事目	卷数	门目	
5453	郊祀神位	72	祭祀志一	题"元史郊祀志"
5454				
5455	郊祀配侑事实	77	祭祀志六	
13084	提控	83	选举志三	题"元史百官志"
920	国师	125	铁哥传	题"元史铁歌传"
20311	内臣问疾			
662	吮母痈	197	孝友一·孙瑾传	题"元史孝义传"
2345	乌集冢树		毕也速答立传	
10310	幼儿代父死		郭狗狗传	
10310	愿代母死		樊渊传	
10310	兄弟争死		郭道卿传	
10813	徒步寻母		章卿孙传	
10813	徒步寻母		俞全传	
10813	誓天求母		黄觉经传	
19637	愈目		李茂传	
19637	舐目		刘通传	
20311	居庐成疾		邵敬祖传	

如果篇目误标仅仅偶一见之，或同一情况集中在《永乐大典》若干卷当中，还可以归咎明人手民之失。然实际情况却并非如此，诚如《铁哥传》在《大典》节引部分仅存两条引文，且两卷前后相隔悬远，却无一例外地标识为"铁歌传"，形似前后呼应；《孝友传》误标情况不仅分布广泛，且节引部分均不见标识"孝友传"，大多以"元史孝义传"或"元史"起首。而全录部分则

老老实实标注"孝友传",与节录部分形成鲜明对照。种种迹象表明,《永乐大典》编者在节录《元史》过程中,并没有直接对照原书,摆在抄手面前的,应当是某种经过编辑的"中间文本"。实际上这并不难理解,前文种种顺序改易、哈希拼合,无不需要预为提纲,编定事目,再行抄录。其中蕴含的条理性,往往与《凡例》相合。如果抄手直面原书,未免难于措手。前文《经世大典》及元代官牍误标"元史"的情况多见于哈希型文本,即同一事目之下既有《元史》本文,又添入了《经世大典》《六条政类》乃至省台公牍之类文献。而在编制草本或按韵抄录的过程中,底草上标著的书名出处因种种原因脱落,导致其他文献混杂在"元史"标目之下。此外,还有不少细节可以佐证。如散见于《永乐大典》中的《元一统志》佚文,一级建制均被仔细地修订为明初区划,几无例外[①]。

四、两篇佚传的来历

回到《西卑》《别出古》二传来源问题。值得注意的是,《西卑传》见于《永乐大典》卷二八〇六"卑"字韵,《别出古传》则收录在卷一〇八八九"古"字韵下,均系于对应"姓氏"事目,符合《永乐大典》全文过录专传时以传主姓名定韵的体例。而从目前《永乐大典》残卷征引《元史》的情况来看,全录部分并无一处篇目误目标情况。自然,不能完全排除明人撮录失误的可能性,但这也提醒我们,两篇传记是否真有可能是《元史》佚文呢?有趣的是,在今存洪武本中,确实明白无误地透露出篇目遗失的痕迹。

研究表明,洪武本《元史》列传部分可以依据版心卷目标记方式的系统性差异加以区分:其中,洪武二年初修本板片版心标"列传",次年续修部分

---

① 参见赵万里辑:《元一统志》,中华书局1966年版;陈智超:《从〈宋会要辑稿〉出现明代地名看〈永乐大典〉对所收书的修改》,《史学月刊》1987年第5期,第31—33页;黄燕生:《〈永乐大典〉征引方志考述》,《中国历史文物》2002年第3期,第75—76页。

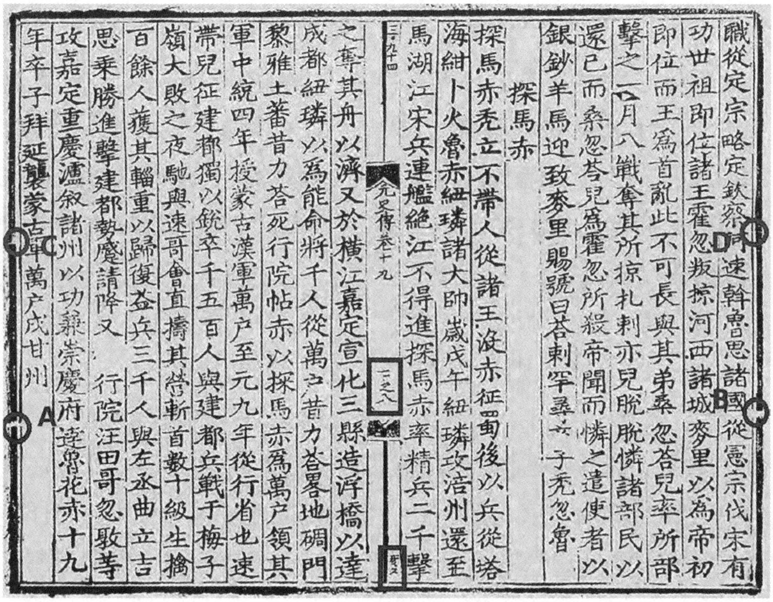

職從定宗略定欽察阿速斡魯思諸國從憲宗伐宋有
功世祖即位諸王霍忽叛掠河西諸城麥里以為帝初
即位而王為首亂此不可長與其弟桑忽答兒率所部
擊之一月八戰奪其所掠扎剌亦兒脫脫憐諸部民以
還已而桑忽答兒為霍忽所殺帝聞而憐之遣使者以
銀鈔羊馬迎致麥里賜號曰答剌罕尋卒子禿忽魯

探馬赤

探馬赤禿立不帶人從諸王沒赤征蜀後以兵從塔
海紐卜火魯赤紐璘諸大帥歲戊午紐璘攻涪州還至
馬湖江宋兵連艦絕江不得進探馬赤率精兵二千擊
之奪其舟以濟又於橫江嘉定宣化三縣造浮橋以達
成都紐璘以為能命將千人從萬戶昔力答畧地硐門
黎雅土蕃昔力答死行院帖赤以探馬赤為萬戶領其
軍中統四年授蒙古漢軍萬戶至元九年從行省也速
帶兒征建都獨以銳卒千五百人與建都兵戰于梅子
嶺大敗之夜馳與速哥會直擣其營斬首數十級生擒
百餘人獲其輜重以歸復益兵三千人與左丞曲立吉
思乘勝進擊建都勢蹙請降又 行院汪田哥忽敦等
攻嘉定重慶瀘叙諸州以功兼崇慶府達魯花赤十九
年辛子拜延襲蒙古軍萬戶戍甘州

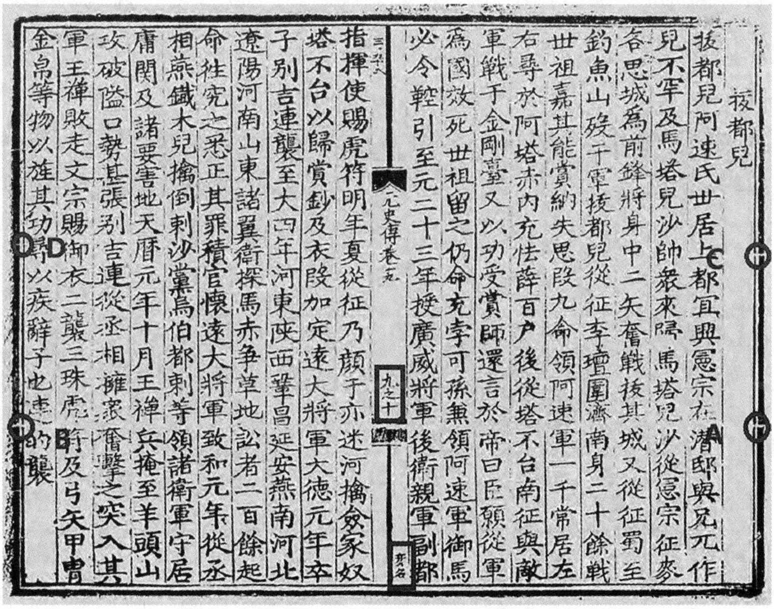

拔都兒

拔都兒阿速氏世居上都宜興憲宗在潛邸與兄元作
兒不罕及馬塔兒沙帥眾來歸馬塔兒沙從憲宗征麥
各思城為前鋒將身中二矢奮戰拔其城又從征蜀至
釣魚山歿于軍拔都兒從征李璮圍濟南身二十餘戰
世祖嘉其能賞納失思段九命領阿速軍一千常居左
右尋於阿塔赤內充怯薛百戶後從塔不台南征與敵
軍戰于金剛臺又以功受賞師還言於帝曰臣願從軍
為國效死世祖留之仍命充孛可孫兼領阿速軍御馬
必令鞚引至元二十三年授廣威將軍後衛親軍副都
指揮使賜虎符明年夏從征乃顏子亦迷河擒僉家奴
塔不台以歸賞鈔及衣段加定遠大將軍大德元年卒
子別吉連襲至大四年河東陝西鞏昌延安燕南河北
遼陽河南山東諸翼衛探馬赤爭草地訟者二百餘起
命往究之悉正其罪積官懷遠大將軍致和元年從丞
相燕鐵木兒擒倒剌沙黨烏伯都剌等領諸衛軍守居
庸關及諸要害地天曆元年十月王禪兵掩至羊頭山
攻破隘口勢甚張別吉連從丞相擁眾奮擊之突入其
軍王禪敗走文宗賜御衣二襲三珠虎符及弓矢甲冑
金帛等物以旌其功尋以疾辭子也速的襲

图 8　洪武本《元史》卷一三二补刻板面

则镌题"传"字①。《元史》卷一三二（列传十九）洪武本第七、第八两叶（与叶码不符）显然经过改刻：其版心标识"传"字而非"列传"，与前后板片迥异；正反两面版心下方均有"彦名"字样，据前后系连可知，此人为洪武版刻工陶彦名，除了卷一三二板片之外，还见于卷四〇、四二、四四、六六、一四五、一八七、一九六诸卷，均属洪武三年增修补刻部分。综合上述信息，以及两叶断板之间的对应关系（A→B；C→D），还可以确定两叶原本镌于同一块木板的正反面。

值得注意的是，这一版两叶的行款则与全书十行二十字的通例不合，为十行二十一字；版心叶数则标识为"七之八"（七至八）、"九之十"（九至十），其后则与第十一叶相接，内文连属无阙，与这两叶对应的是《麦里传》后半部分，以及《探马赤》《拔都儿》两传。由此可见，这一部分在洪武二年初刻本当中为四叶篇幅（第七至十叶），次年补刻方改为两叶。同样的改版情况还见于《元史》卷二〇六《李瓘传》前两叶②，对此明朝史官及刻工显然是驾轻就熟。

对照《西卑》《别出古》与《元史》卷一三二麦里传、探马赤、拔都儿诸传，其体例极为相似：（1）篇幅极为简短；（2）大多只是简单地叙述传主参加过的战事及其所历官职，对其嘉言懿行则记载很少；（3）单篇传记中往往罗列传主家族三四代人的事迹。据陈新元推断，这类传记应源自《经世大典》的"臣事"一门③。

此外，西卑、别出古二传与卷一三二的拼合确有内证：

> 【拔都儿传】子别吉连袭。至大四年，河东、陕西、巩昌、延安、燕南、河北、辽阳、河南、山东诸翼卫探马赤争草地讼者二百余起，命往究之，悉正其罪，积官怀远大将军。致和元年，从丞相燕铁木儿擒倒剌沙党乌伯都剌等，领诸卫军守居庸关及诸要害地。天历元年十月，王禅

① 张良：《〈元史〉列传部分二次纂修考实》。
② 张良：《〈元史〉列传部分二次纂修考实》。
③ 陈新元：《〈元史〉列传史源新探》，《中国史研究》2020年第2期，第128—135页。

兵掩至羊头山，攻破隘口，势甚张，别吉连从丞相拥众奋击之，突入其军，王禅败走，文宗赐御衣二袭、三珠虎符，及弓矢、甲胄、金帛等物，以旌其功。寻以疾辞，子也连的袭。①

【西卑传】子和实纳幼，以弟三哥儿袭职。后改升甘肃省左丞，以和实纳袭前职。积官昭武大将军。致和元年秋八月，西安王以兵讨倒剌沙，命从丞相燕帖木儿擒其党兀剌伯都等。丞相赏金带一，命以兵备守御有功。②

【别出古传】子那海袭。那海卒，无子，以弟阇里帖木儿袭。授武德将军，河南淮北蒙古军都万户府副万户。寻加宣武将军。致和元年秋八月，奉西安王命，总兵守河中要害地。九月二日，至河中，与陕西军迎战，生获九十八人，下有司按治之。天历元年十一月，又败陕西军于南阳，以功赐三珠虎符。③

综上可知，今本《拔都儿传》附其子别吉连生平，致和元年（1328）讨倒剌沙事作结，恰好在文宗朝编修《经世大典》之前不久。而《西卑传》末尾所附其子和实纳事迹，《别出古传》所载其弟阇里帖木儿生平，均以此事收束。拔都儿、西卑、别出古家族在致和、天历年间的即位争斗中站在了武宗后嗣，即明宗和世㻋、文宗图帖睦尔兄弟一边。三传由此获得内在关联，若在《元史》中前后衔接，亦与纂修体例不悖。

种种迹象都指向同一种可能，那就是《西卑传》《别出古传》确实来自于《元史》卷一三二。那么实际情况是不是如此呢？不妨将这两叶行款还原为十行二十字，依次填入《麦里传》"职从定宗"之后部分，以及《探马赤》《拔都儿》《西卑》《别出古》诸传：

可以看出，前述诸传恰好占据了第七至第十叶的版面，按照原有行款排版之后，第十叶左侧仍空余八行。考虑到《永乐大典》已十不存一，或许还

---

① 《元史》卷一三二《拔都儿传》，第 11 册，第 3212—3213 页。
② 《永乐大典》卷二八〇六，第 2 册，第 1419 页。
③ 《永乐大典》卷一〇八八九，第 5 册，第 4508 页。

叶七（右）

職從定宗略定欽察阿速幹魯思諸國從憲宗伐
宋
有功世祖即位諸王霍忽叛掠河西諸城麥里以
爲
帝初即位而王爲首亂此不可長與其弟桑忽答
兒
率所部擊之一月八戰奪其所掠扎剌亦兒脫脫
憐
諸部民以還已而桑忽答兒爲霍忽所殺帝聞而
憐

叶七（左）

至馬湖江宋兵連艦絶江不得進探馬赤率精兵
二
千擊之奪其舟以濟又於橫江嘉定宣化三縣造
浮
橋以達成都紐璘以爲能命將千人從萬戸昔力
答
略地碉門黎雅土蕃昔力答死行院帖赤以探馬
赤
爲萬戸領其軍中統四年授蒙古漢軍萬戸至元
九

叶八（右）

功兼崇慶府達魯花赤十九年卒子拜延襲蒙古
軍
萬戸戍甘州□□□□□□□□□□□
□□拔都兒□□□□□□□□□□
□
拔都兒阿速氏世居上都宜興憲宗在潛邸與兄
兀
作兒不罕及馬塔兒沙帥衆來歸馬塔兒沙從憲
宗

叶八（左）

於帝曰臣願從軍爲國效死世祖留之仍命充孝
可
孫兼領阿速軍御馬必令鞚引至元二十三年授
廣
威將軍後衛親軍副都指揮使賜虎符明年夏從
征
乃顏于亦迷河擒家奴塔不台以歸賞鈔及衣
段
加定遠大將軍大德元年卒子別吉連襲至大四
年

叶九（右）

勢甚張別吉連從丞相擁衆奮擊之突入其軍王
禪
敗走文宗賜御衣二襲三珠虎符及弓矢甲冑金
帛
等物以旌其功尋以疾辭子也連的襲
□□
□□
□西卑
□
□
禄
西卑唐兀氏太祖皇帝時充博兒赤積官金紫光

叶九（左）

大德二年卒子和實納幼以弟三哥兒襲職後改
陞
甘肅省左丞以和實納襲前職積官昭武大將軍
致
和元年秋八月西安王以兵討倒剌沙命從丞相
燕
帖木兒擒其黨兀剌伯都等丞相賞金帶一命以
兵
備守禦有功□
□
□
□

叶十（右）

爲相副萬戶兼本千戶主元六年從圍襄樊歿于
軍
子帖木兒及哈八兒都俱幼妻字魯罕以其所受
虎
符納之官及帖木兒長仍賜虎符襲父職十一年
從
丞相伯顏平宋有功十四年進階明威將軍是年
夏
征廣東以疾卒于軍無子哈八兒都襲職移戍廣
州

叶十（左）

生獲九十八人下有司按治之天曆元年十一月
又
敗陝西軍于南陽以功賜三珠虎符□
□□□□□□
□□□□□□
□□□□□□
□□□□□□
□□□□□□
□□□□□□
□□□□□□
□□□□□□
□□□□□□
□□□□□□

图9 《元史》卷一三二修补部分还原（一）

有其他零篇断简寄身于散佚卷册当中，而《元史》卷一三二最初的面貌也许永远无法得到廓清了。

那么第十叶剩余八行的原貌，凭借现有材料有没有复原的可能性呢？谨大胆提出猜测。《永乐大典》卷一〇八八九"别出古"条后紧接着就是"别鲁古"，事目之下是《经世大典·别鲁古传》：

> 别鲁古，钦察氏。至元二十三年，立钦察卫，命充本卫佥事，佩金符。武宗皇帝潜邸时，从征杭海床兀儿王，传旨，命总扈驾军为万户，从战有功。寻复为钦察卫佥事。卒。子脱欢不花袭。脱欢不花卒。侄兀鲁思袭。天历元年秋九月，讨倒剌沙。兀鲁思与有战功，锡名拔都儿。二年，从丞相燕帖木儿护送国玺迎明宗皇帝于北，授虎符，明威将军，大都督府副使。①

别鲁古家世生平不见《元史》记载。然而明显可见，《别鲁古传》体例与《元史》卷一三二诸传如出一辙。此外，其内文同样以致和、天历间帝位之争作结。别鲁古之子兀鲁思与别出古子帖木儿俱获封明威将军，亦可形成相互呼应。此外，《别鲁古传》通计135字，若依照《元史》格式，恰好可以添满四叶当中剩下的八行。

《经世大典·臣事》诸传均文辞简略，《元史》编修时完全有理由沿袭其旧，不作过多删削。例如鲜卑仲吉以及张山、张均父子（参见表17），《元史》传文显然依据了《经世大典·臣事》纂成，二者间呈现出密切的线性传递关系；《元史》文本并未在前者基础上多做删削，二者字数极为接近。同理可知，别鲁古如名列《元史》，其面貌宜与《经世大典》原文差异不大。

---

①《永乐大典》卷一〇八八九，第5册，第4508页。

王
僉事佩金符武宗皇帝潛邸時從征杭海床兀兒
衛
別魯古欽察氏至元二十三年立欽察衛命充本
別魯古 □□□□□□□□□□□□□
□ □□□□□□□□□□□□□
敗陝西軍于南陽以功賜三珠虎符 □□□
又
生獲九十八人下有司按治之天曆元年十一

叶十（左）

图9 《元史》卷一三二修补部分还原（二）

表17 《永乐大典·臣事》与《元史》对勘

	《经世大典·臣事》	《元史》
鲜卑仲吉	鲜卑仲吉，中山人。 岁乙亥，国朝遣兵定中原，鲜卑仲吉首率平滦路军民诣军门降，太祖命为滦州节度使。从阿述鲁南征，充右副元帅，攻取信安、关州诸城，以功赐虎符，授河北等路汉军兵马都元帅。 岁壬辰，平蔡有功，加金吾卫上将军、兴平路都元帅、右监军、永安军节度使，兼滦州管内观察使、提举常平仓事、开国侯，寻卒。	鲜卑仲吉，中山人。 岁乙亥，国兵定中原，仲吉首率平滦路军民诣军门降，太祖命为滦州节度使。从阿术鲁南征，充右副元帅，攻取信安、关州诸城，以功赐虎符，授河北等路汉军兵马都元帅。 岁壬辰，平蔡有功，加金吾卫上将军、兴平路都元帅、右监军、永安军节度使，兼滦州管内观察使、提举常平仓事、开国侯，寻卒。
	子凖，岁戊午，充管军千户，从札剌台火儿赤东征高丽。 中统元年，赐金符，扈驾征阿里不哥，以功授上赏。 三年，从征李璮。	子准，充管军千户，从札（剌）台火儿赤东征高丽。 中统元年，赐金符，扈驾征阿里不哥，以功受上赏。 三年，从征李璮。

续表

	《经世大典·臣事》	《元史》
鲜卑仲吉	四年,修万岁山宫殿,命董之。 至元十年,授侍卫亲军千户,积官昭武大将军、大都屯田万户,佩虎符,卒。	至元十年,授侍卫亲军千户、昭武大将军、大都屯田万户,佩虎符,卒。
	子诚袭,初授宣武将军、高邮上万户府副万户,佩虎符,改授怀远大将军、金武卫亲军都指挥使司事。领兵征爪哇,攻八百媳妇国,使广东,克勤于役,寻以疾卒。	子诚袭,授宣武将军、高邮上万户府副万户,佩虎符,改授怀远大将军、金武卫亲军都指挥使司事。领兵征爪哇,攻八百媳妇国,使广东,克勤于役,寻以疾卒。
	子忽笃土袭职。致和元年秋八月,兵兴,西安王命领所部军京师备守御。(《永乐大典》卷二八〇六"卑"韵)	子忽笃土袭。(《元史》卷一六五《鲜卑仲吉传》)
张山	张山,字景仁,济南人,隶军籍,从伐宋有功,用为百夫长,升总把,战殁。	张均,济南人也。父山,从军伐宋,以功为百户,俄升总把,战死。
	子均袭,从亲王塔察儿南伐,渡江攻鄂,面中流矢。 中统三年,从征李璮有功,以总帅命,充管军千户,守淄州。 至元六年,从左丞董文炳等攻五河口,至濠州北,敌伏兵其南,命均率部奋战,败之。 十年,从征连州,夺孙村堡。 十一年,赐金符,授金翊校尉、沂郯翼千户。从南征,夺敌舰于芜湖,俘四十余人。从丞相阿塔海诸交进征有功,升武略将军。 十四年,赐虎符,进宣武将军、总管。 二十二年,迁松江万户。 二十四年,从镇南王征交趾,有功。 二十六年,从北征还,授明威将军、前卫亲军副都指挥使。 三十年,扈驾征乃颜,以功受上赏。 元贞元年,屯田和林,岁收倍增,诸王药木忽儿北征转饷,赖以不匮,上嘉其功,赐钞一百定、金织衣二袭。 大德元年,改和林等处副元帅,历宣慰司同知,升都元帅,积官镇国上将军。 延祐元年,卒。	均袭百户,从亲王塔察儿攻鄂州,面中流矢。 中统三年,从征李璮有功,以总帅命升千户,领兵守淄州。 至元六年,从左丞董文炳攻宋五河口,转战濠州北,遇其伏兵,均率众力战,败之。 十年,攻连州,夺孙村堡。 十二年,赐金符,授忠翊校尉、沂郯翼千户。从攻芜湖,夺宋战船,俘四十余人。又从丞相阿塔海战有功,加武略将军。 十四年,赐虎符,加宣武将军。 二十二年,升松江万户。 二十四年,从镇南王征交趾。 二十六年,从北征,擢明威将军、前卫亲军副都指挥使。 三十年,世祖亲征乃颜,以扈从受赏。 成宗即位,命屯田和林,规画备悉有法,诸王药木忽儿北征,给饷赖之,未尝乏绝,帝嘉其能,赐予有加。 大德元年,改和林等处副元帅,历宣尉司同知,升都元帅,加镇国上将军。 延祐元年,卒。

续表

	《经世大典·臣事》	《元史》
张山	于世忠袭充前卫亲军副都指挥使。卒，次世祥袭。世祥卒，次世衍袭。次世顺，充管军千户。世忠之子元珪，代世衍之职。（《永乐大典》卷6388"张"字韵，辑自文廷式抄本）	子世忠，袭前卫亲军副都指挥使。（《元史》卷166《张均传》）

考虑到《元史》成书蹙迫，洪武二年、三年两次纂修，并不见得预为细致的规划；洪武二年七月初次进呈，实出自朱元璋独断，此时编纂工作并未完成，于是史臣撮取较为成熟的十三朝史事誊写进上。前人每以顺帝前后作为划分两次纂修卷目的标志。这一裁断标准在离析本纪、诸表时可谓骎然中节，也同样符合宋濂进表所记两次纂修的卷数。然就《元史》志书而言，《天文志二》（卷四九）、《五行志二》（卷五一）、《河渠志三》（卷六六）、《祭祀志六》（卷七七）、《百官志八》（卷九二）、《食货志五》（卷九七）六卷全系元统以后事迹，《天文志一》（卷四八）亦间有顺帝一朝事，若概以时间为断，显然和宋濂"续补五卷"之说不符。宋濂亲与修撰之事，其说又有《实录》记载及徐尊生初稿以资参正，宜无错漏。因此前述诸篇中，必有属于洪武二年初修的内容。通过洪武本妥欢帖木儿尊谥留白可以判定，两卷《元史·天文志》均属洪武二年初修成果[1]。史臣预想不到的是，朱元璋在阅览这一部分草本之后，竟下令有司雕版刊行[2]。于是在洪武二年八月之后，《元史》一书即面临旋编旋刻的窘境，其仓促无序可想而知。旧稿上板定型，难以转圜，修订余地极为有限，便是洪武二年至三年间《元史》纂修者所面临的真实情况。洪武三年定稿之后亦未经统筹，致使卷目参差错综、墨丁满坑满谷的情况始终未能改变[3]。明确了这一点，若干列传的缺失又有什么难以理解呢？

以上仅仅是对《元史》卷一三二洪武二年初修本面貌的推测，至于实际

---

① 张良：《〈元史·天文志〉纂次考》，《中国典籍与文化》2023年第1期。

② 《太祖高皇帝实录》卷四四，第865页。

③ 张良：《〈元史〉列传部分二次纂修考实》。

情况如何，已难以确知。不过行文至此已可以肯定，《元史》卷一三二第六、第十一叶之间原本四叶，洪武三年补刻时，由于种种原因缩减为两叶。而《永乐大典》中所见《西卑》《别出古》两传很有可能属于洪武二年初修本的孑遗，原本镌于这四叶当中。永乐年间抄录《大典》时，《元史》卷一三二或许参考的就是洪武二年初修的本子。

五、结论

《永乐大典》抄录《元史》本文可分为两种情况：其一，全文过录；其二，片段节抄。其中，全文过录部分大致以本纪、志、表、传为界，分别系于对应韵字之下，本纪以书名定韵，志、表、部分类传以篇名定韵，专传及部分类传则以传主姓名或封号定韵。若引文所系韵目在前述三者之外，则属节抄。

通过对比《大典》引文与今本《元史》，可以看出全录、节录两部分的文本呈现出较为不同的面貌。排除西卑、别出古两传，全文征引部分的《元史》佚文均属洪武本派生产物，并没有独立的校勘价值。而"节抄"部分佚文每每存在讹错删削，顺序改易、哈希拼合、张冠李戴等情况，实际上已不能和《元史》划等号，宜视作《元史》来源、并列或派生的对应文本。

《永乐大典》收录西卑、别出古二人传记，首题"元史"或"元史列传"，却不见于《元史》任一版本。两传在《大典》均系于对应姓氏门目，符合《永乐大典》全篇引录《元史》文本的体例。考虑到在《大典》现存卷目中，凡全录《元史》部分文本与原书紧密契合，并无书名篇目张冠李戴的先例，因此不宜遽将二传标目视作手民误植。此外，从《元史》编纂流程，以及洪武板片透露出的改刻信息来看，两传源自《元史》的确有迹可循。最为关键的是，《元史》卷一三二洪武刻本恰好存在补刻改版的痕迹，两传嵌于其间，无论从文本体例、材料来源，还是史实连缀、版面布局，均十分契合。这无疑为揭示两传来源，由此深化对《元史》编刊情况的认识提供了宝贵契机。

有关《汉隶分韵》《声音文字通》的几个问题 *

——兼议《永乐大典》小学文献的编纂与辑佚

高树伟

　　《汉隶分韵》《声音文字通》是汉语韵书史上较重要的两部书，以往学界一直比较重视。《声音文字通》因传世残卷卷数与各类目录著录有差异，且内容与现存《永乐大典》（以下省称《大典》）残卷引文不合，此前对这部书的卷数、性质等问题争议颇多。《汉隶分韵》因传世诸本大都无作者题名，其作者、成书年代及与之相关的汉语韵书史问题，尚有值得探研的空间。此外，对这些问题的研究，均涉及《大典》辑录的小学文献，也可为深入研究《永乐大典》小学文献的编纂与辑佚提供有益思考。

　　《大典》小学文献的编纂，永乐甲申科庶吉士柴钦扮演了重要角色。王重民曾据《明史》及刘球《翰林柴广敬传》揭示柴钦的生平履历。柴钦（1370—1406），字广敬，浙江余姚人。明永乐元年进士，选庶吉士，与修《大典》，分修礼乐音韵书。曾举荐其师赵㧑谦的《声音文字通》，收入《大典》。当时开馆修书，天下图书汇集馆阁，柴钦因考索过劳，三十六岁卒。解缙对《声音文字通》是如何编入《大典》的，也有细致记载，"君之门人柴广敬擢进士高等，为翰林庶吉士，肄业禁中，以君所著书事上闻，即日命驰传，取至，类编入书，无所改易"①。考现存《大典》残卷，各韵字下朱字标引的"赵谦《声音文字通》"即是此书。此前，丁治民勾稽残卷引文，共辑得 328

＊ 本文系国家资助博士后人员计划（GZB20230036）阶段性成果。

---

① （明）解缙：《考古先生墓志铭》，《姚江赵氏宗谱》卷四，浙江省余姚市图书馆藏本，第10叶 b。

条佚文。

《大典》成书过程中有两次纂修。初次纂修名为"文献大成"，纂修时间自明永乐元年（1403）七月至十一月，解缙主其事。修成进呈后，永乐帝嫌其未备，命姚广孝等重修，至永乐五年（1407）十一月修成进呈，赐名"永乐大典"。这两次纂修有承续关系，重修即在第一次纂修框架基础上调整、扩充①。《声音文字通》编入《永乐大典》，是在柴钦考选翰林庶吉士（永乐二年三月②）之后。

赵㧑谦（1351—1396），名古则，以字行，号考古，浙江余姚人。通小学，著有《六书本义》《声音文字通》等。明洪武十二年（1379），纂修《洪武正韵》，赵氏应征，擢为中都国子监典簿。次年，因与僚友论事不合，辞归山林。自此后，益加用力著述③。《声音文字通》的卷册情况，《文渊阁书目》著录为一部十二册，范氏《天一阁书目》著录为三十二卷，焦竑《国史经籍志》、李东阳《麓堂诗话》记为十二卷，《千顷堂书目》《明史·艺文志》《余姚县志》均著录为一百卷。

现存《声音文字通》两个抄本，均为残本，分别藏于北京大学图书馆古籍馆（《四库全书》底本，八册，存卷一至八、一三至一八）、中山大学图书馆（十二册，存卷三至三〇）。因不同目录著录卷数不一，对这部书卷数、性质的认识颇多分歧。四库馆臣认为此书有一百卷，三十二卷本是流传别本④。谷秀梅认为此书应为三十二卷。文映霞认为此书应为十二卷，内容并非韵谱，且对今传未署名的两个残本颇有质疑。丁治民从《永乐大典》辑出《声音文字通》三百二十八条佚文，结合对今传残本的考察，认为此书实为一百卷，是韵图、韵书合编型辞书。

---

① 《永乐大典》两次纂修的纂修人、纂修过程、纂修方式的异同，以及由此造成的《永乐大典》辑录典籍体例的变化，详高树伟：《〈永乐大典〉纂修新考》，《文史》待刊。

② （明）谈迁：《国榷》卷一三，中华书局1958年版，第926页。

③ （清）王惠：《考古先生行略》，载（明）解缙：《考古先生墓志铭》，《姚江赵氏宗谱》卷四，浙江省余姚市图书馆藏本，第1、11叶。

④ （清）永瑢等：《四库全书总目》卷四四《声音文字通提要》，中华书局1965年影印本，第384页。

　　据新见《姚江赵氏宗谱》，勾稽他书引文，《声音文字通》的目次、体例及其撰著宗旨大致可以明晰。清光绪二年（1876）修《姚江赵氏宗谱》，凡六册，浙江余姚图书馆等处有藏。其中，第二册《艺文总志》有赵扽谦门人王惠《考古先生行略》、解缙《考古先生墓志铭》、杨抚《考古先生祠堂碑记》《谕祭序略》、傅为麟《明史馆拟传》等，是直接有关赵扽谦生平履历及著述的记载，弥足珍贵。其中《谕祭序略》记"（洪武）二十七年（1394）春，状进《声音文字通》之《纲领》《韵图》《韵谱辨略》凡二十六卷于朝，《正韵》七十四卷，适誊未毕，拟当续。上览而奇之，敕翰林考竟，拟以泥古不报"①。王惠《考古先生行略》也有相同记载，材料同源②。明洪武二十七年春，赵扽谦曾进呈《声音文字通》中的《纲领》《韵图》《韵谱辨略》，凡二十六卷。而其中的《正韵》七十四卷，当时尚未誊录完成，似未进呈。

　　七十四卷《正韵》是《声音文字通》的一部分，合《纲领》《韵图》《韵谱辨略》二十六卷，恰为一百卷。《谕祭序略》《考古先生行略》胪列赵氏著作，仅称《声音文字通》一百卷，并未将《正韵》七十六卷再单独列出，也可证明《正韵》原属《声音文字通》。此后，《考古公书目记》《余姚县志》总结赵氏著述时，将《正韵》单独列出，是误读了《谕祭序略》或同源文献。洪武十二年（1379），朝廷纂修《洪武正韵》，赵氏辞去后，自撰《正韵》七十六卷，其间微妙关系，约略可以窥见。朱彝尊对此也有揭示，他认为《洪武正韵》一书出于明祖独断，而赵氏终未肯"弃其学而顺帝之则"，称"当知台名考古，心非《正韵》为今矣"③。

　　明洪武年间刘三吾《赠琼台外史赵扽谦序》也曾记，"近自琼台校官来一见，与语著《韵谱》《图谱》等书，会时方溽暑，不得一一快睹，则以所

①《谕祭序略》，载《姚江赵氏宗谱》卷四，浙江省余姚市图书馆藏本，第 1 叶 b。

②（清）王惠：《考古先生行略》，载《姚江赵氏宗谱》卷四，浙江省余姚市图书馆藏本，第 2、3 叶。

③（清）朱彝尊：《明诗综》卷七，中华书局 2007 年影印本，第 294 页。

编《琼台外史》恳识数语"①，其中提及的《韵谱》《图谱》等应即《声音文字通》的一部分。郎瑛（1487—1566）《七修类稿》称"《声音文字统》（引者按——"统"字讹），计百册，国初余姚古则赵先生撰也。……当时献之于朝，藏之木天。正统间修书，中官夹借与中书舍人姜立纲，遂失全集。阁中止遗目录数本。丘文庄见而恨之，批书尾曰：盗此者当身首异处。予尝闻之长老如此"②。郎瑛此处所记百册，与各目录著录的一百卷相符。《文渊阁书目》《国史经籍志》《麓堂诗话》所记十二册或十二卷，似为洪武年间进呈的二十六卷或遗失之后残存的卷目。

综上所考，《声音文字通》主要由《纲领》《韵图》《韵谱辨略》《正韵》四部分组成。明洪武末年，进呈的只是这部书《纲领》《韵图》《韵谱辨略》三部分，合为二十六卷。今传两残本是据邵雍《皇极经世》中的《声音唱和图》错综引申，是一部"准等韵图"③，属《韵图》部分的内容。其《纲领》《正韵》各部分，也可通过各处记载考知其大略。方以智《通雅》"小学大略"中有方中通记述方以智小学渊源的一段文字：

> 宋景濂遣子仲珩受业于赵㧑谦，故仲珩较《正韵》，用其说。赵卒于岭表。有门人柴广进（引者按：应作"敬"）作《声音文字通》，邝氏取之。老父后采其说。所论定者：《说文》止是小篆加别，尚有晋唐增厕之讹，非考古不能溯原，非博洽旁通不能知古。知其故矣，仍遵《正韵》征用，则"十三经"《史》《汉》是艺林也。同声易简，惟是音和；门法支离，乃不达前人方言而附会者耳。④

方以智采赵氏《声音文字通》而论定"《说文》止是小篆加别"诸说，这

---

① （明）刘三吾：《坦斋刘先生文集》，《四库全书存目丛书》，齐鲁书社 1995 年影印本，集部第 25 册，第 97 页。

② （明）郎瑛：《七修类稿》，《续修四库全书》，上海古籍出版社 1996 年影印本，子部第 1123 册，第 270 页。

③ 耿振生：《明清等韵学通论》，语文出版社 1998 年版，第 8 页。

④ （清）方以智：《通雅》，黄山书社 2019 年影印本，第 60、61 页。

也是《声音文字通》并非仅是一部韵谱的旁证①。综合以上材料和丁治民从《大典》辑出的三百二十八条《声音文字通》佚文，将《声音文字通》的卷数、目次、体例复原如下（表1）②。

表1 《声音文字通》各卷目次及结构

卷数	目次	备注
26卷	序	刘三吾《赠琼台外史赵㧑谦序》
	目录	郎瑛《七修类稿》"阁中止遗目录数本"
	纲领	\
	韵图	即今传《皇极声音文字通》残卷
	韵谱辨略	\
74卷	正韵	《大典》诸字下引赵谦《声音文字通》

王惠《考古先生行略》曾记述《声音文字通》的撰著缘起：

（洪武）十二年，国朝修《正韵》书，荐征京师，擢中都典簿。明年与僚友论事不合……先生放歌东归……自是杜绝时事，兀坐�山，仰而思，俯而叹，曰：六经诸子史籍图记，历代有人，皆已详悉。惟音韵之学，世久不明，音韵关于国家同文之教，不可不明，乃创一台，扁曰考古，识其志也。复大署其门曰：谁云沈约知音甚，未许杨雄识字多。盖自负以为己任，士友闻之，或笑其狂，先生裕如也。遂克研精覃思，宏阐六义，博采诸家，先正音韵，次定文字，将必剔伪摩真，祛俗复古，其言曰：平上去入谓之声，四声必贯。沈氏平东上董去送入屋之类，则非矣。角徵宫商羽谓之音，七音有序。沈氏前后公东冬异处之类，则非矣。依类象形，随体诘诎而画其迹者，独体谓之文，合体谓之字，六义

---

① 文映霞：《十二卷本的〈声音文字通〉》，《语言科学》2007年第2期。

② 赵㧑谦《六书本义》也可以为复原《声音文字通》的体例提供一些参照。《六书本义》目次分别为：赵氏自序、徐一夔等人序、凡例、六书总论、六书本义图（含《天地自然合图》等十三幅）、分论（数位、天文、地理等十二篇）。

相资。自程邈造隶，王次仲制分，日趋省易，而文字破坏则代益非矣。积十年然后成，名曰《声音文字通》，凡百卷。①

合上文所引朱彝尊揭示的"当知台名考古，心非《正韵》为今矣"，其撰著缘由、过程、旨趣，益加明晰。以往据《六书本义》凡例，研究者多认为《声音文字通》成书于洪武十一年②，但据《考古先生行略》所记，其成书应在明洪武二十二年前后。其中所引"平上去入谓之声"等总论声音的文字，或即取自《声音文字通》的《纲领》部分。至于《声音文字通》韵书部分的韵部析分，这是明初余姚赵㧑谦独立于官方之外对声音、文字的考究，有待进一步考察《大典》所引三百二十八条佚文，离析其小韵排次分布情形。

那么，《大典》引《声音文字通》，是否如解缙所说"类编入书，无所改易"？《大典》"以韵统字"，其征引小学文献仅收反切、音韵训释并历代字形，并未完整征引。将现存《大典》残卷与传世小学文献参照，这一点也可以明晰。由于《大典》各韵字下征引小学文献体例所限，若某字之下《声音文字通》与前人注释一致，也会将其删略。因此，《大典》各韵字之下仅征引《声音文字通》中《正韵》七十四卷，舍弃《纲领》《韵图》等部分自不待言，就其依《大典》体例征引的部分而言，同样存在删略。

此外，《大典》引小学文献也有不少标注书名讹误现象。如引娄机《广干禄字书》作"广干禄字"，引高衍孙《五书韵总》作"学书韵总"③。《大典》诸字下标引"洪迈《汉隶分韵》"，据此认为《汉隶分韵》作者为洪迈，也是有问题的。洪迈之兄洪适生前确有撰著《隶韵》的计划，其《盘洲文集》尚存《隶韵序》一篇，述其原委，称"予家藏汉代庙中之碑、幽堂之铭、墓门之阙与遗经断石凡百有九十二种，惧难聚而易失也，因辑以为韵，与我同志者必

---

① 赵广垦等：《姚江赵氏宗谱》卷四，浙江省余姚市图书馆藏本，第1—11叶。

② （日）平田昌司：《文化制度和汉语史》，北京大学出版社2016年版，第169页。

③ 翁敏修：《〈永乐大典〉所引小学书钩沉》（增订版），台湾万卷楼出版社2016年版，第46、118页。

有取焉"①。《汉隶分韵》今传最早刻本为元刻本，分藏中国国家图书馆、北京大学图书馆、日本静嘉堂文库、台北"国家图书馆"、台北故宫博物院，尚存吴骞影元本一部，藏中国国家图书馆。另有题"大宋郭忠恕校临"的《新刻汉隶分韵》一部，今藏北京大学古籍馆（索书号：LSB/7840），为研究者所忽视。

下文对《汉隶分韵》的成书时间及作者重作考订。

一、《汉隶分韵》成书于 1167—1189 年间

《汉隶分韵》一百零八韵与《礼部韵略》同用独用均一致，且各韵内小韵排列先后及每一小韵各同音字排列先后大致相同，与《平水韵》一百零六韵不符，并非元人所作。《汉隶分韵》卷一"天下碑目"、卷二"汉隶精华"依《隶释》《隶续》抄撮，南宋孝宗乾道三年（1167）年洪适作《隶释序》、洪迈作《隶续序》，其成书应在 1167 年之后。《汉隶分韵》的成书时间，据对其材料来源的考订，以及元刻本中两个更为直接的版面证据，可再为精确。其一，现存几部元刻本卷二《四声随文互见例》"敦"字缺末笔，而其余敦、燉、惇七处不讳②。其二，卷一"天下碑目"列《慎令刘修碑》，"慎"字作"犯御名"（图 1）。慎、昚异体，避孝宗赵昚讳，与绍兴三十二年（1162）礼部状所颁讳例合符，是此书初刻当在南宋孝宗时③。元代翻雕时，缺末笔"敦"字未及回改，"犯御名"三字也未剜去。因此，《汉隶分韵》应成书于南宋孝宗乾道三

---

① （宋）洪适：《盘洲文集》卷三四，《中华再造善本（唐宋编）》第 15 册，第 9 叶 a。

② 胡玉缙也持类似意见，他认为陆心源藏本"'惇'字缺笔，'惇'为光宗御名，其书当刊于光宗、宁宗间，其时平水韵尚未行"。此外，他还引《平水韵》许序"《礼部韵》或讥其严且简，今私韵岁久，又无善本……"因此怀疑《汉隶分韵》即用当时韵，而非平水韵，作者实为宋人。

③ （清）许瀚：《〈汉隶分韵〉书后》其六，《攀古小庐杂著》卷一二，北京大学图书馆藏清刻本，第 26 叶 a。《隶释》明万历刻本录此碑目，"慎"字处也作"犯御名"三小字，考虑《汉隶分韵》"敦"字也缺末笔避讳，《隶释》《汉隶分韵》二书应是同刻于孝宗朝，均作讳改。

图1 《汉隶分韵》元刻本讳敦、慎二字

年至孝宗淳熙十六年（1189）之间。

二、《汉隶分韵》作者为马居易，与洪迈无关

其一，《宋史·艺文志》小学类明确著录"马居易《汉隶分韵》七卷"，其书性质、卷数均与今传本《汉隶分韵》相符，明确著录作者为马居易。此前，陆心源、胡玉缙、余嘉锡等虽对其成书时间认识不同，但都据此认为《汉隶分韵》作者应为马居易。

其二，南宋宁宗庆元三年（1197）洪迈作《〈汉隶字源〉序》，"忆吾兄文惠公自壮至老，耽癖弗懈，尝区别为五种书，曰《释》、曰《缵》、曰《韵》、曰《图》、曰《续》。四者备矣，唯《韵》书不成。以为蠹竭目力，于摹写至难嚄，旦旦而求之，字字而仿之，虽众史堵墙，孙甥鱼贯，不堪替一笔也。功之弗就……"《隶韵》未成而洪适去世，直至洪迈作序，并未谈及"为其兄续竟"，仍感慨"功之弗就"。若此书为洪迈续成，其成书时间应在南宋宁宗庆元三年以后，显然与今传元刻本"慎"字"犯御名"不合。

其三，今传《汉隶分韵》，书前有《汉隶释序》《隶之后有分》《隶书始于王次仲》，三篇末分别注以"右洪丞相《隶释》序""右洪侍讲跋语""右洪丞相跋《水经》说"，分称洪适、洪迈兄弟为"洪丞相""洪侍讲"（表2）。"洪侍讲"显非洪迈自称，校刻此书者也无改写原书称谓的道理。由这两点，可以明确此书绝非成于洪迈之手。

表 2 《汉隶分韵》书前辑录序跋来源

标题	篇目末注	出处
汉隶释序（隶书缘起）	右洪丞相《隶释》序	录洪适《隶释》序
隶之后有分	右洪侍讲跋语	节录自洪迈《隶续》序
隶书始于王次仲	右洪丞相跋《水经》说	节录自《曹娥碑》跋（《隶释》卷20）

其四，以往研究已注意到"天下碑录"下所录碑目均抄撮自《隶释》《隶

续》①,《隶释》《隶韵》碑目题名中的"残"字,《汉隶分韵》多将其删略。考究《汉隶分韵》材料来源,可以确认,其卷二"汉隶精华"所引十三篇论隶书篇目,均节录或抄撮自《隶释》《隶续》二书(表3)。

表3 《汉隶分韵》卷二论隶书篇目来源

篇目	出处
分隶在秦汉时已兼有之	节录自《安平相孙根碑》跋(《隶释》卷10)
隶有十种	节录自《淳于长夏承碑》跋(《隶释》卷8)
隶从省文	节录自《陈球后碑》跋(《隶释》卷10)
仪艾二字古皆音俄	节录自《司隶校尉鲁峻碑》跋(《隶释》卷9)
泰夫人字	节录自《凉州刺史魏元丕碑》跋(《隶释》卷10)
太字	节录自《太尉刘宽神道二》跋(《隶续》卷3)
麋寿字	抄撮自《北海相景君碑》跋(《隶释》卷21)
雒阳字	抄撮自《王稚子阙》跋(《隶释》卷22)
字体变异	节录自《清河相张君墓道》(《隶释》卷13)
急就章	节录自《防东尉司马季德碑》(《隶续》卷1)
东汉隶书之冠	抄撮自《蜀郡太守何君阁道碑》(《隶释》卷3)
西京隶书未有法度	抄撮自《建平郫县碑》(《隶续》卷2)
辨墓碑始于晋	抄撮自《谒者景君墓表》(《隶释》卷5)

说明:为说明录文具体情形,分称节录(整段抄录)、抄撮(删略跳录),以示区别。

其五,上引庆元三年洪迈《〈汉隶字源〉序》,感叹《隶韵》未成书的同时,并未提及曾为其兄续纂此书。庆元三年,洪迈已七十五岁,五年后去世。在这五年中,洪迈能否有精力完成"虽众史堵墙,孙甥鱼贯,不堪替一笔也"

———————

① 《汉隶分韵》"天下碑目"末条为《晋右军将军郑烈碑》,止于《隶续》卷四末。据洪适跋,《隶续》乾道戊子(1168)刻十卷于越,淳熙丁酉(1177)增刻四卷于蜀,淳熙己亥(1179)又刻五卷于越,次年又刻二卷于江东,二十一卷始备。当时抄撮者,应未见过全本《隶续》,故碑目止于《晋右军将军郑烈碑》。

的《隶韵》，值得怀疑^①。

综合以上五个方面，《汉隶分韵》并非洪迈续成可以论定。从内容来看，《汉隶分韵》与《隶释》《隶续》有千丝万缕的承续关系，但书中称谓、篇章节选，说明编者与洪氏弟兄存在一些距离。其删略碑目"残"字、杂抄节录《隶释》《隶续》跋文，似为书坊所为。

《大典》各韵字下标注的"洪迈《汉隶分韵》"或"洪迈《隶韵》"，不足取信。仅凭《大典》标注"洪迈《隶韵》"或"洪迈《汉隶分韵》"，无法论定今传《汉隶分韵》作者为洪迈。虽然否定了洪迈为《汉隶分韵》作者的可能性，但笔者仍同意丁治民所论《汉隶分韵》在韵书史上地位的认识：《汉隶分韵》应该是据某种一百零八韵的《韵略》加以编纂的，它本身就是一种按一百零八韵编排的隶体字书，一百零八韵韵书在《切韵》系韵书中占有一席之地。如果以上观点可以成立，《汉隶分韵》这部书应是许古《平水新刊韵略序》描摹当时"私韵岁久"的真实写照。

随着研究不断深入，学界对《大典》引书标题讹误情形、程度也有了更为明晰的认识^②。明初纂修《大典》，或受书前洪迈跋文影响而将作者误作洪迈。《大典》对《汉隶分韵》作者的误判，在引录隶书字形时，先引《汉隶分韵》，而将《汉隶字源》置于其后。

近些年，学术界较重视小学文献的辑佚与研究工作。其中，从《大典》中辑录散佚的小学文献成为研究热点。此前，对《大典》征引小学文献，对《大典》的相关研究已约略涉及，如顾力仁《〈永乐大典〉及其辑佚书研究》第五章（1985）对《大典》所引小学书做了初步研究。此后，翁敏修《〈永乐大典〉所引小学书钩沉》（2015、2016增订本），丁治民《〈永乐大典〉小学书辑佚与研究》（2015），也有张兰兰《〈永乐大典〉采录许慎〈说文〉考》（2017），冯先思《〈永乐大典〉引〈玉篇〉版本考》（2018）等专题论文，或关注《大典》引小学文献的辑佚复原，或研究征引小学文献的版本问题。在

---

① 钱大昕《洪文敏公年谱》，庆元三年后洪迈无著述记录。《北京图书馆藏珍本年谱丛刊》，北京图书馆出版社1999年影印本，第25册，第435、436页。

② 刘尚：《〈永乐大典〉存卷引书标题订误三十例》，《嘉兴学院学报》2022年第2期。

考察并具体从事辑佚《大典》小学文献时，涉及《大典》引小学文献的编纂过程、体例，也有些习焉不察的问题需要注意。

以《汉隶分韵》为例，书前有洪迈《汉隶释序》《隶之后有分》《隶书始于王次仲》三文，卷一为《天下碑录》（碑名，附刻碑时间）、《汉隶精华》，卷二为《隶字假借通用例》《四声随文互见例》《汉隶双字类例》，卷三至卷七为按韵编排汉隶字形，字形下附出处。若从《大典》辑此书，仅能辑其卷三至卷七内容。若此书不传，其编排分韵体例未知，则很难恢复原书次第。

《大典》小学文献主要集中于单字之下，凡例第二、三条对征引小学文献的体例略有说明：

> 音韵训释，诸家之说详略不同，互有得失，唯国朝《洪武正韵》一以中原雅音而无偏驳之失。今以《正韵》为主，先翻切，次训义，诸家之说并附于下（如徐锴《通释》、丁度《集韵》之类）。或一字有数音，而训释有数义，如：数（去声）、数（入声），令（平）、令（去），长（平）、长（上）之类，各详其音释。其《五音集韵》及《篇海》诸书所增诸字，并收于后。

> 字书体制，古今不一，如钟鼎、盘盂（杆）、铸刻及虫鱼、科斗、篆隶，散在各书，难于辨识。今皆不拘同异，随字备收，而钟、王以后诸家行草诸书，亦备其体。

据此，《大典》单字之下，大致以反切注音、语义训释，征引诸家之说，再附篆、隶、真、行、草等字体。对某些亡佚的小学文献，在其目录不存、体例不明的情形之下，仅从《大典》中逐条辑录相关内容，距离复原相关小学典籍仍有较远的距离。《大典》诸字之下所引小学文献，除了第二、三条凡例揭举的征引体例外，由于《大典》这部书仍承袭了第一个纂修阶段《文献大成》的结构和体例，各字下对小学文献的征引主要是反切、义训、音释及诸家之说，对原书序跋、凡例、目录等内容不录，对反切、义训、音释之外的内容也不收。《大典》征引小学文献的排列次序，除了渗透着官方正统，先引《洪武正韵》，以其为主，大致依文献成书先后排列的同时 ①，也参酌编纂者的学术评价，为免重复，做了不少删略。

作为宋元文献的辑佚渊薮，《大典》的底色仍是类书。以八十韵本《洪武正韵》为纲，编纂之初即承袭前代类书体例，各字下所引小学文献也有其特定体例，小学文献在经编纂进入《大典》时注定会被删略。因此，对《大典》中的小学文献辑佚面临的主要困难，一是相关小学文献残缺，二是《大典》本身也是残缺的。实际上，在《大典》凡例对小学文献编纂介绍并不详尽的情形下，《大典》小学文献的辑佚要做两方面复原的工作：除勾稽《大典》引文、明其体例外，更应倚重的，是广泛考求具体书的目录、体例等项，以复原相关文献的结构、体例。这个过程中，家谱等保存历史人物信息的文献会起主要作用。由此进一步审视《大典》引文与原书的距离，将这些零散引文复原至原书原有的结构中，依靠这些材料尽力恢复原书体例、立意，再据此重新排次《大典》征引的零散文句，才能逐渐完善《大典》小学文献的辑佚工作，也是此后系统、纵深研究的基础。

附：北京大学图书馆藏《新刻汉隶分韵》辨伪

北京大学图书馆古籍馆藏署名作"大宋郭忠恕校临"的《新刻汉隶分韵》，一函六册，半叶十行行二十字，卷端右下依次钤"太古李氏"（阳文方印）、"聚星楼书画印"（阳文方印）。其内容与元刻本基本相符，惟各卷首叶次行均镌有"大宋郭忠恕校临"七字，末册末叶镌有长方形阳文牌记"绍兴乙亥万卷堂镌"。比勘各卷"大宋郭忠恕校临"，卷一、二同，卷四、五、七同，与卷一、二微有差别。卷一"殽坑碑"下有淡墨刷印"大宋郭忠恕校临"，卷四首叶次行"大宋郭忠恕校临"诸字墨色浓重，而与版面其余文字着墨均匀不同（图2）。"大宋郭忠恕校临"是一块木条单独刻成，加盖于旧书。按"绍兴乙亥"为南宋高宗绍兴乙亥二十五年（1155）。郭忠恕（？—977）为五代末、宋初人，考量此书内容与今传元刻本《汉隶分韵》皆同，"大宋郭

---

① 翁敏修：《〈永乐大典〉所引小学书钩沉》（增订版），第88页。

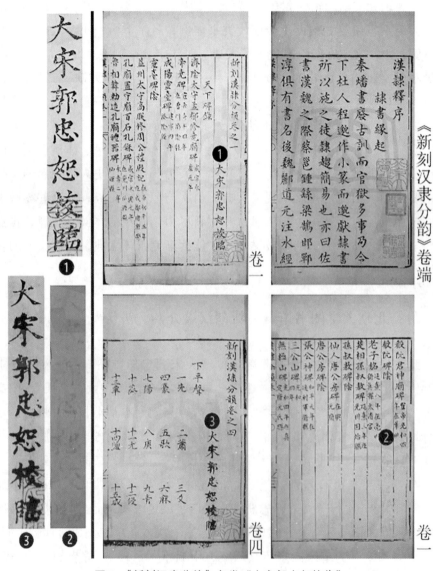

图 2 《新刻汉隶分韵》各卷"大宋郭忠恕校临"

忠恕校临"及"绍兴乙亥万卷堂镌"牌记出于书贾伪托，以充宋本。

《新刻汉隶分韵》晚出，还有一个证据，其中《汉隶释序》《隶之后有分》两叶淡墨刷有另一部书《古今印史》的书名页四字，墨色逐页递减，是印这部《新刻汉隶分韵》时，刻印者应同时有《古今印史》的板片或部分刷印纸张。按，《古今印史》作者为徐官，字元懋，号榆庵，吴郡人，时代在明嘉靖及以后，今传有隆庆三年（1569）自刻本《古今印史》，故这部《新刻汉隶分韵》刷印时间应在此之后。

署名郭忠恕的《新刻汉隶分韵》，缪荃孙也曾斥为伪托。其日记，光绪十四年（1888）四月二十日载：

> 博文书局送旧刻《汉隶分韵》来。……《汉隶分韵》似明翻本。估人因书局有"绍兴乙亥万卷堂镌"，推为宋板，索值甚昂。《拜经楼藏书题跋记》载有宋板、有元板，《提要》云不知撰人姓氏。此书次行有"大宋郭忠恕编次"，然用平水韵。必非宋人所撰，焉得有宋板也！且"大宋某人"，他书无此，决为书估伪托无疑。[①]

缪荃孙所见博文书局送去的《汉隶分韵》与上述《新刻汉隶分韵》相同，认定《汉隶分韵》所用为平水韵，实为误解。以"绍兴乙亥万卷堂镌"牌记用明本充宋本的，还有一例可供参照。《天禄琳琅书目后编》卷七宋版集部类著录《六家文选》六十卷，为明代袁褧刻本，书贾将卷末牌记"吴郡袁氏善本新雕"剜改，同样换作"绍兴乙亥万卷堂镌"八字。这批镌有"绍兴乙亥万卷堂镌"牌记以充宋本的书，为同一来源。

---

① 缪荃孙：《艺风老人日记》，载张廷银、朱玉麒：《缪荃孙全集·日记一》，凤凰出版社2014年版，第14页。

国家图书馆藏抄本《寓庵集》来源考

史广超

　　《全宋诗》卷三七四九收录诗人李庭，录诗六首。杨洪升撰《全宋诗失收李庭诗补辑》[①]，进行辑补，并以《全宋诗》收李庭为从宽例。然李庭早期活动于金，金亡入元，一生未履及宋境，不能录入《全宋诗》。中国国家图书馆（以下简称"国图"）藏有李庭集抄本《寓庵集》，具有重要价值，但其文献来源不明，影响了学者的利用。

　　国图藏抄本《寓庵集》，每半叶十行行二十字，凡七卷：诗四卷五百五十一首（其中一首重出，附词十二首）、文三卷。书前署作者名为"元李庭"。据《寓庵集》书末附王博文撰《故咨议李公墓碣铭》，可考李庭生平。李庭（1199—1282），字显卿，号寓庵，华州奉先（今陕西蒲城）人。幼罹兵乱，十余岁已有能诗之名。十六应进士举，成年后两预乡荐。金末，避兵商邓山中。金亡，徙居平阳。乃马真后三年（1244）辟为陕右议事官，不久辞官还乡。中统元年（1260），署陕西讲义。世祖至元七年（1270）授京兆教授，至元十年（1273）为安西王府咨议。李庭著作，《故咨议李公墓碣铭》载云"平生所为文章，有《寓庵大全集》若干卷、《诗材群玉山集》三十卷"。《诗材群玉山集》中"诗材"二字，可以推知此书当为诗歌资料汇编性质的类书；而"若干卷"三字，亦可推知李庭《寓庵大全集》生前当尚未编纂完成。虽如此，国图藏抄本《寓庵集》署作者为"李庭"是有依据的。李庭诗文的

---

① 杨洪升：《〈全宋诗〉失收李庭诗补辑》，载《古典文献研究》（第 6 辑），凤凰出版社
　　2003 年版，第 212—216 页。

流传，情况较为复杂。如《诗家鼎脔》卷上引《冬日山行》一诗，署作者为"李显卿"[①]；《诗渊》亦引此诗，署"宋李显卿"[②]。考虑到元李庭字显卿，故多有文献以此诗为李庭作，且标其时代为"宋"。《冬日山行》虽作者生平不详，但可以肯定的是，《诗家鼎脔》是晚宋文人选宋人诗，不可能收录金末元初人诗歌，把此诗归于元人李庭下，并据以考索李庭早期作品流布是错误的。李庭诗确切可考的流传是，元贞二年（1296）纂成的《类编长安志》卷九引长安诸公题故相别墅诗，有"赤心报国已无慊"一首，署"李教授庭"[③]；元初盛如梓编《庶斋老学丛谈》卷三引《咸阳怀古》诗，署"安西府咨议寓庵李显卿庭"[④]；清《元诗选癸集》之乙"李咨议庭"下录其《咸阳怀古》《题甘河遇仙宫》二诗。可见在元代当时及清初，李庭诗文流传并不广泛，上述文献所载李庭诗很可能并非出自《故咨议李公墓碣铭》所云李庭集。如此，国图藏抄本《寓庵集》煌煌七卷，源自何处，是值得深入探讨的问题。

一、国图藏抄本《寓庵集》底本考

《寓庵集》现存主要版本有二：一是国图藏抄本七卷，二是缪荃孙《藕香零拾》本八卷。《藕香零拾》本《寓庵集》书末详述此集刊刻始末，云："荃孙在京收得孔荭谷微波榭抄本甚旧，诗文止八卷，与文渊阁目不合……中又杂出元末人诗，不知何集合并。今细为抉择，文止四卷，只有《代刘仁本送福建省平章事燕公序》在至正二十一年，时代不相值；诗留二百余首，分为六卷。虽不能见寓庵全豹，较辑逸者已为多矣……宣统庚戌九月重阳日江阴缪荃孙跋。"孔继涵（1739—1784），字体生，号荭谷，著名藏书家、金石学家、刻书家，藏书楼名"微波榭""红榈书屋"等。《艺风老人日记》于光绪

---

① （宋）佚名：《诗家鼎脔》，《影印文渊阁四库全书》，台北商务印书馆 1986 影印本，第 1362 册。

② 佚名：《诗渊》，书目文献出版社 1980 年影印本，第 2216 页。

③ 骆天骧、黄永年点校：《类编长安志》，三秦出版社 2006 年版，第 266 页。

④ （元）盛如梓：《庶斋老学丛谈》，上海进步书局 1912 年版。

二十七年（1901）亦记录校勘《寓庵集》情形，其中七月六日校《寓庵集》两卷、七日再校两卷①，九月初四校第五、第六两卷，初五校第七卷，初六校第八卷②。可知缪荃孙《藕香零拾》本《寓庵集》乃以清乾隆时孔继涵藏本为底本，并在其基础上，研判诗文归属，细为抉择，重加编次为八卷，刻入丛书《藕香零拾》而成。据前引缪荃孙跋语，知孔继涵藏本"诗文止八卷"。然《艺风藏书记》卷七"《寓庵集》十卷"条云："《四库》未著录，仅见明《文渊阁书目》作十卷，与此本合……收藏有'孔继涵印'白文、'荭谷'朱文两方印。"③所载孔继涵藏本卷次为十卷，与缪荃孙跋语并不一致。同一版本文献卷次不应有如此差异，其歧异原因当然不能简单归结为缪荃孙疏忽而误认。国图存有孔继涵藏本《日涉园集》，其所标卷次混乱，仅标卷一、卷三、卷四、卷九等字样。笔者怀疑，孔继涵藏本《寓庵集》当与《日涉园集》类似，抄本分卷尚凌乱，所标卷次中有不相连接者，以致缪荃孙所记卷数歧异。

国图藏抄本《寓庵集》无"孔继涵印""荭谷"藏印，且卷数为七卷，非孔继涵藏本无疑。详检国图抄本《寓庵集》，除偶有文字校勘及卷五有签条辨析伪作外，仅部分诗题上圈"○"形符号，再无其他批注文字，亦无藏印，未能呈现确切的抄录者及抄录时间、底本等信息。但抄本中"玄""弦""晔""胤""丘""弘""历"等七字避讳，而"颙""琰""宁"三字不避讳，可推知国图藏抄本《寓庵集》当抄录于清乾隆时。如此，国图藏抄本及孔继涵藏本《寓庵集》均抄录于乾隆朝，是否有一定联系呢？

遗憾的是，孔继涵藏本今已不见，不能详细比勘两种抄本所录诗文异同，以判定二者关系。幸运的是，《藕香零拾》本乃据孔继涵藏本删改重编而成，可据其约略考见孔继涵藏本状况，进而考索其与国图藏抄本的关系。孙海桥最早论及《藕香零拾》本与国图藏抄本的关系④，认为二者"卷数不合""清抄本（国图藏抄本）中有部分诗歌，应收入缪本而未收"，判定国图

① 缪荃孙：《艺风老人日记》，北京大学出版社 1986 年影印本，第 1377 页。

② 缪荃孙：《艺风老人日记》，第 1396 页。

③ 缪荃孙：《艺风堂藏书记》，中国国家图书馆藏藏清光绪二十七年（1901）刻本。

④ 孙海桥：《元代两〈寓庵集〉考》，《图书馆杂志》2020 第 8 期。

藏抄本与《藕香零拾》本并非同出一源。笔者详细比勘《藕香零拾》本与国图藏抄本，《藕香零拾》本卷一篇目全在国图藏抄本卷一、卷二，卷二篇目全在国图藏抄本卷三，卷三篇目全在国图藏抄本卷四，卷五篇目全在国图藏抄本卷六，卷六、卷七、卷八等三卷篇目全在国图藏抄本卷七；《藕香零拾》本诗歌部分收 206 首（附词 5 首。孙海桥统计为《藕香零拾》本五古、七绝类较国图藏抄本各多诗 1 首，统计有误），其篇目编排与国图藏抄本前后顺次完全一致；缪荃孙提及的孔继涵藏本中误收且已被缪氏删去的诗文，在国图藏抄本中尚存在。就《藕香零拾》本与国图藏抄本收录诗文状态而言，我们完全可以相信，《藕香零拾》本所据底本孔继涵藏本，与国图藏抄本收录诗文应该一致，当同出一源。笔者详检孙海桥所云国图藏抄本应载入《藕香零拾》本而未录入的部分诗歌，所咏虽多为同一人事，但其在国图藏抄本中多非同卷，即使同卷亦未编排于一处，有缪荃孙考索不谨而致漏收的可能，并不能据以否定国图藏抄本与《藕香零拾》本同源的结论。且考虑到孔继涵藏本本身卷次凌乱而国图藏抄本编次相对整饬的状态，孔继涵藏本极可能是国图藏抄本的底本。

二、李庭集流布考

《故咨议李公墓碣铭》外，目前可见最早明确载录李庭集的文献是明初编纂的大型类书《永乐大典》。详检现存《永乐大典》残卷，其中引"李庭《寓庵诗集》"2 处，共 2 题 2 首；引"李庭《寓庵诗稿》"1 处，共 8 题 36 首；引"李庭《寓庵稿》"1 处，共 15 题 26 首；引"李庭《寓庵集》"10 处，共 13 题，诗 25 首、文 3 首。此外另有引"寓庵诗""寓庵集""寓庵稿"各 1 处。这是所见清代以前最为集中、最为大宗的李庭诗文收录。

继之，反映明正统六年（1441）杨士奇初步整理文渊阁藏书时存书状态的国图藏漫堂钞本《文渊阁书目》，荒字号第六厨载"《寓庵文稿》五册，荒六百三十八"、第九厨载"《寓庵诗稿》一册，荒一千八"，知其时李庭集尚有两种版本存世。然反映万历三十三年（1605）编著《内阁藏书目录》前对文渊阁核查时藏书状态的塾本系统《文渊阁书目》^①，卷九"日字号第三厨书目"载"李显卿《寓庵文集》一部五册，阙"，卷一〇"月字号第二厨书目"载"《寓庵先生集》一部一册，阙""《寓庵诗稿》一部一册，阙"，可以推知，时李庭集虽有三种版本流传，但三本下均注"阙"字，可见当时流传已少，无从补全。故《内阁藏书目》已未著录李庭集，可见宫廷藏李庭集已完全散佚。

此后，国图藏张应麐抄本及邵锐抄本《永乐大典书目》两种，亦载有"李庭《寓庵集》"。其中张应麐抄本收书凡792条，邵锐抄本收书凡794条，而将前者合为两条的吕陶《净德集》《披垣存稿》、赵庸斋《蓬莱观》《紫霞洲集》分为四条。这两种目录，乃乾隆朝四库全书馆纂修官从《永乐大典》签佚书单、辑录佚书的汇录。

综合考量上述李庭集流传状况及国图藏抄本、孔继涵藏本《寓庵集》均抄录于乾隆朝这一事实，再加上乾隆朝编纂《四库全书》时，四库馆臣从《永乐大典》辑出大量遗书，且相当数量的遗书并未录入《四库全书》^②，我们有理由怀疑，国图藏抄本及孔继涵藏本《寓庵集》极有可能是四库馆臣发现《寓庵集》散佚不存，故从《永乐大典》辑出。但因编纂未能完成，迫于时限，未能编入《四库全书》，后辗转抄录，流传于宫廷之外。

三、《永乐大典》收录《寓庵集》考

《永乐大典》收录诗文文献有特定体例，有三种状态。第一是集中收录，将某类诗文集中收录于连续卷次，如卷一九九〇二至卷一九九〇八所载《四六膏馥》，卷八九二至卷八九九所载"宋诗"；第二是散存某类文献内，如卷七八八九至卷七八八九五"汀州府"引地志中多有宋人诗文；第三是诗文集被割裂分散，各篇依篇题所重之字词或正文中关键词，收录在各韵字下，如

---

① （明）杨士奇：《文渊阁书目》，《丛书集成初编》，商务印书馆1935年排印本。

② 史广超：《〈四库全书总目〉未载四库馆〈永乐大典〉本辑佚书考》，《文艺评论》2011年第2期。

吕南公《灌园集·石陂寨新置军储仓记》即载于《永乐大典》卷七五一六"仓"字"军储仓",而《灌园集·东斋六铭》载于《永乐大典》卷八二六九"铭"字"东斋六铭"下。第三种是《寓庵集》在《永乐大典》中的主要存在状态。而国图藏抄本《寓庵集》分体编排,先诗,次词,最后是文,诗文下再分体编次,如诗下依次分四五七言古、五七言律、五七言绝。若是辑自《永乐大典》的别集,因《永乐大典》原书与辑本编次不同,常有遗留改写未尽的痕迹。国图藏抄本《寓庵集》即是如此。其卷四收《饮李氏园亭二首》,然题下仅存五言绝句一首,与题中"二首"不合。检卷四"七言绝句"下又收《饮李氏园》一首,虽然二者题相校,有"亭"字之不同,但尚可推知二诗在国图藏抄本源出文献中,极可能题"饮李氏园亭二首",下载诗五言绝句、七言绝句各一首,而辑佚重编时,据体分卷,二诗分为二处,其一篇题脱"亭"字,其一篇题保留原"二首"二字。另国图藏抄本卷四"七言绝句"下所收《舟中偶成》一诗,乃五言绝句,编次显然有误。检此诗下紧接诗《风雨停舟图》,为七言绝句,编次无误。可以推知,在国图藏抄本源出文献中,《舟中偶成》《风雨停舟图》因题中"舟"字编为一处,而辑佚分体时,偶有遗漏,依原有编次而未改。这正与《永乐大典》依篇题所重之字词收录诗文相合。只不过二诗自《永乐大典》辑出时,把原编纂在一处的诗,分类重编时失误,保留原编痕迹。

《永乐大典》残卷引录李庭诗,与国图藏抄本相校,亦有规律。如《永乐大典》卷一四三八一引"李庭《寓庵稿》"下引李庭诗十五题[1]:第一题为五古,第二题为五言长律,第三题为五古,第四题至十五题为七律。检国图藏抄本,第一题、第三题见卷一,第四题至十五题见卷三,各诗在卷内先后与《永乐大典》内顺序一致。第二题国图藏抄本失收,或是重新编排时遗漏。就文字而言,《寄奉化赵性传》中"却羡诸公日且闲",国图藏抄本作"却羡诸公日日闲";《寄从戒师李大年》中"时蒙康子馈醇醪",国图藏抄本作"时闻康子馈醇醪",仅有此异文两处,其余诗题、正文、注文全同。至于国图藏抄本《寓庵集》中非李庭所作元末诗,孙海桥考证为盛景年所作,《永乐大典》

---

① (明)解缙:《永乐大典》,中华书局 2012 年影印本,第 6275 页。

署"李庭""盛景年"诗已混乱,《寓庵集》沿其误而未察。

四、孔继涵藏抄"永乐大典本"佚书考

据前文所考,国图藏抄本《寓庵集》之底本,极可能是孔继涵藏本。而孔继涵藏本之抄录,亦有线索可考。孔继涵为乾隆三十六年(1771)进士,三十八年六月充《日下旧闻考》纂修馆,至四十二年春,方归乡奉母。在京期间,孔继涵恰逢纂修《四库全书》,与负责辑录《永乐大典》遗书的四库馆臣戴震、邵晋涵、周永年、程晋芳、杨昌霖、刘湄、沈叔埏等交往甚密,与入四库馆佐校人员丁杰亦有交谊,常于诸人处收藏、借抄、借校四库馆新编书籍。杨洪升曾考索孔继涵所抄录"永乐大典本"遗书[1],有《周官新义》《春秋会义》《九国志》《金楼子》《元宪集》《宋景文集》《日涉园集》《阆风集》八种,托丁杰录"永乐大典本"《夏文庄公集》一种,其中《春秋会义》《九国志》两种未被录入《四库全书》。就孔继涵藏抄"永乐大典本"别集而言,经笔者查阅,国家图书馆尚现存七种:①宋夏竦《文庄集》三十六卷(善本号02001),孔继涵托丁杰抄录,每半叶十行行二十一字。孔继涵跋云:"乾隆辛丑春三月二十三日,丁孝廉杰小山自都中抄贻,夏四月十三日哀缉。适得会试题名录,知小山与戚翰芳学标兄同中进士。"②宋刘挚《忠肃集》二十卷(善本号06458),存卷一至卷八共八卷,孔继涵藏本,每半叶十行行二十字,钤"孔继涵印""荭谷"诸印。③宋李彭《日涉园集》五卷(善本号07676),孔继涵校本,每半叶十行行二十字,钤"孔继涵印""荭谷"等印。卷一题记云"乾隆乙未借刘岸淮同年纂大典散篇,秋八月抄初七日校",卷九卷端有签条云"是集系乙未先君为同年友刘湄岸淮所编也,本编以五卷,以未分卷次抄此副本,遂尔标目未暇,而刘欲以卷多衔功,遂以卷五为九卷,盖欲共成十卷也"。则为乾隆四十年校勘。④宋葛胜仲《丹阳集》二十四卷(善本号07679),孔继涵藏本,每半叶十行行二十字。书首《序》后有题记"丙申八月初八日抄"。则为乾隆四十一年抄。⑤宋王质《雪山集》十二卷(善本号

---

① 杨洪升:《四库馆私家抄校书考略》,《文献》2013第1期。

01654），孔继涵藏本 每半叶十行行二十字。卷首孔继涵题记云："乾隆丙申十二月，借庄庶子羹堂承篯本钞。"乃乾隆四十一年抄自四库馆臣庄承篯处。⑥宋员兴宗《九华集》二十五卷附录一卷（善本号 17040），孔继涵藏本，存卷二四、卷二五，每半叶十行行二十一字，钤"孔继涵印""荭谷"诸印，卷二四末题记云"乾隆乙未闰十月廿一日，沈埴为处借我钞得二种"。则乾隆四十年抄自四库馆臣沈叔埏处。⑦宋王迈《臞轩集》十六卷（善本号 05711），孔继涵藏本，每半叶十行二十三、二十四字不等，钤"孔继涵印""荭谷"等印。有题记云"乙未十一月廿一日校"，则时为乾隆四十年。据此，孔继涵辗转抄录四库馆"永乐大典本"遗书颇多，孔继涵藏本《寓庵集》当与此类似，乃抄录自四库馆辑录"永乐大典本"。

综合以上四个方面，国图藏抄本《寓庵集》极可能以今不存世的孔继涵藏本《寓庵集》为底本抄录，而孔继涵藏本源自清乾隆时四库全书馆纂修官录自《永乐大典》的辑本。《永乐大典》现存八百余卷，其中所载诗文文献有限，笔者已对其中宋辽金元等时期诗文进行了考察，山东大学以杜泽逊先生为首的学者正对现存《永乐大典》全部文献逐条考索。在此状态下，《永乐大典》存卷较多时，学者从其中辑佚、抄录的诗文文献就尤为重要，诸如《永乐琴书集成》，已被学者认识并利用。《寓庵集》也属于此类文献。这些新文献的发现和发掘，已成为"永乐大典本"诗文文献研究的重要增长点，需要持续关注。

一册《永乐大典》的翰林院到亨廷顿之旅

李成晴

2014 年，亨廷顿图书馆新发现《永乐大典》嘉靖抄本《礼记·文王世子》两卷一事，颇引起世人的关注 ①。该馆华裔馆员杨立维（Liwei Yang）博士注意到馆藏此册后，专门约请国家图书馆专家进行鉴定，并于 2014 年 12 月 13 日起为此册《永乐大典》进行了特别展出，海外及国内多家媒体皆有报道。

据亨廷顿图书馆展品说明，此册由美国传教士怀廷（L. J. Whiting）于 1900 年带回美国，并传给子女。其子女复于 1968 年将其捐赠于亨廷顿图书馆。在本册扉页粘有三枚便签，手写记录了一些关于此册《永乐大典》的基本情况，因迄今尚无人专门介绍，特为译介如下：

便签第一枚曰：

This volume was written with a brush in the reign of the Emperor Yung Lo.

It was in the great Hanlin Library（in Peking）when it was burned by the Boxers in 1900.

This was picked out of the debris and with other things was used to barricade a window in one of the Legation houses until the siege was raised.

The cover was put on in this country.

Loaned by L. J. Whiting.

① 李建军：《新发现〈永乐大典〉本〈文王世子〉考辨》，《图书馆杂志》2017 年第 6 期。

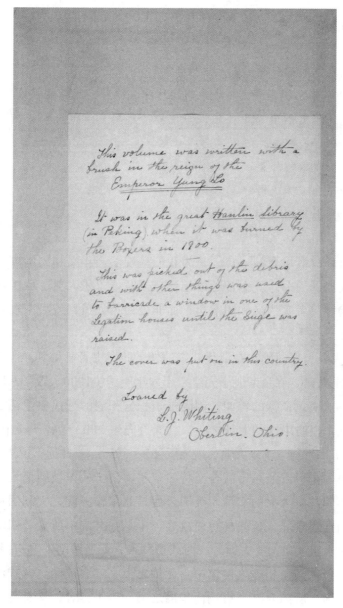

图 1　扉页一

Oberlin. Ohio.

译文如下：

> 此卷以毛笔书写，成于永乐年间。
>
> 1900 年义和团纵火焚烧北京翰林院。彼时，此卷藏于该院。
>
> 此卷于火后废墟中拣出，与他物一起用来遮掩公使馆馆舍窗户，直至（义和团）撤围。
>
> 封面在本国加装。
>
> 约瑟夫·怀廷捐赠。
>
> 俄亥俄州 欧柏林学院。

便签第一枚最重要的一点，是为我们呈现了当年义和团围攻公使馆时这册《永乐大典》的命运。据怀廷的记述，当时《永乐大典》藏于翰林院，而纵火焚烧翰林院者实为义和团拳勇，而非公使馆人员，或后来攻入北京的八国联军士兵。

《永乐大典》嘉靖副本在清代陆续散佚，此考史者已得其详。通行的说法认为，《永乐大典》剩余诸册于光绪二十六年庚子（1900）毁于八国联军入侵北京之役，这一无证据的传闻，因附加于积贫积弱的近代史记忆之中，被认为是八国联军侵略中国的罪证之一。杜泽逊先生 2003 年曾于《中华读书报》撰《〈四库〉底本与〈永乐大典〉遭焚探秘》一文①，辨此通行说法之讹。杜先生引晚清民国史料以及亲历者普南特·威尔《庚子使馆被围记》中记述，呈现出了当年翰林院大火的实情。英国公使馆北依翰林院，义和团从他方久攻不下，故而迂回自北，焚翰林院而攻之，于是翰林院中所藏《四库全书》纂修底本及《永乐大典》等古籍，一时或遭焚毁，或遭践踏："数百年之梁柱爆裂作巨响，似欲倾于相连之使馆中，无价之文字亦多被焚。龙式池及井中均书函狼藉，为人所抛弃"，"有绸而华丽之书，皆手订者，又有善书人所书之

---

① 杜泽逊：《〈四库〉底本与〈永乐大典〉遭焚探秘》，《中华读书报》2003 年 2 月 26 日。

字，皆被人随意搬移。"①当时英国公使馆外交人员及学者为守卫公使馆，从情理上来说不可能自行焚毁北面门户翰林院，所以普南特·威尔的记述很有可能是实情，此册《永乐大典》便签上约瑟夫·怀廷也说"1900 年义和团纵火焚烧北京翰林院"，这与普南特·威尔之说是相合的。

那么约瑟夫·怀廷是如何持有此册《永乐大典》的呢？普南特·威尔记述说："其在使馆中研究中国文学者，见宝贵之书如此之多，皆在平时所决不能见者。心不能忍，皆欲拣选抱归，自火光中觅一出路，抱之而奔。但路已为水手所阻，奉有严令，不许劫掠书籍。盖此等书籍有与黄金等价者。然有数人仍阴窃之，将来中国遗失之文字或在欧洲出现，亦一异事也。"（《庚子使馆被围记》）当时未遭火厄之书，有一部分被公使馆中人抢出，无论其动机是据为己有还是因"此等书籍有与黄金等价者"，从客观上对避免诸书在战乱中被毁是有积极作用的。其中，英国公使馆中人员抢救出《永乐大典》计三百余册。庚子战后英国公使馆曾将之归还清政府，这构成了目前存世《永乐大典》的主体。据约瑟夫·怀廷所记，这种大开本且纸质坚韧的《永乐大典》抄本对当时使馆的防卫有实际作用，被"用来遮掩公使馆馆舍窗户"——这册孤本文献在历史事变中的命运，被定格在约瑟夫·怀廷的一纸便签之上。

便签第二、三枚曰：

（Translation）.

The Great Cyclopedia of Yung Lo.

Vol. 10270.

Subject　Sons. Teaching the Heir Apparent.

（Selections）"Rites and Music are the essentials in teaching the Heir Apparent. Music to cultivate the inner men, rites（or rules of propriety）to polish the external conduct."

---

① （英）朴笛南·姆威尔：《庚子使馆被围记》，中国史学会主编，徐特立、范文澜等编辑，荣孟源、王其榘等编：《中国近代史资料丛刊·义和团（一）》，上海人民出版社 1957 年版。参张升：《〈永乐大典〉遭劫难的真相》，《河北学刊》2004 年第 4 期。

"The finished product is satisfactory; dignified, respectful, quiet, accomplished."

"The princely man regards virtue. When virtue is perfected the teaching will be noble. When the teaching is noble the officials will be upright. When the officials are upright the state will be orderly. This is what is called princely."

"When our man has great virtue the myriad states are pure."

"While the father lives the duties of the Heir Apparent are those of a son."

"This is as it should be that all may know the doctrine of father and son, elder and younger."

译文如下:

《永乐大典》
卷一〇二七〇
教世子
节选
（凡三王）教世子必以礼乐。乐，所以修内也；礼，所以修外也。
礼乐交错于中，发形于外，是故其成也怿，恭敬而温文。
君子曰德，德成而教尊，教尊而官正，官正而国治，君之谓也。
一有元良，万国以贞。
有父在则礼然。
然而众知父子之道矣。

按便签第二、三枚系选译《礼记·文王世子》之文，置于卷首，使人读数则译文而能大致了解书中所言何事，具有书目提要的作用。此处据其文义，依据《礼记》将英文回译。

在三枚便签所粘贴的《永乐大典》扉页的后一页，粘有一则简报，上用

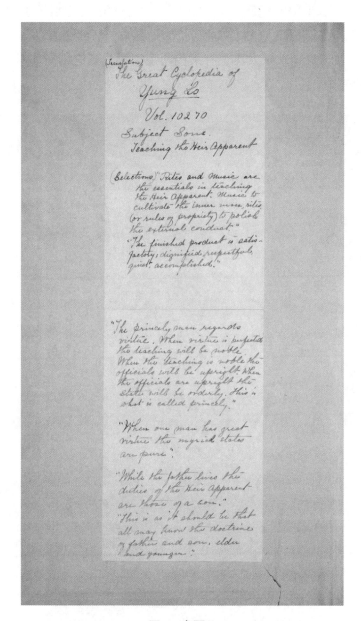

图 2　扉页二

红铅笔注"1927",题为"Valuable Set of Books In China To Be Restored",文中讲到上海商务印书馆将要影印《四库全书》一事,与本册《永乐大典》并无直接关系,故不移译。1927 年此册仍为约瑟夫·怀廷个人收藏,他可能了解《四库全书》与《永乐大典》有某些联系,故看到这则新闻时加以留意,剪贴于此册之中。

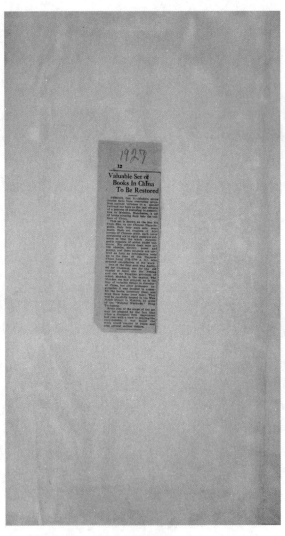

图 3　扉页三

下面介绍一下本册《永乐大典》的版式及内容。

首页首行顶格大字题"永乐大典卷之一万二百七十",下注"二纸";次行低三格书大字"子"字（次卷下注"《文王世子》篇"），标明类书依《洪武正韵》至此当辑"子"字条；第三行低一格大字书"教世子"，系摘自《礼记·文王世子》，下双行小字，分摘汉郑玄注、唐孔颖达疏、宋朱熹《朱子语录》、宋魏了翁《礼记要义》、宋卫湜《礼记集说》、宋陈栎《礼记详解》、宋末元初陈澔《礼记集说》、宋黄震《黄氏日抄》以至元彭廉夫《纂图注义》等多部书之注文，凡著者及书名皆朱笔，其体例与传世各册《永乐大典》皆相合。

图 4　前卷首页

本册后一卷，也就是《永乐大典》卷一万二百七十一，其卷末不全，且数叶有烟熏泥污痕，仍存留着当年庚子之变的现场印迹。卷一万二百七十用纸 28 叶，而卷一万二百七十一用纸仅 21 叶，则后一卷很有可能有 7 叶左右被撕去。联想到约瑟夫·怀廷回忆此册曾被"用来遮掩公使馆馆舍窗户"，则当时被撕掉几叶以作他用，也是很有可能的。

图 5　后卷尾页

　　本册《永乐大典》的文献珍贵程度自不待言，其学术价值亦颇足重视。单就辑佚这一点而言，当《四库》纂修时，未见元彭廉夫《纂图注义》、朱申《礼记句解》等书原本，故《四库》纂修官戴震等从《永乐大典》中将诸书辑出。然而不知何种原因，《四库全书》并未著录戴震所辑二书，遂使二书之流传若明若晦。傅增湘《辑本朱申礼记句解跋》中详述所见二书辑本之始末，并云"顷为东邦羽田亨君所收"云云①。今国家图书馆藏有 1936 年据稿本摄影之缩微胶卷。据亨廷顿图书馆藏《永乐大典》，可以覆勘戴震关于《礼记纂图注义》《礼记句解》辑本之得失；又今知日本内阁文库藏有朱申《校正详增音训礼记句解》元刊本七册，复可据此探究《永乐大典》"分韵摘字"的编排方式是如何对原书进行摘引的。在这样一个学术研究的序列中，《永乐大典》所起的作用可谓承上启下，是考量某些文献传承所不可缺失的一环。再如此册《永乐大典》录有吕祖谦《礼记音点旁注》、史駉孙《经义》数条，皆为前所不知的佚书，很有进一步研究的必要。

---

① 傅增湘：《藏园群书题记》卷一，上海古籍出版社 1989 年版，第 23 页。

《永乐大典》副本署名页价值考论 *

项　旋

　　《永乐大典》始纂于永乐元年（1403）七月，至次年十一月书成，赐名
《文献大成》，成祖朱棣以纂修未备，于永乐三年（1405）正月命姚广孝等人
重修，至永乐六年（1408）冬告成，定名《永乐大典》（以下简称《大典》）。
《大典》自永乐迁都北京后藏于文楼，弘治帝、嘉靖帝均对《大典》极其珍
爱，常有取阅。如明人吴宽谓弘治帝，"当圣政之暇，游心文艺，尝遍阅圣祖
太宗文皇帝命儒臣所修《永乐大典》，择医方之良者，以太医院使臣王玉精于
其术，亲御翰墨，特俾左右持赐之"①；嘉靖帝则将《大典》"时取探讨，殊宝
爱之。自后凡有疑却，悉按韵索览，几案间每有二一帙在焉"②。

　　早在嘉靖二十一年（1542），嘉靖帝虑及《大典》独有一部，恐将来有所
缺失，打算重录一部，藏之皇史宬。对于此事，夏言《桂洲先生奏议》卷七
"奉谕重录《永乐大典》"记之甚详："近日累奉面谕，我成祖文皇帝《大典》
一书，诚自有宇宙以来所无，可谓瑞世鸿宝，但简帙浩大，更无副本，宝藏
已久，恐将来或有遗缺，遂非全书。兹当重录一部，并藏于皇史宬，庶可与
天地悠久矣。"③或因重录不易，且政事繁多，重录之事随后并无下文。嘉靖

---

* 本文系国家社科基金青年项目"清帝北巡与国家治理研究"（项目编号：21CZS030）阶
　段性成果。

① （明）吴宽：《匏翁家藏集》卷五四，"恭题院使王玉被赐药发方后"。
② 《明世宗实录》卷五一二，"中央研究院"历史语言研究所 1962 年影印本，第 8413 页。
③ （明）夏言：《桂洲先生奏议》卷七，《四库全书存目丛书》史部第 60 册，齐鲁书社 1997
　年版。

三十六年（1557）四月十三日宫中三大殿大火，殃及文楼，促使嘉靖帝下决心重录《大典》，《明世宗实录》卷五一二载"及三殿灾，上闻变，即命左右，趣登文楼，出大典，甲夜中谕凡三四传，是书遂得不毁。上意欲重录一部，贮之他所，以备不虞，每为群臣言之。至是谕大学士徐阶曰：昨计重录《永乐大典》，两处收藏，兹秋凉，可处理。乃选各色善楷书人礼部儒士程道南等百余人，就史馆分录，而命拱等校理之"①。对于此次重录缘由及大致过程，史料记载甚简略，只能根据《明实录》和总裁官徐阶所著《世经堂集》所载有限史料，大致勾勒录副工作的基本情况：录副工作始于嘉靖四十一年（1562）八月十三日，嘉靖帝任命徐阶、高拱、瞿景淳等人负责重录《大典》工作，吏部和礼部主持了"糊名考试"，选拔出109位善书人。内府调拨了画匠、砑光匠、纸匠等，惜薪司、光禄寺和翰林院也分别负责木炭、酒饭和月米的供应。重录之初，嘉靖帝认为抄录上万册《大典》，工程浩大，不必拘泥原来的式样和书法。徐阶提出若版式一变，大小字和图形都要发生变化，不如照原样摹写方便，最后决定重录全仿永乐正本，不加任何改变，同时规定缮写者每人每日抄写三叶，每人需抄满五千叶。及至嘉靖帝驾崩，重录工作尚未完成，直至明穆宗隆庆元年（1567）四月始得告成，副本贮藏于皇史宬。

迄今为止，尚未发现《大典》正本，目前所知的《永乐大典》残本皆为嘉、隆时期的重录副本，因此探讨《大典》副本的录副详情对了解现存《大典》残本具有重要价值。关于《大典》重录问题，前人多有注意，如洪湛侯《永乐大典嘉隆副本考略》对录副流程进行了详细考察②，有学者发现了《大典》副本署名页的价值并有所利用，如顾力仁《永乐大典及其辑佚书研究》第四章《永乐大典之录副及其沿革》，根据残存的《大典》署名页，重点考证了录副诸人，并列出了永乐大典录副人索引（160人），是为利用《大典》署名页开展研究的精深之著作③。其后，李红英、汪桂海《〈永乐大典〉录副诸人考略》根据现存的三种《大典》影印本，找出了留有署名页的311册，以此

①《明世宗实录》卷五一二，第8413页。

② 洪湛侯：《永乐大典嘉隆副本考略》，《杭州大学学报》（哲学社会科学版）1989年第3期。

③ 顾力仁：《永乐大典及其辑佚书研究》，台湾文史哲出版社1985年版，第156页。

为基础，对总校官、分校官、写书官、书写儒士和圈点监生名单和生平逐一进行了考订，考证出重录人员 169 人。同时提出了若干富有创见的观点，如总校官比原来多出 2 人，分校官多出 5 人[①]。总体而言，近些年来，学界逐渐意识到《大典》录副研究的重要性，并开始利用《大典》署名页相关信息开展研究，取得了很大的进展。但笔者发现，学界只是利用《大典》副本册末署名页找出录副人员名单，署名页所蕴含的文本信息及其规律性尚有较大的发掘空间。笔者不揣简陋，兹就《大典》副本署名页价值作一初步探讨，尚祈方家指正。

一、《永乐大典》副本署名页的文本信息

嘉靖四十一年对《大典》进行录副时，为保证抄录、校对、圈点诸事之质量，总裁官徐阶即提议每册《大典》录副之后"各书职名于卷末，以便查考"[②]，将总校官、分校官、书写儒士或生员等录副人员名题于卷末，以备考核。从现有的《大典》残本看，每册末页一般都载有录副人员姓名、职衔的署名页，与正文页颇不同，只是白纸一张，没有行格，署名共占六行，位于该署名页的右下角。其衔名分作总校官、分校官、写书官、书写儒士或生员等。《大典》副本册末署名页所载录副人员一般有六人，包括重录总校官正、副各一人，分别由侍郎、学士或谕德充任；分校官一人，由编修、检讨或谕德等充任；抄录一人，由写书官、儒士、生员、监生等相关人员充任；圈点监生二人。为了方便说明，兹举两例：1. 卷二五三五至二五三六署名页，有"重录总校官侍郎臣高拱 学士臣瞿景淳 分校官修撰臣丁士美 书写生员臣崔光弼 圈点监生臣祝廷召 臣曹惟章"（参见图 1）；2. 卷一二九二九至一二九三〇署名页，有"重录总校官侍郎臣秦鸣雷 学士臣胡正蒙 分校官侍读臣吕旻 书写儒士臣陈大吉 圈点监生臣乔承华 臣欧阳卿"（参见图 2）。吴振棫《养吉斋

---

① 李红英、汪桂海：《〈永乐大典〉录副诸人考略》，《文献》2008 年第 3 期。
② （明）徐阶：《处理重录大典奏一》，载《世经堂集》卷六，《四库全书存目丛书》集部，第 80 册，齐鲁书社 1997 年版。

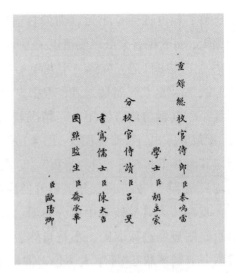

图1　卷二五三五至二五三六署名页书影　图2　卷一二九二九至一二九三〇署名页书影
（中国国家图书馆藏，有涵芬楼钤印）　　（日本京都大学附属图书馆藏）

丛录》卷三云"《永乐大典》每卷尾有余纸，署曰侍郎臣拱上，楷书，纸甚莹洁"[1]。吴氏所描述的《大典》副本署名页特征中，正如张升所指出的，所谓"署曰侍郎臣拱上"，其实准确地说是"重录总校官侍郎臣高拱"，并且每册末署名页署名均不太相同，不可一概而论，如卷一二九二九至一二九三〇署名页总校官署名是"重录总校官侍郎臣秦鸣雷"。不但主持重录的总校官时有不一，以下分校官、书写儒士、圈点监生的名字更是多有不同。其实，册后的署名是反映当时负责该册重录人员情况的，由于参与重录的人员众多，册后的署名当然也会时有不一。

按照徐阶提出的建议，每册《大典》都应有记录录副人员姓名、职衔的署名页，但根据张升的研究，"现存《大典》残本最后署名页（除后来补录的以外）均有被剪裁的痕迹"[2]，乾隆帝在《四库》开馆期间，曾让人截取这些余纸，其中一小部分用以赏赐馆臣，翁方纲《〈永乐大典〉余纸歌并序》："乾隆

① （清）吴振棫：《养吉斋丛录》，北京古籍出版社1983年版，第302页。

② 张升：《〈永乐大典〉余纸考》，《史林》2010年第2期。

癸巳春，诏开四库全书馆，命翰林诸臣取院中所贮嘉靖重录《永乐大典》分种编辑，每卷尾有余纸以赐诸臣……尾曰侍郎臣拱上，院体细楷沙画锥。"① 王际华《王文庄日记》乾隆三十九年（1774）二月六日载："本日恩赐《永乐大典》纸一百张。"② 赏赐之外，根据史料记载，裁取的余纸其余大部分用以仿造藏经纸。其裁剪的方法不一，情况较为复杂，有的裁去一角，有的则全部裁去。（裁剪方式，可参见图 3、图 4）有学者指出《大典》副本"后副叶（此纸似与其他书叶纸不同）只为半页"③。顾力仁发现"又观《大典》残本，册末题名均只剩半叶，另半叶盖于乾隆开四库馆时，高宗截取，以赏赐馆中诸臣"④。

现存《大典》残本中部分卷册已经没有署名页，仔细查考，其中有些署名页是明显经过截取的，不是自然脱落的。乾隆四十九年（1784）十月初四日内务府档案载："库掌大达色、催长舒兴金江来说，太监鄂里鲁交《永乐大典》双页纸二千零五十三张，单页纸三千三百九十七张，传旨：交杭州织造盛住毁造藏经纸送来。钦此。"⑤ 3397 张《大典》单页纸应该是裁去署名页的左半边部分，保留了署名部分，2053 张《大典》双页纸，应该是裁去除了署名部分之外的纸张或者全部裁去署名页，从结果来看，被完全截取的署名页失去了查考录副人员的重要凭证，虽然有些《大典》残本上的署名页的署名是裁剪后补写上去的，但裁取后补录的署名页可能发生讹误，需要我们特别注意。

二、《永乐大典》副本册末署名页的价值

根据李红英等人的《〈永乐大典〉录副诸人考略》一文，现存《大典》残

---

① （清）翁方纲：《复初斋诗集》卷一六，载《续修四库全书》集部第 1454 册，上海古籍出版社 1999 年版，第 497—498 页。

② （清）王际华：《王文庄日记》，载刘家平、苏晓君主编《中华历史人物别传集》第 40 册，线装书局 2003 年版，第 562 页。

③ 张木森：《关于加强馆藏〈永乐大典〉原本保护的思考》，《文津流觞》2002 年第 6 期。

④ 顾力仁：《永乐大典及其辑佚书研究》，第 166 页。

⑤ 翁连溪编：《清内府刻书档案汇编》上册，广陵书社 2007 年版，第 343 页。

图 3　卷六六五至六六六署名页书影
（日本京都大学人文科学研究所藏）

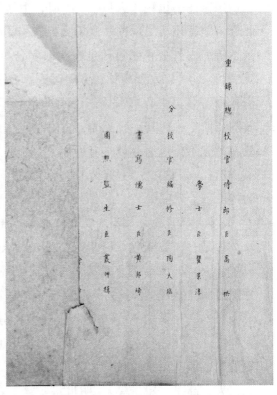

图 4　卷二二七九至二二八一署名页书影
（日本国立国会图书馆藏）

册中，有 311 册的署名页仍在 ①。限于资料和时间，笔者找出了 218 册《大典》副本署名页，虽然离 311 册尚有所差距，但足以发现其中蕴含的规律性。笔者所依据的主要资料为：1986 年中华书局《大典》影印本，该影印本收录了当时所知的 797 卷；2003 年上海辞书出版社影印出版的《海外新发现永乐大典十七卷》，该影印本收录了在美国、日本、英国、爱尔兰最新发现的 17 卷，以朱墨两色套印；2003 年北京图书馆出版社仿真影印《大典》163 册，其中包括国家图书馆藏《大典》161 册，上海图书馆与四川大学博物馆藏各 1 册。此外，笔者还从《现存〈永乐大典〉引用书调查》、傅增湘的《藏园群书经眼录》等海内外公私书目信息中获取署名页相关资料。所得 218 册，附表于后（见附表 1），以发现规律，方便讨论。表中所列为总校官和分校官的姓名和职衔，而署名页中有书写儒士、圈点监生等信息，因所涉人数众多，抄录人员及圈点监生，因其平凡无闻，史书缺乏记载，大多数生平无考，规律性不强，故在此先不作讨论。以笔者所制"《永乐大典》署名页所载录副人员职名表"（总校官、分校官）为基础，结合相关史料，我们可以探寻、发现不少突出性的特征：

1.《大典》录副人员呈现出动态流动性

一是，人数变化。对于开馆重录的人员设置及具体分工，徐阶《世经堂集》卷六"处理重录大典奏一"说："于翰林春坊官内选举勤慎精敏者数员，分理其事，仍照副总裁例，于堂上官内推举二员，总理其事"②；徐氏"处理重录大典奏三"则说："官生一百九员名，分为十馆，所写之书总校官二员，总管各馆，分校官十员，各管一馆。"③这里说得很清楚，嘉靖四十一年录副人员的设置，最开始是总校官二人，分校官十人。最初的入选名单如下：1. 总校官二人：高拱、瞿景淳。《明世宗实录》卷五一二"嘉靖四十一年八月乙丑，诏重录《永乐大典》。命礼部左侍郎高拱、右春坊右中允管国子监司业事张居正各解原务，入馆校录。拱仍以侍郎兼翰林院学士，同左春坊左谕德兼侍读

① 李红英、汪桂海：《〈永乐大典〉录副诸人考略》，《文献》2008 年第 3 期。
② （明）徐阶：《处理重录大典奏一》，《世经堂集》卷六。
③ （明）徐阶：《处理重录大典奏三》，《世经堂集》卷六。

瞿景淳充总校官"①。2. 分校官十人。《明世宗实录》载："（张）居正仍以中允兼翰林院编修，同修撰林燫、丁士美、徐时行，编修吕旻、王希烈、张四维、陶大临，检讨吴可行、马自强充分校官。"②

隆庆元年（1567），《大典》录副完成，隆庆帝特予颁赐录副人员，在诏书中列举了参与此事的重要人员，《明实录·穆宗实录》卷七载：

> 隆庆元年四月……以重录《永乐大典》成，加少师兼太子太师、吏部尚书、建极殿大学士徐阶正一品俸；少保兼太子太保、吏部尚书、武英殿大学士李春芳、郭朴，少保兼太子太保、礼部尚书、武英殿大学士高拱，各加少傅兼太子太傅；礼部尚书兼文渊阁大学士陈以勤加太子太保；吏部左侍郎兼东阁大学士张居正升礼部尚书兼武英殿大学士；原任太子太保、吏部尚书兼武英殿大学士严纳（讷），给应得诰命。总校等官：礼部左侍郎瞿景淳兼翰林院学士，升俸一级；国子监祭酒林燫升太常寺卿，管祭酒事；侍读吕旻、王希烈，修撰诸大绶俱左春坊、左谕德，修撰丁士美右春坊、右谕德，各兼侍读，大绶、士美仍加俸一级；编修孙铤为左春坊、左中允，张四维右春坊、右中允，各兼编修，仍与五品服色；修撰马自强、编修陶大临俱侍读；侍郎汪镗升俸一级；吏部左侍郎秦鸣雷赏银二十两、纻丝二表里；谕德姜金和、修撰徐时行各十两、一表里；间住学士王大任、检讨吴可行各复职致仕。③

这里的总校官和分校官人数与嘉靖四十一年的入选名单相比有所增加。对于人数的出入，郭伯恭就敏锐地发现了其中的问题，他于"总校官二员"下注云："据徐阶奏疏言总校官二员，但按今存《大典》残本，除高拱、瞿景淳外，充总校官者尚有陈以勤、王大任、秦鸣雷、胡正蒙等，殆开馆后又复

---

① 《明世宗实录》卷五一二，第 8413 页。
② 《明世宗实录》卷五一二，第 8413 页。
③ 《明穆宗实录》卷七，第 204—205 页。

续增欤？"① 而李红英等人认为"结合《明实录》和《永乐大典》各册附叶题名所提供的材料，知道在嘉靖年间的录副过程中，至少有十一人作过总校官，而不是二人。这一情况的出现有两种可能，一是后来人数增加，二是人员的轮替，即任总校官者不是自始至终一直担任此职。在两者中间，似乎前一种的可能性更大一些，因为重录的工作量巨大，总校之事非两三人所可胜任，为加快进度，不断增加人员，也在情理之中"②。但从表格中所呈现的实际情况看，最开始高拱和瞿景淳二人为总校官，张居正等十人为分校官，也一一体现在题名中。但随后出现了变化，总校官先后增加了陈以勤、秦鸣雷、胡正蒙、王大任等四人，分校官则增加了诸大绶、孙铤、汪镗、胡杰、姜金和五人。如果和嘉靖四十一年的人员设置比较，则人数明显出现了一定的出入。人数增加的原因是人员的轮替，而非为了加快进度。总体而言，嘉靖四十一年开馆时所确定的二名总校官，十名分校官的模式，笔者认为一直保持到重录工作结束之后，只是期间个别官员离馆后又重新选调人员填补。

二是，职务变动。个别总校官、分校官官衔前后有变化，如总校官瞿景淳最先为谕德，后为学士；总校官陈以勤先为学士，后为侍郎；分校官王希烈先为编修，后为侍读；分校官吕旻先为编修，后为洗马，再为侍读；分校官马自强先为检讨，后为修撰；分校官林燫先为修撰，后为洗马；分校官丁士美先为修撰，后为侍读。

2. 随着所校《大典》卷数的增加，总校官、分校官组合发生规律性变化

从总校官看，依其卷次先后，先后为高拱—瞿景淳；高拱—陈以勤；高拱—胡正蒙；秦鸣雷—胡正蒙；秦鸣雷—王大任；陈以勤—王大任。其中的规律是，总校官并不共存，而是彼此间存在取代关系，陈以勤取代瞿景淳；胡正蒙取代陈以勤；秦鸣雷取代高拱；王大任取代胡正蒙；陈以勤取代秦鸣雷。为什么出现这种显著变化？笔者认为，这与总校官的职务升迁、调任和丁忧等个人际遇有直接关系。（离馆原因可参见表 1）录副人员不同的组合及其变化，为我们考察其所校阅《大典》的时间、考定抄写年代提供了重要参

---

① 郭伯恭：《永乐大典考》，商务印书馆 1938 年版，第 106 页。

② 李红英、汪桂海：《〈永乐大典〉录副诸人考略》，《文献》2008 年第 3 期。

考。还是以总校官为例，笔者根据总校官的年谱、碑传、墓志铭等资料，考订出了六名总校官录副《大典》时的出入馆时间，并将"《永乐大典》署名页所载录副人员职名表"所载 218 册署名页中出现该署名的卷数范围作了一一对应，也就是说该总校官所总校的《大典》副本卷数范围毫无疑问会在入馆至离馆的时间范围内，因为《副本》抄录完成后录副人员才最后在册末署名页中署名，这样就可以较为准确地判定《大典》副本的录副时间和录副进度。如卷四八〇至一二四二九在嘉靖四十一年八月十三日至嘉靖四十四年六月二十三日完成；卷四八〇至五八四〇在嘉靖四十一年八月十三日至嘉靖四十三年内完成等等。以此类推，十五名分校官同样可以列出其出入馆时间，也可以依此考订《大典》副本的录副时间和录副进度。

表 1　总校官出入馆时间一览表

序号	总校官	入馆时间	离馆时间	离馆原因	218 册署名页中出现该署名的卷数范围[1]
1	高拱	嘉靖四十一年八月十三日	嘉靖四十四年六月二十三日	升迁	卷 480—12429
2	瞿景淳	嘉靖四十一年八月十三日	嘉靖四十三年	升迁	卷 480—5840
3	陈以勤	嘉靖四十三年二月	隆庆元年四月	书成	卷 6504—7462[2] 卷 18207—22761[3]
4	秦鸣雷	嘉靖四十四年七月	嘉靖四十五年五月	乞休	卷 12506—16218
5	胡正蒙	嘉靖四十三年	嘉靖四十五年	卒	卷 7506—13452
6	王大任	嘉靖四十五年	隆庆元年四月	书成	卷 13824—22716

3.《大典》署名页改装补抄后多有讹误

一般而言，被取代者一般不再出现在后面的题名中（陈以勤较为特

---

[1] 该范围以笔者所制《〈永乐大典〉署名页所载录副人员职名表》为准，参见附表 1。
[2] 该卷数范围内总校官陈以勤的职衔是学士。
[3] 该卷数范围内总校官陈以勤的职衔是侍郎。

别，先后以学士和侍郎的身份两度总校《大典》）。但也存在几个特例。如卷二一九〇至二一九一署名（参见附表 1 第 22 条）是总校官侍郎秦鸣雷，学士王大任，编修孙铤。按照正常次序，秦鸣雷、王大任的组合至少出现在卷一三四五二之后。仔细查考，张升所编《永乐大典研究资料辑刊》载，该册署名页的衔名经过了乾隆朝改装，其手法是全部截取所谓的余纸后补录而成[①]。但改装补录的署名并不符合实际，应该是从别的卷册中错抄而来。与此相类似，卷二八〇七署名（参见附表 1 第 37 条）是总校官侍郎高拱、学士胡正蒙，按照次序，至少在卷七五〇六之后，该册署名页的衔名字太潦草，并不是当时所写，显然也经过了乾隆朝改装，截取余纸后补录，错将其他卷册补入。弄错的原因可能是，截取整叶后并没有立即补抄，过了一段时间才补抄，但已经无所依据了。张元济《涵芬楼烬余书录》载，"《骨蒸证治》卷之八千二十，下乎声十九庚韵中蒸字，所录为骨蒸证治二全卷。皆治此病之方药。卷末有重录总校官侍郎臣陈以勤、学士臣王大任，分校官侍读臣王希烈，书写儒士臣程大宪，圈点监生臣敖河，臣孙世良衔名六行"[②]。张氏所揭示的该册《大典》署名页题名有误，卷八〇二二至八〇二四署名（参见附表 1 第 107 条）为总校官侍郎高拱、学士胡正蒙，则卷八〇二〇（参见附表 1 第 106 条）总校官也应是相同题名。出现这种错误的原因最大可能是乾隆朝改装，截取余纸后补录，错将其他卷册补入。当然也有可能是张氏记错了。沈津在《书城风弦录》中提及，普林斯顿大学葛思德东亚图书馆所藏卷二〇五七三，末写有"重录总校官秦鸣雷、王大任；分校官林燫；写书官沈洧；圈点监生马承志、吴敬"等衔名[③]。这里有两误。一则总校官应为王大任，二则，该书可能系改装而成，题名误。后来普林斯顿大学葛思德东亚图书馆长马泰来撰文指出："细检原书，卷二〇五七三卷次曾作修改。卷端、尾题及版心，原皆作'二万三百七十三'。其中卷端及尾题改动尤极细心，不易察觉。《连筠簃丛

---

① 张升编：《永乐大典研究资料辑刊》，北京图书馆出版社 2005 年版，第 692 页。

② 张元济：《涵芬楼烬余书录》，载《张元济全集》卷八，商务印书馆 2009 年版，第 358 页。

③ 沈津：《巨细精粗，粲然明备——也说永乐大典》，载氏著《书城风弦录》，广西师范大学出版社 2006 年版，第 20 页。

图 5　卷二〇三七三（原误为二〇五七三）署名页　　　图 6　卷二〇八七署名页书影
书影（美国普林斯顿大学葛思德图书馆藏）　　　　　　（中国国家图书馆藏）

书》本《永乐大典目录》，卷二万三百七十三为《大宝积经》卷八（卷二十，叶二十上），与普大藏卷合。"[1]同时还指出，"中华书局影印本《永乐大典》所收卷二〇五七三（应为卷二〇三七三），皆为仿钞本。台北世界书局翻印本同。中华书局1960年影印《永乐大典》时，已指出"仿钞本第二零五七三卷积字，据连筠簃刻本《永乐大典目录》，这一卷应当是二零三七三"。可惜当时未见原写本，未为定论。据《永乐大典研究资料辑刊》，该卷题名"重录总校官侍郎秦鸣雷、学士王大任；分校官洗马林燫……"，与普大藏题名中的总校官不同，笔者认为仿抄本题名是准确的（可能系仿抄于乾隆之前），而原写本可能改装过，题名明显有误。马泰来还提到，"卷二〇五七二，现存台湾，编号08015。2001年11月，函请该馆善本部卢锦堂主任代检，得悉该卷情形

——————————

[1] 马泰来：《普林斯顿大学东亚图书馆藏〈永乐大典〉题记》，载《永乐大典编纂600周年国际研讨会论文集》，北京图书馆出版社2003年版，第330页。

与普大藏卷如出一辙，卷次经后人改动，实为卷二〇三七二"①。可能该册也存在类似的改装现象。

4.《大典》录副时，《大典》本应是随机分配给各馆分校官

《大典》重录时，分为十馆，由十名分校官负责，各自的工作应该是独立的。徐阶《世经堂集》卷六"处理重录大典奏二"言："内府司礼监奏请将大典每一千本作一次发出，交付收掌官。"徐氏"处理重录大典奏三"则说："每馆置簿一扇登记各官生所领书数，先将官生职名开列簿面，其簿内按日开写某人领书一本卷几至卷几，写完之日即于其下注某月日写完。领书之时，务照名次，逐本给与，不许搀越紊乱，以杜规避，以便查考。"张升的研究发现，《大典》副本"是按每十册为一函（套）分装的"②。这就很容易引导人们推想《大典》录副时，将每次分发的一千本（也就是100函）一次性分给十馆，每馆分校100本（十函）。但实际情况却不是这样，从现有的题名看，相连的数册大典，有的连续几册都是同一为分校官校阅，如卷二二七九至二二八一、卷二二八二至二二八三两册都由编修陶大临负责；卷二三四〇至二三四二、卷二三四三至二三四四、卷二三四五至二三四七三册都由谕德张居正负责。有的则是各有不同分校官负责，如卷五三八至五三九、卷五四〇至五四一两册分别由谕德吴可行和谕德陶大临负责；卷七四五五、卷七四五六至七四五七、卷七四五八、卷七四五九至七四六〇、卷七四六一至七四六二五册分别由编修孙铤、检讨马自强、编修陶大临、编修张四维、谕德张居正负责。分校官是各自负责一馆的，连续几册《大典》分别由不同的分校官校阅，也就意味着这几册《大典》由不同的馆负责。可见，从阁中每次取一千本后，应该是随机分配给十位分校官的，每馆连续校阅一册至数册不等，《大典》的册数分配呈现出一种较为杂乱的现象，值得我们注意。

5.根据总校官、分校官的流动，可以借以判断《大典》重录的进度

徐阶"处理重录大典奏三"详细阐述了录副的进度："收掌官会同催儹官，每馆置簿一扇，按日登记各官生所写书叶。除题奉钦依每日须写三叶，

---

① 马泰来：《普林斯顿大学东亚图书馆藏〈永乐大典〉题记》，第331页。

② 张升：《〈永乐大典〉流传与辑佚研究》，北京师范大学出版社2010年版，第11页。

每人须足五千叶外，其论叶数须以实写之字扣算，凡图画等项不许概作叶数混开，如遇差错，发与另写，不拘一次、二次，只算一叶。"①从现存卷目中看，高拱嘉靖四十一年八月入馆，嘉靖四十四年六月出馆，在馆时间 34 个月，所校录的从开始约至卷一二四二九，月均 365 卷，若继续在馆，那么 4 年 8 个月时间内，应总校 20400 卷。秦鸣雷嘉靖四十四年七月入馆为总校官，嘉靖四十五年四月离馆，则在题为总校官秦鸣雷的介于卷一二九二九至一二九三〇、卷一六二一七至一六二一八之间，前为卷一一九〇五至一一九〇七高拱，其后是卷一九七四〇至一九七四一，为陈以勤所取代。在馆共 7 个月，月均约 470 卷。若继续在馆，则 4 年 8 个月时间内，应校录 26220 卷。陈以勤嘉靖四十三年二月入馆为总校至隆庆元年四月重录成后离馆，现在卷目中最早为卷六五〇四至六五〇五。从嘉靖四十一年八月开始至嘉靖四十三年二月，总共 18 个月，月均 360 卷。则 4 年 8 个月时间内，应校录 20160 卷，已经接近了实际的 22877 卷。如果按照徐阶最初设计的进度，109 名抄写人员在保证每人完成 5000 叶的情况下，若按照每天 3 叶，一年 365 天，预计完成《大典》录副预计需要大约 4 年 6 个月时间。从这几组数据看，《大典》录副的进度是基本上是按照原计划进行的。

三、结语

通过对署名页文本信息和价值进行考察，我们可以发掘出《大典》录副详情的许多重要信息。其一，《大典》录副人员是动态流动的，这种流动性多少会造成录副人员权责不专、校对不精，造成《大典》副本留下许多讹误，正如顾力仁所指出的，"不惟内文常有误写脱文者，亦有因误写而擦拭之痕迹，亦有许多字因误写而写至一半即辍笔者；至于全文句读皆为朱色小圈，而圈点脱漏及误点者亦所在多有。……可见所谓'校对'者在施行上颇不严谨，徒法具文而已"②。造成这些问题的原因可能是多方面的，其中的一个重要

① （明）徐阶：《处理重录大典奏三》，《世经堂集》卷六。
② 顾力仁：《永乐大典及其辑佚书研究》，第 158 页。

因素显然与总校官、分校官乃至写书官等录副人员的动态流动有莫大关系。

其二，署名页改装补写后多有讹误，署名页所揭示出的录副人员更替、衔名变化，可藉以探究《大典》录副的具体分工和录副进度。众所周知，刻工姓名对于查考典籍版本及其刊刻年代具有重要意义，而从某种意义上上说，署名页对于查考《大典》录副的进度也同样具有不可取代的作用。张升指出，"乾隆让人截取《大典》署名页空白部分，用以仿造藏经纸，这是对《永乐大典》极大的伤害：破坏了《大典》的完整性，给《大典》造成了无法弥补的损失"。此外，"由于《大典》副本是完全依照正本仿抄的，《大典》每册后的署名页是我们从外观上区分副本与正本的唯一的直接而有效的依据，因此，署名页的缺失，也肯定会极大地影响我们对正副本的鉴定"[1]。因此，我们应该更加重视《大典》副本署名页的价值，加强保护，并深入挖掘其中蕴含的丰富历史信息，以期推动《大典》的深入研究。

附表1 《永乐大典》署名页所载录副人员职名表（总218册）

序号	卷数	总校官1	职衔	总校官2	职衔	分校官	职衔
1	卷480—481	高拱	侍郎	瞿景淳	谕德	陶大临	编修
2	卷485—486	高拱	侍郎	瞿景淳	谕德	徐时行	修撰
3	卷489—490	高拱	侍郎	瞿景淳	谕德	王希烈	编修
4	卷538—539	高拱	侍郎	瞿景淳	谕德	吴可行	检讨
5	卷540—541	高拱	侍郎	瞿景淳	谕德	陶大临	编修
6	卷551—553	高拱	侍郎	瞿景淳	谕德	林燫	修撰
7	卷665—666	高拱	侍郎	瞿景淳	谕德	马自强	检讨
8	卷807—808	高拱	侍郎	瞿景淳	学士	吴可行	检讨
9	卷821—823	高拱	侍郎	瞿景淳	学士	丁士美	修撰
10	卷849—851	高拱	侍郎	瞿景淳	学士	丁士美	修撰
11	卷895—896	高拱	侍郎	瞿景淳	学士	王希烈	编修

[1] 张升：《〈永乐大典〉余纸考》，《史林》2010年第2期。

续表

序号	卷数	总校官1	职衔	总校官2	职衔	分校官	职衔
12	卷899—900	高拱	侍郎	瞿景淳	学士	林燫	洗马
13	卷901—902	高拱	侍郎	瞿景淳	学士	丁士美	修撰
14	卷905—907	高拱	侍郎	瞿景淳	学士	陶大临	编修
15	卷908—909	高拱	侍郎	瞿景淳	学士	陶大临	编修
16	卷910—912	高拱	侍郎	瞿景淳	学士	马自强	检讨
17	卷913—914	高拱	侍郎	瞿景淳	学士	陶大临	编修
18	卷917—919	高拱	侍郎	瞿景淳	学士	林燫	洗马
19	卷975—976	高拱	侍郎	瞿景淳	学士	徐时行	修撰
20	卷981	高拱	侍郎	瞿景淳	学士	王希烈	编修
21	卷1033	高拱	侍郎	瞿景淳	学士	王希烈	编修
22	卷2190—2191	秦鸣雷	侍郎	王大任	学士	孙铤	编修
23	卷2262—2263	高拱	侍郎	瞿景淳	学士	张四维	编修
24	卷2264—2265	高拱	侍郎	瞿景淳	学士	丁士美	修撰
25	卷2270—2271	高拱	侍郎	瞿景淳	学士	王希烈	编修
26	卷2279—2281	高拱	侍郎	瞿景淳	学士	陶大临	编修
27	卷2282—2283	高拱	侍郎	瞿景淳	学士	陶大临	编修
28	卷2340—2342	高拱	侍郎	瞿景淳	学士	张居正	谕德
29	卷2343—2344	高拱	侍郎	瞿景淳	学士	张居正	谕德
30	卷2345—2347	高拱	侍郎	瞿景淳	学士	张居正	谕德
31	卷2406—2408	高拱	侍郎	瞿景淳	学士	吕旻	编修
32	卷2603—2604	高拱	侍郎	瞿景淳	学士	张四维	编修
33	卷2605—2607	高拱	侍郎	瞿景淳	学士	张居正	谕德
34	卷2610—2611	高拱	侍郎	瞿景淳	学士	张四维	编修
35	卷2737—2738	高拱	侍郎	瞿景淳	学士	张居正	谕德
36	卷2754—2755	高拱	侍郎	瞿景淳	学士	林燫	洗马
37	卷2807	高拱	侍郎	胡正蒙	学士	吕旻	编修
38	卷2808—2809	高拱	侍郎	瞿景淳	学士	陶大临	编修
39	卷2810—2811	秦鸣雷	侍郎	王大任	学士	孙铤	编修

续表

序号	卷数	总校官 1	职衔	总校官 2	职衔	分校官	职衔
40	卷 2948—2949	高拱	侍郎	瞿景淳	学士	吕旻	编修
41	卷 2950—2951	高拱	侍郎	瞿景淳	学士	陶大临	编修
42	卷 2952—2953	高拱	侍郎	瞿景淳	学士	丁士美	修撰
43	卷 2954—2955	高拱	侍郎	瞿景淳	学士	丁士美	修撰
44	卷 2978—2980	高拱	侍郎	瞿景淳	学士	徐时行	修撰
45	卷 2999—3000	高拱	侍郎	瞿景淳	学士	丁士美	修撰
46	卷 3001	高拱	侍郎	瞿景淳	学士	王希烈	编修
47	卷 3002	高拱	侍郎	瞿景淳	学士	王希烈	编修
48	卷 3005—3007	高拱	侍郎	瞿景淳	学士	张四维	编修
49	卷 3008	高拱	侍郎	瞿景淳	学士	陶大临	编修
50	卷 3009—3010	高拱	侍郎	瞿景淳	学士	陶大临	编修
51	卷 3133—3134	高拱	侍郎	瞿景淳	学士	陶大临	编修
52	卷 3141—3142	高拱	侍郎	瞿景淳	学士	林燫	洗马
53	卷 3143—3144	高拱	侍郎	瞿景淳	学士	陶大临	编修
54	卷 3155—3156	高拱	侍郎	瞿景淳	学士	陶大临	编修
55	卷 3267—3269	高拱	侍郎	瞿景淳	学士	林燫	洗马
56	卷 3507—3508	高拱	侍郎	陈以勤	学士	马自强	检讨
57	卷 3549	高拱	侍郎	瞿景淳	学士	张居正	谕德
58	卷 3586—3587	高拱	侍郎	瞿景淳	学士	徐时行	修撰
59	卷 3615	高拱	侍郎	瞿景淳	学士	王希烈	编修
60	卷 5251—5252	高拱	侍郎	瞿景淳	学士	丁士美	修撰
61	卷 5455—5456	高拱	侍郎	瞿景淳	学士	张居正	谕德
62	卷 5838—5840	高拱	侍郎	瞿景淳	学士	张居正	谕德
63	卷 6504—6505	高拱	侍郎	陈以勤	学士	诸大绶	修撰
64	卷 6523—6524	高拱	侍郎	陈以勤	学士	吕旻	编修
65	卷 6564—6565	高拱	侍郎	陈以勤	学士	陶大临	编修
66	卷 6764—6765	高拱	侍郎	瞿景淳	学士	张居正	谕德
67	卷 6766—6767	高拱	侍郎	陈以勤	学士	马自强	检讨

序号	卷数	总校官 1	职衔	总校官 2	职衔	分校官	职衔
68	卷 6831—6832	高拱	侍郎	陈以勤	学士	丁士美	修撰
69	卷 6837—6838	高拱	侍郎	陈以勤	学士	丁士美	修撰
70	卷 6850—6851	高拱	侍郎	陈以勤	学士	诸大绶	修撰
71	卷 6933—6934	高拱	侍郎	陈以勤	学士	王希烈	编修
72	卷 7078—7080	高拱	侍郎	陈以勤	学士	诸大绶	修撰
73	卷 7104—7105	高拱	侍郎	陈以勤	学士	张居正	谕德
74	卷 7159	高拱	侍郎	陈以勤	学士	陶大临	编修
75	卷 7213—7214	高拱	侍郎	陈以勤	学士	马自强	检讨
76	卷 7235—7236	高拱	侍郎	陈以勤	学士	诸大绶	修撰
77	卷 7239—7240	高拱	侍郎	陈以勤	学士	林燫	洗马
78	卷 7241—7242	秦鸣雷	侍郎	王大任	学士	孙铤	编修
79	卷 7303—7304	高拱	侍郎	陈以勤	学士	吕旻	编修
80	卷 7322—7324	高拱	侍郎	陈以勤	学士	王希烈	编修
81	卷 7326	高拱	侍郎	陈以勤	学士	丁士美	修撰
82	卷 7328	高拱	侍郎	陈以勤	学士	王希烈	编修
83	卷 7329	高拱	侍郎	陈以勤	学士	诸大绶	修撰
84	卷 7378—7379	高拱	侍郎	陈以勤	学士	孙铤	编修
85	卷 7385—7386	高拱	侍郎	陈以勤	学士	孙铤	编修
86	卷 7387—7388	高拱	侍郎	陈以勤	学士	孙铤	编修
87	卷 7393—7394	高拱	侍郎	陈以勤	学士	孙铤	编修
88	卷 7449—7450	高拱	侍郎	陈以勤	学士	孙铤	编修
89	卷 7453—7454	高拱	侍郎	陈以勤	学士	孙铤	编修
90	卷 7455	高拱	侍郎	陈以勤	学士	孙铤	编修
91	卷 7456—7457	高拱	侍郎	陈以勤	学士	马自强	检讨
92	卷 7458	高拱	侍郎	陈以勤	学士	陶大临	编修
93	卷 7459—7460	高拱	侍郎	陈以勤	学士	张四维	编修
94	卷 7461—7462	高拱	侍郎	陈以勤	学士	张居正	谕德
95	卷 7506	高拱	侍郎	胡正蒙	学士	诸大绶	修撰

续表

序号	卷数	总校官 1	职衔	总校官 2	职衔	分校官	职衔
96	卷 7507	高拱	侍郎	胡正蒙	学士	丁士美	修撰
97	卷 7510	高拱	侍郎	胡正蒙	学士	林燫	洗马
98	卷 7513—7514	高拱	侍郎	胡正蒙	学士	陶大临	编修
99	卷 7517—7518	高拱	侍郎	胡正蒙	学士	王希烈	编修
100	卷 7650—7651	高拱	侍郎	胡正蒙	学士	孙铤	编修
101	卷 7677—7678	高拱	侍郎	胡正蒙	学士	马自强	检讨
102	卷 7701—7702	高拱	侍郎	胡正蒙	学士	林燫	洗马
103	卷 7756—7757	高拱	侍郎	胡正蒙	学士	吕旻	编修
104	卷 7856—7857	高拱	侍郎	胡正蒙	学士	马自强	检讨
105	卷 7963	高拱	侍郎	胡正蒙	学士	吕旻	编修
106	卷 8020	陈以勤	侍郎	王大任	学士	王希烈	侍读
107	卷 8022—8024	高拱	侍郎	胡正蒙	学士	陶大临	编修
108	卷 8025—8026	高拱	侍郎	胡正蒙	学士	吕旻	编修
109	卷 8089—8090	高拱	侍郎	胡正蒙	学士	张居正	谕德
110	卷 8164—8165	高拱	侍郎	胡正蒙	学士	吕旻	编修
111	卷 8339	高拱	侍郎	胡正蒙	学士	吕旻	编修
112	卷 8569—8570	高拱	侍郎	胡正蒙	学士	林燫	侍读
113	卷 8587—8588	高拱	侍郎	胡正蒙	学士	姜金和	谕德
114	卷 8841—8843	高拱	侍郎	胡正蒙	学士	王希烈	编修
115	卷 8844—8845	高拱	侍郎	胡正蒙	学士	王希烈	编修
116	卷 8908	高拱	侍郎	胡正蒙	学士	孙铤	编修
117	卷 8909—8910	高拱	侍郎	胡正蒙	学士	王希烈	编修
118	卷 8980—8981	高拱	侍郎	胡正蒙	学士	陶大临	编修
119	卷 9766	高拱	侍郎	胡正蒙	学士	吕旻	侍读
120	卷 10110—10112	高拱	侍郎	胡正蒙	学士	吕旻	洗马
121	卷 10135—10136	高拱	侍郎	胡正蒙	学士	陶大临	编修
122	卷 10458—10459	高拱	侍郎	胡正蒙	学士	林燫	洗马
123	卷 10483—10484	高拱	侍郎	胡正蒙	学士	丁士美	修撰

续表

序号	卷数	总校官1	职衔	总校官2	职衔	分校官	职衔
124	卷10876—10877	高拱	侍郎	胡正蒙	学士	吕旻	洗马
125	卷11076—11077	高拱	侍郎	胡正蒙	学士	王希烈	侍读
126	卷11127—11128	高拱	侍郎	胡正蒙	学士	王希烈	编修
127	卷11620	高拱	侍郎	胡正蒙	学士	林爌	洗马
128	卷11905—11907	高拱	侍郎	胡正蒙	学士	王希烈	编修
129	卷12015—12016	高拱	侍郎	胡正蒙	学士	林爌	洗马
130	卷12017—12018	高拱	侍郎	胡正蒙	学士	林爌	洗马
131	卷12043—12044	高拱	侍郎	胡正蒙	学士	丁士美	修撰
132	卷12071—12072	高拱	侍郎	胡正蒙	学士	吕旻	侍读
133	卷12148	高拱	侍郎	胡正蒙	学士	陶大临	编修
134	卷12269	高拱	侍郎	胡正蒙	学士	吕旻	侍读
135	卷12270—12271	高拱	侍郎	胡正蒙	学士	吕旻	侍读
136	卷12272—12274	高拱	侍郎	胡正蒙	学士	吕旻	侍读
137	卷12306—12308	高拱	侍郎	胡正蒙	学士	王希烈	侍读
138	卷12399—12400	高拱	侍郎	胡正蒙	学士	吕旻	侍读
139	卷12428—12429	高拱	侍郎	胡正蒙	学士	丁士美	修撰
140	卷12506—12507	秦鸣雷	侍郎	胡正蒙	学士	诸大绶	谕德
141	卷12929—12930	秦鸣雷	侍郎	胡正蒙	学士	吕旻	侍读
142	卷12960—12962	秦鸣雷	侍郎	胡正蒙	学士	张四维	编修
143	卷12963—12965	秦鸣雷	侍郎	胡正蒙	学士	吕旻	侍读
144	卷12966—12968	秦鸣雷	侍郎	胡正蒙	学士	吕旻	侍读
145	卷12969—12971	秦鸣雷	侍郎	胡正蒙	学士	孙铤	编修
146	卷13017—13018	秦鸣雷	侍郎	胡正蒙	学士	马自强	修撰
147	卷13020	秦鸣雷	侍郎	胡正蒙	学士	汪镗	谕德
148	卷13074—13075	秦鸣雷	侍郎	胡正蒙	学士	丁士美	修撰
149	卷13082—13084	秦鸣雷	侍郎	胡正蒙	学士	诸大绶	修撰
150	卷13019	秦鸣雷	侍郎	胡正蒙	学士	马自强	修撰
151	卷13135—13136	秦鸣雷	侍郎	胡正蒙	学士	林爌	洗马

续表

序号	卷数	总校官1	职衔	总校官2	职衔	分校官	职衔
152	卷 13340—13341	秦鸣雷	侍郎	胡正蒙	学士	马自强	修撰
153	卷 13344—13345	秦鸣雷	侍郎	胡正蒙	学士	陶大临	编修
154	卷 13451—13452	秦鸣雷	侍郎	胡正蒙	学士	诸大绶	编修
155	卷 13822—13824	秦鸣雷	侍郎	王大任	学士	王希烈	侍读
156	卷 13872—13873	秦鸣雷	侍郎	王大任	学士	孙铤	编修
157	卷 13874—13875	秦鸣雷	侍郎	王大任	学士	孙铤	编修
158	卷 13876—13878	秦鸣雷	侍郎	王大任	学士	孙铤	编修
159	卷 13991	秦鸣雷	侍郎	王大任	学士	王希烈	侍读
160	卷 13992—13993	秦鸣雷	侍郎	王大任	学士	王希烈	侍读
161	卷 14051—14052	秦鸣雷	侍郎	王大任	学士	孙铤	编修
162	卷 14055—14056	秦鸣雷	侍郎	王大任	学士	孙铤	编修
163	卷 14124—14125	秦鸣雷	侍郎	王大任	学士	张四维	编修
164	卷 14131	秦鸣雷	侍郎	王大任	学士	张四维	编修
165	卷 14219—14220	秦鸣雷	侍郎	王大任	学士	陶大临	编修
166	卷 14380—14381	秦鸣雷	侍郎	王大任	学士	张四维	编修
167	卷 14382—14383	秦鸣雷	侍郎	王大任	学士	张四维	编修
168	卷 14385	秦鸣雷	侍郎	王大任	学士	张四维	编修
169	卷 14463—14464	秦鸣雷	侍郎	王大任	学士	丁士美	修撰
170	卷 14536—14537	秦鸣雷	侍郎	王大任	学士	汪镗	谕德
171	卷 14544—14545	秦鸣雷	侍郎	王大任	学士	林燫	洗马
172	卷 14574—14576	秦鸣雷	侍郎	王大任	学士	林燫	洗马
173	卷 14999	秦鸣雷	侍郎	王大任	学士	陶大临	编修
174	卷 14607—14609	秦鸣雷	侍郎	王大任	学士	王希烈	侍读
175	卷 14620—14621	秦鸣雷	侍郎	王大任	学士	张四维	编修
176	卷 14622	秦鸣雷	侍郎	王大任	学士	张四维	编修
177	卷 14624—14625	秦鸣雷	侍郎	王大任	学士	张四维	编修
178	卷 14837	秦鸣雷	侍郎	王大任	学士	孙铤	编修
179	卷 14838	高拱	侍郎	陈以勤	学士	丁士美	修撰

序号	卷数	总校官1	职衔	总校官2	职衔	分校官	职衔
180	卷 15073—15075	秦鸣雷	侍郎	王大任	学士	林㷿	洗马
181	卷 15897—15898	秦鸣雷	侍郎	王大任	学士	诸大绶	修撰
182	卷 15955—15956	秦鸣雷	侍郎	王大任	学士	孙铤	编修
183	卷 15957—15958	秦鸣雷	侍郎	王大任	学士	孙铤	编修
184	卷 16217—16218	秦鸣雷	侍郎	王大任	学士	孙铤	编修
185	卷 18207—18209	陈以勤	侍郎	王大任	学士	孙铤	编修
186	卷 18222—18224	陈以勤	侍郎	王大任	学士	孙铤	编修
187	卷 18402—18403	陈以勤	侍郎	王大任	学士	吕旻	侍读
188	卷 19416—19417	陈以勤	侍郎	王大任	学士	诸大绶	修撰
189	卷 19418—19419	陈以勤	侍郎	王大任	学士	诸大绶	修撰
190	卷 19740—19741	陈以勤	侍郎	王大任	学士	马自强	修撰
191	卷 19783—19784	陈以勤	侍郎	王大任	学士	诸大绶	修撰
192	卷 19785—19786	陈以勤	侍郎	王大任	学士	胡杰	中允
193	卷 19789—19790	陈以勤	侍郎	王大任	学士	陶大临	编修
194	卷 19792	陈以勤	侍郎	王大任	学士	王希烈	侍读
195	卷 19931	陈以勤	侍郎	王大任	学士	孙铤	编修
196	卷 20121—20122	陈以勤	侍郎	王大任	学士	王希烈	侍读
197	卷 20139	陈以勤	侍郎	王大任	学士	王希烈	侍读
198	卷 20181—20182	陈以勤	侍郎	王大任	学士	吕旻	侍读
199	卷 20197	陈以勤	侍郎	王大任	学士	孙铤	编修
200	卷 20204—20205	陈以勤	侍郎	王大任	学士	孙铤	编修
201	卷 20221—20222	陈以勤	侍郎	王大任	学士	孙铤	编修
202	卷 20308—20309	陈以勤	侍郎	王大任	学士	丁士美	修撰
203	卷 20310—20311	陈以勤	侍郎	王大任	学士	胡杰	中允
204	卷 20353—20354	陈以勤	侍郎	王大任	学士	马自强	修撰
205	卷 20373	秦鸣雷	侍郎	王大任	学士	林㷿	洗马
206	卷 20424—20425	陈以勤	侍郎	王大任	学士	王希烈	侍读
207	卷 20426—20427	陈以勤	侍郎	王大任	学士	吕旻	侍读

续表

序号	卷数	总校官 1	职衔	总校官 2	职衔	分校官	职衔
208	卷 20428	陈以勤	侍郎	王大任	学士	吕旻	侍读
209	卷 20648—20649	陈以勤	侍郎	王大任	学士	胡杰	中允
210	卷 20850—20851	陈以勤	侍郎	王大任	学士	孙铤	编修
211	卷 21025—21026	陈以勤	侍郎	王大任	学士	张四维	编修
212	卷 21029—21031	陈以勤	侍郎	王大任	学士	孙铤	编修
213	卷 22180—22182	陈以勤	侍郎	王大任	学士	诸大绶	修撰
214	卷 22536—22537	陈以勤	侍郎	王大任	学士	陶大临	编修
215	卷 22570—22572	陈以勤	侍郎	王大任	学士	孙铤	编修
216	卷 22576—22578	陈以勤	侍郎	王大任	学士	张四维	编修
217	卷 22749—22750	陈以勤	侍郎	王大任	学士	胡杰	中允
218	卷 22761	陈以勤	侍郎	王大任	学士	张四维	编修

《永乐大典》引《仪礼》考实

——兼论《大典》编纂来源的复杂性 *

杜以恒

《永乐大典》的编纂"始于元年（1403）之秋，而成于六年（1408）之冬，总二万二千九百三十七卷"[1]，这部卷帙浩繁的类书"包括宇宙之广大，统会古今之异同，巨细精粗，粲然明备"[2]，将明以前的重要典籍网罗殆尽。为纂修《大典》，永乐皇帝"敕遣使臣博采四方之籍，礼招儒彦广绸中秘之储"[3]。《大典》编纂得以广泛利用公私藏书，所引典籍多为宋元善本，具有巨大的文献价值。清代纂修《四库全书》前后，从《大典》中大量钩稽亡佚古籍，清人称之为"《永乐大典》本"，对中国传统文化有存亡续绝之功。可惜今存《永乐大典》仅有原书副本的百分之四左右，残卷又多不相连，且有些残卷尚难得见。但即便是可见残卷中零散引用的古籍，若深加辑校，仍能获得不少新知。

当代学者在《大典》残卷辑校方面取得了丰硕成果，有的学者据新见

* 本文在撰写过程中先后得到北京大学中文系高树伟先生、南京师范大学文学院井超先生、山东师范大学韩悦先生的帮助、指导，特此致谢。

[1] （明）朱棣：《御制永乐大典序》，国家图书馆藏抄本《永乐大典目录》卷前。明姚广孝所编《永乐大典目录》是《大典》研究的重要材料，今存国家图书馆藏清嘉庆道光间姚元之抄本、清道光二十八年（1848）灵石杨氏刊《连筠簃丛书》本。据张升研究，"姚氏抄本内容更完整、准确，而且抄写格式也更规范"，因此本文论及之《永乐大典目录》皆以姚氏抄本为准。《大典目录》版本情况详参张升：《抄本〈永乐大典目录〉的文献价值》，载《历史文献研究（总第33辑）》，华东师范大学出版社2014年版，第228—236页。

[2] （明）朱棣：《御制永乐大典序》，国家图书馆藏抄本《永乐大典目录》卷前。

[3] （明）姚广孝等：《进〈永乐大典〉表》，国家图书馆藏抄本《永乐大典目录》卷前。

《大典》残卷进行辑佚、辑补，如赵昱据《大典》卷二二七二至二二七四辑补宋诗一百六十一首、宋元词十四首、宋元文二篇、元诗二十六首、明人佚集二种[①]；有的学者借助《大典》所引文献解决了重大学术难题，如费君清、罗鹭、王媛等学者关注《大典》引江湖诗集的体例及其内部差异，在宋代江湖诗集的编刻研究上取得了新突破[②]；还有的学者对《大典》所引文献的底本进行考证，如钟仕伦、花友萍、丁治民、张兰兰、瞿林江、冯先思、董岑仕、杜以恒、张良理清了《大典》引《文选》《集韵》《说文》《礼记》《玉篇》《崇文总目》《四库阙书》《周易》《续资治通鉴长编》《元史》等书的版本问题[③]。这些论著虽然不是专门研究《大典》编纂的，但或多或少地涉及了《大典》

---

① 史广超：《〈永乐大典〉辑佚研究》，博士学位论文，复旦大学，2006 年；史广超：《〈全宋诗〉补遗》，《中国韵文学刊》2009 年第 4 期，第 94—100 页；赵昱：《新见〈永乐大典〉（卷二二七二—二二七四）中的宋佚诗辑存》，载《版本目录学研究》第十辑，国家图书馆出版社 2019 年版，第 3—33 页；赵昱：《〈永乐大典〉（卷二二七二—二二七四）新见宋元词佚作辑存》，载《中国典籍与文化论丛》第二十一辑，凤凰出版社 2020 年版，第 164—169 页；赵昱：《〈永乐大典〉（卷 2272—2274）新见宋元佚文辑存》，载《国学季刊》第九辑，山东人民出版社 2018 年版，第 128—133 页；赵昱：《〈全元诗〉辑补——以新发现〈永乐大典〉（卷 2272—2274）中的元人佚诗为中心》，《长江学术》2019 年第 1 期，第 69—75 页；赵昱：《〈永乐大典〉所见明人佚集二种》，载《天一阁文丛》第十六辑，浙江古籍出版社 2019 年版，第 121—130 页。

② 费君清：《〈永乐大典〉中发现的江湖集资料论析》，《杭州大学学报》1988 年第 1 期，第 50—58 页；罗鹭：《〈江湖前、后、续集〉与〈江湖集〉求原》，载《新国学》第 8 辑，巴蜀书社 2010 年版，第 321—352 页；王媛：《江湖诗集考》，《文史》2016 年第 3 辑，第 257—281 页。

③ 钟仕伦：《〈永乐大典〉所录〈文选〉考释》，《铜仁学院学报》2015 年第 5 期，第 4—18 页；花友萍、丁治民：《〈永乐大典〉所录〈集韵〉版本考》，《浙江师范大学学报（社会科学版）》2016 年第 2 期，第 62—66 页；张兰兰：《〈永乐大典〉采录许慎〈说文〉考》，硕士学位论文，苏州大学，2017 年；瞿林江：《新见〈永乐大典〉残卷引"礼记类"诸书及版本考》，《文献》2018 年第 1 期，第 78—86 页；冯先思：《〈永乐大典〉引〈玉篇〉版本考》，载《文献语言学》第六辑，中华书局 2018 年版，第 43—54 页；董岑仕：《〈永乐大典〉之〈崇文总目〉、〈四库阙书〉考——兼论〈永乐大典〉中四十二卷（转下页）

编纂来源和编纂过程，对《大典》编纂研究具有参考价值。

专门的《大典》编纂研究，大多从宏观层面展开。《大典》具体编纂过程的研究相对较少，其中有代表性的是林鹄基于《宋会要辑稿》礼类若干门整理而引发的《大典》编纂流程讨论①。但《宋会要》已佚，《大典》亦亡佚大半，源自《大典》的《宋会要辑稿》较《大典》原貌又有不小的差距，在这种情况下讨论《大典》抄录《宋会要》的过程无疑具有相当大的难度，因此林鹄对《大典》编纂流程的推测也相当审慎："《大典》之工作流程，应当是先确定事目，再分配专人从专书中摘抄相应材料。但摘抄内容选择与编辑，《大典》似未制定严格的体例，而是由编修官临事自主裁定。"林鹄此论严谨可信。但已有成果尚不足以使我们具体、直观地理解《大典》的编纂过程，相关研究仍有进一步深化、细化的空间。

《仪礼》并无宋元经注本、单疏本存世②，且未进入宋元十行注疏本的序列③，直到明中期才完成注疏合刻④，因此明初编成的《永乐大典》所引《仪礼》就显得尤为重要。笔者近年对《仪礼》版本问题用力较多，自然希望从《大典》中得到《仪礼》宋元本的线索，因此对业已公布的《大典》残卷所引

（接上页）书目汇编》，载《古典文献研究》第二十一辑下卷，凤凰出版社 2018 年版，第173—203 页；杜以恒：《〈永乐大典〉引〈周易〉经注疏释文底本问题初探》，《周易研究》2021 年第 1 期，第 77—87 页；张良：《南宋官藏本〈续资治通鉴长编〉传续考》，《文史》2021 年第 2 辑，第 143—164 页；张良：《〈永乐大典〉所见"元史"佚文考——兼论〈永乐大典〉之纂修体例》，载《经学文献研究集刊》第二十六辑，上海书店出版社 2021 年版，第 199—232 页。

① 林鹄：《〈永乐大典〉编纂流程琐议——以〈宋会要辑稿〉礼类群祀、大礼五使二门为中心》，《文史》2020 年第 1 辑，第 279—288 页。

② 《仪礼》存世宋元刊本仅有元泰定间刊元十行本《仪礼图》附刻之《仪礼》白文本十七卷。宋刊经注本、单疏本则于清代亡佚，今仅存清人影抄、影刻本。

③ 元十行本《十三经注疏》中的《仪礼》实系杨复《仪礼图》。

④ 详参廖明飞：《〈仪礼〉注疏合刻考》，《文史》2014 年第 1 辑，第 185—207 页。

《仪礼》进行了全面辑校①。从辑校结果看，《大典》所引《仪礼》并非抄自某个《仪礼》宋元本，而是全部出自他书转引。转引来源亦有多端，且不同的转引来源往往与《大典》特定门类相对应，具有一定规律性。这对于我们梳理《永乐大典》编纂来源及其快速编纂过程具有重大参考价值，堪称《大典》编纂研究的绝佳个案。本文即以全面辑校《大典》残卷引《仪礼》经、注、疏为基础，辅以明姚广孝编《永乐大典目录》等研究资料，对《大典》引《仪礼》的情况进行详细讨论，以期为《大典》引书、编纂研究提供一个鲜活案例，并对《大典》编纂过程进行合理推测。

一、《永乐大典》引《仪礼》概况

《永乐大典》以韵编排，引录经书大体可分两种情况。第一种是完整引用，即在某韵某字之下完整引录经书的相应篇章，抄本《永乐大典目录》所附《永乐大典凡例》对此有明确说明："《易》《书》《诗》《春秋》《周礼》《仪礼》《礼记》……其诸篇全文或以篇名、或以所重字收，如'乾'字收《乾卦》、'礼'字收《曲礼》、'丧'字收《曾子问》之类。"完整引用的格式是先以大字书经文字句，再以双行小字录历代传注于经文之下。传注的排列顺序并非完全以时代先后为次，《永乐大典凡例》云："若传注则取汉唐宋以来名家为首，如《易》程传、朱《本义》、《书传会通》、蔡传、《礼记》古注疏、陈澔《集说》之类，余依世次各附其后。"②《大典》残卷中所见经书完整引用的格式与《凡例》所述大体相合，如《永乐大典》卷一三八七二至一三八七五"贲"字完整引用了《周易·贲卦》，经传文皆大字，其下则先引《大典》认定的易学名家名作——程子《传》、朱子《本义》，再以世次依次引王弼注、陆德明《音义》、孔颖达《正义》、魏了翁《要义》、李鼎祚《集解》等前代经

---

① 本文辑校《永乐大典》残卷范围是 1986 年中华书局影印本《永乐大典》、2003 年上海辞书出版社影印《海外新发现〈永乐大典〉十七卷》以及书格网（new.shuge.org）郑政先生、高树伟先生整理的境外庋藏之《永乐大典》零册书影。

② （明）姚广孝等：《〈永乐大典〉凡例》，国家图书馆藏抄本《永乐大典目录》卷前。

解。其中宋魏了翁《要义》系节抄注、疏，故置于唐李鼎祚《集解》之前。

《大典》完整引用的经书篇章，囊括了经书经文及包括汉唐注疏在内的明以前重要传注，弥足珍贵。但遗憾的是，《大典》残卷中均未见完整引用《仪礼》的篇目，仅有只言片语提及完整引用的线索，如卷一六二一七"冠"字"士冠礼"条下首句云："周制见后《仪礼·士冠礼》篇。"今检《永乐大典目录》，已经亡佚的卷一六二一九、一六二二〇、一六二二一下分别注云"《仪礼·士冠礼》篇一""《士冠礼》篇二""《士冠礼》篇三"，可知此三卷完整引用了《仪礼·士冠礼》篇。通检《永乐大典目录》，可知除《士冠礼》外，《仪礼》其余篇目《大典》亦曾完整引用，今总列《大典》完整引用《仪礼》篇目情况如下：

表1 《永乐大典》完整引用《仪礼》十七篇目录

序号	篇名	韵字	卷次	序号	篇名	韵字	卷次
1	士冠礼	冠	16219—16221	10	觐礼	觐	15671—15672
2	士昏礼	婚	3498—3499	11	丧服经传	丧	7468—7475
3	士相见礼	见	16636	12	士丧礼	丧	7476—7478
4	乡饮酒礼	酒	12061—12064	13	既夕礼	丧	7479—7482
5	乡射礼	射	17824—17826	14	士虞礼	丧	7483—7485
6	燕礼	宴	16759—16761	15	特牲馈食礼	祭	14059—14060
7	大射仪	射	17829—17830	16	少牢馈食礼	祭	14061
8	聘礼	聘	18789—18795	17	有司	祭	14062—14063
9	公食大夫礼	饲	13837—13839				

《大典》完整引用了《仪礼》十七篇，而《大典》编纂之时，《仪礼》尚未完成注疏合刻，没有注疏本可用。同时包含《仪礼》经注疏的典籍，只有朱熹《仪礼经传通解》。但《大典》除《仪礼》外，也完整引用了《通解》诸篇，如卷一六二一九至一六二二一《仪礼·士冠礼》篇之下，紧接着便完整引用了"朱子《仪礼经传通解·士冠礼》"，可以肯定《大典》完整引用的《仪礼》经注疏并不来自《通解》。则《大典》完整引用的《仪礼》篇目底本

当是业已亡佚的宋经注本《仪礼》、宋单疏本《仪礼疏》以及各种宋元版《仪礼》经解。可惜完整引用的《仪礼》诸篇无一幸存，我们已无法得知《大典》完整引用《仪礼》时录了哪些历代传注 ①，也无从考校这些传注所据底本。

　　第二种情况是零散引用，即在各韵字零散条目下根据需要节引经书经、注、疏文。《永乐大典目录》仅是"各字下注所收切要事目" ②，难以反映各卷具体零散引用经书的情况。《大典》零散引用经书的讨论，只能依据现存《大典》残卷。从现存残卷看，《大典》零散引用《仪礼》最通用的形式是先以红字题《仪礼》，《仪礼》下以墨笔标篇名，篇名后则以墨笔书《仪礼》经文，再以墨笔小字书注文，注文前题"注"或"注曰"，如《永乐大典》卷一九七九〇"服"字"朝服"条下：

　　　　《仪礼·士冠礼》：主人冠朝服。（注：玄冠，委貌也。朝服者，十五升布衣而素裳也。衣不言色者，衣与冠同也。） ③

当然，并非所有零散引用都严格遵循这一通用格式，偶尔也会出现变例，如《仪礼》下无篇名、《仪礼》篇名下有"曰"字、注文前无"注"或"注曰"

---

① 张涛发现国家图书馆藏《钦定三礼义疏》稿本（善本书号 A01969）544 册中有 37 册内容属三礼馆自《永乐大典》纂辑之《周礼》《仪礼》的注解或相关内容，系三礼馆馆臣根据纂修《义疏》的需要，自《永乐大典》完整引用《周礼》《仪礼》的部分节抄而来，弥足珍贵。可惜的是，三礼馆辑本《仪礼》部分在节抄时删除了《大典》完整引用《仪礼》时引录的《仪礼》注、疏，仅保留经文和魏了翁《仪礼要义》、李如圭《仪礼集释》、张淳《仪礼识误》、敖继公《仪礼集说》四部经解。而《仪礼》经文异文无多，难以据此确定《大典》完整引用《仪礼》的来源。然三礼馆辑本可进一步印证《大典》确实完整引用了《仪礼》十七篇，且所引传注中至少有《要义》《集释》《识误》《集说》四种，自有其独特价值。三礼馆辑本情况详参张涛：《三礼馆辑录〈永乐大典〉经说考》，《故宫博物院院刊》2011 年第 6 期，第 98—130、162—163 页。

② （明）姚广孝等：《〈永乐大典〉凡例》，国家图书馆藏抄本《永乐大典目录》卷前。

③ 当所引《大典》原文中兼有大小字时，小字一概加括号以示区别。所引《大典》原文中有异文或需强调处，则加下划线以求醒目。下同。

等。这些变例，有些是《大典》编纂、抄写之误，有些则与《大典》引《仪礼》的来源有关。

既然《大典》完整引用了《仪礼》十七篇，那么零散引用的《仪礼》底本似当与完整引用一致。但经笔者全面辑考，《大典》零散引用的《仪礼》并无固定底本，而是转引自唐、宋、元人编纂的礼书、政书、类书、字书。根据来源的不同，下文从《大典·历代丧礼·国恤》、《大典》韵字总叙、《大典》其余零散条目三个方面对《大典》零散引用《仪礼》的来源进行全面讨论，并在此基础上梳理《大典》编纂的复杂过程。

二、《永乐大典·历代丧礼·国恤》编纂来源考

（一）《大典·国恤》引《仪礼》来源考

"国恤"，在《大典》中特指国丧，系《大典》"丧"字下"历代丧礼"的一部分。"历代丧礼"在《大典》中卷次为七三四一至七三九二①，共 52 卷，位于《大典》"丧"字之首，专述历代国丧。而其余阶层丧礼则置于"历代丧礼"之后的"公卿士庶丧礼"。"历代丧礼"大体可分为两部分，第一部分自卷七三四一至七三八六，共 46 卷，以时间先后为序梳理黄帝至明初历代国丧之礼；第二部分自卷七三八七至七三九二，共 6 卷，即《国恤》。

《国恤》的主要内容，是以引录包括经书在内历代典籍的形式，对国丧流程进行通解。《国恤》前两卷七三八七、七三八八已由中华书局影印，中两卷七三八九、七三九〇已由大英图书馆公布彩色书影，较易获观。而后两卷

---

① 《永乐大典目录》所记"历代丧礼"卷数为卷七三四〇至七三九二，各卷下分别题"（历代）丧礼一"至"丧礼五十三"，但《大典目录》所记与今存残卷卷数有所不同。《大典》残卷七三七八、七三七九题"丧礼三十八""丧礼三十九"，《大典目录》则题"丧礼三十九""丧礼四十"。《大典》残卷七三八五至七三九二分别题"丧礼四十五"至"丧礼五十二"，《大典目录》则题"丧礼四十六"至"丧礼五十三"。而《大典》"丧礼"仅有五十二，"丧礼五十二"后是现存残卷七三九三"公卿士庶丧礼一"。可知《大典目录》误将"丧礼"部分计数至五十三，导致所记"丧礼"各卷卷次较《大典》实际编号少一，故可推知《大典》"丧礼"部分实际卷次为卷七三四一至七三九二。

七三九一至七三九二则于 2020 年 7 月 7 日由中国藏家在法国巴黎竞拍购得，笔者曾获观相关拍卖照片。《大典·国恤》前四卷根据国丧礼仪流程划分为若干仪节，自"始死"至"禫变"共 57 节，涵盖了逝者自逝世起三年内的丧祭之礼。而自巴黎购归的《国恤》末两卷，虽然也分有"讣奏""临丧""成服"等仪节，但从礼义上看，这些仪节明显与前四卷不接。且从引书习惯上，前四卷与末两卷亦有明显差异。前四卷仪节常引典籍为《周礼》、《礼记》、《仪礼》、杜佑《通典》、《三礼图》，而末两卷仪节则只引杜佑《通典》、《政和五礼新仪》二书。综合各仪节所引典籍文本内容，可知前四卷是《国恤》的主体部分，以"三礼"为主，对国丧之礼进行通解。而后两卷相对独立，专引《通典》《政和五礼新仪》所述唐宋国丧之礼，对前四卷进行补充。

《大典·国恤》讲述天子、诸侯丧礼，《仪礼》中《士丧礼》《既夕礼》《士虞礼》虽专论士阶层丧礼，但士丧礼多与天子、诸侯丧礼相通，故《大典·国恤》诸节亦引《仪礼》。《国恤》前四卷 57 个仪节中共有 9 个仪节引有《仪礼》，列表如下：

表 2 《大典·"丧"字·国恤》引《仪礼》统计表

序号	卷次	仪节	篇目	所引经文首句
1	7387	悬重	既夕礼	将遣奠，甸人抗重出自道，左倚之。
2		袭带经小敛奠	未标篇目	诸侯丧，将小敛，陈衣讫，陈馔于东堂下。
3	7388	朝祖奠遣车马	既夕礼	诸侯大夫士丧，柩既朝，乃荐车，东荣，北辂。
4	7389	饰棺	既夕礼	商祝饰柩，一池，纽，前裧后缯，齐三采，无贝。
5		陈明器	既夕礼	陈明器于乘车之西。
6		祖奠	既夕礼	柩既朝庙，送宾，有司请祖期。
7		大遣奠	既夕礼	凡包牲，取下体。
8		柩行	既夕礼	士丧既遣奠，行器。
9	7390	禫变	士虞礼	是月也吉祭，犹未配。

《国恤》所引《仪礼》从形式上看经文、郑注俱全，但细读之后，可以发

现《国恤》中的《仪礼》经注文疑点颇多。今以清黄丕烈影宋严州本《仪礼郑注》（简称"严州本《仪礼》"）、宋南康道院刊元明递修本朱熹、黄榦《仪礼经传通解正续编》（简称《通解》《通解续》）校《大典·国恤》所引《仪礼》①，更可知《国恤》所引《仪礼》并非直接取自《仪礼》。略举数例如下：

1.《大典》卷七三八七"袭带绖小敛奠"节引《仪礼》云：

> 诸侯丧，将小敛，陈衣讫，陈馔于东堂下。诸侯少牢，有脯醢、醴酒，鼏尊用功布，实于篚，在馔北。

严州本《仪礼》、《通解续》之《士丧礼》篇经文作"馔于东堂下。脯醢、醴酒，幂奠用功布，实于箪，在馔东"，无"诸侯丧"至"讫陈"、"诸侯少牢有"十五字，"鼏尊"作"幂奠"，"篚"作"箪"，"北"作"东"。

2.《大典》卷七三八七"袭带绖小敛奠"节引《仪礼》云：

> 陈一鼎及素俎于寝门外，当东塾。

严州本《仪礼》、《通解续》之《士丧礼》篇经文作"陈一鼎于寝门外，当东塾，少南，西面。其实特豚，四鬄，去蹄，两胉，脊，肺，设扃鼏，鼏西末。素俎在鼎西，西顺，覆匕，东柄"，二者除"陈一鼎""于寝门外，当东塾"数字外，几乎截然不同。

3.《大典》卷七三八九"陈明器"节引《仪礼·既夕礼》注文云：

> 今文剪作浅也。疏，粗也，谓功粗布。

严州本《仪礼》、《通解续》之《既夕礼》篇郑玄注"浅"下无"也"字，

---

① 影宋严州本《仪礼》采用浙江古籍出版社 2016 年据清嘉庆二十年（1815）黄氏读未见书斋刻《士礼居丛书》影印本，宋本《仪礼经传通解正续续》采用北京大学出版社 2012 年影印《仪礼经传通解正续编》本。

亦无"疎,粗也,谓功粗布"七字。

4.《大典》卷七三八九"大遣奠"节引《仪礼·既夕礼》云:

> 凡包牲,取下体。国君七个,遣车七乘。(人臣赐车马者,乃得有遣车。遣车之差,大夫五,诸侯七,则天子九。诸侯不以命数、丧数略也。不为所包遣奠,牲体之数也。象既飨而归殡俎者,取下体者,胫骨象行也,又俎实之终始也。)

严州本《仪礼》、《通解续》之《既夕礼》篇经文仅有"苞牲,取下体"五字("苞"字与《大典》异),而"国君七个,遣车七乘"则是《礼记·檀弓》篇经文,并非《仪礼》之文。注中"人臣"至"丧数略也"乃自《礼记·檀弓》"国君七个,遣车七乘"郑注节取而来,"象既飨而归殡俎者"至"又俎实之终始也"则是自《仪礼·既夕礼》郑注节取而来,而"不为所包遣奠,牲体之数也"则根本不见于"三礼"郑注。

类似例证尚有十余处。至于个别文字差异,更是不胜枚举。《大典·国恤》所引经、注文不仅与《仪礼》经注差异较大,甚至还出现了《礼记》经注文。这种巨大的文本差异,绝非《大典》抄录之误所能解释的,可以肯定《大典·国恤》所引《仪礼》并非《仪礼》本经,而是另有来源。《国恤》所引《仪礼》的一处异文,为我们寻找《国恤》引《仪礼》的来源提供了启发。《大典》卷七三八七"悬重"节引《仪礼·既夕礼》注云:

> 汉时有死者,凿木置食于中。

郑玄是东汉人,其《仪礼注》中不应云"汉时"。今检严州本《仪礼》、《通解续》"汉时"均作"今时"。郑玄注《仪礼》多以当世之礼为喻,"今时"当是郑注原文。"汉"与"今"字形、字音均不相近,在传抄、传刻时出现错讹的可能性较低,"今时"作"汉时"当是有意为之。这说明《大典·国恤》所引《仪礼》可能出自汉以后的典籍。

还有一条郑注异文,情况与此相似。《大典》卷七三八九"祖奠"节所引

《仪礼·既夕礼》末尾郑注云：

> 车祖，可以为之奠也，是之谓祖奠。蜀谯周曰：迁祖之奠，升自西阶如初。及日载于车，下奠设于西方，乃陈遣物于庭讫。彻奠，以巾席俟于西方乃祖。车既祖，旋向外，离于载处，为行始也。布席乃奠如初。

"车祖"至"是之谓祖奠"是《仪礼·既夕礼》郑注，但"蜀谯周曰"以下则不见于严州本《仪礼》及《通解续》。郑玄是东汉人，谯周是蜀国人，郑玄逝世时谯周尚未出生，故"蜀谯周曰"以下绝不可能是郑玄注。而"蜀谯周曰"位于"祖奠"节所引《仪礼·既夕礼》之末，其后则为"祖奠"节所引"杜佑《通典》"。《通典》起首便是"晋贺循云……""晋贺循云"与"蜀谯周曰"格式相近，时代先后相接，竟有浑然一体之感。今检日本宫内厅书陵部藏北宋本《通典》（简称"北宋本《通典》"），发现《通典·凶礼·丧制·祖奠》恰有"蜀谯周曰"，文字与《大典》同，位置则在"晋贺循云"之上。此处朱笔"杜佑《通典》"四字当置于"蜀谯周曰"之上，《大典》误置于"晋贺循云"上，使"蜀谯周曰"以下《通典》之文误作《仪礼》注文。

然而《大典》这一疏漏实非偶然，《通典》与《大典·国恤》篇实际上有千丝万缕的联系。《国恤》前四卷所引杜佑《通典》紧接"三礼"之后，引用频次仅次于"三礼"。但奇怪的是，《通典》作为唐代编纂的通代政书，历代典制均有引述，而《国恤》所引《通典》却只及两汉三国至唐代的丧礼文献，《通典》重点论述的"周制"则一字未引。今以北宋本《通典》卷八十三至八十七"丧制"中所述"周制"与《大典·国恤》所引《仪礼》相校，发现二者文字几乎完全一致。上文所举"袭带绖小敛奠""陈明器""大遣奠""悬重"诸节校例，北宋本《通典》文字均与《大典·国恤》所引《仪礼》同。《通典·丧制》部分的"周制"，系杜佑据《周礼》《仪礼》《礼记》及郑玄三礼注删并、改编而来，而《大典·国恤》所引《仪礼》很有可能来自《通典》丧制"周制"中改编自《仪礼》的部分。除上文所举诸例之外，尚有很多校例可以证实这一推测：

（1）《大典》卷七三八七"悬重"节引《仪礼·既夕礼》云：

床、笫、夷衾馔于西坫（或云"拈"）南。

"坫"字下注文北宋本《通典》、《大典》均有，严州本《仪礼》、《通解续》则无。此注当是杜佑所撰，记"坫"字异文，《大典》据以抄录。

（2）《大典》卷七三八七"悬重"节引《仪礼·既夕礼》注云：

执醴酒者先升奠也，西立而俟也。

北宋本《通典》与《大典》同，严州本《仪礼》、《通解续》"奠"作"尊"，"西立而俟也"作"立而俟，后错，要成也"。

（3）《大典》卷七三八八"朝祖奠遣车马"节引《仪礼·既夕礼》注云：

有干无兵，有箙无弓矢，明不用也。帱音觅，鞁，息列反。

北宋本《通典》"息"上有"音"字，此外文字与《大典》同。严州本《仪礼》、《通解续》无"也""帱音觅，鞁，息列反"八字。"音"字当是《大典》自《通典》抄录时漏抄。

（4）《大典》卷七三八八"朝祖奠遣车马"节引《仪礼·既夕礼》注云：

当前束，犹当尸膞，亦柩东西。束有前后。膞，五回反。

北宋本《通典》与《大典》同，严州本《仪礼》、《通解续》"膞""后"下均有"也"字，"亦柩东西"作"亦在柩车西"，无"膞，五回反"四字。

（5）《大典》卷七三八九"陈明器"节引《仪礼·既夕礼》注云：

覆之，见善面也。折，音之设反。度，音居毁反。綪，音侧耕反，下同。

北宋本《通典》与《大典》同，严州本《仪礼》"折"字以下音义无，

《通解续》音义作"庪，九委反。窆，彼验反。绠，侧耕反。见，贤遍反"，与《通典》《大典》音义完全不同。

（6）《大典》卷七三八九"祖奠"节引《仪礼·既夕礼》云：

> 商祝饰柩，设披。属引。陈明器。商祝御柩。

北宋本《通典》与《大典》同，严州本《仪礼》、《通解续》"商祝饰柩""设披，属引""陈明器""商祝御柩"之间文字不接。此句当系《通典》为简洁叙述"祖奠"之礼，从《仪礼·既夕礼》经文中摘取关键字句拼接而成。《大典》则照录《通典》之文。

总之，除极个别文字脱讹外，《大典·国恤》所引《仪礼》经注文均与《通典·丧制》"周制"中删并改造的《仪礼》经注文相同，可以确定《通典·丧制》是《国恤》引《仪礼》的文本来源。但明以前的《通典》刊本不止一部，《大典》所用《通典》究竟是何本呢？

据尾崎康研究[①]，存世《通典》宋元版有北宋本、南宋本、元刊本三种。北宋本即日本宫内厅藏本，是迄今可知最早的《通典》刊本。南宋本系据北宋本覆刻，日本天理图书馆及中国国家图书馆、台北"中研院"历史语言研究所、北京大学图书馆等藏有残本。元刊本为元大德十一年（1307）抚州路刊本，日本静嘉堂文库藏。今以宫内厅所藏北宋本、北大所藏南宋本、静嘉堂藏元刊本《通典》《丧制》篇之"周制"与《大典·国恤》所引《仪礼》相校，发现南宋本、元刊本与《大典》文字差异较大，而北宋本《通典》文字多与《大典》同。略举数例如下：

（1）《大典》卷七三八七"悬重"节注云：

> 不由闑东东西者，重不反，变于恒出入也。

[①]（日）尾崎康：《关于北宋版〈通典〉及各种版本》，韩升译，载《北宋版〈通典〉·别卷》，上海人民出版社 2008 年版，第 1—43 页。尾崎康日文原文载日本汲古书院 1980 年影印北宋本《通典》别卷卷首。

北宋本《通典》与《大典》同，南宋本《通典》"反"作"敢"，元刊本《通典》此字所在页为抄配。

（2）《大典》卷七三八九"陈明器"节注云：

> 方凿连木为盖如床，而缩者三，横者五，无簀。窆事毕，加之圹上，以承抗席。

北宋本《通典》与《大典》同，南宋本《通典》"床"作"林"，"圹"作"广"，元刊本《通典》此字所在页为抄配。

（3）《大典》卷七三八九"大遣奠"节注云：

> 人臣赐车马者，乃得有遣车。遣车之差，大夫五，诸侯七，则天子九。……俎者，取下体者。

北宋本《通典》、南宋本《通典》与《大典》同，元刊本《通典》"遣车之"作"其"，"者"作"也"。

（4）《大典》卷七三八九"柩行"节注云：

> 如其陈之前后。……凡从柩者，迁于祖之序。……柩车前路之左右也。

北宋本《通典》与《大典》同，南宋本《通典》此字所在页缺页，元刊本《通典》"前"作"先"，"迁"上有"如"字，"路"作"辂"。

经笔者详校，南宋本《通典》、元刊本《通典》与北宋本《通典》、《大典》多有异文。而北宋本《通典》与《大典》所引《仪礼》文字异文极少，且未见《大典》文字与南宋本、元刊本同而与北宋本不同的情况。《大典·国恤》引《仪礼》经、注共计 2270 字，北宋本《通典》与《大典》异文仅有 10 字，其中 7 字是《大典》抄录之误，如《大典》卷七三八七"袭带绖小敛奠"节引《仪礼》云：

幂尊用功布，实于篝。

北宋本《通典》、南宋本《通典》、严州本《仪礼》、《通解续》"篝"作"筐"。筐，是竹苇所编小箱，行士丧礼时用来盛放功布，作"篝"则不通。此二字字形相近，当是《大典》误抄。

10 字异文中的 3 字是《大典》更正北宋本《通典》的讹误，如《大典》卷 7389 "陈明器"节引《仪礼·既夕礼》云：

有幅，亦缩二横三。

严州本《仪礼》、《通解续》与《大典》同，北宋本《通典》、南宋本《通典》"有"误作"布"。此当是《大典》在抄录时所改。

由此可以确知《大典·国恤》引《仪礼》经、注乃自北宋本《通典·丧制》"周制"中节引而来。

（二）《大典·国恤》编纂考

然而《大典·国恤》引《仪礼》的问题，尚有诸多疑点。《通典·丧制》中的"周制"，是据《周礼》《礼记》《仪礼》经注文删并、改写而来。但经过校勘，《国恤》所引《周礼》《礼记》的部分条目含有疏文，而《通典》"周制"中并无"三礼"疏文，可以确定《国恤》所引《周礼》《礼记》并非全部来自《通典》。为何《大典》只从《通典》中摘取《仪礼》，而《周礼》《礼记》却要另寻来源呢？要解决这一问题，必须彻底理清《大典·国恤》的编纂方法，否则难以解释《大典·国恤》对《仪礼》的特殊处理。

编纂《国恤》的首要任务是按照礼仪程序对国丧之礼进行仪节划分。上文已经提到《国恤》前四卷共分 57 节，十分细密。《永乐大典》成书仓促，很难想象《大典》的编纂者有充足的时间、足够高的礼学造诣进行如此完备的仪节划分。《大典·国恤》的分节，当是有所承袭。《大典》之前，对丧礼进行细密分节的典籍有唐杜佑《通典》、宋黄榦《仪礼经传通解续》、宋杨复《仪礼图》、元马端临《文献通考》。今将以上典籍的宋元版与《大典·国恤》

所分 57 节相校，发现《国恤》分节实系在《文献通考·王礼考·国恤、山陵》[1] 所分 48 节基础上，参用《通典·凶礼·丧制》所分 40 节而来，兹列对照表如下：

表3 《大典·国恤》与《文献通考》《通典》节名对照表

《大典·国恤》		《文献通考·国恤、山陵》		《通典·丧制》	
节号	节名	节号	节名	节号	节名
1	始死	1	始死		
2	复	2	复	2	复
3	始死服变			11	始死服变
4	戒臣民	3	戒臣民		
5	迁尸楔齿缀足帷堂	4	迁尸楔齿缀足帷堂		
6	命讣	5	命讣		
7	哭位	6	哭位		
8	受含襚币玉	7	受含襚币玉		
9	悬重			10	悬重
10	为铭	8	为铭		
11	陈沐浴袭饭含之具	9	陈沐浴袭饭含之具		
12	沐浴	10	沐浴	5	沐浴
13	饭含袭	11	饭含袭		
14	受吊	12	受吊		
15	陈小敛衣奠	13	陈小敛衣奠		
16	小敛	14	小敛	13	小敛
17	既小敛敛发服变			14	既小敛敛发服变
18	彻始死奠	15	彻始死奠		
19	袭带绖小敛奠	16	袭带绖小敛奠		

---

[1] 《文献通考》与《大典·国恤》对应的分节见于《王礼考·国恤、山陵》二篇。本文使用的《文献通考》版本是《中华再造善本》影印国家图书馆藏元泰定元年（1324）西湖书院刊本。

续表

《大典·国恤》		《文献通考·国恤、山陵》		《通典·丧制》	
节号	节名	节号	节名	节号	节名
20	代哭	17	代哭		
21	设燎	18	设燎		
22	陈大敛衣及殡奠之具	19	陈大敛衣及殡奠之具		
23	大敛	20	大敛	17	大敛
24	殡	21	殡	20	殡
25	大敛奠	22	大敛奠	19	大敛奠
26	成服	23	成服		
27	陈宝器	24	陈宝器		
28	嗣君即位	25	嗣君即位		
29	丧庐	26	丧庐		
30	丧车	27	丧车		
31	朝夕哭	28	朝夕哭		
32	朝夕奠	29	朝夕奠		
33	朔月月半殷奠	30	朔月月半殷奠		
34	卜宅	31	卜宅		
35	井椁	32	井椁		
36	献明器	33	献明器		
37	陈朝祖奠	34	陈朝祖奠		
38	启	35	启		
39	朝祖奠遣车马	36	朝祖奠遣车马		
40	载	37	载		
41	饰棺	38	饰棺		
42	陈明器	39	陈明器		
43	祖奠	40	祖奠	25	祖奠
44	谥诔	41	谥诔		
45	大遣奠	42	大遣奠		
46	包奠	43	包奠		

续表

《大典·国恤》		《文献通考·国恤、山陵》		《通典·丧制》	
节号	节名	节号	节名	节号	节名
47	柩行	44	柩行		
48	挽歌			29	挽歌
49	至圹	45	至圹		
50	窆	46	窆		
51	虞祭	47	虞祭	32	虞祭
52	作主	48	作主		
53	卒哭			33	既虞饯尸及卒哭祭
54	祔祭			34	附祭
55	小祥变			35	小祥变
56	大祥变			36	大祥变
57	禫变			37	禫变

通过上表可知《大典·国恤》前四卷之分节，整体沿用《文献通考》分节，又据《通典》插入了部分仪节。

细读《文献通考》中《国恤》《山陵》二篇，笔者发现《大典·国恤》前四卷对《文献通考》的借鉴远不止于分节。《文献通考》中《国恤》《山陵》二篇的体例，是分仪节辑录《周礼》《礼记》中有关国丧之礼的经文、郑注及贾公彦、孔颖达疏，但经文不题某经某篇，注、疏亦不题作者，如元西湖书院本《文献通考·国恤》第一节"始死"：

> 扶君，卜人师扶右，射人师扶左。（双行小字：谓君疾时也。卜当为仆，声之误也。仆人、射人皆平时赞正君位者。）君薨，以是举。（双行小字：不忍变也。《周礼》射人："大丧，与仆人迁尸。"疏曰："《周礼》太仆职掌正王之服位，射人职掌国之三公、孤、卿大夫之位，及王举动悉随王故知也。"）君夫人卒于路寝。（双行小字：言死者必于正处。疏曰："君，谓诸侯。……陈公薨不书地，文公薨于台下，襄公薨于楚宫，

定公薨于高寝，皆非礼也。"）

其中"扶君"句、"君薨"句出于《礼记·檀弓》，"君夫人"句出于《礼记·丧大记》，双行小字则为郑玄《礼记注》、孔颖达《礼记正义》。

《大典·国恤》第一节与《文献通考》"国恤"第一节节名均作"始死"，且与《文献通考》一样，本节只引《礼记》。经比勘可知二者所引文字几乎完全一致，所不同者，《大典》于"扶君"前有"《礼记·檀弓》"四字，"君夫人"前有"《丧大记》三字"。值得注意的是，《文献通考》《大典》"始死"节孔颖达疏"陈公薨不书地"于义不通，今检宋八行本《礼记正义》，知"陈"字当作"隐"，《文献通考》《大典》同误作"陈"。《文献通考》《大典》"始死"节节名及所引《礼记》经注疏文字全同，且含有同误之字，可知《大典》"始死"节所引《礼记》全部来自《文献通考·国恤》"始死"节，《大典》所作的额外工作只是在经文前加注了书名和篇目。

"始死"节以下，凡是《大典》《文献通考》节名相同的仪节，除个别传抄之误外，《大典》所引《周礼》《礼记》经注疏皆与《文献通考》中《国恤》《山陵》二篇所引《周礼》《礼记》同。马端临《文献通考》属辑录体政书，但亦偶有案语。而《大典·国恤》不仅转引《文献通考》所引《周礼》《礼记》，连马端临案语亦皆抄入。如《大典》卷七三八七"小敛"节，《大典》先据《文献通考》抄录《周礼·春官·小宗伯》《礼记·丧大记》经注疏，后于《礼记》疏文之末空一格云"《文献通考》马端临案……"将马端临"小敛"节案语全部抄录。这类抄入马端临案语的情况，更说明《文献通考》是《大典·国恤》所引《周礼》《礼记》的主要来源。

然而《大典·国恤》前四卷57节并非全部来自《文献通考》，有些仪节是据《通典》增补的，这些仪节所引《周礼》《礼记》又是从何而来呢？经比勘，凡是《大典》据《通典》增补的仪节，其所引《周礼》《礼记》文字则来自《通典》对应仪节的"周制"，如《大典》第3节"始死服变"：

《礼记·问丧》：周制，亲始死，笄纚，徒跣，扱上衽。（注：衽，裳际也。扱于腰中，哭踊便也。）

《礼记》原文并无"周制"二字,"笄纚"作"鸡斯"①,且此节之注并非郑玄《礼记注》。此节之注仅见于《通典》,当是杜佑所作。北宋本《通典》除无《礼记·问丧》四字外,经、注文字与《大典》全同,可知《大典》"始死服变"节引《礼记》来自北宋本《通典》,并非《礼记》原文。而《大典》据《通典》增入的其余诸节所引《周礼》《礼记》,均与"始死服变"节情况一致。

《大典·国恤》前四卷 57 节中,唯有第 53 节"卒哭"节名与《通典》《文献通考》均不同,情况较为特殊。《大典》"卒哭"节先后引《礼记》中《杂记》《丧大记》《曾子问》《檀弓》四篇之文,其中《杂记》《丧大记》经、注见于《通典·丧制》"既虞饭尸及卒哭祭"节及《通典·大唐开元礼纂类·凶礼》"丧冠嫁娶"节,系由《通典》节抄。"卒哭"所引《曾子问》《檀弓》在经、注之外,还录有陆德明《释文》及大段孔颖达疏文,而明以前兼有《礼记》经、注、释文、疏的典籍只有十行本《附释音礼记注疏》。今检国家图书馆藏清乾隆六十年(1795)和珅影刻宋刘叔刚本(宋十行本),发现除个别误抄及节略外,"卒哭"节所引《曾子问》《檀弓》经、注、释文、疏文字及文本结构均与宋十行本《礼记注疏·檀弓下》一致。由此可知《大典·国恤》"卒哭"节所引《礼记》系在节取《通典》引《礼记》基础上,又据十行本《礼记注疏》增补而成②。而增补的原因,可能是《通典·丧制》"既虞饭尸及卒哭祭"节并非专论卒哭,其中有关卒哭的内容过于单薄,故须从注疏本

---

① 据王锷《礼记郑注汇校》,可知包括宋抚州本《礼记》在内的传世诸本经文均作"鸡斯"。郑注云:"'鸡斯',当为'笄纚',声之误也。"则《通典》作"笄纚",当是据郑注径改经文。《大典》据《通典》抄,是以独《通典》《大典》所引《礼记》经文作"笄纚"。"鸡斯"校勘见王锷:《礼记郑注汇校》,中华书局 2020 年版,第 810 页。

② 十行本经书有宋十行本、元十行本两种。宋十行本《礼记注疏》今已亡佚,幸有清和珅覆刻本存世,尚可借以窥见宋十行本面貌。元十行本系据宋十行本覆刻,在明代递经补修。"卒哭"节所引《曾子问》《檀弓》所在元十行本版页分别于明初、明正德十二年(1517)补板,而今存元十行本《礼记注疏》多系正德十二年补修后印本,元版页已难得见,因此《大典》"卒哭"引《曾子问》《檀弓》所据究竟是宋十行本还是元十行本,亦难确知。

增补。

需要补充说明的是，《国恤》前四卷 57 节引经虽主要引"三礼"，但偶亦引及他经。《国恤》引"三礼"外经书共 9 条，列表如下：

表 4 《大典·国恤》引"三礼"外经书表

序号	卷次	节号	仪节	《大典》所题经名、篇目	所引经文首句
1	7387	14	受吊	《左传》	皇武子曰：宋，先代之后，于周为客，天子有丧拜焉。
2	7388	28	嗣君即位	《尚书·舜典》	月正元日，舜格于文祖。
3				《顾命》	成王崩，康王麻冕黼裳。
4				《春秋·文公九年》	毛伯来求金。
5				《文公元年》	元年春，王正月，公即位。
6	7390	50	窆	《左氏传》	晋文公既定襄王于郏，王劳之以地，辞，请隧。
7		52	作主	《春秋·左氏传·鲁文公二年》	作僖主。
8				《公羊传》	作僖公主者何？为僖公作主也。
9				《穀梁传》	立主，丧主于虞。

比勘后可知，《大典·国恤》所引《尚书》《左传》《公羊传》《穀梁传》经、注、疏均转引自《文献通考》，《大典》所作额外工作亦只是加注经名、篇名，情况与《大典》自《文献通考》转引《周礼》《礼记》完全相同。

总之，除"卒哭"节引《礼记》有据十行本《礼记注疏》增补的内容外，《大典·国恤》前四卷所引《周礼》《礼记》，根据节名来源的不同，分别转引自元西湖书院本《文献通考》及北宋本《通典》。而《大典·国恤》前四卷所引《尚书》及"春秋三传"则全部转引自元西湖书院本《文献通考》。

以上对《国恤》前四卷的编纂情况进行了初步梳理，借助前四卷的考察，我们还可以在难窥全帙的情况下，推断《国恤》末两卷的大致内容及其编纂方法。《国恤》前四卷的分节杂采《文献通考》《通典》，则《国恤》末两卷之分节也很有可能来自这两部政书。笔者有幸获观 2020 年自巴黎购归的《国恤》末两卷照片二十余张，从照片中可见"讣奏"（卷七三九一第一页）、"成服"（卷七三九一第七页）、"临丧"（卷七三九一第八页）、"荣赠"（卷七三九二第二页）、"会丧"（卷七三九二第三页）五节。今检《文献通考》《通典》诸篇，发现《通典》卷一三五首节恰为"讣奏"，且卷一三五至一三七中又有"临丧""荣赠""会丧""成服"四节。诸节之下，《大典》先引"杜佑《通典》"，其内容与北宋本《通典》对应仪节完全一致。《通典》卷一三五至一三七是《通典·大唐开元礼纂类》中"凶礼"的前三卷。所谓《大唐开元礼纂类》，即以吉、嘉、宾、军、凶五礼为框架，重新排纂的《大唐开元礼》会要。《通典》卷一三五至一三七分别记皇帝、中宫、东宫、东宫妃参与他人丧葬之礼，属"国恤"礼范畴。《通典》卷一三八以下则记各级官员丧葬礼，不属于"国恤"礼。由此可知《大典·国恤》末两卷之仪节及所引《通典》当取自《通典·大唐开元礼纂类·凶礼》前三卷。

除《通典》外，《国恤》末两卷诸节下还引及《政和五礼新仪》。《政和五礼新仪》是北宋末官修的礼书，亦以五礼分类，今仅存清徐松《永乐大典》辑本。《大唐开元礼》《政和五礼新仪》是唐宋最重要的官修礼书，《大典·国恤》末两卷引《通典·大唐开元礼纂类》及《政和五礼新仪》，意在以唐宋国丧礼对前四卷进行补充。

至此我们终于彻底理清了《大典·国恤》全篇的编纂来源及编纂方法。《大典·国恤》篇可分为前四卷、末两卷两部分。前四卷是国丧礼通论的主体部分，按照礼节将国丧礼分为 57 个仪节。57 个仪节以元刊本《文献通考·王礼考》中《国恤》《山陵》二篇所载国丧礼 48 节为基础，又据北宋本《通典·凶礼》中的《丧制》篇增入部分仪节。《国恤》57 节每节前先引"三礼"等经书，其中全部仪节中的《仪礼》以及据《通典》补入仪节中的《周礼》《礼记》节取自《通典·丧制》中的"周制"；源出《文献通考》仪节中的《周礼》《礼记》以及《国恤》所引《尚书》、"春秋三传"则全部取自《文献通考》相应仪节；"卒哭"节引《礼记》除来自《通典》外，有自十行本《礼记注疏》补充者。《国恤》诸节引"三礼"及群经之后，再依时代先后依次征引唐杜佑《通典》所引两汉至南北朝与国丧礼有关之文献，最后引宋聂崇义《三礼图》、元叶起《丧礼会纪》等宋元人著作中与本节相关的内容。《大典·国恤》前四卷除摘抄旧籍、偶有增补外，其工作仅限于在《文献通考》

《通典》所引"三礼"、群经经文前以朱笔、墨笔分别加注经名、篇名。末两卷征引《通典·大唐开元礼纂类·凶礼》及《政和五礼新仪》，意在以唐宋国丧礼补前四卷所无。末两卷分节取自《通典》卷一三五至一三七。诸仪节下先引杜佑《通典》，再引《政和五礼新仪》，其余典籍概不征引。

除"卒哭"节部分《礼记》文字系据十行本《礼记注疏》增补外，《大典·国恤》所引《周礼》《礼记》《仪礼》《尚书》《左传》《公羊传》《穀梁传》皆转引自《通典》《文献通考》这两部政书，并无一字出于原经。也只有这样，《大典》才能在极短的时间内纂修完成。《通典》《文献通考》所引"三礼"等经书已经杜佑、马端临节取重编，并非原貌，其中又以《通典》增删省并最多。而《文献通考》不引《仪礼》，《国恤》所引《仪礼》全部来自《通典·丧制》，这导致《仪礼》在《国恤》所引诸经中文本的可靠性最低。

三、《永乐大典》韵字总叙所引《仪礼》来源考

《永乐大典》各韵字下的内容排序，通常是先引历代字书、韵书，再列韵字篆书、隶书等各种字体，之后为总叙、典故、诗文等专题。其中的"总叙"，即韵字的概论。《大典》残卷中共有四个韵字的总叙引及《仪礼》，分别是卷九一〇"尸"字、卷二四〇七"蔬"字、卷三五八二"尊"字、卷一三三四五"謚"字。四字总叙所引《仪礼》的情况具有相似性，故而集中讨论。四字中"蔬"字、"尊"字总叙所引《仪礼》的情况相对明朗，因此先予讨论。

（一）《大典》卷二四〇七"蔬"字总叙
《大典》"蔬"字总叙云：

> 《仪礼》婚礼：舅姑既没，则妇三月乃奠菜。

严州本《仪礼》、《通解》之《士昏礼》篇经文皆作"若舅姑既没，则妇入三月乃奠菜"。此处《大典》较《仪礼》原文缺"若""入"二字，似是

《大典》漏抄。然今检《中华再造善本》影印上海图书馆藏南宋绍兴年间浙刻本《艺文类聚》，发现宋本《艺文类聚》卷八十二草部下"菜蔬"类所引《仪礼》作"《仪礼》婚礼：舅姑既没，则妇三月乃奠菜"，与《大典》所引全同。但仅据这一点，还不能排除《大典》漏抄的可能性。

今查《大典》"蔬"字总叙，所引典籍依次为：《合璧事类》《尔雅》《月令》《仪礼》《汉书》《汲冢周书·时训解》。取《大典》"蔬"字总叙与宋本《艺文类聚》"菜蔬"类相校，发现《大典》所引《尔雅》《月令》《汉书》皆与宋本《艺文类聚》"菜蔬"类所引全同。而上图所藏宋本是《艺文类聚》唯一可以确知的宋元刊本①，因此《大典》"蔬"字总叙所引《仪礼》很可能来自宋绍兴本《艺文类聚》。借助《仪礼》引文的溯源，亦可认清《大典》"蔬"字总叙的编纂方法：先引类书《古今合璧事类备要》《艺文类聚》中关涉"蔬"字者，再引《汲冢周书·时训解》有关"蔬"字的文句。但《大典》"蔬"字总叙自《艺文类聚》转引的典籍均未说明出处，且转引典籍文字与今本差异不大，若不细究，则易将这些转引文字误作典籍原文。

（二）《大典》卷三五八二 "尊"字总叙

《大典》"尊"字总叙引有七条《仪礼》，自先至后分别题"《仪礼·士冠礼》曰""《燕礼》曰""《大射仪》曰""《少牢馈食礼》曰""《士昏礼》""《士昏礼》""《士虞礼》"。其中前四条篇目下皆有"曰"字，引《仪礼》情况也较为接近，可归为一组。后三条篇目下无"曰"字，可归为另一组。

有"曰"字的四条《仪礼》引文，其经、注文带有明显的节略倾向，与《仪礼》经、注原文差异很大，以《大典》"尊"字总叙引《燕礼》为例：

《燕礼》曰：司宫尊于东楹之西，两方壶。公尊瓦大两，有丰。尊士旅食于门西，两圆壶。

---

① 《艺文类聚》版本情况详参孙麒：《〈艺文类聚〉版本研究》，博士学位论文，复旦大学，2008年，第15—20页。

严州本《仪礼》、《通解》中《燕礼》篇经文作"司宫尊于东楹之西，两方壶，左玄酒，南上。公尊瓦大两，有丰，幂用绤若锡，在尊南，南上。尊士旅食于门西，两圜壶"，《大典》所引《燕礼》明显是刻意节略，而非漏抄。今检原北平图书馆善本甲库藏元赵凤仪延祐六年（1319）刊本《六书故》[①]，发现《六书故》卷二十八"尊"字下亦引"《燕礼》曰"[②]，其文字与《大典》全同。除《燕礼》外，《大典》所引《士冠礼》《大射仪》《少牢馈食礼》亦见于《六书故》，篇目下皆有"曰"字，皆系节略《仪礼》文字而来。《六书故》是南宋戴侗所作，元延祐所刊《六书故》系该书首次刊刻[③]，也是迄今可考唯一的宋元刊本，明初编纂《大典》时所用《六书故》底本当即元延祐刊本。

需要关注的是，《大典》这四条《仪礼》引文与元延祐本《六书故》所引《仪礼》有两处异文，其一是《大典》所引《大射仪》条"司宫尊于东楹之西""在南，有丰"二句，元延祐本《六书故》无"司宫""在南"四字，严州本《仪礼》《通解》则与《大典》同；其二是《大典》所引《士冠礼》"侧尊一"下有郑玄注"侧，犹特也，无偶曰侧。置酒曰尊，侧"，元延祐本则无。此二处当是《大典》所补。

至于《大典》所引篇名下无"曰"字的三条《仪礼》，情况较为复杂。两条《士昏礼》、一条《士虞礼》均不见于《六书故》，且所引《仪礼》经、注与严州本《仪礼》《通解》几无异文，亦无节略痕迹。因此这三条篇名下无"曰"字的引文并不出于《六书故》，而是另有来源。至于究竟源自何书，尚难考知。

---

① 元延祐本国图、北平甲库藏有残卷，其中国图藏十卷：卷六、一四、一五、一七、一八、二〇、二二、二三、二五、二六；北平甲库藏十二卷：卷一至三、六、一六、二一、二四、二七、二八、三一至三三。

② （南宋）戴侗：《六书故》卷二八，原北平图书馆善本甲库藏明万历间岭南张萱刊本，第40—41叶。

③ 元延祐本《六书故》刊刻时间详参党怀兴：《〈六书故〉研究》，陕西师范大学出版社2000年版，第16—18页。

(三)《大典》卷九一〇"尸"字、卷一三三四五"谥"字总叙

《大典》"尸"字总叙云:

> 《仪礼·士虞礼》:无尸,则礼及荐馔皆如初。 男,男尸。女,女尸。必使异姓,不使贱者。

"无尸""男,男尸"两句皆见于《仪礼·士虞礼·记》及《通解续》,无异文。但在《仪礼》中,"无尸"句在"男,男尸"句后。两句颠倒,可能与其来源有关,惜其来源不详。

《大典》"谥"字总叙云:

> 《仪礼·士冠礼》:古者生无爵,死无谥。(注:殷士生不为爵,死不为谥。周制,以士为爵死,犹不为谥耳。又曰:)死而谥之,今也。(注:今,谓周衰记之时也。士死则谥之,非也,谥之由鲁庄公之始也。)

今检严州本《仪礼》《通解》之《士冠礼》篇,原文均作:

> 死而谥,今也。古者生无爵,死无谥。(今,谓周衰记之时也。古谓殷。殷士生不为爵,死不为谥。周制,以士为爵死,犹不为谥耳,下大夫也。今记之时,士死则谥之,非也,谥之由鲁庄公始也。)

《大典》所引《士冠礼》经文前后颠倒,注文亦经节取,且经文"死而谥"、注文"鲁庄公"下均衍"之"字,与《仪礼》原文差异较大,其来源尚待考证。

总之,《大典》韵字总叙中所引《仪礼》经注,来自宋绍兴本《艺文类聚》、元延祐本《六书故》等字书、类书,并非直接来自《仪礼》本经。而"蔬"字总叙中除《仪礼》外,《尔雅》《月令》《汉书》亦来自宋绍兴本《艺文类聚》。可见《大典》韵字总叙中所引唐宋之前典籍颇多转引,研读时应多加甄别。

四、《永乐大典》其余零散条目所引《仪礼》来源考

《大典·国恤》及韵字总叙之外，还有许多零散条目征引《仪礼》，今依《仪礼》经文先后之序，列表如下：

表 5 《大典》零散条目引《仪礼》统计表

序号	篇目	所引经文首句	卷次条目
1	士冠礼	主人冠朝服。	卷 19790 服字"朝服"条
2		奠挚见于君。	卷 8570 生字"先生"条
3		赞者皆与，赞冠者为介	卷 15075 介字"赞冠为介"条
4	乡饮酒礼	主人就先生而谋宾介。	卷 15075 介字"宾介"条
5		尊两壶于房户间斯禁。	卷 2256 壶字"尊两壶"条
6		工入，升歌三终。	卷 489 终字"间歌三终"条
7		乡饮之礼，六十者坐。	卷 13340 侍字"五十立侍"条
8	乡射礼	释获者执鹿中。	卷 13193 中字"鹿中"条
9	燕礼	脯醢无脀。	卷 8021 胚字"脯醢无脀"条
10	大射仪	胥荐主人于洗北西面。	卷 8021 胚字"脯醢无脀"条
11	聘礼	八壶设于西序。	卷 2256 壶字"八壶"条
12		膳宰致饔。	卷 662 饔字"膳宰致饔"条
13		司马陈刍。	卷 2406 刍字"司马陈刍"条
14	士丧礼	敖黍稷各二筐。	卷 20425 稷字"敖黍稷"条
15		卜日。既朝哭，皆复外位。	卷 3586 焞字"楚焞"条
16		受用箧，升自阼阶以衣尸。	卷 910 尸字"衣尸"条
17		迁尸①。	卷 913 尸字"迁尸"条

---

① 《大典》此条原文作："《礼记·士丧礼》：迁尸。注：徙于牖下也。于是帆用敛衾。"《礼记》无《士丧礼》篇，此条所引经注与严州本《仪礼》、《通解续》之《士丧礼》文字全同，"礼记"系"仪礼"之误。

续表

序号	篇目	所引经文首句	卷次条目
18	士虞礼	祝迎尸，一人衰絰。	卷 910 尸字"迎尸"条
19		主人及祝拜妥尸。	卷 911 尸字"妥尸"条
20		主人洗废爵，酌酒酳尸。	卷 912 尸字"酳尸"条
21		祝出户，西面告利成。	卷 8022 利字"利成"条
22		用嗣尸。	卷 910 尸字"嗣尸"条
23	特牲馈食礼	尸至于阶，祝迎尸。	卷 910 尸字"迎尸"条
24		尸即席坐，主人拜妥尸。	卷 911 尸字"妥尸"条
25		主人洗角，升酌酳尸。	卷 912 尸字"酳尸"条
26		祝东面告利成。	卷 8022 利字"利成"条
27		宗人告祭脀。	卷 8021 胚字"宗人告祭脀"条
28		壶棜禁馔于东序，南顺。	卷 2256 壶字"覆壶"条

这些条目所引《仪礼》的情况并不完全一致，但从几个疑点较大的条目中，我们可以发现零散条目所引《仪礼》来源的线索。28 条中，最令人疑惑的有 4 条，这 4 条虽引《仪礼》，但其经文、注文均非《仪礼》、郑注原文，今条举如下：

（1）《大典》卷四八九"终"字"间歌三终"条：

> 《仪礼·乡饮酒礼》：工入，升歌三终，主人献之。笙入三终，主人献之。间歌三终。（注曰：间，代也，谓堂上与堂下更代而作也。堂上人先歌《鱼丽》，则堂下笙《由庚》，此为一终。又堂上歌《南有嘉鱼》，则堂下笙《崇丘》，此为二终。又堂上歌《南山有台》，则堂下笙《由仪》，此为三终也。）

此条经文出于《礼记·乡饮酒义》，并非《仪礼》之文。据王锷《礼记郑注汇校》①，包括宋抚州本《礼记》在内的诸本经文均无异文。然而本条的注

---

① 王锷：《礼记郑注汇校》，第 882 页。

文并非《礼记》郑玄注，而是自朱熹《通解·乡饮酒义》"疏曰"中释"间歌三终"者节取而来。朱熹《通解》"疏曰"则系据孔颖达《礼记正义》删省改撰，与孔疏相去甚远。《通解》"此为二终"下有"也"字，《大典》无，当系《大典》漏抄。除此之外，注文文字悉与《通解》同，可知本条经、注皆来自朱熹《通解》[①]。

（2）《大典》卷一三三四〇"侍"字"五十立侍"条：

> 《仪礼》：乡饮之礼，六十者坐，五十者立侍，以听政役，所以明尊长也。

此条经文亦出于《礼记·乡饮酒义》，非《仪礼》之文。之所以题《仪礼》而不题《礼记》，当是抄自《通解·乡饮酒义》之故。《礼记》《通解》"饮"下均有"之"字，当是《大典》漏抄。

（3）《大典》卷六六二"饔"字"膳宰致饔"条、卷二四〇六"刍"字"司马陈刍"条：

> "饔"字：《仪礼·聘礼》：膳宰致饔。（注：熟食曰饔。）
> "刍"字：《仪礼·聘礼》：司马陈刍。（注：司马掌帅圉人养马，故陈刍圉人职属司马。）

《仪礼·聘礼》中并无"膳宰致饔""司马陈刍"二句经文，此条经、注实系《国语》及韦昭注。今检《中华再造善本》影印国图藏宋刻递修本《国语》、日本静嘉堂文库藏宋刻递修本《国语》[②]，经、注中"饔"皆作"餐"，注中"熟"作"孰"，其余文字与《大典》同。此两条《国语》及韦昭注亦收入

---

① "间歌三终"条于《仪礼·乡饮酒礼》后，又引《乡饮酒义》，其经文、注文与本条有重合，亦皆节取自《通解·乡饮酒义》篇，兹不赘述。

② 国图本、静嘉堂本文字排布相同，《大典》所引二条经注见二部宋本卷二《周语中》第13a叶。

《通解·聘义》，而《通解》文字与《大典》全同，可见《大典》此两条皆来自宋本《通解》，而非抄自《国语》。可见《大典》此二条所谓《仪礼》实乃《仪礼经传通解》。

以上四条《大典》引文中，两条来自《礼记·乡饮酒义》，两条来自《国语·周语》，皆非《仪礼》经、注。《大典》引书出处题《仪礼》而不题《礼记》《国语》，是因为《大典》所引皆是转引自《仪礼经传通解》，而非征引原典。经过比勘，我们发现即便《大典》所引确系《仪礼》原文者，其文字亦常同于《通解》而不同于严州本《仪礼》、单疏本《仪礼疏》，如：

（1）《大典》卷八〇二二"利"字"利成"条：

> 《仪礼·特牲馈食礼》：祝东面告利成。（注云：利，犹养也。供养之礼成，不言礼毕，于尸间之嫌。疏云：礼毕于己，间暇无事，有发遣尸之嫌，故直言利成而已也。）

此句经文、注文《大典》与严州本《仪礼》、《通解续》同。本条疏文，清黄丕烈影宋抄单疏本《仪礼疏》（简称"单疏本《仪礼疏》"）作"云'不言礼毕于尸间之嫌'者，间，间暇无事。若然，礼毕则于尸闲暇无事，有发遣尸之嫌，故直言利成而已也"，《通解续》作"云'不言礼毕于尸间之嫌'者，礼毕于尸，间暇无事，有发遣尸之嫌，故直言利成而已也"，"者"字后疏文，《大典》与《通解续》略同，与单疏本《仪礼疏》不同。黄榦《通解续》"疏曰"系据单疏本《仪礼疏》节略而来，《大典》"疏云"又据《通解续》节抄，已非《仪礼疏》原貌。"礼毕于己"之"己"，单疏本《仪礼疏》、《通解续》均作"尸"，作"己"不通，此当是《大典》据《通解续》抄录时因字形相近误抄。

（2）《大典》卷八〇二一"胚"字"宗人告祭胥"条：

> 《仪礼·特牲馈食礼》：宗人告祭胥。（注云：胥，俎也。所告者，众宾兄弟，内宾也。献时设荐俎于其位，至此礼又杀，告之祭，使成礼也。其祭皆离肺，不言祭豆可知。）

此句经文无异文。注文中严州本《仪礼》两"爼"字均作"俎"，"兄弟"上有"众"字，《通解续》则与《大典》注文全同。

（3）《大典》卷八五七〇"生"字"先生"条：

> 《仪礼·士冠礼》：奠挚见于君，遂以挚见于乡大夫、乡先生。（注：乡先生，乡中老人为卿大夫致仕者。）

此句注文无异文。经文中严州本《仪礼》两"挚"字均作"贽"，《通解》则与《大典》经文全同。

总之，无论零散条目所引《仪礼》是不是《仪礼》经、注、疏原文，我们都能看出零散条目所引《仪礼》节抄自《仪礼经传通解正续编》的明显痕迹。当然，《大典》零散条目所引《仪礼》与《仪礼经传通解正续编》也有异文，但这些异文大多是《大典》抄录时新增的脱误，如：

（1）《大典》卷八〇二一"胚"字"脯醢无胥"条：

> 《大射仪》：胥荐主人于洗北西面，脯醢，无胥。（注：荐于上，辟正主。胥，俎实。）

严州本《仪礼》、《通解》"荐"上有"不"字，此是《大典》漏抄。

（2）《大典》卷三五八六"焞"字"楚焞"条：

> 《仪礼·士丧礼》：卜日。既朝哭，皆复外位，卜人先奠龟于西塾，南首，有席，楚焞置于燋，在龟东。注：楚之荆也。荆焞，所以钻灼龟者。燋，炬也，所以燃火者也。凡卜，以明火爇燋，遂灼其焌。

严州本《仪礼》、《通解续》皆有此经注。严州本、《通解续》"西塾"下有"上"字，注文"楚"下无"之"字，"焌"下有"契"字，皆是《大典》据《通解续》抄录时新增脱误、衍文。

（3）《大典》卷九一〇"尸"字"衣尸"条：

《仪礼·士丧礼》：受用箧，升自阼阶以衣尸。（注：复者其一人招，则受衣<u>一人也</u>，人君则司服受之。衣尸者，覆之，若得魂反之。）

严州本《仪礼》、《通解续》皆有此经注。严州本、《通解续》"一人也"上有"亦"字，《大典》据《通解续》抄录时脱文。

（4）《大典》卷九一〇"尸"字"迎尸"条：

《仪礼·特牲馈食礼》：尸至于阶，祝<u>迎</u>尸。

唐石经本《仪礼》[1]、严州本《仪礼》、《通解续》"迎"作"延"。此处"延"确为"迎接"之意，但唐石经以来此处即作"延"，《大典》据《通解续》抄录时误作"迎"。

也有一些异文，是《大典》编纂时刻意进行的删省、增补，如：

（1）《大典》卷八〇二一"胚"字"脯醢无胏"条：

《仪礼·士冠礼》：脯醢无胏。（注云：胏，俎实。疏云：胏者，升也，谓升特牲体于俎也，<u>音烝</u>。）

《经典释文》、单疏本《仪礼疏》、《通解》均无"音烝"二字，"音烝"当是《大典》抄录时新增之直音。

（2）《大典》卷九一〇"尸"字"酳尸"条：

《仪礼·士虞礼》：主人洗废爵，酌酒酳尸。（注：<u>酳，安食也。古文酳作酌。</u>）

经文无异文。注文严州本《仪礼》、《通解续》均作"爵无足曰废爵。酳，

---

[1] 本文所用唐石经本《仪礼》为日本京都大学人文科学研究所藏《开成石经》拓片。武威汉简《仪礼》有《特牲馈食礼》篇，然此条经文残缺。

安食也。主人北面以酳酢，变吉也。凡异者，皆变吉。古文酳作酌"，《大典》自《通解续》抄录时，为专释"酳尸"，对注文进行了大幅删节。

《大典》自《通解正续编》抄录时，偶尔也更正了《通解正续编》的一些脱误。在笔者辑校的 28 条零散条目引《仪礼》文字中，有两处《大典》文字优于《通解正续编》，当是《大典》所改：

（1）《大典》卷三五八六"焞"字"楚焞"条注文之末：

凡卜，以明火蓺燋，遂灼其燇。

《通解续》注文"凡卜"之"卜"字脱，严州本《仪礼》、《大典》不脱。

（2）《大典》卷九一〇"尸"字"衣尸"条经文：

受用箧，升自阼阶以衣尸。

《通解续》经文"箧"误作"筐"，严州本《仪礼》、《大典》作"箧"，不误。

《通解续》的这两处脱误较为明显，《大典》编纂者在编纂过程中随文改正，是完全可能的。

上文表格中所举 28 个零散条目中的 13 条（第 1、3、4、5、8、11、17、18、21、22、24、25、28 条）所引《仪礼》与严州本《仪礼》、《通解正续编》并无异文，或其异文不足以判断文本间的联系（如句末有无"也"字，"间""闲"等字形差异）。对于这些条目，我们难以直接判断其来源。但我们认为这些条目亦当抄录自《仪礼经传通解正续编》，理由有三：

（1）《大典》的编纂是一项庞大而有序的工作，除《国恤》、"总叙"等特殊内容外，一般条目所引《仪礼》一定有比较统一的编纂方法，否则难以快速完成。从编纂的角度看，这 28 条《仪礼》当有比较统一的来源。

（2）程朱理学在明初是学术主流，《永乐大典》的编纂也体现了这一时代特征。《大典》在引经时往往将程朱等理学家列为"名家"，将其经学著作置于"十三经"正经注疏之前。如《大典》完整引用的《周易》各卦，程颐

《易传》、朱熹《周易本义》《朱子语类》均置于王弼、韩康伯注，陆德明《音义》，孔颖达《正义》之前。但在《大典》残卷中，零散条目竟无一字引及朱熹名作《仪礼经传通解》，这无疑是不合逻辑的。结合上文的讨论，笔者认为唯一合理的解释，是《大典》零散条目所引《仪礼》全部出自朱熹、黄榦《仪礼经传通解正续编》，因此不必再重复引《通解》。

（3）《大典》零散条目引《仪礼》全取《仪礼经传通解》，也和《通解》的编纂方式、《仪礼》在明初的版本情况有密切关系。《通解》的编纂方式是以《仪礼》为经，以群经、群书为传，汇聚成一部涵盖各个阶层、各种类型礼仪程序的通礼书。《通解》篇幅宏大，分类细密，基本将先秦要籍中关涉《仪礼》的章句网罗殆尽，非常适合追求速成的《永乐大典》采用。而明初之时，《仪礼》尚未完成注、疏合刻。若《大典》编纂不采用《通解》而直接采用《仪礼》原书，则需要分别使用宋元经注本《仪礼》及宋刻单疏本《仪礼疏》。明初之时流行的《仪礼》读本是朱熹《通解》、杨复《仪礼图》、敖继公《仪礼集说》，《仪礼》经注本、单疏本流传绝少，《大典》编纂时未必有经注本、单疏本可用。且据影刻宋严州本《仪礼》、影抄宋单疏本《仪礼疏》，可见宋代经注本、单疏本各卷内部皆不分类，又细行密字，难以满足《大典》快速编纂的需要。从编纂工作的实际需要与客观条件来看，《大典》零散条目征引《仪礼》选择使用《仪礼经传通解》，也是合乎情理的。

根据《大典》残卷所引《仪礼》的情况，笔者认为除《国恤》、"总叙"等专门内容另有来源外，整部《永乐大典》零散条目所引《仪礼》经、注、疏皆取自宋南康道院本《仪礼经传通解正续编》①，并非直接引自原书。

五、《永乐大典》编纂蠡测

《永乐大典》由永乐帝亲自督办，得以广泛使用官私藏书，材料极为丰富。但《大典》编纂所用典籍今多不可见，且《大典》残卷仅有嘉靖副本的

---

① 宋南康道院本刊刻后，元明间持续修补、刷印，明以前可知的《通解》刊本仅有南康道院本，《大典·国恤》所用《通解正续编》当即此本。

百分之四，这无疑给我们研究《大典》编纂带来了客观困难。然而结合上文对《大典》引《仪礼》的全面讨论，我们仍可管中窥豹，对《大典》编纂方式进行合理推断。

《大典》引书，分完整引用、零散引用两大类。完整引用即完整抄录某书全书或部分完整篇章。《大典》残卷中虽无完整引用《仪礼》篇目，但据《永乐大典目录》仍可知《大典》在不同韵字下完整引用了《仪礼》十七篇。零散引用则是在完整引用之外的零散条目中征引《仪礼》，《大典》残卷中零散引用之《仪礼》可分《国恤》、总叙、其余零散条目三种情况。

《国恤》是《大典》"丧"字下"历代丧礼"的组成部分，是通论国丧之礼的礼制专篇，其中前四卷按照礼仪程序分为 57 个仪节，各仪节下首先征引《周礼》《仪礼》《礼记》等经书。末两卷分节，则取自《通典》卷 135—137。经全面考校，可知《国恤》分节杂采《文献通考》《通典》，所引《周礼》《礼记》大部及《尚书》《左传》《公羊传》《穀梁传》全部转引自《文献通考》，所引《仪礼》全部及部分《周礼》《礼记》则转引自《通典·丧制》中的"周制"。《大典》除剪裁《文献通考》《通典》、据十行本《礼记注疏》增补"卒哭"节之外，所作编撰工作基本仅限于为转引条目加注经书书名、篇名。总之，除个别增补外，《国恤》的仪节架构和所引经书全部来自《通典》《文献通考》二书，并无一字来自原经。而引"三礼"及群经之后，《大典》只需依次抄录唐杜佑《通典》、宋聂崇义《三礼图》、宋敕修《政和五礼新仪》、元叶起《丧礼会纪》等与丧礼相关的唐宋元典籍。这些典籍分类较为完备，检索、抄录较为方便。由此可见《大典》涉及礼制的部分，可能高度依赖《通典》《文献通考》《三礼图》等重要政书、礼书，如此方可在保证一定质量的前提下，快速完成编纂工作。

《大典》"总叙"是对某个韵字的概论，而《大典》"总叙"所引《仪礼》及与《仪礼》一起被征引的《尔雅》《月令》《汉书》，乃自《艺文类聚》《六书故》等类书、字书中抄出，皆非直接引自原典。

至于《国恤》、"总叙"外其余征引《仪礼》的零散条目，其来源则是朱熹、黄榦所编《仪礼经传通解正续编》。其中部分内容系《通解》据《国语》韦昭注、《礼记》郑玄注等《仪礼》之外的典籍增补，根本不是《仪礼》原文。其余征引《仪礼》的条目，由于《通解》的节取、改造，也多与《仪礼》经、注、疏原文有所不同。

由《大典》引《仪礼》的情况，可知《大典》在零散引用时大规模参考了前代纂修的带有分类性质的各类书籍，较为普遍地应用了转引之法，这很可能是《大典》得以速成的主要原因。然而《大典》转引之文多不注出处，这无疑给使用者带来了麻烦。但《大典》除零散引用外，尚有完整引用。零散引用的《仪礼》条目，绝大多数标明了具体篇目。若使用者讲求文本的准确性、完整性，完全可以据《永乐大典目录》快速找到《仪礼》完整引用的对应篇目。《大典》零散引用的目的，是对零散条目进行简要解释，而非作为文本依据。《大典》完整引用、零散引用明显是相辅相成的。在编纂时间较为紧迫的情况下，苛责《大典》零散引用典籍的转引问题，似无必要。但可以肯定的是，《大典》零散引用《仪礼》全出于转引并非孤例。上文在讨论《大典》引《仪礼》时，顺带论及一些《大典》引《周礼》《礼记》《尚书》《左传》《公羊传》《穀梁传》《尔雅》《汉书》的条目，发现它们亦多出于转引。可见《大典》零散引用的先秦两汉典籍，出于礼书、政书、类书、字书等转引的可能性较大。我们在利用《大典》零散条目所引典籍进行辑校时，应先仔细考校其来源，方能得出信实的结论。

《大典》零散引用《仪礼》虽非采自原书，然《大典》所据北宋本《通典》、宋绍兴本《艺文类聚》、宋南康道院本《仪礼经传通解正续编》、元西湖书院本《文献通考》、元延祐本《六书故》，均是各书可考版本中刊刻时间最早、编刻质量最高的本子，可见《大典》编纂时亦刻意采用善本作为编纂依据。

综合上文对《大典》引《仪礼》等书编纂来源、编纂方法的考证，笔者认为《大典》编纂过程约略可分为设计、抄录、编定三大步骤。设计阶段，先据《洪武正韵》确定《大典》所有韵字，再议定《大典》采录典籍总目。总目中的典籍至少划分为两大类，一类是既要完整引用（整书整篇抄入）又要零散引用的重要典籍，如十三经；一类则是只需零散引用的一般典籍。之后根据可用书籍等客观条件为每部拟采录典籍确定一个尽量好的版本。抄录阶段，大量抄录人员分领诸书，从书中抄出条目，各条目均系于某韵字之下，最后将各韵字下所有条目聚集起来，形成以韵字为单位的资料长编。编定阶段，根据资料长编确定各韵字下的子目及具体词条，抄成定本。而各韵字、各部分的编定必然是分工进行的，对于"国恤""韵字总叙"之类关涉礼制、文字等专门内容的门类，分纂官可能会直接采取前代政书、字书中成熟的架构及引证文献，《大典》韵字资料长编则仅作参考甚至完全不用。至于一般内容，则仍以资料长编为主要依据。如此一来，礼制、文字等内容艰涩、编纂难度较大的专门子目便可在保证质量的情况下尽快完成，从而加快全书的编纂进度。

《大典》的编纂方式，决定了其所引文献编纂来源的多样性。《大典》所引特定典籍，在某些子目下可能与典籍原貌相去不远，在某些子目下则可能出自他书转引，与典籍原貌有较大差异，甚至根本不是这部书。而距明初时代越久远的书，出自转引的可能性就越大。这就提醒我们，在研究《大典》残卷引书（尤其是唐以前典籍）时，要多关注条目所出门类是否有独特的编纂方式。使用清人所辑《大典》本，亦当保持谨慎，多加甄别。

此外，《文献大成》亦是讨论《大典》编纂过程时无法回避的问题。《文献大成》作为《大典》的前身，其已有成果一定以某种形式融入了《永乐大典》，这必定会加剧《大典》编纂来源的复杂性。可惜《文献大成》下落不明，《大成》对《大典》编纂来源的具体影响已不可考。总的来说，《大典》编纂研究尚有诸多悬而未决的问题，随着《大典》引书个案研究的丰富、《大典》残卷及相关资料的不断发现和公布，《大典》编纂的真实情况也一定会越辨越明。

再论《永乐大典目录》*

葛小寒

现存《永乐大典》（以下省称《大典》）残卷并非《大典》之"正本"，而是明廷于嘉靖、隆庆年间"录副"而成。或是因为《大典》卷帙浩繁，明廷"录副"工作的重点在"求全"，而非"求精"。因此顾力仁评价现存《大典》"副本"时云："不惟内文常有误写脱文者，亦有因误写而擦拭之痕迹，亦有许多字因误写而写至一半即辍笔者。"①那么，对于顾氏所指出的若干问题，我们一方面可以求诸《大典》所引典籍之原文，另一方面，也可以利用现存《永乐大典目录》（以下省称《大典目录》），"据此来校正嘉靖录副本《大典》正文的讹误"②。《大典目录》的"正本"与"副本"均已佚失，清人曾根据"副本"传抄、刊刻两种《大典目录》，即《连筠簃丛书》所刻《大典目录》与国家图书馆藏清抄本《大典目录》。史广超和张升曾分别讨论过这两种《大典目录》的流传情况，且张氏进一步指出抄本《大典目录》能校流传更为广泛的刻本《大典目录》之"缺""误"，并有助于分析《大典》与《洪武正韵》的关系③。

---

* 本文系国家社科基金特别委托项目"《永乐大典》综合研究、复原"（项目号：21@ZH046）阶段性成果。

① 顾力仁：《永乐大典及其辑佚书研究》，台湾文史哲出版社1985年版，第158页。
② 张升：《〈永乐大典〉流传与辑佚新考》，社会科学文献出版社2019年版，第43页。
③ 史广超：《〈永乐大典目录〉研究》，《大学图书情报学刊》2008年第3期；张升：《抄本〈永乐大典目录〉的文献价值》，《历史文献研究》第33辑。此外，关于《大典目录》的研究多集中在其中的韵字问题，可参见丁治民、汪亮娟：《〈永乐大典韵总〉〈永乐大典目录〉二者关系考——兼论〈永乐大典〉"用韵以统字"的字数》，《阅江学刊》2018年第6期。

笔者认为，基于现存的八百余卷《大典》正文，我们可以对《大典目录》做一些反思性工作：第一，刻本《大典目录》与抄本《大典目录》在某些韵字、事目的记载上存在差异，而这些差异涉及的卷数有一些仍然存在，那么现存《大典》正文便是判断这些差异孰是孰非的标准；第二，对照《大典》正文与《大典目录》，我们可以试图回答后者著录的一些规律性问题，本文将着重探讨《大典目录》的记载条目与《大典》正文卷端的小字标题有何关系；第三，在以上两种反思的基础上，我们既可以利用《大典目录》去校补《大典》正文，当然也可以利用《大典》正文去校补《大典目录》。因此，本文对于《大典目录》的检讨，也是一种阅读顺序的调转，不是通过"目录"去看"正文"，而是从"正文"去看"目录"。

一、从现存《大典》残卷看两种《大典目录》之差异

就笔者目及所见，罗旭舟在对《大典目录》所录杂剧的探讨中，较早涉及了对刻本、抄本两种《大典目录》优劣的评价（罗文中称为"丛书本""内府本"），罗氏写道：

> 以内府本与丛书本相较，第 20756 卷"杂剧二十"，丛书本误录之"雨"字，第 20752 卷"杂剧十六"，丛书本误录之"讽"字，第 20757 卷丛书本误加之空格，内府本中均正确无讹。显然，内府本优于丛书本，更贴近于《永乐大典目录》原貌。①

随后，前揭张升的论文从更为宏观的角度确认了抄本《大典目录》的优势，张氏甚至认为对于《大典目录》的整理应该"以姚氏抄本《大典目录》为底本，以《连筠簃丛书》本《大典目录》为主校本"②。笔者最近初步整理了《大典目录》中的行政区划单位，同样发现，抄本《大典目录》的错误相对单一，

---

① 罗旭舟：《〈永乐大典目录〉所录杂剧初探》，《文学遗产》2011 年第 3 期。
② 张升：《抄本〈永乐大典目录〉的文献价值》，《历史文献研究》第 33 辑。

而刻本《大典目录》则体现出更为复杂且多样的问题①。以上对于《大典目录》的探讨分别从结构格式与引书事目等方面切入，本节则打算从《大典》残卷的正文出发，探讨现存《大典》某卷在两种《大典目录》中记载的差异。

《大典》残卷约有 400 余册，共计 800 余卷，仅占原书 22877 卷的 3.6%。从现存残卷的内容来看，两种《大典目录》在约 26 卷的目录著录中存在差异，其中有 11 卷抄本《大典目录》与《大典》正文一致，有 15 卷刻本《大典目录》与《大典》正文一致。单纯从数据来看，抄本并未如同上述学者所言具有更高的校勘学价值，但是如果仔细分析存在差异的卷数条目，则会得出相反的结论。

一方面，抄本《大典目录》存在的错误实际不用通过与正文对照便能发现并校勘，这些问题基本上都与"数字"有关。比如《大典》卷二二四三，其正文内容是"梧"字韵下的"梧州府七"，刻本《大典目录》著录相同，但是抄本《大典目录》则漏抄了卷二三四三中的内容，而将卷二三四四所著录的"梧州府八"等事目著录在了卷二三四三中②。类似的情况还出现在卷一〇八七七、一一三一二、一三八七六等处（具体参见节末表 1）。除此之外，抄本《大典目录》在标识事目顺序的数字方面也会出现错位的情况，例如《大典》正文卷七五一四至卷七五一八，为"仓"字韵，以上五卷的正文内容为"仓"字的"事韵"，故对应刻本《大典目录》便是卷七五一四为"仓"字韵下的"事韵一"，顺序排至卷七五一八便是"事韵五"。然而抄本《大典目录》却在卷七五一四下误录为"事韵二"，故而后面若干卷著录按顺序皆误③。

另一方面，刻本《大典目录》存在的错误则较为复杂。首先，刻本《大典目录》也存在一些脱漏或不清的问题，比如卷二一九〇"图"字韵，该卷至卷二二〇四为"帝王经世图谱"，故卷二一九〇在目录中应著录为"帝王经世图谱一"（抄本便是如此），但是刻本《大典目录》在刊印过程中脱了

---

① 葛小寒：《〈永乐大典目录〉所载行政区划勘误》，《史学史研究》2023 年第 4 期。

② 刻本《大典目录》参考中华书局影印《永乐大典》第 10 册，抄本《大典目录》则利用中国国家图书馆藏清抄本。碍于篇幅限制，下文不再对引用两种《大典目录》原文出注。

③ （明）解缙等：《永乐大典》卷七五一八，中华书局 2000 年影印本，第 3473 页。

"一"字。其次，刻本《大典目录》还存在直接漏录正文韵字的情况，例如卷二八〇六，本卷在刻本《大典目录》中收录韵字 46 种，而在抄本《大典目录》中则收录韵字 47 种，对照《大典》正文则与抄本同，所多出为"草"字韵[①]。最后，刻本《大典目录》在具体事韵的著录上也存在不少录错的问题，比如卷九一〇"尸"字韵，刻本收录事韵为"事韵、姓氏、医家论尸五"，抄本则作"事韵、姓氏、医家论五尸"，而考该卷《大典》正文则载"医家论五尸"，可见当从抄本。此外，卷二九七二"人"字韵，著录了各种嫔妃名号（如"美人""良人"），刻本《大典目录》著录一种名号为"内人"，对应抄本《大典目录》，此处应为"刀人"，二者皆可作为内廷女官之名，孰是孰非检之《大典》原文，可知此处实乃"刀人"，《大典》引《北史·后妃传》云："隋炀帝时，有承刀人，皆趋侍左右。"[②]

以上可见，抄本《大典目录》虽然有 15 处应据刻本《大典目录》改正，但是这些问题大部分都是相对简单的卷数与排序错简。相反，刻本《大典目录》应据抄本《大典目录》改正的情况则多为具体内容方面的漏错。因此，从《大典》残卷的视角来看，两种目录均非尽善尽美，但是明显抄本《大典目录》在具体内容、著录项的正确性上更具有优势。

表 1　现存《大典》残卷中两种《大典目录》差异之处

卷数	刻本《大典目录》	抄本《大典目录》	《大典》正文与说明
卷 541	"庸"字韵，事韵、诗、姓氏。	"庸"字韵，事韵、文、姓氏。	《大典》正文对应处为"文"，从抄本。
卷 904	"诗"字韵，金璧故事、国朝诗。	"诗"字韵，金璧故事，国朝诗。	《大典》正文对应处为"金璧故事"，从刻本。
卷 910	"尸"字韵，事韵、姓氏、医家论尸五。	"尸"字韵，事韵、姓氏、医家论五尸。	《大典》正文对应处为"医家论五尸"，从抄本。

---

① （明）解缙等：《永乐大典》卷二八〇六，第 1432 页。

② （明）解缙等：《永乐大典》卷二九七二，中国国家图书馆藏明嘉靖隆庆时期内府重写本，第 13 叶 a。

续表

卷数	刻本《大典目录》	抄本《大典目录》	《大典》正文与说明
卷911	"尸"字韵，道书洞玄灵宝灭度五炼生尸经大帝制魂伐尸法。	"尸"字韵，道书洞玄灵宝灭度五炼生尸经、大帝制魂伐尸法。	刻本两种书之间未空格，检《大典》正文确为两种书，当从抄本空格。
卷1310	卷一千三百十。	卷一千三百一十。	无论是《大典》正文，还是《大典目录》中一般的写法，此处都应从刻本。
卷2190	"图"字韵，帝王经世图谱。	"图"字韵，帝王经世图谱一。	刻本漏"一"字，从抄本。
卷2271	卷二千二百七十。	卷二千二百七十一。	刻本漏"一"字，从抄本。
卷2243	"梧"字韵，梧州府七。	抄本脱漏。	从刻本。
卷2344	卷二千三百四十四。	卷二千三百四十三。	从刻本。
卷2347	该卷收录若干字韵，其中有"浡"字韵，刻本仅录其字。	抄本"浡"字韵后有"事韵"。	《大典》正文显示，"浡"字韵确有事韵若干，从抄本。
卷2806	该卷收录若干字韵，刻本缺"牵"字韵。另，刻本收录韵字"啤"。	抄本则有"牵"字韵，且对应刻本"啤"字韵处为"喓"字韵。	《大典》正文所在韵字皆与抄本相同，故从抄本。
卷2955	"神"字韵，生神章二、姓氏、青神县、和神国……	"神"字韵，道书生神章，姓氏，青神县，和神国……	《大典》正文该卷韵字下有小字标题"生神章二"，从刻本。
卷2972	"人"字韵，贵人、才人、美人……内人、令人……	"人"字韵，贵人、才人、美人……刀人、令人……	《大典》正文对应处为"刀人"，从抄本。
卷3001	"人"字韵，事韵十九。	"人"字韵，事韵二十九。	联系上下卷数，刻本脱"二"。
卷3009	"人"字韵，同人卦二。	"人"字韵，易同人卦二。	《大典》正文该卷韵字下有小字标题"同人卦二"，从刻本。
卷5453	"郊"字韵，郊祀十九，神位。	"郊"字韵，郊祀十九，论议、神位。	《大典》正文该卷韵字下有小字标题"郊祀、神位"，从刻本。

续表

卷数	刻本《大典目录》	抄本《大典目录》	《大典》正文与说明
卷 7506	"仓"字韵，神仓、藉田仓、太仓、醴源仓、常平仓一。	"仓"字韵，神仓、籍田仓、太仓、醴源仓、常平仓一。	《大典》正文对应处为"籍田仓"，从抄本。
卷 7514	"仓"字韵，事韵一。	"仓"字韵，事韵二。	从刻本。
卷 7515	"仓"字韵，事韵二。	"仓"字韵，事韵三。	从刻本。
卷 7516	"仓"字韵，事韵三。	"仓"字韵，事韵四。	从刻本。
卷 7517	"仓"字韵，事韵四。	"仓"字韵，事韵五。	从刻本。
卷 7518	"仓"字韵，事韵五……	"仓"字韵，事韵六……	从刻本。
卷 10877	卷一万八百七十七。	漏抄卷数。	从刻本。
卷 11312	卷一万一千三百十二。	误作卷一万一千三百十三。	从刻本。
卷 11876	卷一万一千八百七十六。	误作卷一万一千八百七十七。	从刻本。
卷 20309	"一"字韵，道书玉清太境守一等经道法、姓氏……	"一"字韵，道书玉清境太守一等经道法、姓氏……	《大典》正文有"玉清境太一经"，故应从抄本。

二、《大典》卷端小标题与《大典目录》之关系

《大典》的基本撰写规则是以韵字为中心，依次收录该韵字的音、义、形，并总论其大意，随后便是以此字为韵的诸种事目的排列，一般按照如下顺序：与制度有关的事目，一般的名词、成语事目，具体诗文篇章，书名及其完整或部分内容，府郡州县等地名，姓氏名与人物传记。《大典目录》自然也是按照这个顺序进行著录的，但在若干细节方面有所增删，比如与制度有关的事目往往在《大典目录》中详细罗列，但是作为名词、成语的一般性事目则以"事韵"二字归纳①。当然，由于《大典》本身编排得不严谨，使得以

---

① 例如《大典》卷一五二二三至卷一五二三六为"会"字韵，其中卷一五二二三至卷一五二三一便是作为制度的"朝会""盟会"等事目，《大典目录》对此按照时间顺序进行著录，有"虞夏至五代朝会""宋朝会""元朝会"等等，而其他不重要的以"会"为韵之名词、成语则在卷一五二三二至卷一五二三三中用"事韵"概括之。

上所列的事目顺序屡有例外，这就使得《大典目录》的著录规则也存在种种矛盾之处。本节试图通过《大典》残卷正文来反思《大典目录》的著录情况。笔者注意到《大典》正文卷端往往在韵字下有一小标题，如卷九〇一卷端为"永乐大典卷之九百一，二支"，后换行题韵字"诗"，后有小字标题"元诗三"，也就是说，本卷是"诗"字韵，"元诗"事目下的内容①。那么，这一小标题与目录之间是何种关系？它们又是否共同反映了正文实际内容的情况？笔者认为这或是探讨《大典目录》著录规则的一个切入点。

　　《大典》正文卷端小标题与《大典目录》最大的不同在于其并非每一卷都出现。就现存《大典》八百余卷来看，约有 390 卷卷端并无小标题，这部分是由于《大典》正文撰写格式的限制，即某一卷如是某一韵字之始，则其卷端著录"永乐大典卷某"与韵部之后，换行直接是韵字及其字音、字义、字形的介绍，那么该卷随后无论有多少韵字或事目都不会有所谓的卷端小标题，例如《大典》卷四八九，"终"字韵便是如此，该卷卷端著录"永乐大典卷之四百八十九，一东"。换行顶格大字著录"终"，随后便是《洪武正韵》中关于该字的介绍②，其实该卷的内容在《大典目录》中还收录有"事韵、文、无终县、姓氏"。因此，我们可以确定《大典》卷端小标题只存在于某一韵字之内，由于这一韵字的部分事目内容超出了一卷甚至多卷，故而才会在该韵字随后的卷数中用卷端小标题标识，例如卷二〇八五〇为"橄"字韵之始，该卷便没有小字标题，而该卷内容最末为关于"橄"字的文章③，故《大典目录》著录为"文一"，随后的卷二〇八五一则接续了前卷关于"橄"字的文章，《大典目录》著录为"文二"，而该卷端"橄"字下有小字标题"文二"④。笔者对此的进一步追问是，在同一韵字的不同分卷中，卷端小标题又有何出现的

①（明）解缙等：《永乐大典》卷九〇一，中国国家图书馆藏明嘉靖隆庆时期内府重写本，第 1 叶 a。

②（明）解缙等：《永乐大典》卷四八九，第 42 页。

③（明）解缙等：《永乐大典》卷二〇八五〇，英国国家图书馆藏明嘉靖隆庆时期内府重写本，第 10—26 叶。

④（明）解缙等：《永乐大典》卷二〇八五一，英国国家图书馆藏明嘉靖隆庆时期内府重写本，第 1 叶 a。

规律呢？

　　首先，卷端小标题并不必然出现在同一韵字的不同分卷中，或者我们可以进一步说，《大典》中所收录的诸种事目，有一些是不会呈现在卷端小标题中的。比较典型的就是一般名词、成语的事目（也就是《大典目录》中的"事韵"）与该韵字的姓氏来源、人物列传（也就是《大典目录》中的"姓氏"）。例如《大典》卷二八〇八至卷二八一三为"梅"字韵，其中卷二八〇八是该韵字之始，故不存在卷端小标题问题，而随后各卷皆为关于"梅"的事韵，《大典目录》分载为"事韵二"至"事韵六"，然检各卷卷端均未载小字标题①。类似的情况也出现在"姓氏"有关的事目中，如卷二〇二三至卷二〇二五为"毕"字韵，其中后两卷为接续前卷的毕氏人物传（《大典目录》载为"姓氏二""姓氏三"），但是检此二卷同并无小字标题②。当然，除了以上两例之外，现存《大典》残卷基本所有涉及"事韵""姓氏"的分卷均无小字标题，这里不烦引。当然，也存在三处例外的情况，"事韵"二处、"姓氏"一处。前者见卷一一六〇三"藻"字韵，该卷《大典目录》记为"事韵二"，《大典》正文卷端确在小字著录"事韵二"③，又见卷七五一八"仓"字韵，《大典目录》载其内容为"事韵五、陈仓县、姓氏"，《大典》正文卷端"仓"字下有小标题"事韵"④。后者见卷六八二七"王"字韵，该卷《大典目录》记为"姓氏十二"，《大典》正文卷端小字标题仅为"姓氏"⑤。笔者认为以上三处当是抄手失误所致，并非卷端小标题的一般规律，因为其不仅数量极少，且像"王"字韵的"姓氏"事目，现存还有十卷，即"姓氏十一""姓氏十三""姓氏十四"等等，以上诸卷卷端均无小标题，抄手应是在卷六八二七的抄写中顺手误写了小标题"姓氏"，发现有问题之后，抄

---

① （明）解缙等：《永乐大典》卷二八〇九，中国国家图书馆藏明嘉靖隆庆时期内府重写本，第1叶a。

② （明）解缙等：《永乐大典》卷二〇二〇四，第7557页；《永乐大典》卷二〇二〇五，第7566页。

③ （明）解缙等：《永乐大典》卷一一六〇三，《永乐大典》，第4909页。

④ （明）解缙等：《永乐大典》卷七五一八，第3473页。

⑤ （明）解缙等：《永乐大典》卷六八二七，第2770页。

手也没再标明具体数字了。同样的情况也出现前揭"仓"字韵的"事韵"诸卷中,卷七五一四至卷七五一七为该字"事韵"之一至四,这几卷的正文卷端均无小标题,而在卷七五一八中则突然出现,也未录具体数字。

其次,除了"事韵"和"姓氏"之外,《大典》中其余的内容都有可能反映在卷端小标题中。比如关于制度、官名的事目在《大典目录》中都是单独列出的,它们往往也会在正文卷端的小标题中显示出来,像是卷二六○七至卷二六一一为"台"字韵,《大典目录》载其内容分别是"御史台"之二至六,而《大典》正文各卷卷端确载小字标题如此①。而《大典目录》中其他单列的事目还有书名和地名,这些在正文卷端同样会标识出来,以下各举一例说明:卷一一一二八至卷一一一四一为"水"字韵,《大典目录》载其中内容为"水经"二至十五,检原文卷端确在"水"字之下题小字"水经二"至"水经十五"②;卷二三六七至卷二三六九为"苏"字韵,《大典目录》载其中内容为"苏州府"之十九至二十一,同样检《大典》正文可见各卷卷端确有小标题"苏州府十九""苏州府二十""苏州府二十一"③。当然,我们知道《大典》的编撰与重抄都很不严谨,以上部分事目在《大典》卷端却有遗漏现象,但是这些遗漏也成为了反面证据,比如卷二二七六为"湖"字韵,《大典目录》著录其中内容为"湖州府二",按一般规律来看,《大典》正文卷端应在"湖"字下题小字"湖州府二",现存残卷却遗漏了④,但是随后卷二二七七至卷二二八三则为"湖州府三"至"湖州府九"的内容,这几卷的正文卷端则确实著录了小标题"湖州府三"至"湖州府九",因此卷二二七六的遗漏只能算是失误,而不影响卷端小标题出现的基本规律⑤。

---

① (明)解缙等:《永乐大典》卷二六○七,第 1682 页。

② (明)解缙等:《永乐大典》卷一一一二八,中国国家图书馆藏明嘉靖隆庆时期内府重写本,第 1 叶 a。

③ (明)解缙等:《永乐大典》卷二三六七,第 1056 页。

④ (明)解缙等:《永乐大典》卷二二七六,中国国家图书馆藏明嘉靖隆庆时期内府重写本,第 1 叶 a。

⑤ (明)解缙等:《永乐大典》卷二二七七,中国国家图书馆藏明嘉靖隆庆时期内府重写本,第 1 叶 a。

再次，即便在以上存在卷端小标题的事目中，也存在两种卷端小标题消失的情况：

一方面，如果某一个事目的内容并未超过一卷，《大典》正文的卷端一般是不会出现小标题的。例如《大典》中大部分府、州事目都横跨数卷，故而这些事目所在卷数多有卷端小标题，也存在只有一卷的府州，这些府州的卷端便没有小标题，像是卷五二四五"辽"字韵，《大典目录》载其内容只有"辽州"，故该卷正文全是"辽州"的介绍，其卷端"辽"字下便无小标题①。而《大典》对于书籍的著录也是如此，大部分连篇累牍的书籍都会在卷端标注小标题（如上文提到的"水经"），但是内容不超过一卷的书籍或篇章则其卷端便没有小标题，同样举一例：卷八五八七"生"字韵，《大典目录》载该卷收录"庄子养生主篇"，检阅该卷内容也确实完整收录了这一篇章，故而该卷卷端便不再出现小字标题了②。

另一方面，通过前面的例子可以看出，卷端小标题基本上不出现在某一跨卷事目"一"所在的卷数中，比如卷二六〇六为"御史台一"，但是该卷卷端并未题小标题③，再如卷九〇五至卷九〇九为"诸家事目"之一至五，其中后四卷正文卷端皆有小标题"诸家事目"之二至五，唯独卷九〇五的卷端"诗"字之下未题小标题"诸家诗目一"④。不过，我们同样能找到一些反例，比如前揭"水经"事目，其中"水经一"在卷一一一二七，该卷卷端"水"字下确有"水经一"⑤。那么，究竟卷端小标题之"一"何时出现？又何时不见呢？笔者认为这与卷端小标题的内容是否在正文中以单行大字的形式展现有

---

① （明）解缙等：《永乐大典》卷五二四五，英国牛津大学博德利图书馆藏明嘉靖隆庆时期内府重写本，第1叶a。

② （明）解缙等：《永乐大典》卷七一〇四，中国台北故宫博物院藏明嘉靖隆庆时期内府重写本，第1叶a。

③ （明）解缙等：《永乐大典》卷二六〇六，第1260页。

④ （明）解缙等：《永乐大典》卷九〇五，中国国家图书馆藏明嘉靖隆庆时期内府重写本，第1叶a。

⑤ （明）解缙等：《永乐大典》卷一一一二七，中国国家图书馆藏明嘉靖隆庆时期内府重写本，第1叶a。

关。例如上面提到的"诸家事目一"，在卷九〇五中虽然没有小字标题，但是在"诗"字之后，换行以单行大字著录为"诸家事目"，后则接续《大典》正文内容的双行小字。再比如卷七一〇四"唐"字韵，《大典目录》载内容为"宣宗一"，检《大典》正文卷端同样没有小字标题，而其"唐"字后换行，同样以单行大字著录为"宣宗"①。相反，某事目"一"出现在卷端小标题中时，其正文便不再有单行大字标识，比如卷一一一二七的"水经一"，其正文开头仍是以双行小字标识为"水经"。再比如卷二一〇二五"律"字韵，卷端"律"字后有小标题"四分律删补随机羯磨一"，果然其正文并未再以单行大字的形式给出书名，而仍然是双行小字②。还有一列特殊的情况可以旁证笔者的猜测，《大典目录》载卷一五九五一为"运"字韵下的"五运一"，检该卷原文在正文中有单行大字著录为"五运"，所以按照我们前面所说的规律，这里应该再在卷端"运"字下加小标题，而实际上该卷卷端下确无"五运"小字，但是有个"一"字③，这恰恰说明了抄录者在遵循小字标题的出现规律，但是为了方便编撰，还是在卷端下多题了"一"字④。总之，我们可以说一旦某一事目跨越了单卷，该事目之"二""三""四"等皆会在《大典》正文卷端以小字标识出来，但是该事目之"一"是否标识则要看这一事目是否在正文中以单行大字的形式出现，如出现则不再题小字标题，如未出现则应卷端加入小字标题"一"。

最后，《大典》正文卷端小标题一般不如《大典目录》详细。就笔者较为粗略的统计来看，现存《大典》约有 400 余卷卷端录有小标题，其中有 100

---

① （明）解缙等：《永乐大典》卷七一〇四，中国台北故宫博物院藏明嘉靖隆庆时期内府重写本，第 1 叶 a。

② （明）解缙等：《永乐大典》卷二一〇二五，中国台北故宫博物院藏明嘉靖隆庆时期内府重写本，第 1 叶 a。

③ （明）解缙等：《永乐大典》卷一五九五一，美国国会图书馆藏明嘉靖隆庆时期内府重写本，第 1 叶 a。

④ 卷八〇二五"成"字韵所载"书武成篇一"也可以说明这一点，该卷《大典》正文有单行大字"武成"，故其卷端韵字下不应有小标题，而抄手或不熟悉规则，或为了提醒自己注意，在该韵字下还是题小字"书"。

卷左右的卷端小标题与《大典目录》所载并不一致，而这种差异其实也更能表现二者之间功能的不同。

其一，《大典目录》是对某一卷内容的完整概括，但是卷端小标题却更多的是一种衔接的标识，即表明该卷与上一卷的关系，而不是对于整卷内容的介绍。因此，我们可以看到大量卷端小标题只是记录了某卷与前卷链接的部分，而并不记载该卷剩余部分的内容。例如卷五二〇五"原"字韵，《大典目录》载该卷内容有"太原府七，镇原县，平原县，三原县，姓氏"，而该卷卷端小标题仅题"太原府七"，并不包括后面的若干事目内容①。再如卷八九〇九"周"字韵，《大典目录》载其中内"康王三，昭王"，但是该卷正文卷端小标题亦仅题"康王三"，而不及昭王②。甚至某些不应该著录小字标题之处，也会因为前后两卷有衔接而加入小字标题。例如卷二三九九"苏"字韵，该卷《大典目录》载为"姓氏十"，根据我们前面探讨，卷端小标题一般不涉及"姓氏"（故该卷前后"姓氏"皆未有题卷端），但是此卷却例外的在卷端"苏"字下补充小标题"苏辙"③，检其缘故，原来卷二三九八（即"苏"字韵的"姓氏九"）全卷内容便是"苏辙"，且收录并不完全④，之后卷二三九九又接续收录了与"苏辙"相关的内容，故其卷端小标题未题"姓氏十"而题"苏辙"，以明该卷对于前卷的继承。此外，前文也提到《大典目录》中的"事韵"一般是不在卷端小标题中显示的，然而卷二九八〇"人"字韵亦是例外，该卷卷端虽未著录"事韵"（《大典目录》载该卷内容为"事韵八"），但其小标题却标识为"知人"⑤，果然考前卷之内容便为"知人"⑥，卷二九八〇接续编写，便在卷端增加了小标题"知人"。换言之，对于卷端小标题来说，表明承接关系才其是本性，说明该卷内容只能算是其附加功能罢了。

---

① （明）解缙等：《永乐大典》卷五二〇五，第2304页。

② （明）解缙等：《永乐大典》卷八九〇九，中国台北故宫博物院藏明嘉靖隆庆时期内府重写本，第1叶a。

③ （明）解缙等：《永乐大典》卷二三九九，第1089页。

④ （明）解缙等：《永乐大典》卷二三九八，第1080—1089页。

⑤ （明）解缙等：《永乐大典》卷二九八〇，第1643页。

⑥ （明）解缙等：《永乐大典》卷二九七九，第1636页。

其二，《大典目录》往往也比卷端小标题更加详细，指涉也更加明确。例如卷一六三四三、卷一六三四四为"算"字韵，两卷均在卷端"算"字下有小标题"算法十四""算法十五"①，但是具体该卷是何种算法，小标题并未给出答案，反观《大典目录》便比较清楚，前者为"算法十四，异乘同除"，后者为"算法十五，少广"。再比如卷一四二一七至卷一四二二〇为"地"字韵，以上四卷卷端"地"字下有小标题"相地法"之九至十二②，但是具体何种相地之法，实际还要参考《大典目录》所载，原来以上各卷皆是相地诸术中的相龙脉之术（"相龙法"）③。此外，《大典目录》在书名的著录相对于卷端小标题乃至《大典》正文都更为完整，这主要体在《大典目录》在著录书名时（尤其是佛道典籍）往往有性质上的判断，即会在书名前加入"佛书""道书""医书"等前缀，这在《大典》中是没有的，例如卷一九七三七至卷一九七四〇收录了"沙门灌顶国清百录"④，而在《大典目录》中则著录为"释书沙门灌顶国清百录"。

其三，正因为以上诸多的差异，《大典》正文卷端的小标题其实在一定程度上有着不同于《大典目录》的记录体系，有时甚至可能比后者更加精确，例如卷七二一三、卷七二一四为"堂"字韵，《大典目录》载其内容为"明堂十九文""明堂二十文"，这样记载当然没有什么问题，但是在以上两卷正文的卷端，小字标题则记载为"明堂诗文三""明堂诗文四"⑤，何以如此呢？复检《大典目录》，原来在卷七二一一之前"明堂"诸事韵皆为历朝历代"明

---

① （明）解缙等：《永乐大典》卷一六三四三，英国剑桥大学图书馆藏明嘉靖隆庆时期内府重写本，第1叶a。

② （明）解缙等：《永乐大典》卷一四二一七，中国台北故宫博物院藏明嘉靖隆庆时期内府重写本，第1叶a。

③ 根据《大典目录》所载，《大典》中所记载的"相地法"除了"相龙法"之外，还有"相穴法""相砂法""相水法"等等。

④ （明）解缙等：《永乐大典》卷一九七三七，英国剑桥大学图书馆藏明嘉靖隆庆时期内府重写本，第1叶a。

⑤ （明）解缙等：《永乐大典》卷七二一三，中国国家图书馆藏明嘉靖隆庆时期内府重写本，第1叶a。

堂"之介绍，故而卷七二一〇的内容为"明堂十六宋"，而从卷七二一一开始则为"明堂十七文"，换言之，关于"明堂"诗文的著录是从此开始的，那么按照卷端小标题的记录体系，该卷卷端应该是"明堂诗文一"，如此则卷七二一三、卷七二一四为"明堂诗文三""明堂诗文四"了，也就相比于《大典目录》的著录更加清晰一点。因此，我们也不能忽视卷端小标题优越的一面。

本节试图透过《大典》正文中的卷端小标题去看《大典目录》的著录情况。整体而言，两者之间并未表现出紧密的联系：一方面，《大典目录》不是根据《大典》正文卷端的小标题进行撰写的，两者甚至有不同的著录体系；另一方面，《大典》某卷的卷端小标题也并非对于该卷内容的概括，它们毋宁说是一种标识前卷与后卷联系的标记。但是，二者在现存《大典》残卷中毕竟有近一半的内容是相同的，因此总结其中规律让我们可以利用《大典目录》去校补《大典》正文中卷端小标题。

三、现存《大典》残卷与《大典目录》之互校

毫无疑问，《大典目录》是我们探索《大典》佚失内容的基础，我们可以从两个层面来理解《大典目录》对于《大典》之"探佚"的作用：其一便是使我们了解已佚卷数所载之内容；其二则是现存《大典》残卷也有可能"佚失"某些内容，这些内容或许也可以通过《大典目录》进行补充。

（一）《大典目录》校现存《大典》残卷

接续前一节对于《大典》卷端小标题的讨论，我们当然可以利用《大典目录》去补充部分残卷正文中卷端小标题的缺失，使得现存《大典》正文更加规范化，这主要可以从以下三个方面进行补充：

第一，正文卷端韵字下直接漏录小标题，比如卷二三三七至二三四四乃是"梧州府"之一至八的内容，其中卷二三三八、卷二三三九之卷端皆有小标题"梧州府二""梧州府三"，但是之后诸卷皆脱"梧州府"之三至八的卷

端小标题，应补充①。

第二，一些小标题文字后的数字记载存在错误，像是卷二○三七二、卷二○三七三，《大典目录》载其内容为"积"字韵下的"大宝积经七"与"大宝积经八"，且卷二○三七三卷端小标题确题为"大宝积经八"，但是卷二○三七二卷小标题则题"大宝积经十"，明显应据《大典目录》校改为"七"②。

第三，也存在一些小标题未著录具体数字的情况，比如卷一九八六六，《大典目录》载为"竹"字韵下的"竹名二"，该卷正文则仅题"竹名"，未及

① 类似的情况还有卷二二六一至二二七一，应在卷端韵字下补充小标题"湖名"之二至十二；卷二二七六，应在卷端韵字下补充小标题"湖州府二"；卷二六○三至二六○四，应在卷端韵字下补充小标题"台名"之十四、十五；卷三○○五至三○○六，应在卷端韵字下补充小标题"诗"之二、三；卷三五二六至三五二七，应在卷端韵字下补充小标题"门名"之二、三；卷三五八三至三五八四，应在卷端韵字下补充小标题"尊名"之二、三；卷七三○四，应在卷端韵字下补充小标题"户部侍郎二"；卷七五一二至七五一三，应在卷端韵字下补充小标题"仓名"之二、三；卷八○八九至八○九三，应在卷端韵字下补充小标题"城名"之二十八至三十二；卷八九八一，应在卷端韵字下补充小标题"太祖二"；卷一○二七○，应在卷端韵字下补充小标题"文王世子篇二"；卷一○九三四至一○九三五，应在卷端韵字下补充小标题"楚国"之七、八；卷一○九五○，应在卷端韵字下补充小标题"抚州府二"；卷一三○七四至一三○七五，应在卷端韵字下补充小标题"洞名"之十四、十五；卷一四五七三，应在卷端韵字下补充小标题"树名二"；卷一四九九八至一四九九九，应在卷端韵字下补充小标题"泰卦"之三至四；卷一五一四一至一五一四三，应在卷端韵字下补充小标题"兑卦"之二至四；等等。这里值得注意的是，大量卷端脱漏小标题的情况发生在某中韵字之"名"的事韵中，比如这里提到的"湖名""尊名""城名"等等，但是也有一些韵字之"名"是有小标题的，比如卷二五三五至二五四○，其正文卷端便在韵字下著录"斋名"之十一至十六，因此这一问题还需要进一步探讨。
② 类似的情况还有卷一三○一九至一三○二○，《大典目录》载其中内容为"宗室二十""宗室二十一"，但是《大典》正文小标题则标注为"宗室三""宗室二十"，应改正；卷一四三八○至一四三八三，《大典目录》载其中内容为"诗十二"至"诗十五"，但是《大典》正文小标题则题"诗十三"至"诗十六"，应改正。

"二"，应当补充①。

当然，《大典目录》除了能校补正文的卷端小标题之外，也能对正文的具体内容有所补充，尤其是我们应该清楚，在《大典》嘉靖重抄时，不仅重抄者可能有遗漏，而且重抄时所见《大典》很有可能就有极少部分亡佚了。比如卷一九七八二，据《大典目录》载该卷有若干韵字，其中有一"琛"字韵，但是检该卷正文则未见该字。还有一些韵字内容尚在，但不知为何却未以单行大字在正文中著录该韵字，比如卷一九七三四著录了大量韵字，根据《大典目录》所载其中有"甬"字韵，然检该卷原文并无该字标识，如仔细考求，则可见该卷第 3a 页所引《洪武正韵》及其后的字形字意、事韵姓氏均为"甬"字韵的内容，因此此处可知正文之脱漏，宜补充。

（二）现存《大典》残卷校《大典目录》

前节从《大典目录》去探《大典》残卷之"佚"与"误"，实际上，我们也可以反向利用《大典》去"探佚"《大典目录》。

《大典目录》的不少卷数从字韵到具体事目都存在遗漏的现象，我们可以依据《大典目录》的著录规则与《大典》残卷正文进行补充。就笔者所见，《大典目录》漏录韵字的情况非常普遍，例如《大典目录》载《大典》卷九〇九为"诗"字韵，其中内容仅有"诸家诗目五"，然而检阅正文，可知"诸家诗目五"后还有作为"姓氏"的"诗氏"与另外两个韵字——"邿"与"翅"——且前者还有"事韵"（"取邿"）②，由此可见，《大典目录》在漏录韵字的过程

---

① 类似情况还有卷三五四九，卷端小标题为"观世音菩萨普门品经"，应该改为"观世音菩萨普门品经三"；卷七八九〇至七八九五，卷端小标题均为"汀州府"，应改为"汀州府"之二至七；卷一〇二七一，卷端小标题为"文王世子篇"，应该改为"文王世子篇三"；卷一二〇七一至一二〇七二，卷端小标题均为"乡饮酒仪"，应该改为"乡饮酒仪二""乡饮酒仪三"；还有卷一二三九九至一二四〇〇，卷端小标题均为"仁宗"，应改为"仁宗二十二""仁宗二十三"；卷一五九五八，卷端小标题为"法运通塞志"，应改为"法运通塞志二"；卷一九七四〇，卷端小标题为"沙门灌顶国清百录"，应改为"沙门灌顶国清百录四"；等等。

② （明）解缙等：《永乐大典》卷九〇九，第 8608 页。

中也会脱漏"事韵""姓氏"这样的事目。此外,《大典目录》会详细著录以某字为韵的地方行政区(即"府郡州县国"),那么《大典》正文出现的这些地理单位如未在《大典目录》中著录,则应该补充,这里略举一列:《大典目录》载《大典》卷五四一为"庸"字韵,其中内容为"事韵、诗、姓氏",检该卷正文"事韵"末、"诗"前还有"庸国""舒庸"二国与"上庸""居庸"二县,理应补充进《大典目录》①。具体《大典目录》的脱漏情况,可参见下表:

表 2　据《大典》正文补充《大典目录》之脱漏

卷数	《大典目录》之著录	《大典》正文之补充
卷 541	"庸"字韵:事韵、诗、姓氏。	宜补充《大典》正文中出现的地理区划单位:"庸国""舒庸""上庸""居庸"。
卷 909	"诗"字韵:诸家诗目五。	宜补充《大典》正文中出现的"诗"字韵"姓氏",与另外两个韵字——"郆"与"翅",及前者"郆"字的"事韵"。
卷 910	"尸"字韵:事韵、姓氏、医家论五尸。	宜补充《大典》正文在"尸"字"事韵"后出现的"文"。
卷 2344	有若干字韵。	对照目录,《大典》正文多一种字韵"庚",宜补充。
卷 2605	"台"字韵:事韵一。	宜补充《大典》正文中出现的地理区划单位"台州"。
卷 2755	该卷有六个韵字,其中"陂"字韵下有"陂名四、诗文、黄陂县"。其余五个韵字仅"羆"字有"事韵、诗文"。	据《大典》该卷原文载,"陂"字韵下还有《诗经》篇章《泽陂》,应以"诗泽陂"著录于目录中。另,该卷"诐"字韵下有一"事韵"("险诐"),故该字韵下也应该载目录著录"事韵"。
卷 2806	"卑"字韵:事韵、姓氏、鲜卑国。	宜补充《大典》正文中出现的地理区划单位"占卑国"。
卷 3001	"人"字韵:事韵二十九。	宜补充《大典》正文中出现的"道经无上秘要人品"。
卷 3581	有若干字韵。	对照目录,《大典》正文多一种字韵"郇",宜补充。

---

① (明)解缙等:《永乐大典》卷五四一,第 102—103 页。

续表

卷数	《大典目录》之著录	《大典》正文之补充
卷 3584	"尊"字韵：尊名三。	对照目录，《大典》正文"尊名三"后有"诗文"，宜补充。
卷 3586	有若干字韵。	《大典》正文中"僎"字有"事韵"（"介僎"），目录则在该字韵下未录"事韵"，宜补充。
卷 5286	有若干字韵。	对照目录，《大典》正文多一种字韵"弲"，宜补充。
卷 7329	"郎"字韵：诗文、姓氏、夜郎国。	宜补充《大典》正文中出现的地理区划单位"郎州"。
卷 7518	"仓"字韵：事韵五，陈仓县，姓氏。	对照目录，《大典》正文"陈仓县"前有"诗"，宜补充。
卷 7757	"形"字韵下著录了若干书名。	对照目录，《大典》正文比目录所载多录两种书："宝命全形论"与"韬形毁迹章"。
卷 10112	有若干字韵。	《大典》正文"枳"字韵下有地理单位"枳县"，目录未录，宜补充。
卷 10116	"旨"字韵：枢密都副承旨。	《大典》正文"枢密都副承旨"还录有《素问》中的"六微旨大论"以及《抱朴子》中的"微旨"，宜补充。
卷 11076	有若干字韵。	《大典》正文中"貜"字有"事韵"（"飞貜"），目录则在该字韵下未录"事韵"，宜补充。
卷 11077	有若干字韵。	《大典》正文中"葟"字有"姓氏"（"葟氏"），目录则在该字韵下未录"姓氏"，宜补充。
卷 11888	"党"字韵：庆元党二，事韵，文。	《大典》正文中"事韵"后并无"文"，但是有作为地理单位的"上党郡"与作为"姓氏"的"党氏"，宜补充。
卷 11903	"广"字韵：事韵，姓氏，诗周南汉广篇，卫风河广篇。	对照目录，《大典》正文比目录在"事韵"后录有"南广""长广""高广""平广""安广"五个县，且还有《吕氏春秋》"不广篇"与《盐铁论》"地广篇"，均宜补充。
卷 11951	"顶"字韵，事韵，释书灌顶经一。	对照目录，《大典》正文在"事韵"后录有"诗"，宜补充。
卷 12148	有若干字韵。	《大典》正文中"瞍"字有"事韵"两个，目录则在该字韵下未录"事韵"，宜补充。

续表

卷数	《大典目录》之著录	《大典》正文之补充
卷 14125	有若干字韵。	《大典》正文中"㛌"字有"事韵"（"萨拘卢㛌"），目录则在该字韵下未录"事韵"，宜补充。
卷 14464	有若干字韵。	《大典》正文中"圉"字有"事韵"三个，目录则在该字韵下未录"事韵"，宜补充。
卷 15074	"诫"字韵，释书教诫经。	对照目录，《大典》正文比目录所载多录一种书："大玄女青三元品诫拔罪经"。

　　相比与《大典目录》的遗漏来说，《大典目录》多录的情况不多，笔者见以下两条：《大典目录》载《大典》卷九七六三有三个字韵，其中"碞"与"岩"有"事韵"，但实际上该卷正文中"碞"字并无"事韵"，目录中所载应当删去①；同样的情况也出现在卷一〇一一二中，该卷《大典目录》载"底"字韵下有"事韵"，但是《大典》原文该字韵并无"事韵"②。当然也存在另一种可能，即《大典》原文在抄录过程中漏录了以上两处的"事韵"，不过此无证据证明，暂且还是以正文记载为准。

　　最后，《大典目录》与《大典》正文在部分事目的顺序上也有差异，由于"目录"当为"正文"服务，因此有必要根据《大典》正文的顺序校改《大典目录》中的顺序。例如《大典目录》载《大典》卷二八〇六有若干字韵，其中"鋻"字韵在"睷"字韵前，但是正文中的顺序则反是，因此《大典目录》的顺序便应该调整③。这样的字韵顺序错误并不少见，再如卷七八九五，《大典目录》载韵字顺序是先"耵"字韵，后"珽"字韵，但是检正文顺序则是"珽"在前，"耵"在后④。

<hr>

① （明）解缙等：《永乐大典》卷九七六三，第 4189 页。

② （明）解缙等：《永乐大典》卷一〇一一二，爱尔兰切斯特·比蒂图书馆藏明嘉靖隆庆时期内府重写本，第 4 叶 b。

③ （明）解缙等：《永乐大典》卷二八〇六，第 1431 页。

④ （明）解缙等：《永乐大典》卷七八九五，第 3676 页。

结语

《大典目录》是我们了解《大典》的钥匙。同时，现存《大典》残卷也是我们深入研究《大典目录》的桥梁。本文从三个不同的方面切入，对照阅读《大典目录》与《大典》残卷正文，得出如下初步的结论：

第一，刻本、抄本《大典目录》的差异可以通过求诸《大典》正文做一"本校"。从上文的考察来看，即便我们不断转换视角——从罗旭舟对具体戏剧事目的考察到张升相对完整的分析，再到本文基于现存《大典》正文的对照——抄本《大典目录》在准确性上仍然是高于刻本的。

第二，本文考察了《大典》正文及其卷端的小字标题与《大典目录》之间的关系。笔者认为，《大典》卷端小标题与《大典目录》虽然有很多重合之处，但是它们有着不同的著录体系与功能，前者毋宁说只是一种强调前后卷接续的标识，而并非某一卷甚至某一韵字具体事目的概括。探讨其出现规律与所载内容，可以让我们利用《大典目录》对其进行校补。

第三，《大典目录》固然可以帮助我们整理《大典》残卷，但是反向利用《大典》残卷整理《大典目录》也是可取的思路。尤其是从上文表2的罗列来看，《大典目录》遗漏的内容其实也不在少数，且从韵字到具体事目都有佚失，这提醒我们注意以往基于《大典目录》的研究可能需要再检讨。例如虞万里根据《大典目录》统计《大典》中所收的韵字[1]，然而从《大典》残卷对照来看，《大典目录》对于韵字著录多有遗漏。还有一些地理单位与书籍篇章的遗漏也是如此，那么，我们在考虑《大典》已佚卷数内容之时，便不能仅仅局限在《大典目录》记载之有无。换言之，我们可利用《大典目录》探《大典》正文之"佚"，也可以《大典》正文探《大典目录》之"阙"。

---

[1] 虞万里：《有关〈永乐大典〉几个问题的辨证》，《史林》2005年第6期。

《永乐大典》等书所见明太祖敕撰《存心录》辑考 *

周中梁

《存心录》为明太祖朱元璋敕撰书，体例较为特殊，将仪礼条文与祥异事迹合编，曾在嘉靖朝祭礼改制中发挥一定作用。此书自明代以来流传不广，目前仅剩一个残本传世 ①，有关史料记载亦多有不确之处。笔者发现《永乐大典》中可检得《存心录》佚文数千字，明清时期其它文献中也有少数佚文。本文搜集佚文，将其与残本综合考察，纠正旧说中的舛误，并阐发此书的史料价值。

一、《存心录》作者、卷数考辨

据《明太祖实录》记载，洪武元年（1368）三月，明太祖下令将"郊社、宗庙、山川等仪，及历代帝王祭祀感应、祥异可为监戒者"汇编成书，名为《存心录》②。洪武三年正月太祖曾阅读此书 ③，说明已有成稿奏上，但四年七月

* 本文系国家社会科学基金特别委托项目"《永乐大典》综合研究、复原"（项目号：21@ZH046）阶段性成果。

① 本文引用的《存心录》残本均见（明）朱元璋：《存心录》，载吴相湘编：《明朝开国文献》，台湾学生书局 1966 年版，第 525—584 页。

② 《明太祖实录》卷三一，"洪武元年三月己亥"条，第 540 页。本文所用《明实录》均为"中央研究院"历史语言研究所校印本。

③ 《明太祖实录》卷四八，"洪武三年正月丁酉"条，第 953—954 页。

才正式成书①。四库馆臣翁方纲为撰写《存心录》提要作了札记，称书中的礼仪条文均属"洪武三年以前"②，可从。具体月份详见下文的考辨。

有关书名寓意，翁方纲札记引用原书序云：

> 圣上每遇祭祀，斋、庄、诚、庄③，既极其至，圣心犹不自足，且命臣等作《存心录》以坚诚敬之心。臣无他能，不敢以异端上惑圣聪，谨编次本朝祭祀坛位礼仪为图，详具于……代群书灾祥可验者条列于后，□备观览，或可为事天敬神之一助云。④

盖取存诚敬之心以执礼之意。

此书的作者，《明太祖实录》但云"礼官及诸儒臣"，明人除归之于御制外，对具体作者有刘三吾、吴沉两说，但都不确。刘三吾说源自《太祖实录》对《省躬录》编纂过程的记载，作：

> 初，上命翰林儒臣编集历代帝王祭祀祥异、感应可为鉴戒者为书，名曰《存心录》，朝夕观览。后复命赞善刘三吾编类汉唐以来灾异之应于臣下者别为一书，名曰《省躬录》。⑤

《太祖实录》将两书联系到一起，但对《存心录》作者的描述仍是"翰林儒臣"。后人将两书混同，如《内阁藏书目录》圣制部著录《存心录》云："洪

---

① 《明太祖实录》卷六七，"洪武四年七月辛亥"条，第 1253 页。

② （清）翁方纲撰，吴格整理：《翁方纲纂四库提要稿》，上海科学技术文献出版社 2005 年版，第 411 页。

③ 此四字内不当有重复，谢铎《明明烈祖诗》第五首序引《存心录序》作"斋、庄、诚、敬"，参（明）谢铎著，林家骊点校：《谢铎集》卷三七，《明明烈祖诗（有序）》，浙江古籍出版社 2012 年版，第 303 页。

④ （清）翁方纲撰，吴格整理：《翁方纲纂四库提要稿》，上海科学技术文献出版社 2005 年版，第 411 页。

⑤ 《明太祖实录》卷一七七，"洪武十九年三月"条，第 2684 页。

武间，命儒臣刘三吾等编次本朝祭祀坛位、礼仪图说，又以历代群书灾祥可验者条列于后，且述斋戒之义，以备观览。"① 同书著录《省躬录》云：

> 儒臣刘三吾等奉敕同上《存心录》编辑，亦古今灾祥事。其应在君上者曰"存心"，应在臣下者曰"省躬"，皆上赐名。

案刘三吾洪武十八年（1385）始入仕②，必非《存心录》编者。

吴沉说源于焦竑《国史经籍志》著录："存心录十八卷【吴沉撰】。"③《石匮书·艺文志》④、《明史·艺文志》等书同之⑤。据《太祖实录》，吴沉在明开国前曾任宁越府学训导⑥，洪武十二年以儒士荐举，任翰林院待制。可见吴沉在洪武元年至四年并未任京官，不可能是《存心录》的作者。洪武十六年吴沉曾奉敕撰修《精诚录》，此书分敬天、忠君、孝亲三卷，主题与《存心录》有所重叠，《国史经籍志》或涉此而误。

洪武朝敕撰书有具体编撰者记载的不少，《存心录》或因涉及政治禁忌而阙载编撰者。洪武元年三月明廷尚未设礼部，由吴元年七月设立的太常司负责礼仪事务，其长官很有可能是胡惟庸⑦。《太祖实录》未记载设礼部前的太常司长官人选，唯于胡惟庸小传云："吴元年入为太常少卿，寻升为卿。"⑧ 由此

---

① （明）张萱等：《内阁藏书目录》，载冯惠民、李万健等选编：《明代书目题跋丛刊》，书目文献出版社 1994 年影印本，第 464 页。

② 《明太祖实录》卷一七〇，"洪武十八年正月甲戌"条，第 2583 页。

③ （明）焦竑：《国史经籍志》卷一《制书类》，《丛书集成初编》，商务印书馆 1939 年版，第 2 页。

④ （明）张岱：《石匮书》卷三七《艺文志》，《续修四库全书》，上海古籍出版社 2001 年影印本，第 318 册，第 612 页。

⑤ 《明史》卷一三四《艺文志二》，中华书局 1974 年版。

⑥ 《明太祖实录》卷七，"己亥岁正月"条，第 80 页。同书卷 178 "洪武十九年七月丁丑"条吴沉小传称其"国初举为县学训导，以疾辞不就"（第 2700 页）。

⑦ 黄阿明：《明初中书省四部考论》，《史林》2019 年第 5 期。

⑧ 《明太祖实录》卷一二九，"洪武十三年正月戊戌"条附胡惟庸小传，第 2047 页。

看来，参与编撰《存心录》的"礼官"很可能即为胡惟庸，史臣因其被处死而不载其名。这种情况在明初文献中可找到旁证，如洪武七年本《皇明宝训》记载洪武五年五月太祖与时任中书左丞的胡惟庸就各地降冰雹一事多次对答[①]，《太祖实录》记述同一事件时仅称之为"省臣"[②]；又如洪武七年五月奏进《大明日历》一事，朱右的行状记载："丞相胡公、学士宋公、承旨詹公进。"[③]《太祖实录》作："承旨詹同、侍讲学士宋濂率诸儒上进。"[④]删去丞相胡惟庸之名。

此书的卷数亦有十卷与十八卷二说。明代书目著录此书时多无卷数。《国史经籍志》作十八卷，《明史·艺文志》采用此说。黄佐《南雍志·经籍志》载录南京国子监藏《存心录》板片为十卷。范邦甸《天一阁书目》所附二老阁进呈书目亦著录《存心录》十卷[⑤]。《四库全书总目》据朱彝尊家曝书亭藏本著录《存心录》十卷，并据以质疑十八卷本云：

> 惟此本止十卷，与十八卷之数不合。检核书首，有私印一，其文曰"尚宝少卿袁氏忠彻印"。盖犹明初旧本，尚无脱佚。又黄佐《南雍志》载嘉靖间《存心录》版，存者五十八面，阙者三面，所列亦止十卷，与此本同。是史志误衍一"八"字也。[⑥]

---

① （明）朱元璋：《皇明宝训》卷三，《北京图书馆古籍珍本丛刊》，书目文献出版社 2000 年影印本，第 8 册，第 37 页。

② 《明太祖实录》卷七三，"洪武五年五月丙辰"条，第 1349 页。

③ （明）陶凯：《故晋相府长史朱公行状》，载朱存理：《珊瑚木难》卷五，《丛书集成续编》，台北新文丰出版公司 1988 年版，第 91 册，第 208 页。

④ 《明太祖实录》卷八九，"洪武七年五月丙寅"条，第 1573 页。

⑤ （清）范邦甸等撰，江曦、李婧点校：《天一阁书目·天一阁碑目》，上海古籍出版社 2010 年版，第 48 页。

⑥ 四库全书研究所整理：《钦定四库全书总目（整理本）》卷八三《史部三十九·政书类存目一》，《存心录》条。案黄佐《南雍志》卷一八《经籍志下》著录《存心录》板片实为"存者四百五十八面，欠者三面"（《续修四库全书》第 749 册，第 422 页），提要误作"五十八面"。

翁方纲札记录有各卷主要内容：

> 卷一 斋戒 坛制（洪武三年以前）
> 卷二 坛制诸图 仪注
> 卷三 同
> 卷四 同
> 卷五 同
> 卷六 同
> 卷七 同 祀文
> 卷八 祭祀之灾异祥应，亦各分门
> 卷九 杂灾异
> 卷十 物类之异 [1]

卷一的"斋戒"与《内阁藏书目录》提到此书"且述斋戒之义"相合 [2]。卷一至七主要为礼制条文，卷八至十为祥异事迹。馆臣以此十卷本质疑《明志》十八卷本的记载，然其所见袁忠彻藏书印在书首，无法证明此书仅有十卷。今存残本恰恰包含卷十、卷十一的内容。其中卷十内容较为完整，卷首题"地异"二字，其下分列地震、山异、水异、水灾、地生异物等目，与翁方纲所记"物类之异"相符；卷十一卷首阙，其内容多属"人异"类，其后还有谣言、服妖等目。残本中数条文字与他书所见佚文相合，可证明此书确为明太祖敕撰《存心录》。目前可确定存在一个卷数为十一或更多的《存心录》版本，或即十八卷本。至于《南雍志》《总目》所见十卷本是否完整，尚无法确定。

---

① （清）翁方纲撰，吴格整理：《翁方纲纂四库提要稿》，上海科学技术文献出版社 2005 年版，第 411 页。

② （明）张萱等：《内阁藏书目录》，载冯惠民、李万健等选编：《明代书目题跋丛刊》，第 464 页。

二、《永乐大典》等书所见《存心录》佚文

《永乐大典》各条目抄录《存心录》佚文数千字，现将其出处、主题及最有可能的原文史源列表如下：

表 1 《永乐大典》所见《存心录》佚文

卷数、字头	主题	原文史源	备注
2345 "乌"	乌与鹊斗燕王旦宫池上	《汉书》卷二七《五行志》	
2948 "神"	吴将邓喜见人头往食祭肉	《晋书》卷二八《五行志中》	
2949 "神"	以异姓子为嗣，祖先不能享祭祀	《北溪字义》卷下①	
3001 "人"	北周人产子，男阴在背上如尾，两足指如兽爪	《隋书》卷二三《五行志下》	
	北周强练持瓢破宇文护门等事	《隋书》卷二三《五行志下》	残本有
	东晋乐遐闻空中有人呼其夫妇名	《太平御览》卷八八五引《幽明录》②	
	东晋王绥家夜有人头堕于床	《册府元龟》卷九五〇③	
5454 "郊"	圜丘祭礼	—	
8527 "精"	汉武帝见梁上公故事	《太平御览》卷八八六引《幽明录》	残本有
17084 "庙"	宗庙之图	—	
	四庙册宝制度	—	
	太庙时享制度	—	
	太庙祭祀冠服	—	
	太庙陈设图、乐图、乐舞生服饰	—	

---

① （宋）陈淳著，熊国祯、高流水点校：《北溪字义》卷下《鬼神》，中华书局 1983 年版，第 60 页。

② 本文所用《太平御览》均为《四部丛刊》本。

③ （宋）王钦若等编纂，周勋初等校订：《册府元龟》卷九五〇《咎徵》，凤凰出版社 2006 年版，第 11006 页。

续表

卷数、字头	主题	原文史源	备注
17084 "庙"	太庙祭祀礼仪注	—	
	太庙乐章	—	
	太庙配享功臣制度	—	
	郊祀告庙文	—	
20311 "疾"	楚昭王有疾而不祭河	《左传·哀公六年》	

　　"郊""庙"两字下内容为祭祀仪礼，其他各条目为祥异事迹。其中两条祥异事迹亦见于今传残本，经对比，文字略有不同，《大典》所据《存心录》底本应非今传残本。如《大典》卷三○○一引《存心录》云："至晋阳公护门而击破之。"残本"晋阳公护"四字对应作"宇文护"。按宇文护封晋国公，谥号荡，《隋书·五行志下》有对应条目，作"晋荡公护"。《大典》误"荡"为"阳"，其所据底本此处必非"宇文护"三字。又《大典》卷八五二七云："愿主足于此也。"残本"主"作"王"，按《幽明录》原文及文义，作"主"为是，《大典》所据底本当不误。

　　卷五四五四、一七○八四所载与太庙祭祀有关各条，往往与《大明集礼》同引，对两者进行比较，可发现《存心录》所载制度年代稍晚，还提供了一些独特的史料。圜丘从祀之神，《大明集礼》仅有"神位板"一条提及风伯、云师、雷师、雨师四神[1]，其他各处文字均只提到大明、夜明、太岁、星辰四神。卷二的《圜丘陈设之图》则将风云雷雨四神与五岳、五镇、四海、四渎之神都放在圆形矮墙"内墙"中从祀[2]。《存心录》云："神位止以日月星辰太岁、风云雷雨从祀。"日月星辰太岁在圜丘第二层，风云雷雨在内墙东侧。同样，《大明集礼》方丘从祀之神仅有岳镇海渎[3]，《存心录》中尚有天下山川。

---

① （明）徐一夔等：《大明集礼》卷一《祀天》，"神位板"条，明嘉靖九年内府刊本。

② （明）徐一夔等：《大明集礼》卷二《祀天》，《圜丘陈设之图》，明嘉靖九年内府刊本。

③ （明）徐一夔等：《大明集礼》卷三《祭地》，"神位版"条，明嘉靖九年内府刊本。

按洪武元年所定制度，圜丘以日月星辰太岁从祀，方丘以岳镇海渎从祀①。三年五月二十五日，将风云雷雨与天下山川之神分别从祀于圜丘与方丘②。故知《大明集礼》和《存心录》的文字分别反映了这次改革前与改革后的制度，太祖在三年正月所读《存心录》并非定稿。至于《圜丘陈设之图》性质较为特殊，或是绘图有误，或是反映了某种未被实施的方案。

每年举行功臣配享的时间，《存心录》记载为春二月清明、秋七月十五，此与洪武二年正月改时享时间为"春以清明、夏以端午、秋以七月望日、冬以冬至"相合③，但时享时间在三年八月二十七日又改回四时孟月④，《存心录》未及载入，可推测其截稿时间当在此之前。

时享礼中的祝文，《大明集礼》载德祖庙祝文云："惟某年月日，孝玄孙皇帝臣某谨昭告于皇高祖玄皇帝、皇高妣玄皇后：时维孟春，礼严特享。谨以牲醴庶品恭诣德祖之庙，以伸追慕之情。尚享！"⑤《存心录》则记载了四次时享的祝文：

> 时享（洪武元年四月七日）：惟我祖宗，积德于世，茂子孙于天地之间。今以家为国，建庙于京，以序昭穆，谨率诸执事，以四时之祀为大礼之常。兹当孟夏，敬奉明荐，伏惟昭裕，鉴此永思。尚享！
>
> 时享（七月二十九日）：时维孟秋，礼严祫祭。兹为君父时在汴京，经略中夏，不及躬致孝诚，乃命臣某谨以牲醴庶品恭诣太庙，以伸追慕之情。尚享！⑥

---

① 《明太祖实录》卷三〇，"洪武元年二月壬寅"条，第509页。
② 《明太祖实录》卷五二，"洪武三年五月癸丑"条，第1027页。
③ 《明太祖实录》卷三八，"洪武二年正月癸丑"条，第775页。
④ 《明太祖实录》卷五五，"洪武三年八月癸未"条，第1081页。
⑤ （明）徐一夔等：《大明集礼》卷四《宗庙》，"祝"条，明嘉靖九年内府刊本。
⑥ 此条祝文又见于《明太祖实录》卷三二"洪武元年七月丁酉"条，作："时维孟秋，礼严祫祭。兹为父皇时巡汴梁，经略中夏，不及躬致孝诚，乃命臣某谨以牲醴庶品恭诣太庙，用伸追慕之情。"（第574—575页）

　　时享（十月四日）：时维孟冬，礼严祫祭。兹为君父巡幸北京，不及躬致孝忱，乃命臣某谨以牲醴庶品恭诣太庙，以伸追慕之情。尚享！

　　时享（洪武二年正月十二日）：时维孟春，礼严特享。谨以牲醴庶品恭诣德祖之庙，以伸追慕之情。尚享！

可以看到《大明集礼》中的祝文定制是洪武二年正月才确定的。洪武元年四月、七月的两次时享由皇太子朱标摄行，祝文有相应调整。

　　其它方面还有一些细节出入。《存心录》记四庙之谥宝"盘龙纽高二寸四分五厘，厚一寸五分五厘，窍径一寸"，《大明集礼》无纽高、厚的具体数字。宗庙所用乐章，《存心录》载十一章，首章称《安神》，《大明集礼》作《迎神》；第十一章《辞神》，《大明集礼》作《送神》。时享仪注方面亦有数处差别。

　　笔者在《永乐大典》以外的明清文献中也发现数条《存心录》佚文，现列表如下：

表 2　《永乐大典》以外文献所见《存心录》佚文

出处	主题	史源
清朱彝尊《日下旧闻》	圜丘坛、壝、门、甬道等尺寸[①]	—
	圜丘各处神位布置[②]	—
明陈士元《梦占逸旨》卷三	唐玄宗梦入井，为兵士背出，后寻得梦中人，赐五万钱[③]	《太平广记》卷二七七引《定命录》[④]
明郭子章《续名马记》卷下	金太祖攻辽时乘马渡混同江	《金史》卷二《太祖纪》

① （清）于敏中等编纂：《日下旧闻考》卷五七，北京古籍出版社 2000 年版，第 920 页。

② （清）于敏中等编纂：《日下旧闻考》卷五七，第 920—921 页。

③ （明）陈士元：《梦占逸旨》卷三，《日月篇》，《续修四库全书》，上海古籍出版社 2000 年影印本，第 1064 册，第 434 页。

④ （宋）李昉等编：《太平广记》卷二七七《唐玄宗》，中华书局 1961 年版，第 2196—2197 页。

续表

出处	主题	史源
清王初桐《奁史》卷九六	女子为鼍魅所迷，巫者解救①	《太平御览》卷九三二引《幽明录》
清陈祥裔《蜀都碎事》卷三	绍兴二十六年成都郫县出铜马，夜有嘶声②	《文献通考》卷三〇〇③
明闵文振《异物汇苑》卷一	汉高帝时月晕围参、昴二宿七重，高帝在平城被围④	《史记》卷二七《天官书》

以上共搜集到《存心录》佚文 24 条，约六千字。朱彝尊《日下旧闻》引用《存心录》，很可能据其进献四库馆的家藏本。

此外，书中还有一些内容虽已佚失，但留下了相关线索。礼仪方面，嘉靖朝阁臣曾提到其中有 "祭太岁风云雷雨岳镇海渎仪注，皇帝具皮弁服行礼" 和 "朝日夕月之礼"⑤。方献夫称："臣尝见我国初儒臣所著《存心录》，编次圜丘方丘、朝日夕月、专祀天神、专祀地祇、社稷等坛，仪节繁多，精义未著，尝窃疑之。"⑥杨一清也提到《存心录》载录了有关宗庙神主改题的内容⑦。

灾异方面，前述洪武三年正月太祖查询《存心录》书稿，"以为祭天不

---

① （明）王初桐纂述，陈晓东整理：《奁史》卷九六《禽虫门三·虫》，文物出版社 2017 年版，第 1479 页。

② （明）陈祥裔：《蜀都碎事》卷三，《四库全书存目丛书》，齐鲁书社 1997 年影印本，史部第 250 册，第 71 页。

③ （元）马端临著，上海师范大学古籍研究所、华东师范大学古籍研究所点校：《文献通考》卷三〇〇《金异》，中华书局 2011 年版，第 8177 页。

④ （明）闵文振：《异物汇苑》卷一，《四库全书存目丛书》，子部第 199 册，第 558 页。

⑤ 分见《明世宗实录》卷一〇四，"嘉靖八年八月壬午" 条，第 2455—2456 页；同书卷一一〇，"嘉靖九年二月癸酉" 条，第 2595 页。

⑥ （明）方献夫：《西樵遗稿》卷二《应诏议礼疏》，《明别集丛刊》，黄山书社 2016 年影印本，第 2 辑第 22 册，第 28 页。

⑦ （明）杨一清撰，唐景绅、谢玉杰点校：《杨一清集·密谕录》卷三《再论改题神主奏对（四）》，中华书局 2001 年版，第 966 页。

顺所致"①，可推测书中有与太阳黑子相关的内容。明成祖阅读《存心录》时提到：

> 慕容超郊，有异兽出坛侧；隋炀帝祀圜丘，暴风，未成礼而退。后二人皆不旋踵而死。②

这两条可对应翁方纲所记《存心录》卷八"祭祀之灾异祥应"的内容。慕容超事见《晋书·慕容超载记》③，隋炀帝事见《隋书·礼仪志一》④。又，《宋会要辑稿·礼二八》载宋光宗绍熙二年十一月二十七日郊祀风雨大至、光宗震惧感疾之事，注云："《存心录》作绍兴元年十一月壬申。"⑤ 这应是《永乐大典》编者在抄录《宋会要》时参照《存心录》作的注⑥。

三、《存心录》的收藏、刊刻情况

《存心录》成书后首先收藏于宫中，至万历年间已残缺不全。《文渊阁书目》"国朝"类著录《存心录》三部，一部十册，另两部均为八册⑦。《内阁藏书目录》圣制部亦著录《存心录》三部，一部为二册不全，一部一册不全，

---

① 《明太祖实录》卷四八，"洪武三年正月丁酉"条。

② 《明太宗实录》卷五〇，"永乐四年正月乙巳"条，第 750 页。

③ 《晋书》卷一二八《慕容超载记》："祀南郊，将登坛，有兽大如马，状类鼠而色赤，集于圜丘之侧，俄而不知所在。须臾大风暴起，天地昼昏，其行宫习仪皆振裂。"

④ 《隋书》卷六《礼仪志一》："十年，冬至祀圜丘，帝不斋于次。诘朝，备法驾，至便行礼。是日大风，帝独献上帝，三公分献五帝。礼毕，御马疾驱而归。"

⑤ 刘琳等校点：《宋会要辑稿》礼二八《郊祀御札》，上海古籍出版社 2014 年版，第 1285 页。校点者改"兴"为"熙"，符合史实，案《宋史·光宗纪》，此事在绍熙二年。

⑥ 有关《宋会要辑稿》中保存的《永乐大典》编者注，参见陈智超：《解开〈宋会要〉之谜》，社会科学文献出版社 1995 年版。

⑦ （明）杨士奇：《文渊阁书目》卷一，《明代书目题跋丛刊》，第 9 页。

一部为"二册不全，钞本"①。

杨一清称此书"乃圣祖草削未定之书，不曾著之令甲，颁之天下"②。检各地地方志，各府州县学没有收藏《存心录》的记载，而江西宁州（今江西修水县）周期雍家中御书楼③、南安府城（今江西大余县）梅国书院④、庐山白鹿洞书院与南直隶常熟虞山书院等曾藏有《存心录》⑤。可推测明廷确未把此书颁赐给各地官学⑥。私家藏书目著录《存心录》者有明代《宝文堂书目》《万卷楼书目》《蒲汀李先生家藏书目》《脉望馆书目》及清初抄本《天一阁书目》等⑦，清代极少有收藏此书的记录。

上文提到《存心录》曾有一套十卷本书版藏于明南京国子监，具体版刻信息不详。目前仅见一个明初刻本残本，曾属原国立北平图书馆甲库善本，《国立北平图书馆善本书目》史部政书类著录为明洪武刻本⑧。现藏于台北故宫博物院。此本半叶十行，行二十字，四周双边，上下黑口，双鱼尾，存卷十之二至十二叶，卷十一之二至十四、廿八至卅二叶等共 29 叶，九千余字。残本字体略似赵体，但写刻不精，多有讹误，整体风格与同属甲库善本的洪武朝敕撰书《昭鉴录》《相鉴》十分类似。总的来看，《存心录》在明清时期流传不广，导致其相关记载多有错漏。

----

① （明）张萱等：《内阁藏书目录》，《明代书目题跋丛刊》，第 464 页。

② （明）杨一清撰，唐景绅、谢玉杰点校：《杨一清集·密谕录》卷三《再论改题神主奏对（四）》，中华书局 2001 年版。

③ ［嘉靖］《宁州志》卷一八《艺文》，"钦赐御书"条。

④ ［嘉靖］《南安府志》卷二四《艺文志一》，明嘉靖年间刻本。

⑤ ［万历］《虞山书院志》卷六《书籍志》，"书籍"条；［嘉靖］《白鹿洞志》卷一六《经籍》，《白鹿书院类分书目》。

⑥ 周期雍家御书楼藏书均号称"钦赐御书"，但其中娄性《皇明政要》为私修史籍，无其他明廷颁赐的记录，故可推测其书目并非都出自御赐。

⑦ （明）晁瑮：《宝文堂书目》卷上，《明代书目题跋丛刊》，第 719 页；（明）朱睦㮮：《万卷堂书目》卷二，第 1074 页；《蒲汀李先生家藏书目》，第 1202 页；《脉望馆书目》，第 1391 页；《天一阁书目》，国家图书馆藏清初抄本。

⑧ 赵万里：《国立北平图书馆善本书目》卷二，国立北平图书馆 1933 年版，第 71 叶 b。

四、结语

综上所述，《存心录》合礼书与史钞二体为一，前七卷内容为斋戒之义与明初礼制条文，涵盖郊祀、太庙、太岁风云雷雨岳镇海渎、朝日夕月、天神地祇、社稷等国家祭祀，取材下限可能在洪武三年五月与八月之间；第八卷以后为祥异事迹部分，既集中摘录了君主祭祀时发生的事迹，也有其他事迹。旧说撰者有吴沈、刘三吾两说，均误，主持编撰者很有可能为时任太常卿的胡惟庸。卷数有十卷、十八卷两种说法，因现存残本有卷十一的内容，故应存在一个多于十卷的版本，进一步研究则有待新证据的出现。

此书现存一个明初刻本残本，内容为地震、山异、水异、水灾、地生异物、人异、谣言、服妖等主题的祥异事迹，约九千余字。《永乐大典》等书中还有约六千字的佚文。《存心录》中的礼制记载有些为独有记载，有些时代较早，值得从礼制史角度给予进一步关注。至于祥异事迹，因其史源均可追溯，缺少独立的史料价值，不过明清时人曾从其中摘录一些祥异事迹。

《存心录》在明代书院、私藏中有一定的收藏，但刊本极少，流传不广，现仅存少数内容，而洪武朝的《孝慈录》《洪武礼制》《礼仪定式》《稽古定制》等其他礼书依托各版本的《皇明制书》得到完整保存[①]。为何会有这样的不同呢？从现有内容来看，《存心录》礼制部分记录的都是朝廷所举行的祭祀，主要供皇帝翻阅，对地方官和士绅没有直接的用处，在明代也没有颁赐给臣民的记载，因此很少有人翻刻。《孝慈录》等书中包括官场礼仪、官民日常生活规范与冠婚丧祭等常用礼仪的规定，在明代社会中用途更广，更受欢迎。同样记载明初国家祭祀礼仪的《大明集礼》和《祭祀礼仪》二书，前者成书后长期未刊刻，因嘉靖朝频繁议礼才得以刊刻、颁布，后者则从未刊布，除《大典》中存有数条佚文外完全失传。这类书籍受偶然因素影响的流布情况差异，亦可作为《存心录》流通不广原因的参照。

---

① 参见（明）张卤辑，杨一凡点校：《皇明制书》，社会科学文献出版社2013年版。

《寰宇通志》的史源与明文渊阁藏方志*

李思成

一、问题缘起

景泰七年（1456），《寰宇通志》修成，但未及正式颁布天下。天顺二年（1458），复辟的明英宗又命重修《大明一统志》（以下简称"《明一统志》"），至天顺五年修成。两部志书（以下统称两书时均简称"两志"）为明代仅有的两部官修地理总志，历来受到学界重视，如 20 世纪 60 年代赵万里便以两志辑佚《元一统志》[①]。但两志的史料来源研究还较为薄弱[②]，目前仍停留在与前代地理总志的简单比对上。结论也大体相近，认为两志的史源主要来自《舆地纪胜》《元一统志》等唐宋元地理总志，也参考了历代文集、正史和明初方志[③]。

不过，《寰宇通志》取材时未必都是直引原书，多有转引的情况，这一区

---

* 本文系中国博士后科学基金第 74 批面上资助项目"明代文渊阁藏书的递藏、传播及政治作用研究"（2023M740871）阶段性成果。

[①]（元）孛兰肹等撰，赵万里辑校：《元一统志》前言，中华书局 1966 年版，第 2 页。

[②] 刘小龙：《二十世纪以来的〈大明一统志〉研究》，《史志学刊》2017 年第 2 期。

[③] 相关研究主要有王剑英：《明代总志评述》，《中国历史地理论丛》1991 年第 2 期；刘葳：《〈寰宇通志〉的价值及其缺陷》第三章《〈寰宇通志〉的史料来源》，硕士学位论文，陕西师范大学，2005 年，第 10—21 页；陈浩东：《试析〈大明一统志〉的史料来源——以重庆府部分为例》，《史志学刊》2019 年第 1 期；严佳乐：《〈寰宇通志〉与〈大明一统志〉比较研究》，硕士学位论文，福建师范大学，2020 年。

别易被研究者忽视。仅刘葳通过与《永乐大典》的比对指出，《寰宇通志》转引时未注明实际出处，因此常有溢出和异文①。事实上，即使内容完全一致，也仍有必要判断是否为直引。如果不加考辨，可能会将许多旧有讹误认为是《寰宇通志》中新产生，不利于准确认识《寰宇通志》的文献价值。反之，如果能够确认某条内容为转引、找到转引出处并分析与原文的差异，不仅能够借以识别《寰宇通志》的史料来源，也可帮助还原元明地志的文本生成过程。因此，本文的目标是找到《寰宇通志》的引用规律，提供区分直引与转引的方法。

以往研究未能在此方面取得突破，其原因或可归结为三点：第一，如上文所述，两志往往不注明资料出处，或列出原始出处而隐去转引出处，这为辨别史源造成了较大困难。《寰宇通志》书首虽提供了引用书目，但罗列了早已失传的典籍，显然不足为据。而且其中的"名人文集""历代郡县图志""天下府州县卫所宣慰宣抚招讨司志书"仅为类目而无细节②。第二，景泰五年七月，为纂修《寰宇通志》曾颁布诏令："命少保兼太子太傅户部尚书陈循等，率其属纂修天下地理志。礼部奏遣进士王重等二十九员，分行各布政司并南北直隶府州县，采录事迹。"③这或使人误以为两志所用方志多来源于此。但《寰宇通志》仅用时两年多告成，而此次负责采录的29名进士要分别前往各地，颇费时间，来不及提供主要纂修材料。诏令称"采录事迹"，应是以资校订，洪武、永乐时期朝廷收集的方志更适合作为主要资料来源。第三，两志的纂修时间相隔仅3年，《明一统志》取材范围不会超出《寰宇通志》太多，其差异主要应是对史料去取不同而造成。但现有史源研究多重视《明一统志》而忽略《寰宇通志》，也应考虑从《寰宇通志》入手分析两志的史源。

针对上述三个问题，本文首先将《寰宇通志》与《元一统志》等前代

---

① 刘葳：《〈寰宇通志〉的价值及其缺陷》，第17页。

② 《寰宇通志》书首《引用书目》，天津图书馆藏景泰七年内府刊本（索书号：Z140），第3—4叶。

③ 《明英宗实录》卷二四三，"景泰五年七月庚申"条，台北"中研院"史语所1962年校印本，第5285页。以下各朝实录出版信息相同，不复注。

地理总志的相似文本聚合分析，以探索其引用规律。在此基础上，再与现存
《永乐大典》的方志部分及宋元明初方志进行比对，以确定《寰宇通志》真实
史料来源。鉴于《永乐大典》的主要资料来源是明文渊阁藏书，故还应结合
正统六年（1441）杨士奇等编《文渊阁书目》的记载。据李艳秋统计，《文渊
阁书目》中"古今志""旧志""新志"三大类录有地志 1247 部，其中历代地
理总志 27 部，杂志 46 部，宋代方志 203 部，元代方志 45 部，时代不明者 51
部，其余为明代方志[①]。总体来看，正统年间明文渊阁中收藏了比较完备的本
朝方志，也有大量宋元旧志。景泰五年距正统六年仅 13 年，阁中藏书应较为
完整。《寰宇通志》是否使用了这批方志？有必要回应这一问题。最后，本文
还尝试根据《寰宇通志》转引来源与原文的差异，还原元明地志的文本生成
过程，发掘该书对元代及明初历史研究的新价值。

　　本文所用两志版本均为官修初刻，即景泰七年内府刊本《寰宇通志》与
天顺五年内府刊本《明一统志》[②]。其余版本及现代整理本虽有增补和订讹，却
有失原貌，无益于探寻史源。历代地理总志虽以近年研究者的整理本为主，
但明人所能用者绝非今人整理精善之本，因此也注意核查其底本原貌情况。

二、《寰宇通志》的引用规律

　　如前所述，探寻《寰宇通志》的史源，首先必须区分书中的转引与直引。
如果囿于书中提供的出处，或忽略没有注明出处的文字，均不利于其真实史
源的判定。以往学者多将两志的内容视为直引而来，进而批评纂修者的粗

---

① 李艳秋：《文渊阁藏方志述略》，《图书与情报》1998 年第 2 期。

② 本文所用景泰七年内府刊本《寰宇通志》为天津图书馆藏本，已进入"中华古籍资源
　库"，此本较《玄览堂丛书续编》影印本更善；所用天顺五年内府刊本《明一统志》为
　三秦出版社 1991 年据陕西师大藏本影印。

疏①。刘蔵则认为《寰宇通志》的内容大多是从方志转引而来，并非直引，因此与原文不同②。刘说确有道理，但需进一步论证和总结规律。

不同的引用方式下，《寰宇通志》的纂修模式可以分为"多种来源"（图1A）与"层层转引"（图1B）两种模式：

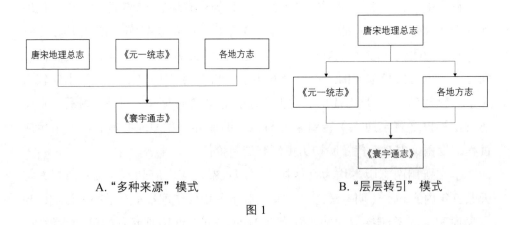

A."多种来源"模式　　　　　　B."层层转引"模式

图1

从示意图可知，两种纂修模式的根本差异在于《寰宇通志》是否直引了唐宋地理总志。那么，《寰宇通志》采用的究竟是哪种纂修模式呢？

首先，按照两志的纂修体例，各地"风俗"、"形胜"、"城池"（两京独有）三门中的条目应注明出处，其他门类的条目则无须注明出处。这或许是因为"形胜""风俗"两门内容较少且为断语，故须有来历；"山川"等门类条目繁多，一一注明出处则篇幅骤增。因此，如无须注明出处的门类中存在出处，基本可以判断是两志转引时照录原文造成的。该规律不必赘述，仅举数例便能证明。如顺天府之山川：

---

① 如顾炎武称《明一统志》"舛谬特甚"，将王安石《虔州学记》句读错误（顾炎武著，黄汝成集释：《日知录集释》卷三一《大明一统志》，上海古籍出版社2006年版，第1741—1746页）。可见他认为《明一统志》是直接抄录自王安石文集。余嘉锡则指出相关错误始自《舆地纪胜》（余嘉锡：《四库提要辨证》，中华书局1980年版，第407—408页）。

② 刘蔵：《〈寰宇通志〉的价值及其缺陷》，第17页。

西山。在城西三十里，旧《记》：太行山首始河内，北至幽州，第八陉在燕。强形钜势，争奇拥翠，如云从星拱于皇都，总名之曰西山。①

所谓"旧记"的文字，实际出自东晋郭缘生的《述征记》，《太平寰宇记》（以下简称"《寰宇记》"）曾引用："《述征记》云，太行山首始于河内，北至幽州……第八军都陉，在幽州太行。"②层累转引之下，《述征记》可能先被略写为"记云"，后又有人误以为这是某部方志而妄加"旧"字，留下了转引痕迹。《寰宇通志》的文字应是多次转引后的结果。

又如顺天府之古迹：

北平故城。在蓟州，隋《图经》：渔阳，北平故城，汉将李广出猎，昏暮遇石，谓是伏虎，射之没羽。即此地。③

《寰宇通志》纂修时已无机会见到隋代《图经》，此条必为转引。从上述两例可见，《寰宇通志》在转引时只会保留原始出处，而不提供实际的转引出处，目的或许是为了"文省事增"。因此，可以认为在"山川"等门类中出现的引用书名是转引而来。

那么，在必须保留出处的"形胜"与"风俗"两门中，是否转引又当如何判断？由于"形胜""风俗"条目不多、内容集中又必须注明出处，如果纂修者曾利用过原书进行编纂，既然原书就在手边，核对原文的工作较为简易；若径直转引却不加核对，则反映出纂修者对原书的利用程度甚低。因此可以遵循"一票否决制"，一旦确认有转引的条目，即判定为未参考原书。以下按照成书时序，对出现较多的5种前代地理总志《元和郡县志》《太平寰宇记》《舆地纪胜》《方舆胜览》《元一统志》分别考察。

---

① 《寰宇通志》卷一《京师·顺天府·山川》，天津图书馆藏景泰七年内府刊本，第 5 叶。

② （宋）乐史撰，王文楚点校：《太平寰宇记》卷五三《河北道二·怀州》，中华书局 2007 年版，第 1094—1095 页。

③ 《寰宇通志》卷一《京师·顺天府·古迹》，第 22 叶。

（一）《元和郡县志》

该书在《寰宇通志》中有"元和志""元和郡志""元和郡县志""元和郡国志""元和郡邑志"5 种不同称呼，共出现 35 次。其中 13 条在"风俗""形胜"门，22 条在其他门。《明一统志》中称呼略同，共出现 43 次，其中 16 条在"风俗""形胜"门，27 条在其他门。从门类分布可见大半为转引。而"风俗""形胜"中可以确认为转引的条目有以下 2 条，一为汉阳府形胜：

> 汉口前枕蜀江，北带汉水。《元和郡志》。①

《元和郡县志》（以下简称"《元和志》"）原文为：

> 鲁山。一名大别山，在县东北一百步。其山前枕蜀江，北带汉水。②

《元和志》并非总述该地形胜，而是论述鲁山形势。按照《寰宇通志》的体例，不会将山川的注文提取为形胜，且主语从"鲁山"变为"汉口"，也与原意不符。实际上，《舆地纪胜》最早将此条作为形胜："前枕蜀江，北带汉水。《元和郡县志》鲁山下。"③其中尚保留出自"鲁山"条的痕迹，而《大元混一方舆胜览》（以下简称"《元胜览》"）中已不见踪迹："前枕蜀江。《元和志》：前枕蜀江，北带汉水。"④《寰宇通志》无疑是循此路径沿袭转引，而非直接追溯原始出处《元和志》。

二为琼州府形胜：

---

① 《寰宇通志》卷五〇《湖广·汉阳府·形胜》，第 25 叶。

② （唐）李吉甫撰，贺次君点校：《元和郡县图志》卷二七《江南道三·沔州》，中华书局 2005 年版，第 648 页。

③ （宋）王象之编著，赵一生点校：《舆地纪胜》卷七九《荆湖北路·汉阳军·风俗形胜》，浙江古籍出版社 2012 年版，第 1968 页。

④ （宋）刘应李、（元）詹友谅编，郭声波整理：《大元混一方舆胜览》卷下《湖广行省·汉阳府·形胜》，四川大学出版社 2003 年版，第 649 页。

《元和志》：珠崖如囷廪大，与徐闻对渡，北风举帆，一日夕可至。①

本条内容今本《元和志》中已佚，见于更早的《水经注》引《交广春秋》："清朗无风之日，径望朱崖州，如囷廪大，从徐闻对渡，北风举帆，一日一夜而至。"②《元和志》中凡引他书均注明出处，此条也应注明出自《交广春秋》或《水经注》。但《舆地纪胜》却称此条出自《元和志》："珠崖如囷廪大，与徐闻对渡，北风举帆，一夕一日而至。《元和郡县志》。"③无论是文字本身还是出处，《寰宇通志》都与《舆地纪胜》更为相似，很可能也是沿袭转引。

根据上述情况，可以判定《寰宇通志》并未参考《元和志》原书。

（二）《太平寰宇记》

该书在两志中有"太平寰宇记"和"寰宇记"两种称呼。《寰宇通志》中共出现 165 处，其中 55 处为"形胜""风俗"，110 处为其他门。《明一统志》中共出现 137 处，其中 54 处为"形胜""风俗"，83 处为其他门。门类分布与《元和志》相似，但条目数较多。可确认为转引的有以下 3 条，一是顺天府形胜：

一大都会。《寰宇记》：箕星散为幽州，分为燕国，南通齐赵，为一大都会。④

《太平寰宇记》原文作：

《郡国志》云：箕星散为幽州，分为燕国，其气躁急，南通齐赵，渤

---

① 《寰宇通志》卷一〇六《广东·琼州府·形胜》，第 11 叶。

② （北魏）郦道元撰，陈桥驿译注，王东补注：《水经注》卷三六，中华书局 2012 年版，第 300 页。

③ （宋）王象之编著，赵一生点校：《舆地纪胜》卷一二四《琼州·风俗形胜》，第 2806 页

④ 《寰宇通志》卷一《京师·顺天府·形胜》，第 18 叶。

碣之间一都会也。^①

《寰宇记》称引自《郡国志》。《寰宇通志》未保留《郡国志》的原始出处，而是称引自《寰宇记》，多半是沿袭了转引来源。且该条被提炼为"一大都会"，意在突出"大"字，但《寰宇记》存世各版本均无此字。考虑到元代称北京为大都，与"一大都会"暗合，这一条或许是元代修志者改窜原文以夸耀大都，而《寰宇通志》因袭之。

二是河间府形胜：

> 河经武垣之北。九河之会，五垒之居。俱《寰宇记》。^②

但宋初时黄河并未流经河间府，这条明显存在事实性错误。其实《寰宇记》原文为：

> 滹沱河。《舆地志》云："滹沱河在今县西二十里。"按，河经武垣北，后魏太和年中，刺史王质掘直之。^③

其中"河经武垣北"的"河"显然是指滹沱河。如前所述，两志不会将前代志书中的山川提取为形胜。但其他志书或有将此处的"河"理解为黄河者，并将此条作为形胜，后被《寰宇通志》转引。且今本《寰宇记》中没有"九河之会，五垒之居"相关内容，不知从何处引来。

最值得注意的是大同府形胜一条：

> 北临广野。《寰宇记》：自代北至云、朔等州，北临广野，封略之内，

---

① （宋）乐史撰，王文楚点校：《太平寰宇记》卷六九《河北道·幽州》，第 1397 页。
② 《寰宇通志》卷二《京师·河间府·形胜》，第 16 叶。
③ （宋）乐史撰，王文楚点校：《太平寰宇记》卷六六《河北道·瀛洲》，第 1342 页。

南北错居。^①

《寰宇记》原文为：

> 然自代北至云、朔等州，北临绝塞之地，封略之内，杂虏所居，戎狄之心，鸟兽不若。^②

该条《寰宇通志》与《寰宇记》歧异较多，《寰宇记》各版本并无关键词"北临广野"，却有"戎狄之心，鸟兽不若"等贬抑北方少数民族的内容。学界以往认为，元代避忌不严，言论甚宽松，但据张佳指出，元代刊书时也存在大量讳阙避忌的案例^③。这些文字很可能便是被元代修志者有意改窜。《寰宇通志》如直承《寰宇记》，并无删改此类文字的强烈动机；但若系从元代志书转引，就说得通了。

其余数十条"风俗""形胜"的引用中，还有多条疑为转引，如陕西行都司风俗"其人性坚刚慷慨"^④，原文作"上应白虎之宿，金气坚刚，人事慷慨"^⑤。"金气坚刚"是"人事慷慨"的解释，不知何以转为描述。类似例子无暇一一枚举，但众多转引条目的存在使我们有理由认为《寰宇通志》从未参考过《寰宇记》原书，完全是转引他书。

（三）《舆地纪胜》

该书在两志中仅"舆地纪胜"一种称呼，《寰宇通志》共出现 44 处，其

---

① 《寰宇通志》卷八一《山西·大同府·形胜》，第 4 叶。

② （宋）乐史撰，王文楚点校：《太平寰宇记》卷四九《河东道·代州》，第 1026 页。按，笔者除整理本外，还核对了多种清抄本、刻本，内容均与整理本相同。在清朝忌讳甚严的环境下仍然如此，《寰宇记》原文殆无可疑。

③ 张佳：《图像观念与仪俗：元明时代的族群文化变迁》，商务印书馆 2021 年版，第 100—102 页。

④ 《寰宇通志》卷一〇一《陕西·陕西行都司·风俗》，第 4 叶。

⑤ （宋）乐史撰，王文楚点校：《太平寰宇记》卷一五二《陇右道·凉州》，第 2936 页。

中 6 处为"形胜""风俗"，38 处为其他门类。《明一统志》共出现 29 处，其中 10 处为"形胜""风俗"，19 处为其他门类。分布比例与前两书类似，但出现次数极少。可确认为转引的有 2 条，一是汉中府形胜：

> 秦头楚尾，一大都会。金成铁城，险固之极。俱《舆地纪胜》。①

该条在《舆地纪胜》中散见于金州和洋州部分：

> 秦头楚尾，一大都会。《图经》云。
> 南接汉川，北枕古道，险固之极。《舆地广记》云。
> 金成、铁城。《海录碎事》云。②

按照《寰宇通志》的体例，应保留《图经》《舆地广记》等出处。且"金成铁城，险固之极"一句，将两条不同来源和地点的文字缀合为一条，也不似《寰宇通志》所为，当为转引。

二是文县形胜：

> 苍崖绝壁，屹为巨限。《舆地纪胜》：乱山环合，无宽易可耕之野，自城关四出，苍崖绝壁，屹为巨限。③

该条在今本《舆地纪胜》中已佚，但《方舆胜览》尚保留了原始出处："苍崖绝壁。《慈雳庙记》：自城关四出，云云，屹为巨限。"④《寰宇通志》未保留原始出处，应是从他处转引，未参考过《舆地纪胜》原书。

---

① 《寰宇通志》卷九九《陕西·汉中府·形胜》，第 77 叶。
② （宋）王象之编著，赵一生点校：《舆地纪胜》卷一八九《金州·风俗形胜》，第 3878、3897—3898 页。
③ 《寰宇通志》卷一〇〇《陕西·文县千户所·形胜》，第 10—11 叶。
④ （宋）祝穆撰，施和金点校：《方舆胜览》卷七〇《文州·形胜》，中华书局 2003 年版，第 1227 页。

（四）《方舆胜览》《大元混一方舆胜览》

南宋祝穆与元人刘应李均以《方舆胜览》作为书名，两志中未加以区分，仅有"方舆胜览"一种称呼。《寰宇通志》共出现 18 处，其中 10 处为"形胜""风俗"，8 处为其他门类。《明一统志》共出现 18 处，其中 8 处为"形胜""风俗"，10 处为其他门类。可确认为转引的有 2 条，一是吉安府形胜：

> 五峰相次，颇类五老。《方舆胜览》。①

祝穆《方舆胜览》原文为：

> 三顾山。在太和南，五峰相次，颇类五老。②

《寰宇通志》不会将《方舆胜览》中山川的注文挪为形胜，且其山川门中也有"三顾山"条曰："三顾山。在泰和县南五十里，正当县治，三峰宛如笔架，屹然相顾。"③"五峰"与"三峰"不吻合。若两志直引祝穆，需要先将"三顾山"注文移作形胜，再据他书补入"三顾山"注文。此路径过于曲折，也不合体例，应为转引。

二是西安府风俗：

> 衣冠文物，俨有古风。《方舆胜览》：华州衣冠文物，俨有古风，将相笃生，项背相望。④

祝穆《方舆胜览》无北方内容，该条只能出自《元胜览》：

---

① 《寰宇通志》卷三八《江西·吉安府·形胜》，第 7 叶。
② （宋）祝穆撰，施和金点校：《方舆胜览》卷二〇《吉州·山川》，第 360 页。
③ 《寰宇通志》卷三八《江西·吉安府·山川》，第 3 叶。
④ 《寰宇通志》卷九二《陕西·西安府·风俗》，第 9 叶。

衣冠文物。《郡志》：本周初郑国也，桓公友始封此，子武公乃徙新郑，名号虽更而山川不殊。衣冠文物，俨然有古风烈。

将相相望。吴咏《书华阴壮观碑》：名将相笃生此邦，项背相望，荣载盈门。①

《寰宇通志》所引文虽俱载《元胜览》，但是将两条缀合在一起，且只提取了前一条的关键内容作为大字。常理而言，缀合的结果应是"衣冠文物，将相相望"，如果仅提取第一条的关键词，完全不必再将第二条引文缀入注文中。故很可能是《元一统志》先缀合为"衣冠文物，俨有古风，将相笃生，项背相望"且省去原始出处，后被《寰宇通志》二次提取形成现在的文本状态。综合来看，《寰宇通志》应是转引两部《方舆胜览》。

（五）《元一统志》

通检《寰宇通志》，《元一统志》共有"元一统志""大一统志""一统志""元志""元某州志"5种称呼②。《明一统志》因书名重复，故统一为"元志"和"元某州志"2种称呼。《寰宇通志》中共出现《元一统志》书名111处，其中84处为"形胜""风俗""城池"；27处为其他门类。《明一统志》中共出现104处，其中90处为"形胜""风俗""城池"，14处为其他门类。仅就门类分布看，两志中的《元一统志》"形胜""风俗"多而其他门类少，呈现出与前述4种书相反的面貌，这一现象提示两志很可能是直引《元一统志》。

王剑英曾以《元一统志》中保存较完整的鄜州部分与《寰宇通志》的延安府对照，认为《寰宇通志》系删减《元一统志》而成，鄜州"风俗形势"

---

① （宋）刘应李、（元）詹友谅编，郭声波整理：《大元混一方舆胜览》卷上《陕西·华州·风土》，第163页。

② 据考证，《明一统志》中称"元某州志"者均出自《元一统志》（金毓黻：《大元大一统志考证》，《辽海丛书》，辽沈书社1984年版，第5册，第3620页）。笔者通检《寰宇通志》亦是如此。

的 12 条在《寰宇通志》中仅保留"人性勇直，好尚武力"1 条[①]。实际上，《寰宇通志》延安府"形胜风俗"共 9 条，其中引用《元一统志》鄜州"风俗形势"达 4 条，但有 3 条因保留原始出处而未提及《元一统志》这一转引来源，还有 4 条也出自《元一统志》延安路部分。具体情况正可说明《寰宇通志》的引用规律，现列入表 1 以便说明：

表 1 《寰宇通志》与《元一统志》延安地区形胜风俗对照表[②]

书名　　序号	《寰宇通志》	《元一统志》
1	延安古郡，秦地要区。《元一统志》。	延安古郡，秦陕要区。（延安路）
2	洛水之交，三水所会。长城因河为塞。俱《图经》。	洛水之交，三水所会。《图经》云。长城因河为塞。《图经》云。（鄜州）
3	边陲之郡。《寰宇记》：其城据山，四面甚险，边陲之郡也。	
4	俗尚淳俭，不崇侈靡。善营市利，颇习程法。《肤施图经》。	俗尚淳俭，不崇侈靡。善营市利，颇习程法。《肤施图经》云。（延安路）
5	人重稼穑。《延安旧志》。	人重稼穑，弃末作而专尚农桑之务。《延安旧志》云。（延安路）
6	俗尚鬼神而信祈祷。《图经》。	俗尚鬼神而信祷祈。《方舆撮要》引旧《图经》云。（延安路）
7	俗以夏月游赏为重。《鄜州图经》。	俗以夏月游赏为重。旧《图经》云。（鄜州）
8	人皆精于制兵器。《坊州图经》。	地近边面，人皆精于制兵器。《坊州图经》云。（鄜州）
9	人性勇直，好尚武力。《图经》：蕃汉互居，人性勇直，好尚武力，相助守望。	神木本古麟州地，其俗蕃汉互居，人性勇直，好尚武力，相助守望。《图经》云。（葭州）

据表 1 可知，《寰宇通志》与《元一统志》重合多达 8 条，仅第 3 条内容溢出现存《元一统志》外。但溢出内容在《寰宇记》中属绥州，元代为绥

[①] 王剑英：《明代总志评述》，《中国历史地理论丛》1991 年第 2 期。

[②] 本表仅列《寰宇通志》包含的条目，对应的《元一统志》条目则以括号注明所出路、州。

德州。而《元一统志》的绥德州部分已佚，很可能《寰宇通志》即从《元一统志》的已佚部分中抄出。不仅内容重合度高，《元一统志》所引的《鄜州图经》《肤施图经》等在明代也已经失传，《寰宇通志》纂修者不可能参考原书，该部分是在《元一统志》基础上增删无疑。另外，表1中也可见《寰宇通志》在"形胜""风俗"门中同样是保留原始出处而删去转引来源，引文无出处时才注明直引来源。

但是，延安路属北方地区，而赵万里认为，《元一统志》南方部分多取材于《舆地纪胜》和宋元旧志[1]。那么《寰宇通志》的南方部分与《元一统志》《舆地纪胜》究竟是何关系？

《永乐大典》卷七八九〇"汀"字册较多保留了《元一统志》中汀州路的风俗形胜，今本《舆地纪胜》中汀州府亦保留完整。因此，利用现存《永乐大典》，有助于进一步判断《寰宇通志》和《舆地纪胜》《元一统志》（也需考虑《元胜览》在《舆地纪胜》和《元一统志》之间可能的桥梁作用，故将《元胜览》与《元一统志》合为一栏，以括号附注）的引用关系。详见表2：

表2 汀州府风俗形胜对照表

书名\序号	《寰宇通志》	《舆地纪胜》	《元一统志》/《元胜览》
1	南通交广，西达江右，实瓯闽之奥壤也。张潜《修学记》。	南通交广，西达江右，实瓯闽之奥壤也。张潜《修学记》。	南通交广。《修学记》：南通交广，北达江右，实瓯闽之奥壤也。（《元胜览》）
2	山重复而险阻，水迅急而浅涩。《图志》。		汀之为郡，山重复而险阻，水迅急而浅涩。民生其间，气刚愎而好斗，心褊迫而浅中，亦风土使然也。《图志》云。（《元一统志》）
3	气刚愎而好斗，心褊迫而浅中。《图志》。		

---

[1] （元）孛兰肹等撰，赵万里辑校：《元一统志》前言，第1页。

续表

书名\序号	《寰宇通志》	《舆地纪胜》	《元一统志》/《元胜览》
4	质直好义，愿悫少文。《一统志》：君子质直好义而恬于进取，小人则愿悫少文而安于勤劳。		往昔盛时，化行俗美，其君子质直好义而恬于进取，其小人则愿悫少文而安于勤劳。（《元一统志》）
5	岛居者安渔盐之利，山居者任耕织之劳。《鄞江志》。	岛居者安鱼盐之利，山居者任耕织之劳。《鄞江志》。	岛居者安渔盐。《鄞江志》。（《元胜览》）

表 2 中的第 2、3、4 条内容均为《元一统志》的独见内容，可见《寰宇通志》南方部分也直引了《元一统志》无疑。此外 2 条内容虽见于《舆地纪胜》，但本表的《元一统志》是从《永乐大典》辑佚而来，《大典》自然不会重复抄录与《舆地纪胜》相同的内容。而《元胜览》恰好抄录了这 2 条内容，《元一统志》很可能也据《舆地纪胜》抄入。因此，汀州府的 5 条风俗形胜应均抄自《元一统志》，而未参考《舆地纪胜》。

综上所述，《寰宇通志》的引用规律有二：一是"形胜""风俗"两门之外不注明出处，如果保留了出处，则说明是转引。二是转引时仅保留原始出处，不注明转引出处。根据以上规律进行具体考察，可以判断《寰宇通志》采用了"层层转引"的纂修模式，在历代地理总志中仅直接引用了《元一统志》而未参考其他前代地理总志。《寰宇通志》仅用时两年多时间便告成，恐怕与这一纂修模式关系匪浅。

三、《寰宇通志》与文渊阁藏方志

除以《元一统志》为主要参考外，《寰宇通志》中还有大量取自各地方志的内容。以往研究认为这些方志基本是永乐、景泰两次征求和新修天下郡邑

方志而来 ①。笔者认为，该认识还有待进一步具体化，其中关键在厘清《寰宇通志》与明文渊阁藏方志间的关系。

明代文渊阁的初始主要功能是藏书 ②。永乐十九年（1421），明成祖命将南京文渊阁中的藏书各取一种运往北京，此后暂存在左顺门北廊，直到正统六年移贮文渊阁之东阁，并由杨士奇等人编订了《文渊阁书目》③，书目中包含"旧志""新志"两门，著录大量宋元明初方志。

景泰五年《寰宇通志》开始纂修，距《文渊阁书目》编定不过 13 年，阁中方志大体应当完好，纂修者不应弃此不用。而且《寰宇通志》所使用的《元一统志》很可能就是文渊阁藏书 ④。但是，文渊阁藏方志是否为《寰宇通志》直接史源，仍是一个需要确证的问题。鉴于文渊阁藏书在编写《永乐大典》时发挥了重要作用，清人全祖望便认为《永乐大典》"一切所引书，皆出文渊阁储藏本"⑤，因此在文献记载外，还有必要将《寰宇通志》与现存《永乐大典》及明初方志比对以解决该问题。

从记载来看，《寰宇通志》的总裁官陈循是促成该志纂修的关键人物，其年谱称：

> （景泰五年八月）中贵谕旨于公："上欲有所述作。"公曰："永乐十六、七年之间，太宗皇帝尝命遍采天下地理古今事物之详，以命儒臣编集，共为一书，以成当代之制。臣亦在纂修列，后未成书而止。必欲有所述作，莫如成此一书，实亦继述之一端也。"中贵以言，遂命进士分

---

① 刘葳：《〈寰宇通志〉的价值及其缺陷》，第 17 页。

② 张升：《明文渊阁考》，《故宫博物院院刊》2002 年第 5 期。

③ （明）杨士奇等：《文渊阁书目》卷首，《明代书目题跋丛刊》，书目文献出版社 1994 年影印本，第 2 页。

④ （明）杨士奇等：《文渊阁书目》卷一八，《明代书目题跋丛刊》，第 180 页。

⑤ （清）全祖望：《鲒埼亭集外编》卷一七《钞永乐大典记》，《清代诗文集汇编》，上海古籍出版社 2010 年影印本，第 303 册，第 192 页。

投四方，继采其未备者。①

这段记载透露了两个信息：其一，陈循曾参与过永乐朝地理总志的纂修，修《寰宇通志》也是他极力促成；其二，永乐朝已"遍采天下地理古今事物之详"，景泰朝的采集只是在此基础上"继采其未备者"。永乐朝进呈的地志收藏于文渊阁，显然《寰宇通志》无法绕开文渊阁藏方志。

不仅如此，陈循本人也与文渊阁藏书渊源颇深，年谱记载：

> （永乐十九年）三月，敕南京翰林院，凡文渊阁所贮古今一切书籍，自有一部至有百部以上，各取一部，亲送至京，余悉封识收贮如故。公如数取，共得百柜。中贵萧愚督操驾舟十艘分载，公与编修林志、李贞、陈景著，庶吉士王翱等三十人护行，四月六日至京。书进，公等悉留京师。②

陈循既然负责永乐十九年的藏书迁移事宜，迁移前势必需要清点统计藏书，并进行编目。而据刘仁考证，漫堂抄本《文渊阁书目》成书最早，反映的是正统六年前文渊阁的藏书状况③。笔者则认为，漫堂抄本《文渊阁书目》很可能便是陈循在迁移前编订的书目清单，这或是他动议纂修《寰宇通志》的独到优势。

就以上记载来看，《寰宇通志》应与文渊阁藏方志间存在联系。但还应将《寰宇通志》与现存《永乐大典》及明初方志进行比对，以进一步确认其关联。现存《永乐大典》中，《太原志》保留最为完整，该志含有永乐元年的内容，可知修于永乐初年，应即《文渊阁书目》著录于"新志"的《太原

---

① （明）王翔：《芳洲先生年谱》，《芳洲文集》附录，《四库全书存目丛书》，集部第 31 册，第 333—334 页。

② （明）王翔：《芳洲先生年谱》，《芳洲文集》附录，《四库全书存目丛书》，集部第 31 册，第 319 页。

③ 刘仁：《〈文渊阁书目〉版本系统考论》，《文献》2019 年第 4 期。

府志》①。现取《寰宇通志·太原府·山川》的前 15 条内容，发现均可在现存《永乐大典》卷五二〇二"原"字册中找到对应条目，且文字构成明显的同源关系。试列入表 3 以便说明：

表 3 《寰宇通志》与《永乐大典》对照表一

序号	《寰宇通志·太原府·山川》	《永乐大典》存永乐《太原志》
1	亭子山。在阳曲县北三十里，下有桃源三洞，白子西读书处。	亭子山。在本县北五十里，下有桃花三洞，乃白子西读书处。
2	罕山。在阳曲县东北五十里，榆次县北界。	罕山。在本县北北五十里，接榆次县北界，《并州图经》谓之看山。
3	方山。在阳曲县东六十里，清源县西。	方山。在本县东六十里。连清源西二十里。
4	汉栅山。在阳曲县东北六十里，接盂县鸦鸣谷。	汉栅山。在本县东北六十里，接盂县鸦鸣谷。
5	阪泉山。在阳曲县东北八十里，黄帝战于阪泉即此。	阪泉山。在本县东北八十里，罕山西北。《旧经》引《春秋》晋文公卜遇黄帝战炎帝阪泉之兆，故立庙于此。
6	系舟山。在阳曲县东北九十里，禹治水系舟此山，故名。有石如环轴，曰系舟崀。金元好问读书其下，作诗有"系舟南北暮云平，落日滹沱一线明"之句。	系舟山。在县北九十里，北属忻州秀容县，南属本县，禹治水而系舟其上，故名。有石如环轴，谓之系舟崀，又名小五台。《元一统志》：山巅有佛殿，每现灵光金像之异，土人因加修缮。宋元祐四年，河东薛蓬石记。元裕之读书其下，尝赋诗云："系舟南北暮云平，落日滹沱一线明。"
7	悬瓮山。在太原县西。一名龙山，又名结绌山。晋水所出，因山腹如瓮形，故名。	悬瓮山。一名龙山，一名结绌山，在本县西十里。《山海经》云：悬瓮之山，晋水所出，山腹有巨石如瓮，因以为名。宋仁宗时，地震山垢，巨石摧坏，今无复瓮形。
8	婴山。在太原县西北三里，为并州主山。	婴山。在本县西北，《隋图经》云：婴山为并州之主。

---

① （明）杨士奇：《文渊阁书目》，《明代书目题跋丛刊》，书目文献出版社 1994 年影印本，第 211 页。

续表

书名 序号	《寰宇通志·太原府·山川》	《永乐大典》存永乐《太原志》
9	石室山。在太原县西南七里。上有石室，壁间篆字，人莫之识。	石室山。在本县西。《魏土地记》云：太原郡山有石室，方丈四尺，四旁有古字，人莫之识。
10	尖山。在太原县西南一十五里，出矾炭。	尖山。在本县西南一十五里，出矾炭。
11	象山。在太原县西十五里。上有周将杨忠碑，即隋文帝父也。	蒙山。在县西五里。十六国时，汉刘聪征刘琨不克，略晋阳之民，逾蒙山而归，谓此山也。《元一统志》：今山上有杨忠碑。忠为周将，讨齐战胜，隋文帝开皇二年，追纪其功，始建此碑。忠即文帝之考，谥曰武元皇帝。
12	驼山。在太原县东北三十五里，状如驼峰。	驼山。在本县东北三十五里，其形势如驼峰之状，故名曰黑驼山，以产煤故也。
13	六台山。在榆次县东南三十里，上有智伯祠。	麓台山。在县东南三十里，上有智伯县。
14	鹰山，在榆次县东南八十里。	鹰山，在本县东南八十里。
15	麓台山。在祁县东南六十里，一名顶山。	麓台山。一名顶山，在本县东南六十里。宋相张商英修麓台祠于其上。

以上 15 条中加着重号的文字是两书明显有歧异之处，而非仅仅缩写、删节或注明地名。但具体分析歧异之处，结合［成化］《山西通志》均可以找到合理解释：

第 1 条"亭子山"，《寰宇通志》作"北三十里""桃源三洞"，《大典》作"北五十里""桃花三洞"。元好问《遗山集》中称："近桃花之三洞，子此别业与白子西所居相近。"① ［成化］《山西通志》作"北五十里""桃花三洞"②。可知《寰宇通志》将"桃花"误作"桃源"，"五"误为"三"。第 2 条

① （元）元好问：《遗山先生文集》卷四○，国家图书馆藏明弘治刻本，第 3—4 叶。
② ［成化］《山西通志》卷二《山川》，《四库全书存目丛书》史部第 174 册，第 34 页下栏。

"䍐山",《寰宇通志》作"东北五十里",《大典》作"北北五十里"①。显然是《大典》抄误，而《寰宇通志》不误。第 8 条"婴山",《寰宇通志》作"西北三里",《大典》仅言"西北"。[嘉靖]《太原县志》亦作"西北三里"②，疑为《大典》漏抄。第 9 条"石室山",《寰宇通志》作"西南七里""壁间篆字",《大典》作"本县西""四旁有古字"。而[成化]《山西通志》作"西北七里""壁间有古篆字"③。《大典》脱漏里数记载，省"篆"字；而《寰宇通志》或误北为南，省"古"字。第 11 条"象山",《寰宇通志》作"象山""西十五里",《大典》作"蒙山""西五里"④。[成化]《山西通志》作"蒙山""西五里"⑤。《寰宇通志》或将"象"误为形近之"蒙"，并衍"十"字。第 13 条"六台山",《寰宇通志》作"六台山",《大典》作"麓台山"。祁县亦有麓台山（见第 14 条），《寰宇通志》或因重名，而改"麓"为同音之"六"。

从以上文字歧异来看，《寰宇通志》与《永乐大典》是分别独立抄录了[永乐]《太原志》的内容，而[成化]《山西通志》的史源也应是太原府旧志，故三者文字各不相同，互有正误。因此，可以认为《寰宇通志》与《永乐大典》存在同源关系。

除集中出现的[永乐]《太原志》外，尚有许多零散条目可证《寰宇通志》与《永乐大典》有同源关系。因难以枚举，仅以表 4 举部分条目为例：

---

① 按，《永乐大典》原文如此（《永乐大典》卷五二〇二《原·太原府四·山川》，第 1 叶），《永乐大典方志辑佚》则将"北北"改为"东北"（马蓉等点校：《永乐大典方志辑佚》，中华书局 2004 年版，第 175 页）。

② [嘉靖]《太原县志》卷一《山川》，《天一阁藏明代方志选刊》，上海古籍书店 1981 年影印本，第 8 册，第 3 叶。

③ [成化]《山西通志》卷二《山川》，《四库全书存目丛书》史部第 174 册，第 34 页下栏。

④ （唐）李吉甫撰，贺次君点校：《元和郡县志》卷一三《河东道二·太原府》，第 364 页。

⑤ [成化]《山西通志》卷二《山川》，《四库全书存目丛书》史部第 174 册，第 34 页下栏。

表 4 《寰宇通志》与《永乐大典》对照表二

书名 序号	《寰宇通志》	《永乐大典》
1	空仓岭。在沁水县东百四十里，相传秦白起诡运置仓于此，以给赵括。	空仓岭。在沁水县东一百四十里，高约十里，南北迤还六十里。世传秦将白起诡运粮置仓于此，以给赵括，故号曰空仓岭。（《泽州志》）
2	鹿苑。在和顺县治西二里。相传为赵襄子养鹿苑，久废。	鹿苑。在县西北二里。土人传为战国赵襄子养鹿苑，废堭尚在，方广十亩。（《辽州志》）
3	升山。在乌程县东二十一里。一名乌山，以古乌巾氏所居。一名欧余山，一名欧亭山。昔越王无疆之子蹄，封于乌程欧余山之阳，为欧阳亭侯，子孙因以为氏。晋王羲之为太守，尝登此山，顾谓宾客曰："百年之后，孰知王逸少与诸卿至此乎？"后遂因名升山。	升山。在县东二十一里。一名乌山。《旧编》云：古乌巾氏所居也。一名欧余山，一名欧亭山。《汉志》乌程有鸥阳亭是也。昔越王无疆之子蹄，封于乌程欧余山之阳，为欧阳亭侯，子孙因以为氏。梁吴均《入东记》曰："晋王羲之为守，尝升此山，顾谓宾客曰，百年之后，谁知王逸少与诸卿至此乎？"因名升山。（《吴兴续志》）
4	宝泉岩。在武义县南二十里，上有方池，甚旱不竭，祷赛多应，泉最甘美，宜瀹茗。	宝泉岩。在浙江金华府武义县南二十里，上有方池，广丈五尺，深数尺，甚旱不竭，祷赛多应，泉甘美，瀹茗宜之。（《武义县志》）
5	绣川湖。在义乌县西百五十步，广数百顷，群峰环列，下上翁郁，粲如组绣，故名。	绣川湖。在县西一百五十步，广袤数百顷，溉田八百亩有畸，群峰环列，下上翁郁，粲如组绣，故名。（《金华府义乌县志》）
6	彭湖。在西安县东十五里，俗传里人彭氏灶下忽茁两笋，斸之流血，即大雷雨，因陷为湖。	彭湖。在信安县东十五里，俗传昔有彭氏，灶下忽若苗两笋，因斸之流血，即大雷雨，陷为湖，广数十丈，袤五里余，通石室，水深不可测，大旱不涸。（《衢州府志》）

　　以上诸条在前代地志中并无记载，应是所引方志的独见内容。各志书名也均见于《文渊阁书目》，证实《寰宇通志》与《永乐大典》共享相同史源，即文渊阁藏方志。

　　除《永乐大典》外，与现存明初方志比对，也可以找到《寰宇通志》的直接引用。如［洪武］《靖州志·形胜》：

按，靖州与蛮壤相犬牙，乃西南百蛮衿喉之地也。北接武陵，南亘
长沙，山川险阻，自昔而然，为辰沅宝武之籓，辰沅宝武又靖之左右翼
也。①

该条被《寰宇通志》采纳：

山川险阻。《靖州志》：汉牂牁、武溪之间，与蛮壤相犬牙，乃荆楚
西南百蛮衿喉之地。北接武陵，东亘长沙，山川险阻，为辰沅宝武之藩
篱，辰沅宝武为靖之左右翼。②

两段文字继承关系明显，[洪武]《靖州志》当即《文渊阁书目》"旧志"中
著录的"《靖州志》，二册"③。"汉牂牁、武溪之间"一句，现存[洪武]《靖
州志》为抄本，可能是流传中漏抄。长沙位于靖州东北，《寰宇通志》改"南
亘"长沙为"东亘"，属合理订讹。

明代中期纂修的部分方志中，也保留有明初方志的内容，能与《寰宇通
志》进行比对。如[嘉靖]《四川总志》的重庆府部分：

界泸渝之间。鼎山耸前，几江绕后。俱《江津志》。
东临赤水，西枕营山，北倚长岩，最为险固。青峦围其四畔，赤水
绕乎东南。俱《大足志》。
风俗朴野，服食俭陋。《綦江簿尉厅记》。④

---

① [洪武]《靖州志》不分卷《形胜》，《原国立北平图书馆甲库善本丛书》，国家图书馆出
版社 2014 年影印本，第 364 册，第 430 页。

②《寰宇通志》卷六〇《湖广·靖州·形胜》，第 2 叶。

③（明）杨士奇：《文渊阁书目》，《明代书目题跋丛刊》，书目文献出版社 1994 年影印本，
第 195 页。

④ [嘉靖]《四川总志》卷九《重庆府》，《北京图书馆古籍珍本丛刊》，北京图书馆出版社
2000 年影印本，第 42 册，第 168 页—169 页。

《寰宇通志》作：

> 界于泸渝之间。《江津县志》。
>
> 最为险固。《大足县志》：东临赤水，西枕营山，北倚长岩，最为险固。
>
> 服食俭陋。《綦江簿尉厅记》。[①]

两者内容、出处均一致，表明史源可能相同，《文渊阁书目》也有"《重庆府并属县志》四册"的记载[②]。且［嘉靖］《四川总志》加点内容均溢出了《寰宇通志》，这表明它的纂修者杨慎确实参考了原书，而非抄自《寰宇通志》。杨慎因其父杨廷和的关系，曾大量阅览文渊阁藏书，他对明初方志的使用或许暗示正德、嘉靖之际文渊阁旧藏方志仍然存世。

此外，为纂修《寰宇通志》，景泰五年曾诏遣进士前往各省补采事实，现存［景泰］《云南图经志书》正是为此而修[③]。对比发现《寰宇通志》不用该志而是使用更早的《云南志》，如：

> 勤耕务实，敬释诵经。嚚讼好斗，蛮俗之常。城居偏僻，民尚质朴。水耕禾稼，火种荞菽，各得其宜。俱《云南志》。[④]

［景泰］《云南图经志书》中并无上述内容，因此《寰宇通志》所引《云南志》成书更早，当为文渊阁旧藏。可见，不宜高估景泰五年征集方志在《寰宇通志》中的比例和作用。

将《寰宇通志》与现存《永乐大典》及明初方志进行对比后，除证实

---

① 《寰宇通志》卷六二《四川·重庆府·形胜／风俗》，第 17 叶。

② （明）杨士奇：《文渊阁书目》，《明代书目题跋丛刊》，书目文献出版社 1994 年影印本，第 214 页。

③ ［景泰］《云南图经志书》序，《续修四库全书》，上海古籍出版社 2002 年影印本，第 681 册，第 1 页上栏。

④ 《寰宇通志》卷一一一《云南·云南府·风俗》，第 5 叶。

《寰宇通志》大量使用文渊阁藏方志，与《永乐大典》共享相同史源外，还可见其在直引时虽进行了一定删减，但并未改窜原意，基本是照录原文。这一引书规律或可总结为"删而不改"。同时，从《寰宇通志》与文渊阁藏方志的直接引用关系来看，有理由认为它从这些方志中转引了大量前代地理总志的内容，但并未查对原书，因此产生异文。由于《永乐大典》与文渊阁藏方志均大量散佚，《寰宇通志》较为忠实直引文献的特性使其对辑佚和恢复宋元明初方志乃至《永乐大典》都有不可低估的价值。

四、余论

《寰宇通志》的史源及与文渊阁藏书的关系被厘清后，其文献价值也得以更清楚地呈现。笔者认为，传统的史料价值之外，《寰宇通志》的文献价值大致体现在以下三个层面：

首先，《寰宇通志》具有重要的辑佚价值。早在 20 世纪 60 年代，赵万里即以《寰宇通志》辑佚《元一统志》，近年来李成晴以《明一统志》辑佚唐宋诗文，成果颇多[①]，《寰宇通志》与《明一统志》关系密切，同样有可以进一步着力研究的空间。但值得注意的是，根据本文所分析的引用规律，《寰宇通志》采用的是"层层转引"的纂修模式，其中的唐宋地理总志内容均为转引，直接来源实际是《元一统志》和各地方志。因多次转引，很可能与源文献已产生较大距离。例如《寰宇通志》的徽州府部分有"小桃源"一条："小桃源。《舆地纪胜》：在黟县，南唐许坚有诗。"[②]《明一统志》更将全诗录出："小桃源。《舆地纪胜》：在黟县，南唐许坚诗：'黟县小桃源，烟霞百里间。地多灵草木，人尚古衣冠。市向晡时散，山经夜后寒。吏闲民讼简，秋菊露浼

---

① 李成晴：《〈大明一统志〉所见唐逸诗考》，载《古典文献研究》第 18 辑上卷，凤凰出版社 2015 年版，第 252—259 页。李成晴：《〈大明一统志〉所见两宋"小家"佚诗考》，载《华夏文化论坛》第 14 辑，吉林文史出版社 2015 年版，第 104—111 页。
② 《寰宇通志》卷一二《南京·徽州府·古迹》，第 20 叶。

洿。'"① 但《舆地纪胜》原文却作："小桃源。李白诗云：'黟县小桃源，烟霞百里间。地多灵草木，人尚古衣冠。市向晡前散，山经夜后寒。'见《龙城志》。"② 两志均称是许坚诗，《舆地纪胜》却称是李白诗。《明一统志》共有四联诗，《舆地纪胜》则只有三联。显然，两志的直接史源并非《舆地纪胜》，很可能是某部元明地志（或即《文渊阁书目》中的《徽州志》）。诗末联究竟是确有依据还是元明地志编纂者妄加，值得思考。这些佚文虽然颇具价值，但只能视为元明地志的内容，而不能视为《舆地纪胜》佚文。鉴于古代地志多存在类似的"层层转引"情况，则利用地志进行辑佚工作时有必要准确区分直引与转引，不能将之作为转引书的辑佚源文献。

有鉴于此，《寰宇通志》辑佚价值主要体现在其直接引用的《元一统志》和文渊阁藏方志上。赵万里先生云："此书（《元一统志》）存，则无数宋、金、元旧志俱随之而存；此书亡，则宋、金、元旧志亦随之而亡。"③《寰宇通志》亦有类似价值：是书存，则明文渊阁藏方志俱随之而存，我们基本上可以将《寰宇通志》的内容均视为《元一统志》和明文渊阁藏方志的内容。而且，由于《永乐大典》抄入的方志也来自文渊阁藏书，这就使《寰宇通志》与《永乐大典》共享相同史源，或许能够以此帮助《永乐大典》的复原工作。

更重要的是，《寰宇通志》反映出元明地志的文本生成过程，并且保留了元人因避忌而改窜文本的痕迹。表面上看，两志纂修者不核查原书的行为颇为不当，顾炎武便讥《明一统志》"舛谬特甚""不学之甚"④。余嘉锡虽为之辩白，指出《舆地纪胜》等书已有同样错误，但亦认为"失在不覆检原书耳"⑤。总之，不核查原书被视为两志的疏失。但事实上，"不覆检原书"也不提供转引出处并非《寰宇通志》的"专利"，而是元代及明初地志编写的通例。金毓

① 《明一统志》卷一六《南京·徽州府·古迹》，三秦出版社 1991 年影印本，第 257 页。

② （宋）王象之编著，赵一生点校：《舆地纪胜》卷二〇《徽州·景物下》，第 660 页。

③ （元）孛兰肹等撰，赵万里辑校：《元一统志》前言，第 1 页。

④ （明）顾炎武著，黄汝成集释：《日知录集释》卷三一《大明一统志》，上海古籍出版社 2006 年版，第 1741—1746 页。

⑤ 余嘉锡：《四库提要辨证》，中华书局 1980 年版，第 407—408 页。

黼便考证出《元一统志》"初以为必引原书，及细考之，多自《舆地纪胜》转引"，"检《舆地纪胜》乃知由转抄原文，不易一字而误，是则修书者未检原书之过也"，且有"引《九域志》而实出《寰宇记》者"①。可见因转引不检原书而保留疏误是元明地志纂修工作的常情与实态。了解这一历史情景后，更值得关注的反而是元明志书在"层层转引"后产生的所谓"疏误"。这些文本差异因何而成？最早出现在层累转引的哪个环节？是否是某部书纂修时有意改动？这些问题均值得继续追问。

仍以《寰宇通志》为例，目前所发现书中的"舛谬""疏误"基本都是继承自前代志书或音近、形近的抄误。其改动则多为方位、里数的合理订讹或更正地名、删减文字，未发现有意改窜内容的现象。据此可以认为《寰宇通志》相对于它所直接引用的元明地志而言是一部非常"可靠"的文献。因此，我们在分析层累转引造成的文本差异时，往往可通过《寰宇通志》追溯到更早的源头。例如前文所引大同府形胜："北临广野。《寰宇记》：自代北至云、朔等州，北临广野，封略之内，南北错居。"《寰宇记》原文却作："北临绝塞之地，封略之内，杂虏所居，戎狄之心，鸟兽不若。"分析《寰宇通志》与《寰宇记》间的差异，可以看出改窜者的用意是抹掉贬抑少数民族的内容，这种做法不太可能出自明人之手，更像是元代修志者所为，与张佳找到的元人刊书中的讳阙案例非常类似②。正因为《寰宇通志》没有核对《寰宇记》原文，反而忠实于层累转引形成的文本面貌，进而保留了元人因避忌而改窜文本的痕迹。这一独特的文献价值值得元代历史研究者重视。

除此之外，《寰宇通志》还有连接史源学、目录学和书籍史的价值。因为《寰宇通志》在纂修中使用了大量文渊阁藏方志，故其引用的方志名称可以与《文渊阁书目》进行对照。以书目同具体史源相互印证，显示出文渊阁藏书在明初具有较强的实用价值，《文渊阁书目》以实用为导向的分类方式有

---

① 金毓黻：《大元大一统志考证》，《辽海丛书》，辽沈书社1984年版，第5册，第3613—3615页。

② 参见张佳：《图像观念与仪俗：元明时代的族群文化变迁》，商务印书馆2021年版，第100—102页。

其合理性。同时，文渊阁旧藏方志在明代中后期"消失"的问题，或许也可借由《寰宇通志》的纂修得到解答。王国维曾判断："古地志之亡，盖由当时既收新志，以旧志为无用，别置他处。"[①] 目前来看，"别置他处"可能接近历史真相，不过原因并非"以旧志为无用"。《寰宇通志》的纂修地点在左顺门的史馆，文渊阁藏方志理应被搬运至左顺门以供使用，这或许是"别置他处"的真实原因，书籍史上一大疑案亦得以解释，笔者对此另有专文探讨。

---

① 王国维：《观堂别集》卷三《明内阁藏书目录跋》，载《观堂集林（外二种）》，河北教育出版社 2001 年版，第 842 页。

《永乐大典》征引《汉书》版本考

成运楼

　　《永乐大典》(以下简称《大典》)作为中国古代最大的类书，因遍收"上自古初、下及近代，经、史、子、集，与凡道、释、医、卜、杂家之书"①，一直为历代学者所称誉。尽管其书历经累世流传，散失甚伙，存世卷帙已然十不及一，但因所征引收录的均为明初以前的古典坟籍，故而其断简残编亦为稀世之珍。对此，已经有诸多学者从《大典》残存卷帙考察其所引文献典籍的底本情况②，

---

① (明)朱棣：《御制〈永乐大典〉序》，国家图书馆藏抄本《永乐大典目录》卷前。

② 代表性论文有：钟仕伦：《〈永乐大典〉所录〈文选〉考释》，《铜仁学院学报》2015年第5期；花友萍、丁治民：《〈永乐大典〉所录〈集韵〉版本考》，《浙江师范大学学报》2016年第2期；张兰兰：《〈永乐大典〉采录许慎〈说文〉考》，硕士学位论文，苏州大学，2017年；瞿林江：《新见〈永乐大典〉残卷引"礼记类"诸书及版本考》，《文献》2018年第1期；冯先思：《〈永乐大典〉引〈玉篇〉版本考》，《文献语言学》第6辑，中华书局2018年版，第43—54页；董岑仕：《〈永乐大典〉之〈崇文总目〉〈四库阙书〉考——兼论〈永乐大典〉中四十二卷书目汇编》，《古典文献研究》第21辑，凤凰出版社2018年版，第173—203页；夏婧《〈永乐大典〉引存〈旧唐书〉考述》，《唐研究》第25卷，北京大学出版社2020年版，第217—245页；杜以恒《〈永乐大典〉引〈周易〉经注疏释文底本问题初探》，《周易研究》2021年第1期；张良《南宋官藏本〈续资治通鉴长编〉传续考》，《文史》2021年第2辑，第143—164页；张良《〈永乐大典〉所见"元史"佚文考——兼论〈永乐大典〉之纂修体例》，《经学文献研究集刊》第26辑，上海书店出版社2021年版，第199—232页；杜以恒《〈永乐大典〉引〈仪礼〉考实——兼论〈大典〉编纂来源的复杂性》，《文史》2023年第1期；鄸子翔《〈永乐大典〉引〈庄子〉考校》，《古典文献研究》第26辑，凤凰出版社2023年版，第314—329页。

甚有功于学林。然而《汉书》作为《大典》引录的重要史学典籍之一，其版本情况却鲜有学人问津，殊为憾事。

幸运的是，英国国家图书馆所藏《大典》"人"字韵下卷三千二曾完整收录《汉书·古今人表》全帙①，这为了解《大典》引录《汉书》的文献学信息提供良好的窗口。为了详细探讨相关问题，现选取明初以前五种颇为重要的《汉书》刊本——国家图书馆藏（旧称）北宋景祐本②、国家图书馆藏南宋国子监本③、日本静嘉堂文库藏南宋绍兴中湖北提举茶盐司刊本、日本国立历史民俗博物馆藏南宋建安黄善夫刊本、国家图书馆藏元大德九年（1305）太平路儒学刻本（《中华再造善本》），与《大典》所收《汉书·古今人表》进行文本校勘，并将主要异文胪列如下：

表 1　各本《古今人表》主要异文对勘表

《永乐大典》		旧称景祐本	南宋绍兴中湖北提举茶盐司刊本	南宋国子监本	南宋建安黄善夫本	元大德九年太平路儒学本
正文	注文					
九黎 870		九黎		九黎	九黎	九黎
	左氏传作戮 874	飂	飂	戮	■	戮
帝挚陶唐氏 875		帝尧陶唐氏	帝尧陶唐氏	陶唐氏	帝尧陶唐氏	帝尧陶唐氏

① 此卷在《古今人表》之后尚附有南宋王观国《学林》和元代王恽《玉堂嘉话》中有关《古今人表》的论述。

② 据冀淑英、尾崎康研究，此版《汉书》是并非景祐年间刻本，而是南宋初年所刻。详参冀淑英：《冀淑英文集》，北京图书馆出版社 2004 年版，第 225—226 页；（日）尾崎康：《正史宋元版之研究》，乔秀岩、王铿编译，中华书局 2018 年版，第 42—59 页。胡钦进一步指出，所谓"景祐本"《汉书》实则刊刻于南宋绍兴九年之后。详参胡钦：《"景祐版"前三史刊刻年代补证》，《第六届华大研究生史学论坛论文集》，2018 年，第 656—663 页。

③ 此本又称南宋前期两淮江东转运司刊三史本、宋绍兴至乾道间刊宋元递修本，旧或误称"蜀大字本"。该版本曾经于南宋中期、元代中期（元代中期有两次）递修。目前所知传世本有八种，大多零散不全，仅中国国家图书馆藏九卷本存《古今人表》，其余存世诸本皆无此卷。详参（日）尾崎康：《正史宋元版之研究》，第 69—70、298—346 页。

续表

《永乐大典》		旧称景祐本	南宋绍兴中湖北提举茶盐司刊本	南宋国子监本	南宋建安黄善夫本	元大德九年太平路儒学本
正文	注文					
	娇牛子 878	蛴牛子	蛴牛子	娇牛子	蛴牛子 ①	娇牛子
	皆舜之支也 880	友	友	支	友 ②	支
卫建 897		卫逮	卫逮	卫建	卫逮	卫逮
	厉公子 898	献公子	献公子	献公子／厉公子	献公子	献公子
	幽子 899		幽子	幽子	幽公子 ③	幽子
	幽子 900		幽子	幽子	幽伯子	幽子
	趣音于 902	千	千	于	于	千
	桓公弟 905	桓公弟	桓公弟	桓公弟	桓公	桓公弟
楚屈栢 910		楚屈完	楚屈完	楚屈猯	楚屈完	楚屈桓
失榖 916		先榖	先榖	□□	先榖	先榖
白戌 921		向戌	向戌	白戌	向戌	向戌
齐景公杵白 926		齐景公杵白	齐景公杵白严公弟	齐景公杵白	齐景公杵曰	齐景公杵白
革子戚 935		革子成	革子成	革子戚	革子成	革子成
卫慎公（八等）940		卫慎公（七等）	卫慎公（七等）	卫慎公（八等）	卫慎公（七等）	卫慎公（八等）
郑敖子华 944		鄸敖子华	鄸敖子华	郑敖子华	鄸敖子华	鄸敖子华
	946	显王子	显王子		显王子	

（注：上标数字为中华书局 1962 年点校本《汉书》对应文字之页码）

---

① 此处文字本应为位于 7b 叶，但该刊本将此叶与 7a 叶一同错置于版面第 16 叶，并于版心题有"十六 延祐二年"等字，可知此页为元代递修版。

② 与上注文字位居一页，同属错简版面。

③ 此处文字本应在第 16a 叶，但该刊本将其与 16b 叶误置于版面第 7 叶，并于版心题有"七 延祐二年"等字。结合上注可知，该版第 7 叶与第 16 叶在排版时位置出现了互换。

通过上表不难看出，《大典》所收《汉书·古今人表》的绝大多数内容均与南宋国子监本保持高度一致，如宋元诸本中"卫辵""郑敖子华"均作"卫建""郑敖子华"，而南宋国子监本与《大典》本保持一致；又如南宋国子监本因避宋钦宗讳，阙笔"桓"字，《大典》亦复如是，其余诸本则与此不同；又南宋国子监本误将"卫慎公"置于该表第八等"下中"格，《大典》与之同；"慎靓王"下本有小注"显王子"三字，南宋国子监本脱漏，《大典》亦无此三字。

当然，国图所藏南宋国子监本《汉书·古今人表》仍有三处文字与《大典》略有小异：

其一为"帝挚陶唐氏"条。此处各本皆作"帝尧陶唐氏"，位居一等"上上"格，南宋国子监本与各本位置相同，但仅作"陶唐氏"，而无"帝尧"二字，《大典》与诸本文字有异而位置相同。细核南宋国子监本上下文可以发现，其"陶唐氏"前栏二等"上中"格正有"帝挚"二字，此处可能是《大典》编撰人员在抄写或誊录时涉上文而衍，误将"帝挚"合并至"陶唐氏"之前。"大典本"《古今人表》在前栏"上中"格中阙"帝挚"二字，恰为这一猜测提供了辅证。

其二为"齐武公"之注文。《大典》作"厉公子"，其余诸本皆作"献公子"，国图藏南宋国子监本所在文字版面（据版心为 31a）与上一页面（30b）版式内容重复，唯独有关此处文本的文字有别，其中 30b 作"献公子"，31a 作"厉公子"，显然属于不同时期的版面。核校前文可以发现：这一现象主要是由于该刊本此卷此前页面漏刻 30a——"密母"至"秦嬴"10 行表格文字，致使原 30b 递进为 30a，不得不重刻 31a 以足成 30b，以避免后续版面的错乱①。而综合比较两处版面可以发现：31a 文字多有磨泐洇染，特别是表格上端框线已然漫漶不清，显经多次刷印磨损所致，当属南宋国子监旧版；30b 则字画纤细，表格框线清晰，当为重刻修补版。换言之，31a 中的"厉公子"方为此版《汉书》的原有面貌，而这一情况恰与《大典》所引录内容吻合。

其三为晋人"先縠"条。此处诸本皆不误，唯《大典》作"失縠"，国图

---

① 此处承蒙北京大学中文系吴扬广博士赐示，谨申谢悃。

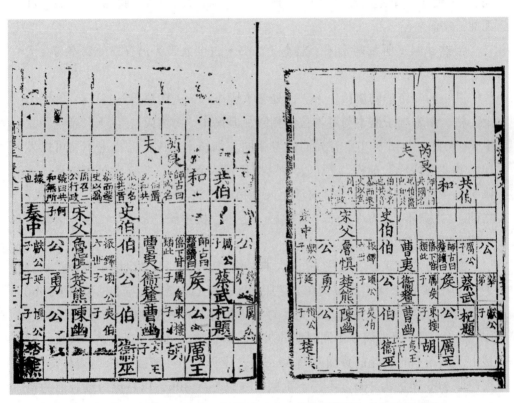

图1　国家图书馆藏南宋国子监本（南宋前期两淮江东转运司刊本）

藏南宋国子监本此页脱漏不存，具体文字未知，故而无法进行比勘。但综合上述诸多迹象来看，恐怕其文本情况应当也与《大典》保持一致，"失殻"当为手民之误。

综合以上分析可以看出，《大典》所引《古今人表》与南宋国子监本《汉书》在文字内容上颇为相近，二者之间应当存在着密切联系。然而可惜的是，在现存《大典》中，仅有此卷完整收录《汉书》整篇卷帙，其他卷次虽然也不同程度地征引了《汉书》文本①，但除个别篇幅较长外（如卷四百八十九引《终军传》、卷二千八百七引《枚乘传》附《枚皋传》），其余存文均为零散片段，其文本来源与版本归属问题亦较为复杂。正如杜以恒在探讨《大典》征引《仪礼》时所指出的，"《大典》在零散引用时大规模参考了前代纂修的带有分类性质的各类书籍，较为普遍地应用了转引之法"，其中"零散引用的先秦两汉典籍，出于礼书、政书、类书、字书等转引的可能性较大"，《汉书》亦不例外②。故而，这些散于各韵之下的零散引用难以作为判断《大典》征引《汉书》的版本依据。

不过结合《大典》对其他完整引录典籍的情况来看，我们仍然能够对《大典》征引《汉书》的版本问题寻找到文本之外的辅证。

案《大典》在纂修之时，曾广泛征引历代史籍，除了《汉书》之外，《旧唐书》亦在引录之列。夏婧在校理《旧唐书》时就曾注意到，《大典》尚存《宣宗纪》整卷文字，她在系统追溯《大典》完整移录《旧唐书》的文本情况及其异文校勘的基础上，指出：

> 至于《永乐大典》所引《旧唐书》版本性质及其与《旧唐书》宋刻、旧钞本关系，排除《大典》因书胥钞误、避永乐帝讳"棣"形成的异文（如阙空贴黄书"讳"、改书"隶"、州名改书"乐安"），可推知所据《旧

---

① 栾贵明曾对现存《大典》所引录的典籍情况有所统计，可参看。详参栾贵明：《永乐大典索引》，作家出版社 1997 年版，第 154—161 页。

② 杜以恒：《〈永乐大典〉引〈仪礼〉考实——兼论〈大典〉编纂来源的复杂性》，第 221—222 页。

唐书》文本应源出于南宋，《大典》部分文字仍保存宋讳阙笔形式，如匡（卷二七三七崔义玄）、恒（卷二七三七崔融）、再（卷二七三八崔铉）、构（卷二七三八崔玄晖、卷二七三九崔玄亮）等，显据底本照录所致。①

不难看出，《大典》在完整引录《旧唐书》上的文本特征，与《大典》征引《汉书·古今人表》的情况基本相同——均与南宋时期的刊本存在密切联系。事实上，《旧唐书》的最早刊本即为南宋绍兴两浙东路茶盐司刊本，与上文所论《汉书》同属南宋初期的官方版刻系统。据李心传《建炎以来朝野杂记》云：

> 监本书籍者，绍兴末年所刊。国家艰难以来，固未暇及。九年九月，张彦实待制为尚书郎，始请下诸道州学，取旧监本书籍，镂板颁行。从之。然所取者多有残缺，故胄监刊六经无《礼记》，正史无《汉》、《唐》。二十一年五月，辅臣复以为言，上谓秦益公曰："监中其它阙书，亦令次第镂板，虽重有费，盖不惜也。"繇是经籍复全。②

不难看出，在南宋初期的经籍刊刻中，《汉书》《（旧）唐书》③与《礼记》均因故而未有镂板，后经高宗宸断梓行，最终与先前所刊书籍共同构成南宋官方刊刻典籍中的重要组成部分。而《大典》在完整引用时对南宋书版的"偏爱"实际并非仅此两书，据部分学者考察，《大典》完整引用的其他典籍，亦多属于南宋时期的版本。如李振聚就注意到《大典》集中汇录的《毛诗正义》文本仍然遵循南宋绍兴时期两浙东路茶盐司"八行本"的旧式④；鄷子翔在探讨《大典》征引《庄子》时也曾指出：其全篇引用的《养生主》和《天

---

① 夏婧：《〈永乐大典〉引存〈旧唐书〉考述》，第225页。

② （宋）李心传：《建炎以来朝野杂记》，中华书局2000年版，第114—115页。

③ 此处《唐书》指代《旧唐书》，学者已有阐明。详参赵慧芬：《略论〈旧唐书〉版本于各代的刊刻状况》，《东海大学图书馆馆讯》2006年第56期，第24—25页。

④ 李振聚：《〈永乐大典〉所录文献探源——以〈诗经〉相关文献为中心》，《永乐大典》研究与整理新进展学术研讨会论文，北京，2023年10月，第14—15页。

运》篇,"均出自一部成书于南宋末年以前的、业已亡佚的《庄子注疏》"①。由此可见,《大典》所引录的《古今人表》与南宋国子监本《汉书》若合符契恐怕绝非偶然。

不过有意思的是,南宋国子监本《汉书》并非明代早期的流行版本。据嘉靖时期黄佐《南廱志》云:"元江东建康道肃政廉访使以十七史书艰得善本,从太平路学官之请,编(遍)牒九路,令本路以两《汉书》率先,诸路咸取而式之。"②其中便揭示出《汉书》在元时的文本情况不佳,以至于需要重新刊刻。虽然这一说法恐怕并非事实③,但可以想见的是,在元代官方的大力推行下,明初社会所普遍流行的《汉书》版本当属元刊本——即元大德九年太平路儒学刻本,嘉靖七年(1528)南京国子监所刊行的《汉书》即以此本为底本④,其影响之深远可见一斑。对于这种"舍近求远"的征引特点,很大程度上与《大典》在编纂之时对官方内府藏书——文渊阁的充分利用息息相关⑤。

结合《大典》的实际编纂情况来看,文渊阁确实发挥了至关重要的作用。案永乐二年(1404)十一月丁巳,"翰林学士兼右春坊大学士解缙等进所纂录韵书,赐名《文献大成》,……既而上览所进书,尚多未备,遂命重修。……

---

① 鄺子翔:《〈永乐大典〉引〈庄子〉考校》,第 329 页。

② (明)黄佐:《南廱志》,《续修四库全书》,上海古籍出版社 2002 年影印本,第 749 册,第 419 页。

③ 尾崎康指出,元代大德时,"西湖书院仍存十七史版片,仅缺《晋书》(连《旧唐书》为十八史)。就今日传本而言,两淮江东转运司刊三史及南北朝七史皆经大德年间补修。是则当时除《晋书》尚需另觅外,正史版片应当齐备,可以随时印制以应需求。然不知为何(或有地域、行政区划或因补版渐增,文本有问题,皆不可知),有议云'浙西十一经已有全版,独十七史则未也'(《后汉书》识语),于是江东建康道肃政廉访司拟刊行十七史。"参(日)尾崎康:《正史宋元版研究》,第 137 页。

④ 详参张玉春:《明南北国子监刊三家注合刻本版本系统研究》,《文献》2000 年第 2 期,第 147 页。

⑤ 苗润博根据杨士奇《文渊阁书目》所载《旧唐书》存录情况,认为《大典》中的《旧唐书》文本情况应系《大典》编纂时可能利用的明代内府藏本。见夏婧《〈永乐大典〉引存〈旧唐书〉考述》之注文。

命礼部简中外官及四方宿学老儒有文学者充纂修，简国子监及在外郡县学能书生员缮写，开馆于文渊阁，光禄寺给朝暮膳"①。其中就指出由解缙所领衔的《大典》第一次纂修成果未洽成祖之意，永乐皇帝遂"开馆于文渊阁"予以重修，并给予编修人员饮食便利，那么在此次工作中，就近利用文渊阁所藏典籍自然不在话下。毕竟早在永乐初年，明成祖即命二十八名庶吉士入文渊阁进学②，并谕勉之曰："文渊阁，古今载籍所萃，各食其禄，日就阁中玩索，务实得于己，国家将来皆得尔用，不可自怠，负朕期待之意。"③由此可见，储蓄优秀的年轻士子熟读并研习文渊阁中的典籍以资将来之用，原本就在成祖的政治擘画之中。而明朝政府自建立之初，便多方搜求书籍以充实文渊阁，其中不仅包括前元宫廷藏书、明初下诏访求之书、民间个人进献之书，同时还有本朝御制官修之书以及国子监新印翻印之书④，因此文渊阁中的书籍无论是庋藏数量还是藏弄种类均颇为可观。与此同时，文渊阁自始至终都是《大典》第二次纂修的重要场所，诸多文士儒臣均有入阁修典的记载：如陈胤"以徐州训导召入文渊阁，纂修《永乐大典》"⑤；黄宗载于"丙戌，征诣文渊阁

①《明太宗实录》卷三六，上海书店出版社 2015 年版，第 627—628 页。

② 此事见于诸多明代文献，郑晓《吾学编》、焦竑《国朝献徵录》、尹守衡《皇明史窃》、祝允明《野记》等均有载记。然而对于具体人数则有争议，潘柽章《国史考异》云："皆误以二年之选六十人，与三年之选二十八人，混而为一也。且庶吉士之名不自永乐初昉也，国初选庶吉士分置府部，如观政进士例耳。……永乐以后，而又拔其尤者，与榜首三人同升文渊阁，廪给赐子（予）有加，上时至馆中程其学业，此盖造士殊恩，非常制矣。"这一点于周应宾《旧京词林志》可为佐证，其文云："永乐甲申，成祖追惟旧制，乃选杨相等六十人为庶吉士，入内府读书习字，命学士解缙莅之。是年，又选沈升等四十九人于内府修书，亦称庶吉士。既而止留沈升等十五人，余悉遣归需选。明年，复选杨相等二十八人入文渊阁进学，而修书庶吉士沈升、罗汝敬与焉。……丙戌，以江殷等十四人，及黄安等二十人为庶吉士，与甲申庶吉士皆与纂修《大典》。"

③《明太宗实录》卷三八，第 643 页。

④ 详参张升：《明清宫廷藏书研究》，商务印书馆 2015 年版，第 9—21 页。

⑤《八闽通志》卷三七《秩官》，明弘治三年刻本。

修《永乐大典》"①；胡嶟于"永乐丁亥，诏征至京师，入文渊阁与修《永乐大典》"②；唐文奎"亦以善楷书征至文渊阁，与修《永乐大典》"③；金祺"被召赴文渊阁，点《永乐大典》"④……诸如此类，不一而足。姚广孝在《进〈永乐大典〉表》中所谓"敕遣使臣博采四方之籍，礼招儒彦广绅中秘之储"⑤，恰恰是相关历史活动的最佳注脚。

具体到《汉书》而言，据正统六年（1441）杨士奇组织编订的《文渊阁书目》载录，其玄字号第一橱"玄十二"至"玄十七"便收录六种《汉书》，分别为：《前汉书》四十九册、《前汉书》四十册、《前汉书》五十册、《前汉书》五十九册、《前汉书》四十七册、《西汉书》六十五册⑥。这些《汉书》的具体版本信息虽然不得而知，但南宋国子监本《汉书》作为南宋官刻系统中最为重要的典籍之一，自然应在入藏之列。而据《大典》卷三千二朱笔标示的书名——"西汉书"来看，永乐诸臣所参考的《汉书》恐怕就是杨士奇所见的"六十五册"本。

值得一提的是，《大典》在完整引录上所存在的版本一致性，以及在零散引用上的复杂性，或许正是《大典》前后两次编纂所孑遗的历史印记。众所

---

① （明）过庭训：《本朝分省人物考》，《续修四库全书》，第 274 册，第 573 页。

② 《广西通志》卷四七《隐逸传》，明嘉靖十年刻本。

③ 《唐氏三先生集》卷三〇《梧冈文稿》，明正德十三年张芹刻本。

④ 《黄文简公介庵集》卷六《碑志》，民国十七年至二十年永嘉黄氏排印敬乡楼丛书本。

⑤ （明）姚广孝：《进〈永乐大典〉表》，国家图书馆藏抄本《永乐大典目录》卷前。

⑥ （明）杨士奇编：《文渊阁书目》，国家图书馆藏宋氏漫堂钞本。按嘉庆四年桐川顾修刊刻《文渊阁书目》中《汉书》收录于"宇"字号第一橱，共计八种："《前汉书》一部四十一册阙、《前汉书》一部四十九册阙、《前汉书》一部五十册阙、《前汉书》一部六十四册阙、《前汉书》一部五十九册阙、《前汉书》一部四十册阙、《前汉书》一部五十册阙。"与抄本不同。对此，刘仁曾指出：《文渊阁书目》存在三个版本系统，其中"漫堂钞本系统时间最早，是正统六年杨士奇等初步整理文渊阁藏书时藏书的状态；四库本系统其次，是正统六年文渊阁藏书整理完毕的状态；塾本系统最晚，是万历三十三年编著《内阁藏书目录》前对文渊阁藏书进行核查时的藏书状态。"详参刘仁：《〈文渊阁书目〉版本系统考论》，《文献》2019 年第 4 期，第 133 页。

周知，由解缙所领衔的《文献大成》自永乐元年（1403）七月下旨纂修，至永乐二年（1404）十一月上进，仅仅历时一年零五个月便告藏事，如此快的成书速度与解缙诸人利用既有类书、字书等书籍的方法不无关系。而姚广孝所领衔的《大典》纂修虽于永乐七年（1409）冬完成，但在五年之内完成两万余卷的经世大典，其成书速度亦不遑多让。与此同时，从明成祖对《文献大成》"尚多未备"的评价来看，《大典》的"二期工作"很大程度上会极力扩充文本，以达到"完备"的政治预期。那么，在解缙既有体例的基础上，大范围、大批量地抄录各类典籍的完整篇章，甚至是整部书籍，显然是"多快好省"的重要方法之一。《大典》卷三千二所征引的《汉书·古今人表》以及其他完整引录的情况，恐怕就是这一编纂理念下的产物。就此而言，《大典》所出现的同一典籍在零散引用与完整引用上的版本差异，正是两次不同历史阶段纂修工作所造成的，理解这一编纂理路对于我们深入研究乃至复原《大典》工作都可以提供有益的学术支撑。

（小文撰写期间，承蒙复旦大学古籍整理研究所博士研究生郭鹤威兄不辞溽暑，往复上海图书馆调查古籍，感激之至，肃此敬谢）

《永乐大典》所引邹霆炎《衍义》考

范俊坡

　　《永乐大典》是我国历史上规模最大的类书，据其《凡例》言："是书之作，上自古初，下及近代。经史子集与凡道释、医卜、杂家之书，靡不收采。诚以朝廷制作所关，务在详备无遗，显明易考。"① 由于其"靡不收采""详备无遗"的收书原则，大量明初及其以前的典籍赖以保存下来，因此一直被学者视作辑佚之渊薮。《大典》引书常采取作者加书名简称的形式，由于所收书籍多已亡佚或文献记载不足，对于相关书籍的探索极为困难。然而将《大典》引书与传世典籍结合起来考察，或可推进对相关问题的研究。

　　《永乐大典》残卷卷五五一至五五六庸字"中庸"、卷六五五八至六五五九梁字"梁惠王"引有"邹霆炎《衍义》"数条，其内容是对《中庸》和《孟子·梁惠王》的注释。对于此书，学界罕有关注，仅见山东大学刘尚的博士论文稍有涉及，但对一些问题的研究尚不明晰，存在不足之处②。今依据《永乐大典》引文，结合相关文献的记载，对此书进行初步的考述。

一、邹霆炎《衍义》考证

　　现存《永乐大典》共征引"邹霆炎《衍义》"十九条，分别为：卷五五一

---

① （明）解缙等：《永乐大典》卷首《永乐大典凡例》，中华书局 1986 年影印本，第 10 册，第 2 页。

② 刘尚：《〈永乐大典〉引经学佚著辑考》，博士学位论文，山东大学，2023 年，第 344—347 页。承蒙刘尚先生惠赠论文，谨申谢意！

"中庸十"一条；卷五五二"中庸十一"四条；卷五五三"中庸十二"二条；卷五五四"中庸十三"四条；卷五五五"中庸十四"一条；卷五五六"中庸十五"一条。卷六五五八"梁惠王十一"一条；卷六五五九"梁惠王十二"五条。

由引文可见，邹霆炎《衍义》的基本内容是对《中庸》《孟子·梁惠王》等篇经文的注释，如卷五五二"中庸十一"："（孔）子曰：'（过则失中，不及则未至。惟）中庸（之德，）其（为极）至矣乎！（然亦人所同得，初无难事，但世教哀而）民鲜（少）能（之）久矣。'"[①] 其采取的注释方式是在经文之内加入小字，以疏通句意。

有关邹霆炎的时代、事迹一概于史无征。《永乐大典》征引经书注疏遵循一定的原则，据其《凡例》言：

> 《易》《书》《诗》《春秋》《周礼》《仪礼》《礼记》，有序文，有篇目，有诸儒传授源流，及论一经大旨者，今皆会粹于各经之下（如《易经》入易字之类）。其诸篇全文，或以篇名，或从所重字收（如乾字收乾卦、礼字收《曲礼》、丧字收《曾子问》之类）。若传注，则取汉、唐、宋以来名家为首（如《易》程《传》、朱《本义》，《书传会选》、蔡《传》，《礼记》古注疏、陈澔《集说》之类），余依世次，各附其后。[②]

由是可知其排列方法是先列名家，"余依世次"，即按照作者所处时代先后依次编排。尽管在具体操作时，《大典》并未严格遵循这条标准，但这种排列的随意性处于较小范围之内[③]。因之，我们可以据此来判断某人所处的大致时代。通览《大典》所引"邹霆炎《衍义》"，位于答禄与权、饶士悦、朱公迁、涂溍生等人著作后，魏公著《句解》之前。魏公著其人无考，不明其时代。答禄与权为元末明初人，据《明史》记载，与权"仕元为河南北道廉访司金

---

① （明）解缙等：《永乐大典》卷五五二，第 1 册，第 118 页。按，括号内原为小字。

② （明）解缙等：《永乐大典》卷首《永乐大典凡例》，第 10 册，第 3 页。

③ 刘尚：《〈永乐大典〉引经学佚著辑考》，第 34 页。

事……洪武六年用荐授秦府纪善，改御史……十一年以年老致仕。"① 饶士悦，相关事迹不详。刘将孙有《送饶士悦序》②、胡助有《谢饶士悦惠楮衾二首》③，可见饶士悦与二人交游。刘将孙和胡助皆生活于元初，因此饶士悦亦当为元人。朱公迁，字克升，"元顺帝时，以遗逸征至京，授翰林直学士"④。涂渭生，字自昭，元至大年间之后曾任濂溪书院山长⑤。综上可知，在《永乐大典》纂修人员的认知中，邹霆炎应该是元代人。

今人考察《永乐大典》引书数量，往往通过《文渊阁书目》的著录情况来逆推。文渊阁为明代宫廷藏书之所，《大典》征引书籍多贮存其间，自然会著录于《文渊阁书目》中。然而《文渊阁书目》成书于正统六年（1441），上距《大典》之纂修已过去三十余年，期间内府藏书有所损益，不能准确反映《大典》引书全貌也在情理之中。《衍义》即未见于《文渊阁书目》，而元明其他目录亦未见著录此书者。清代范邦甸所编《天一阁书目》（史称"阮目"）记载："《读晦庵四书衍义》十四卷，绵纸钞本。兰雪邹霆炎撰，吴郡徐达左校正。"⑥ 此后，刘喜海《天一阁见存书目》（简称"刘目"）和薛福成《天一阁见存书目》（简称"薛目"）均著录此书为《读晦庵四书章句衍义》⑦。薛目详载其版本信息作："《读晦庵四书章句衍义》十四卷。棉纸钞本，全。不著时代，卷首止书兰雪邹霆炎撰，吴郡徐达左校正。"⑧ 考虑到阮目错谬颇多⑨，

---

① （清）张廷玉：《明史》卷一三六《答禄与权》，中华书局 1974 年版，第 3932 页。

② （元）刘将孙：《养吾斋集》卷一四《送饶士悦序》，《景印文渊阁四库全书》，台湾商务印书馆 1986 年影印本，第 1199 册，第 123 页。

③ （元）胡助：《纯白斋类稿》卷一四《谢饶士悦惠楮衾二首》，《景印文渊阁四库全书》，第 1214 册，第 633 页。

④ （明）冯从吾：《元儒考略》卷四《朱公迁》，《景印文渊阁四库全书》，第 453 册，第 801 页。

⑤ （明）康河修，董天锡纂：［嘉靖］《赣州府志》卷七《秩官》，明嘉靖十五年刻本。

⑥ （清）范邦甸编：《天一阁书目》卷一《经部》，上海古籍出版社 2019 年版，第 88 页。

⑦ 骆兆平：《新编天一阁书目·天一阁明抄本闻见录》，中华书局 1996 年版，第 274 页。

⑧ （清）薛福成编：《天一阁见存书目》卷一《经部》，清稿本。

⑨ 冯贞群指出，此目"分门别类、时代先后，颇有失次，且阁中所藏，遗漏良多"。见冯贞群编：《鄞范氏天一阁书目内编》附录 3《旧目考略》，民国二十九年铅印本。

书名应以刘目、薛目所记为准。由此可知，天一阁藏有邹霆炎《读晦庵四书章句衍义》的抄本，为徐达左校正。那么《天一阁见存书目》等所载《读晦庵四书章句衍义》是否就是《永乐大典》所引"邹霆炎《衍义》"呢？遗憾的是，由于时代动荡，清至民国时期，天一阁先后遭遇了五次劫难[①]，其间大量藏书散失。民国二十四年（1935），鄞县文献委员会委员长冯贞群对天一阁藏书进行了全面的调查统计，费时二载，编成《鄞范氏天一阁书目内编》十卷。据其《凡例》言："今凡插架所有，一律编入，复缃之本、水渍虫伤者亦载之。"[②]查检冯目，并无《读晦庵四书章句衍义》，可见最迟至此时，书已不存。

今国家图书馆和台北"国家图书馆"分别藏有十四卷本和残八卷本《读晦庵孟子集解衍义》，皆未题撰人。残八卷本原为清京师图书馆旧藏，据缪荃孙《清学部图书馆善本书目》[③]记载："《读晦庵孟子集解衍义》十四卷，元刊本。每半叶十行行二十字。高六寸五分，广四寸三分。黑线口。蝶装。各家书目均未著录。存七之十四。"[④]此后，京师图书馆更名为北平图书馆。1933年，赵万里编《国立北平图书馆善本书目》著录："《读晦庵孟子集解衍义》十四卷，元刻本，存八卷，七至十四。"[⑤]嗣后因世事变迁，此书转归台北"国家图书馆"收藏，现暂存于台北故宫博物院。国家图书馆所藏十四卷本为全帙，钤有"东官莫伯骥所藏经籍印""东官莫氏五十万卷楼劫后珠还之一""东莞莫伯骥字天一藏""莫培樾印"等印记，可知其原为莫伯骥五十万卷楼旧藏，但未著录于《五十万卷楼藏书目录初编》《五十万卷楼群书跋文》中。20世纪60年代，莫氏藏书转归北京图书馆收藏，据马万祺回忆：

60年代初，中国北京图书馆获知广东莫天一先生有10万卷藏书，在

[①] 冯贞群编：《鄞范氏天一阁书目内编·序》，民国二十九年铅印本。

[②] 冯贞群编：《鄞范氏天一阁书目内编·凡例》，民国二十九年铅印本。

[③] 清学部图书馆即京师图书馆。参见张廷银：《缪荃孙与京师图书馆藏书目录》，《文献》2008年第4期。

[④] 缪荃孙：《清学部图书馆善本书目》，张廷银、朱玉麒主编：《缪荃孙全集·目录》，凤凰出版社2013年版，第404页。

[⑤] 赵万里编：《国立北平图书馆善本书目》卷一《经部·四书类》，民国二十二年刊本。

日寇侵入广东时，曾将一部分最珍贵之书籍带走，辗转流到澳门，乃托柯平、我和何贤了解此事。……时莫老先生已不在，该等书籍存于其长子莫培樾医生处收藏。经过耐心说服，后来卒之以 30 万元港币代价将之购买。①

十四卷本应该就是在这时转藏于北京图书馆的。《北京图书馆古籍善本书目》②和《中国古籍善本书目》③均予以著录。由于书中并未刊刻作者信息，致使诸目录中皆付阙如。

将《大典》卷六五五八至六五五九"梁惠王"所引六条"邹霆炎《衍义》"与国家图书馆所藏《读晦庵孟子集解衍义》卷二《梁惠王章句下》④对勘，发现二者内容完全相同。由此可以断定，《读晦庵孟子集解衍义》的作者当为邹霆炎。《大典》卷五五一至五五六所引"邹霆炎《衍义》"为关于《中庸》的注解，因之邹霆炎《衍义》并非仅仅包含《孟子》部分。再结合薛目等书的记载，可知邹霆炎所撰《衍义》全称《读晦庵四书章句衍义》，分《大学》《中庸》《论语》《孟子》四部，国图等处所藏《读晦庵孟子集解衍义》为全书的一部分。刘尚曾将《大典》中的"邹霆炎《衍义》"全部辑出⑤，实则《孟子》部分并未亡佚，属于误辑。《永乐大典》中《大学》《论语》部分虽无残卷留存，但按照其征引惯例，可以确定《大学》《论语》等相关篇章也征引了邹霆炎《衍义》。

如前所述，邹霆炎其人其事无从得知。但据《天一阁书目》等记载，徐达左曾对《衍义》进行了"校正"。徐达左字良夫，号耕渔子，吴县人，"精

---

① 马万祺：《缅怀冼玉清教授》，《岭南文史》1995 年第 4 期。

② 北京图书馆编：《北京图书馆古籍善本书目·经部》，书目文献出版社 1987 年版，第 129 页。

③ 中国古籍善本书目编辑委员会编：《中国古籍善本书目·经部》，上海古籍出版社 1989 年版，第 312 页。

④ 《读晦庵孟子集解衍义》卷二《梁惠王章句下》，《孟子文献集成》，山东人民出版社 2017 年影印本，第 14 卷，第 393—402 页。

⑤ 刘尚：《〈永乐大典〉引经学佚著辑考》，第 345—347 页。

于义理，不喜以文词为务"①。编有《传道四子书》，"其书引经、子诸说，编颜、曾、思、孟四子，各分内、外二卷"②，即从诸书中采摭有关颜回、曾子、子思、孟子等人的言行编纂而成。由此可见，徐达左对于儒学有一定的兴趣和造诣，因而可以对《读晦庵四书章句衍义》进行校正。元朝末年，徐达左隐居邓尉山中，"辟室招致四方文学之士"③。在此期间，一时名流文士与之往还，多所题咏，于是其将"与友朋往来之诗，编集成卷"④，名为《金兰集》，通过此书可以研究徐达左的人际交游情况。集中收有道衍（姚广孝）为徐达左诗集所撰的序文，另有诗五首⑤。此外，还收有王汝玉诗五首⑥。姚广孝后任《永乐大典》总裁。王汝玉，名璲，"洪武初，有司辟摄郡庠，授应天府学训导，升翰林院五经博士，预修《高皇帝实录》《永乐大典》"⑦。二人皆参与了《永乐大典》的纂修，故而《读晦庵四书章句衍义》得以收入《大典》或与此二人有关。

清乾隆年间编《四库全书》时，曾从《永乐大典》中辑出大量亡佚之作。据《大典》卷六五五八至六五五九的签条载："祝洙《附录》、金履祥《考证》、许谦《丛说》、杜英《旁通》、何文渊《事文引证》、马豫《缉义》、陈栎《发明》、史伯璿《管窥》、赵德《笺义》、赵德《附录》、王充耘《经义贯通》

---

① （明）俞有立：《故建宁府儒学训导徐良夫墓志铭》，（明）都穆辑：《吴下冢墓遗文》卷三，《四库全书存目丛书》，齐鲁书社 1997 年影印本，史部第 278 册，第 25 页。

② （清）丁丙：《善本书室藏书志》卷一五《子部一》，浙江古籍出版社 2016 年版，第 614 页。

③ （明）沙大用：《耕渔子传》，载（明）徐达左辑录：《金兰集》，中华书局 2013 年版，第 19 页。

④ （明）徐达左辑录：《金兰集·自序》，第 5 页。

⑤ （明）徐达左辑录：《金兰集》，第 7—8 页、第 57 页、第 84 页、第 133—134 页、第 143 页、第 146 页。

⑥ （明）徐达左辑录：《金兰集》，第 54 页、第 76 页、第 92—93 页、第 120 页、第 142-143 页。

⑦ （明）张景春：《吴中人物志》卷七《文苑》，《四库全书存目丛书》，史部第 97 册，第 719 页。

《先儒精义》、李好文《经训要义》、程复《心章图》、答禄与权《窥豹管》、邹霆炎《衍义》、魏公著《句解》、熊禾《标题事义》、赵次诚《考义》、倪士毅《辑释》、尹和靖《言行录》、詹道传《纂笺》。以上书见有即抄。"① 可见，四库馆臣曾将邹霆炎《衍义》从《大典》中辑出。但查《永乐大典书目（残本）》并无此书②，或许馆臣所辑仅为片段，而未编纂成书。

二、一依朱注：《衍义》的内容

从书名可知，《读晦庵四书章句衍义》是邹霆炎对朱熹《四书章句集注》的"衍义"之作。作为一种注疏方式，"衍义"从最初的"考证名物、辨证谬误、推衍意义"③ 演变为特定的经典阐释范式。南宋时真德秀著有《大学衍义》，由此确立了衍义体。关于衍义体的定义，朱人求指出："《大学衍义》开创了一种遵循'确立纲目，先经后史，诸子议论，自己按语'的原则和次序的经典诠释体例，它遵从'以义求经'的诠释原则，根据自己的诠释目的和诠释框架来推衍、发挥经义，重视经史互证、理事合一，以经世致用为基本价值取向，以服务帝王为根本目的，带有鲜明的时代性。"④ 但结合《读晦庵四书章句衍义》的内容来看，其虽以衍义为名，但既不符"衍义"的最初定义，也与"衍义体"的阐释原则不相契合。此诚如王重民所言："其衍义方法，与他注家不同。"⑤

笔者认为，《读晦庵四书章句衍义》的"衍义"当来自于"衍"字"广"

---

① 转引自张升：《〈四库〉馆签佚书单考》，《中国典籍与文化》2006 年第 3 期。文字、标点略作调整。

② 《永乐大典书目（残本）》，载张升编：《〈永乐大典〉研究资料辑刊》，北京图书馆出版社 2005 年版，第 463—532 页。

③ 孙先英、刘丽莎、向娟妮：《衍义体研究》，社会科学文献出版社 2020 年版，第 9 页。

④ 朱人求：《衍义体：经典诠释的新模式——以〈大学衍义〉为中心》，《哲学动态》2008 年第 4 期。

⑤ 王重民：《中国善本书提要》，上海古籍出版社 1983 年版，第 40 页。

的意象。据《孔丛子·小尔雅》:"泽之广谓之衍。"[①]《说文》段注指出,"衍"可以引申为"有余之义"[②]。这都说明"衍"有"广""多"等意义。因此,这里的"衍义"指增衍文字以解释意义。即在经文中增入小字以释义,王重民称之为"增字于本文之内,则读者循行诵之,自能通其义"[③]。兹举例说明之。

《读晦庵四书章句衍义·中庸》	《四书章句集注·中庸章句》
仲尼曰:"惟君子为能体中庸之理,小人则反中庸之理。君子之所以体中庸也,其有君子之德,而又能随时以取中。小人之所以反中庸也,其以小人之心,不知此理,故肆欲妄行,而无所忌惮也。"[④]	仲尼曰:"君子中庸,小人反中庸。中庸者,不偏不倚、无过不及,而平常之理,乃天命所当然,精微之极致也。惟君子为能体之,小人反是。君子之中庸也,君子而时中;小人之中庸也,小人而无忌惮也。"王肃本作"小人之反中庸也",程子亦以为然。今从之。○君子之所以为中庸者,以其有君子之德,而又能随时以处中也。小人之所以反中庸者,以其有小人之心,而又无所忌惮也。盖中无定体,随时而在,是乃平常之理也。君子知其在我,故能戒谨不睹、恐惧不闻,而无时不中。小人不知有此,则肆欲妄行,而无所忌惮矣。[⑤]

通过上表的对比可知,《衍义》将朱熹的解释以小字的形式融入经文之中,其内容则完全遵循朱熹原注。此外,《衍义》对经文的注解还存在另一种形式。如下所示:

---

① 傅亚庶校释:《孔丛子校释》卷三《小尔雅第十一》,中华书局 2011 年版,第 213 页。

② (汉)许慎撰,(清)段玉裁注:《说文解字注》卷二一《水部》,上海古籍出版社 1981 年影印本,第 546 页。

③ 王重民:《中国善本书提要》,第 40 页。

④ (明)解缙等:《永乐大典》卷五五一,第 1 册,第 114 页。

⑤ (宋)朱熹:《四书章句集注·中庸章句》,中华书局 1983 年版,第 18—19 页。

《中庸》原文	邹霆炎《衍义》
子曰："道之不行也，我知之矣，知者过之，愚者不及也；道之不明也，我知之矣，贤者过之，不肖者不及也。人莫不饮食也，鲜能知味也。"	言道之过与不及①。
子曰："舜其大知也与！舜好问而好察迩言，隐恶而扬善，执其两端，用其中于民，其斯以为舜乎！"	言舜之用中②。
子曰："回之为人也，择乎中庸，得一善，则拳拳服膺而弗失之矣。"	言颜回之择中庸③。

可见《衍义》除对《中庸》经文进行增字释义外，还有提纲挈领式的总结。因而《大典》将其分别编排于"右第四章""右第六章""右第八章"之后，作为一章宗旨的概括。这种情况同样见于《读晦庵孟子集解衍义》之中④，如《离娄章句下》："孟子曰：'西子蒙不洁，则人皆掩鼻而过之。虽有恶人，斋戒沐浴，则可以祀上帝。'"《衍义》于这一章末总结道："此孟子戒人之丧善而勉人以自新也。"⑤朱注于此作："尹氏曰：'此章戒人之丧善，而勉人以自新也。'"⑥二者几乎完全相同。

通览《读晦庵孟子集解衍义》全书可知，这种总结性的文字并非每章都有。这也解释了为何《大典》所引《中庸》仅有三条，而《孟子》部分未见一条。值得注意的是，前揭《中庸》部分的三条总结文字，并无对应的朱注，应该是邹霆炎根据对经文和朱注的理解归纳而来。但这类总结仍然是遵循朱熹的原注，并无作者本人观点的发挥。

此外，对于一些难以通过增字解释的字义，《衍义》采取在该字旁加注的方式。如《万章章句下》："汤始征，自葛载。"《衍义》于"载"字右侧加注

①（明）解缙等：《永乐大典》卷五五二，第1册，第126页。
②（明）解缙等：《永乐大典》卷五五三，第1册，第134页。
③（明）解缙等：《永乐大典》卷五五四，第1册，第143页。
④此由长江大学周中梁先生提示，特此致谢。
⑤《读晦庵孟子集解衍义》卷八《离娄章句下》，《孟子文献集成》，第14卷，第543页。
⑥（宋）朱熹：《四书章句集注·孟子集注》卷八《离娄章句下》，第297页。

"始也"①，朱注作"载，亦始也"②。又如"有攸不惟臣，东征，绥厥士女，匪厥玄黄……"《衍义》于"匪"字右侧加注"筐同"③，朱注作"匪，与筐同"④。可见，其对字义的解释仍遵朱注。

要之，《读晦庵四书章句衍义》完全采纳了朱熹《四书章句集注》的解释，则其卷次应该也与《四书章句集注》相同。即除国图等所藏《读晦庵孟子集解衍义》十四卷外，应该还有《读晦庵大学章句衍义》一卷、《读晦庵中庸章句衍义》一卷及《读晦庵论语集解衍义》十卷。因此，前揭《天一阁见存书目》等记载《读晦庵四书章句衍义》共十四卷，恐非就全书而言。换言之，天一阁所藏《读晦庵四书章句衍义》并非全帙，应该是《孟子》部分，亦即《读晦庵孟子集解衍义》。

邹霆炎以"增字释义"的方式对朱熹的《四书章句集注》进行了通俗化的改造，这种注经形式对于初学者甚为方便。徐达左隐居期间，积极从事于族中子弟的教育事业。墓志铭记载其"推田园于族之人，躬行孝弟，以身率其族之子弟，复延师于家塾教之。岁时祭享宴会，合族人于家讲诗书、论礼乐"。洪武二十二年（1389），徐达左又应郡人建宁知府施仁之请，出仕为府儒学训导⑤。据《明史》记载，府儒学设训导四人，职责是佐助教授"教诲所属生员"⑥。无论是隐居期间培养族中子弟，抑或身为训导教诲所属生员，《读晦庵四书章句衍义》便于初学的优点，应是徐达左对此书进行校正的原因所在。

三、结论

综上所述，残卷《永乐大典》卷五五一至五五六、卷六五五八至

① 《读晦庵孟子集解衍义》卷六《滕文公章句下》，《孟子文献集成》，第 14 卷，第 494 页。
② （宋）朱熹：《四书章句集注·孟子集注》卷六《滕文公章句下》，第 268 页。
③ 《读晦庵孟子集解衍义》卷六《滕文公章句下》，《孟子文献集成》，第 14 卷，第 495 页。
④ （宋）朱熹：《四书章句集注·孟子集注》卷六《滕文公章句下》，第 269 页。
⑤ （明）俞有立：《故建宁府儒学训导徐良夫墓志铭》，载（明）都穆辑：《吴下冢墓遗文》卷三，《四库全书存目丛书》，史部第 278 册，第 25 页。
⑥ （清）张廷玉：《明史》卷七五《职官四》，第 1851 页。

六五五九所引"邹霆炎《衍义》"即元人邹霆炎所撰《读晦庵四书章句衍义》，国家图书馆等处所藏元刊本《读晦庵孟子集解衍义》为全书的一部分。其内容完全遵循朱熹《四书章句集注》的解释，通过"增字释义"的形式对四书经文进行注解。因其具有通俗简便的优点，从而得到徐达左的校正。徐达左与《永乐大典》纂修人员姚广孝、王汝玉等交契颇深，此书得以收入《永乐大典》之中。

（本文撰写完成后，马灿灿、王雪菲等诸友提出了建设性的修改意见，谨申谢意！）

《永乐大典》"姓氏"引《千家姓》考

王雪菲

　　《永乐大典》内容繁富、卷帙宏大、影响深远。成书以来，学者不断利用《大典》辑佚古书[1]，并对《大典》进行研究[2]。进入 21 世纪以后，得益于《大典》影印本的出版、海外《大典》残卷的发现、古籍数字化的普及，《大典》研究的热度较以往出现上升态势。学者围绕《大典》正本的纂修目的、人员、流程、下落，《大典》副本的抄录、递藏，以及后世辑佚的《大典》本等几个主要方向展开讨论[3]。近年来，随着《大典》残卷整理与复原工作的不断深入[4]，学者们对《大典》的关注逐渐转向《大典》引书，从引书内容、特点、

---

① 详见史广超：《〈永乐大典〉辑佚述稿》，中州古籍出版社 2009 年版，第 12—15 页。

② 如郭伯恭、王重民、顾力仁、张忱石、栾贵明等学者对《大典》的纂修问题有所关注。研究成果详见郭伯恭：《永乐大典考》，商务印书馆 1938 年版；王重民：《〈永乐大典〉的编纂及其价值》，《社会科学战线》1980 年第 2 期。顾力仁：《〈永乐大典〉及其辑佚书研究》，文史哲出版社 1985 年版；张忱石：《永乐大典史话》，中华书局 1986 年版；栾贵明：《永乐大典索引》，作家出版社 1997 年版。

③ 这一时期的《大典》研究，虞万里、郝艳华等人有不少论述，其中以张升用力最深，成果最为突出。详见张升：《〈永乐大典〉流传与辑佚研究》，北京师范大学出版社 2010 年版；《〈永乐大典〉流传与辑佚新考》，社会科学文献出版社 2019 年版。

④ 2021 年，国家社会科学基金批准"《永乐大典》存卷综合整理研究""《永乐大典》综合研究、复原"两个特别委托项目及"《永乐大典》易学典籍辑校与研究"冷门绝学研究专项。

层次、版本等诸多角度进行探讨①。目前，引书研究虽已初具规模，但其中对于《大典》征引姓氏书的研究尚不足，对于较多收录姓氏书的"姓氏"事目研究也相对薄弱。《大典》残卷"姓氏"事目中收录有大量明初《千家姓》的文本。从《大典》"姓氏"事目入手，研究《大典》收载《千家姓》的情况，对我们探究《大典》及《大典目录》的编纂具有重要价值。同时，亦可据《大典》残卷所引《千家姓》反推《千家姓》原文，与现存各版本的《千家姓》进行互证互校。

一、"姓氏"为《大典》切要事目

姓氏书是汇集不同姓氏，附以姓氏源流、郡望、人物和世系等内容的一类书籍②。宋代以降，类书编撰发展迅速，种类繁多，内容丰富。在那些以内容主题分类的类书中，多设有"姓氏"一门，如《锦绣万花谷》卷一一至

---

① 诸多学者对《大典》征引经、史、子、集各部文献进行个案研究或类别研究，成果相继问世。如韩悦：《〈永乐大典〉引录文献方法考略——以〈周礼〉为中心》，《文献》2022年第5期；董岑仕：《〈永乐大典〉之〈崇文总目〉〈四库阙书〉考——兼论〈永乐大典〉中四十二卷书目汇编》，《古典文献研究》第二十一辑下卷，凤凰出版社2018年版；丰子翔：《〈永乐大典〉引〈庄子〉考校》，《古典文献研究》第二十六辑上卷，2023年版；杜治伟：《〈永乐大典〉所引〈西游记〉试探》，《明清小说研究》2020年第1期。

② 目前学界对于姓氏书的定义尚不统一，学者往往在个人研究对象的范围内对姓氏书进行概述，或直接运用"姓氏书"一词而忽略姓氏书的具体范围。李德辉将姓氏书定义为"记载人物姓氏源流、家族宗支传衍的古书"。参见李德辉：《中古姓氏佚书辑校》，凤凰出版社2020年版，第1页。金传道则认为姓氏书是记录、收集、研究姓氏的著作，较为笼统。参见金传道：《〈新编古今姓氏遥华韵〉编纂流传价值考》，《内蒙古师范大学学报（哲学社会科学版）》2021年第6期。陈鹏将中古谱牒分为五类：私家谱牒、皇族谱牒、总谱、州郡谱、姓书。其中对于姓书的定义是"以记述各姓氏姓源、列举姓氏名人为主要内容的文献，例如何承天《姓苑》（见《隋志》）。这类文献也涉及各姓氏贯望、姓氏读音，乃至各姓族谱系等内容。一些文献兼具姓书和总谱的性质，例如《元和姓纂》"。参见陈鹏：《世系与门第：中古谱牒新论》，博士学位论文，北京大学，2015年，第2页。

三六为"类姓门"，《事类备要续集》中有"类姓"，而按字、词分韵编纂的类书中也往往广泛存录着前代及本朝姓氏书的内容，但多未标明文献出处。如阴时夫辑《韵府群玉》一书，以韵部排列字目，字目下有事韵、活套、诗篇、人名、姓氏等内容。以字目"焦"为例：先注反切"即消切"，举《史记》《阿房宫赋》《左传》等文献对"萧"字进行释义和书证。后列"卷焦""山岳焦""状元焦"等事韵，再列活套类目、姓氏类目，类目以大字黑牌为标识。详析其姓氏类目，仍以"焦"字为例：先收录此姓之郡望、五声音韵①、姓氏起源等内容，如"中山，角音。周封神农后于一，因氏。汉外黄令一贡"，再收载此姓名人，如"一度，字文绩。气干，弓马并绝。宋武曰真健人也。《南史》一遂，——五斗方卓然。《杜》一先，字孝然。作蜗牛庐，详庐"②。人名以黑底白字为标识，引书以单框为标识且多用简称，"详庐"即详细内容见"庐"字的简称。可见收载其他文献时多标有出处，但"中山，角音"部分未标出处。

《韵府群玉》"凡例"中"姓氏"一条写道："姓氏人名亦为切用，今备存之。其有《百家姓》所不收，及收而事阙者，如涂、漆、谌之类，亦随所见笔之。人名则略述其事迹，庶识其为何如人而用之也。其不述者，则人所常知，兼于姓氏下可考。"③"凡例"中提到《百家姓》，笔者将《韵府群玉》与《百家姓》相关内容进行抽检，详见下表：

---

① 唐代封演《封氏闻见记》记载："魏时有李登者，撰《声类》十卷，凡一万一千五百二十字，以五声命字，不立诸部。"见（唐）封演撰，赵贞信校注：《封氏闻见记校注》，中华书局 2005 年版，第 7 页。封氏提及的《声类》是我国目前已知最早的韵书，其中五声即宫、商、角、徵、羽。李登将 11520 字分为宫、商、角、徵、羽五类，此后韵书多沿袭此法。胡企平认为："宫商角徵羽五个阶名（即五个音节），除了包括由元音和辅音构成各自的音质单位外，它们还与一定的音高、音强和音长有关。"参见胡企平：《"宫商角徵羽"五声阶名探源》，《上海交通大学学报（社会科学版）》1997 年第 1 期。

② （元）阴时夫：《韵府群玉》卷五，国家图书馆藏元元统二年梅溪书院本。

③ （元）阴时夫：《韵府群玉》书前"凡例"，国家图书馆藏元元统二年梅溪书院本。

表 1 《韵府群玉》与《百家姓》部分内容对比 ①

姓氏	《韵府群玉》内容	《百家姓》内容
松	东莞，宫音。	宫音。东莞郡。
陈	颍川，徵音。	徵音。颍川郡。
王	太原，商音。	商音。太原郡。
平	河内，商音。	商音。河内郡。
董	陇西，角音。	角音。陇西郡。
赵	天水，角音。	角音。天水郡。

　　上表可以验证正如《韵府群玉》"凡例"所述，前文所引"焦"下收载的"中山，角音"此类内容，虽未明确标注出处，但大体上是以《百家姓》为主，若《百家姓》内容不全，再参考其他姓氏书进行征引。

　　官修类书《永乐大典》正本成书于永乐六年（1408）。《大典》在体例上参照《韵府群玉》《回溪史韵》，收录之内容则超越二书，"凡书契以来，经、史、子、集百家之书，至于天文、地志、阴阳、医卜、僧道、技艺之言，备辑为一书，毋厌浩繁"②。《大典》以韵统字，用字系事，先根据《洪武正韵》排列韵部以收录字目，再将与事目相关的文献尽载其下③。与《韵府群玉》相似的是，《大典》所收载的众多事目中，"姓氏"同样为切要事目。若一字之下，收录有姓氏相关内容，《永乐大典目录》中均标注"姓氏"二字。对于"姓氏"部分，《大典》"凡例"中有较为明确的阐释：

　　　　古今姓氏，其出不一，有以国为姓者（如周、陈、韩、郑之类），有出于赐姓者（如刘敬、李勣之类），有外夷冒中国姓者（如刘渊、石勒之

① 举例时《韵府群玉》取用国家图书馆藏元元统二年梅溪书院本，《百家姓》取用（清）王相撰，黄曙辉校：《百家姓考略》，华东师范大学出版社 2010 年版，具体页码不再一一标注。

② 《明太宗实录》卷二一，永乐元年七月丙子，上海书店出版社 1984 年版，第 393 页。

③ （明）解缙等：《永乐大典》卷首《永乐大典凡例》，中华书局 1986 年影印本，第 10 册，第 2 页。

类），有以部落为姓者（如宇文、耶律、完颜之类），世系混殽，难于考究。今以《元和姓纂》《姓氏辩证》诸书详著本末，随字收载。以世次系诸史列传及碑志杂说，先儒议论附之。覆姓则以下一字收之（如诸葛入葛字之类）。若辽金元所载诸臣，或无姓氏，至有五六字相连为名者，既无姓可收，亦以下一字附各字之后（如木华黎入黎字之类）。①

可见《大典》编纂官在编修之初，就考虑了"姓氏"事目的体例、格式、收载内容等问题。这些姓氏书并非以整本或整篇的形式收载于《大典》之中，而是按照具体的姓氏字目进行拆分。其中单姓随姓氏字目分条摘引，而复姓者、少数民族无姓氏者、多字姓氏者则"以下一字附各字之后"。这里的"下一字"容易引起歧义，现以《大典》残卷中出现的"姓氏"事目为例略作说明：

> 卷五三八、五三九"慕容氏"入"容"字，
> 卷二二五八"挈壶氏""投壶氏"入"壶"字，
> 卷二四〇五"赫苏氏""有苏氏"入"苏"字，
> 卷二八〇七"兹丕氏"入"丕"字，
> 卷二九五五"黄神氏""狙神氏"入"神"字，
> 卷三五八七"普屯氏""奥屯氏"入"屯"字，
> 卷五二〇五"滕原氏"入"原"字，
> 卷七三二九"只儿哈郎"入"郎"字，
> 卷一〇八九九"尼厖古钞兀""尼厖古鉴""尼厖古蒲鲁虎""蒙古纲""雍古按竺尒""直鲁古""别出古""别鲁古""别里古"入"古"字，
> 卷一一〇七六"陁傀氏"入"傀"字，
> 卷一四四六四"列御氏"入"御"字，
> 卷一九六三六"释慧沐"入"沐"字，

---

① （明）解缙等：《永乐大典》卷首《永乐大典凡例》，中华书局1986年影印本，第10册，第3页。

卷一九七八四"乞伏氏"入"伏"字。①

其中"慕容氏"等为"凡例"所说"覆姓"，而"只儿哈郎"等则为"凡例"所说"无姓氏，至有五六字相连为名者"。据此"下一字"指复姓、无姓氏者、多字姓氏者姓氏或名字中的所重字，而非指第二个字或者最末一字。

通过梳理《大典》残卷中出现的"姓氏"事目，还可以归纳出几点"凡例"中未曾提及的情况。其一，"姓氏"事目将女性名人收载在本姓名人的末尾，并以某某妻某氏、某某母某氏等格式书写事目名。如卷五三九"慕容氏"末尾有"太宁郡君慕容氏""永安县君慕容氏"等，卷二四〇五"苏氏"末尾有"窦滔妻苏氏""曾悟母苏氏""张斯立妻苏氏""苏小小"等②。其二，仙人、僧人、道人等诸类人士以所重字收载在"姓氏"事目下。如卷一一九〇三"广成子""广寿子"入"广"字，卷二〇三九"灵一""昙一""智一""道一""闻一禅师""法一禅师""宗一禅师"入"一"字。

虽然目前《大典》残缺不全，但依据现存《连筠簃丛书》刻本③与国家图书馆藏清代抄本《大典目录》④，我们可以大致了解《大典》的结构与内容。汇总两种《大典目录》对"姓氏"的著录，其中抄本《大典目录》出现的"姓

---

① 《永乐大典》，中华书局 1986 年《永乐大典》影印本，卷五三八第 1 册第 64—72 页；卷五三九第 1 册第 73—80 页；卷二二五八第 1 册第 717 页；卷二四〇五第 2 册第 1123 页；卷二八〇七第 2 册第 1433 页；卷二九五五第 2 册第 1604 页；卷三五八七第 3 册第 2167—2171 页；卷五二〇五第 3 册第 2317 页；卷七三二九第 4 册第 3112—3113 页；卷一〇八八九第 5 册第 4505—4508 页；卷一一〇七六第 5 册第 4606 页；卷一四四六四第 7 册第 6385 页；卷一九六三六第 8 册第 7305 页；卷一九七八四第 8 册第 7416—7422 页。

② 《永乐大典》，卷五三九第 1 册第 79—80 页；卷二四〇五第 2 册第 1120—1123 页；卷 11903 第 5 册第 5013—5014 页；卷二〇三九第 8 册第 7592 页。

③ 《连筠簃丛书》所收《大典目录》为清人张穆从翰林院抄出刊印。参见史广超：《〈永乐大典〉辑佚述稿》，第 7—10 页。

④ 国家图书馆藏清抄本《大典目录》为庶吉士姚元之于嘉庆、道光年间从翰林院抄出。参见张升：《〈永乐大典〉流传与辑佚研究》，第 8 页。

氏"事目共涉及 2411 卷，1374 个字目；刻本《大典目录》中出现的"姓氏"事目共涉及 2410 卷，1373 个字目。两种《大典目录》显示，有 163 个字目下"姓氏"的内容在体量上超过一卷。依据两种《大典目录》的"姓氏"标注来看，《大典》"姓氏"事目出现的卷数约占《大典》总卷数的十分之一。如此比重，可以从侧面说明"姓氏"事目在《大典》中的突出地位。

此外，两种《大典目录》除了标注有"姓氏"，还标注了"元人名氏""金人名氏"两类和姓氏相关的事目。详见下表：

表 2　《永乐大典目录》中出现的"元人名氏""金人名氏"①

卷数	姓氏	标注事目	前后出现的事目
2548	该	元人名氏	（前）事韵
3775	欢	元人名氏	（前）事韵
5751	沙	元人名氏	（前）姓氏
5815	厓	元人名氏	（前）事韵
5842	花	元人名氏一	（前）姓氏
5843	花	元人名氏二	
11063	乃	元人名氏	（前）事韵
11065	觲	元人名氏	
11065	歹	元人名氏	
11280	本	金人名世	（前）日本国
16016	翰	金人名氏	（前）诗文
20467	识	元人名氏	（前）成唯识论四

其中卷一一二八〇"本"字之下所记"金人名世"应为"金人名氏"之误抄。然两种《大典目录》均于此处出现同样的错写，原因可能是两种《大典目录》之源——嘉靖重抄《大典目录》时在此处留下笔误，此后两种目录照此抄录而致。由卷五七五一"沙"字同时出现"姓氏"和"元人名氏"，可

① 笔者已将两种《大典目录》的相关内容进行比对，并无差异之处，遂此处不再区分两个版本。

以推测《大典》中"元人名氏""金人名氏"虽同样收载姓氏内容，但与"姓氏"事目是有所区分的。

同时，从现存《大典》残卷及零叶[①]来看，"姓氏"事目在《大典》中有相对独立的著录格式。"姓氏"与"诗文""事韵""地理"等同为切要事目，在书写格式上呈现出的等级相对一致。以《大典》卷四九〇"众"字为例（见图1、图2）：

《大典》中的字目为大字墨书，行首顶格书写，如图1左起第二行的"众"。各部分内容开头另起一行[②]，为大字墨书，空两格书写，如图2右起第五行"姓氏"部分即书"众氏"。下面征引姓氏书解释此姓氏的源流，注明引书书名，为小字朱笔，如图2右起第五行"千家姓"。引录的具体内容，为小字墨书，如图2右起第五行"商音，鲁郡"之后另起一行，大字墨书，空一格列举此姓氏中的重要人物，如图2右起第七行书"众仲"。下面征引姓氏书及其他典籍中与此人相关的传记、墓志、杂论等内容，具体内容的格式与前文相同。若有复姓或多字姓，则以所重字为收录字目，书"某某氏"及重要人物"某某某"，注明引书书名和抄写引录的具体内容时，格式与前文相同。

若以"众"字为例看《大典》"姓氏"事目的内容，"姓氏"主要由两个部分组成。首先为姓氏总叙"众氏"，收载《千家姓》《古今姓氏辩证》，这与上文《大典》"凡例"中提到的《元和姓纂》《姓氏辩证》等书性质一致，即姓氏书，这是《大典》"姓氏"部分文献的主要来源。其次为姓氏名人"众仲"，收载《通志》，符合《大典》"凡例"所述"以世次系诸史列传及碑志杂说，先儒议论附之"[③]。查验《大典》残卷中"姓氏"事目的总述部分：

---

① 张升梳理了目前已知所有《永乐大典》残本集及零叶的流传及递藏情况，残本434册，零叶5页。参见张升：《〈永乐大典〉流传与辑佚新考》，第239—441页。加之最新从海外回流的卷二二六八至二二六九"湖"字册和卷七三九一至七三九二"丧"字册，目前已知现存《大典》残卷共计436册。

② 并非全部都另起一行，有特例但数量不多。如现存《大典》残本卷七九六二中"兴"字下"兴氏"便并未另起一行。

③ （明）解缙等：《永乐大典》卷首《永乐大典凡例》，第10册，第3页。

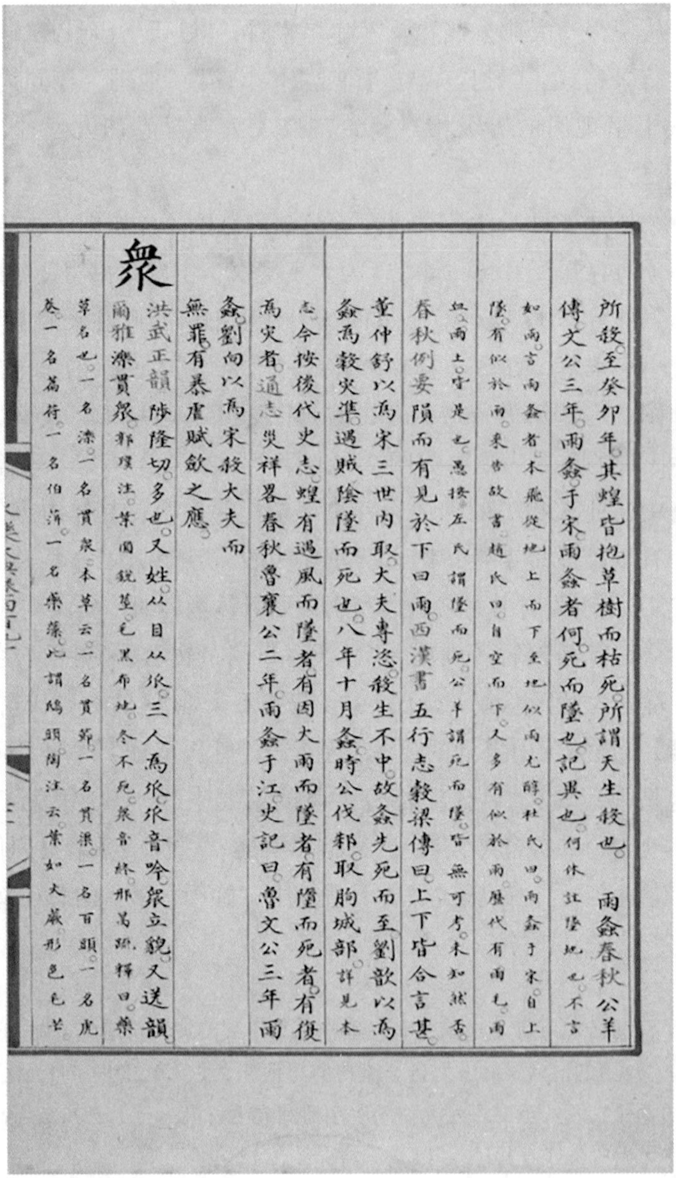

眾

所發至癸卯年其蝗皆抱草樹而枯死所謂天生殺也

傅文公三年雨螽于宋雨螽者何死而隊也記異也何休註隊地也不言

如雨言雨螽者本飛從地上而下至地似雨尤解杜氏曰雨螽于宋自上
隊有似於雨而來者故書趙氏曰自空而下人多有似於雨歷代有雨毛雨

如雨上雪是毛惡揆左氏謂隊而死公羊謂死而隊皆無可考木如然舌

春秋例要隕而有見於下曰雨西漢書五行志穀梁傳曰上下皆令言甚

董仲舒以為宋三世內取大夫專恣殺生不中故螽先死而至劉歆以為

螽為穀災穀過賊陰隊而死也八年十月螽時公伐邾取胸城部詳見本

志今按後代史志螽有過風而隊者有因大雨而隊者有隨而死者有隨

為災省道志災祥晷春秋魯襄公二年雨螽于江史記曰魯文公三年雨

螽劉向以為宋發大夫而無罪有恭虐賦欲之應

洪武正韻陟隆切多也又姓从目从乑三人為乑乑音吟乑立皃又送韻
爾雅濼貫眾郭璞注眾圉銳莖毛黑布地含不死眾音終邢昺疏釋曰眾
草名也一名漆一名貫眾本草云一名貫節一名百頭一名虎
卷一名爲行一名伯萍一名藥藻之謂鴟明雅注云葉如大嚴形邑毛芒

图1

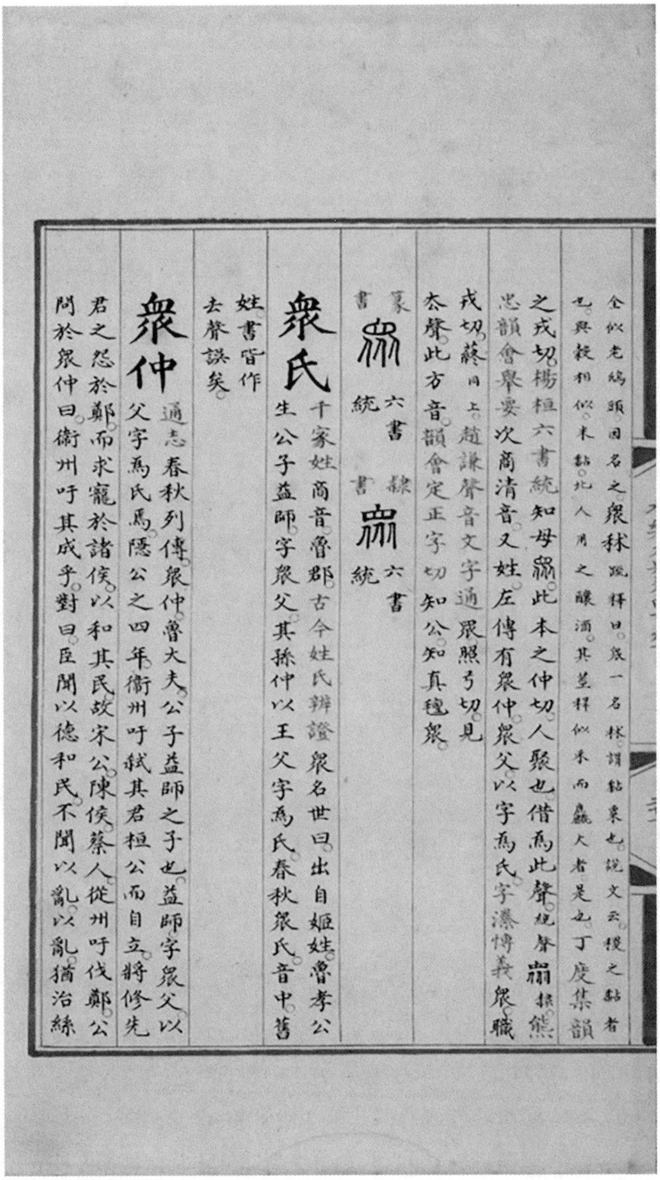

图 2

卷四九〇"众氏"收载《千家姓》《古今姓氏书辩证》，

卷五四一"庸氏"收载《千家姓》《元和姓纂》《英贤传》，

卷九一〇"尸氏"收载《千家姓》《元和姓纂》《风俗通》，

卷二二五八"壶氏"收载《千家姓》，

卷二二五九"瓠氏"收载《千家姓》，

卷二三四七"乌氏"收载《千家姓》《元和姓纂》《姓氏急就篇》《姓氏源流》《古今姓纂》，

卷二四〇六"初氏"收载《国朝千家姓》《姓氏急就篇》《千姓编》《氏族略》，

卷三五八五"尊氏"收载《千家姓》《元和姓纂》，

卷四九〇八"烟氏"收载《千家姓》，

卷七三二九"郎氏"收载《千家姓》《古今姓氏辩证》《千姓编》《启札青钱》，

卷七九六二"兴氏"收载《千家姓》《姓氏急就篇》，

卷八〇二四"成氏"收载《千家姓》《路史》《古今姓纂》《千姓编》《古今姓氏辩证》，

卷八八四二"游氏"收载《千家姓》《元和姓纂》《姓氏急就篇》《古今姓氏辩证》。[①]

可以发现"姓氏"事目收载文献有姓氏书，也有部分史书和类书，但主要为姓氏书。在收载的诸多姓氏书中，《千家姓》一书的收载频率最高。同时

[①]《永乐大典》，卷四九〇第 1 册第 62 页；卷五四一第 1 册第 104 页；卷二二五八第 1 册第 722 页；卷二三四七第 2 册第 1046 页；卷二四〇六第 2 册第 1133 页；卷三五八五第 3 册第 2149 页；卷四九〇八第 3 册第 2317 页；卷七三二九第 3 册第 3105 页；卷七三六二第 4 册第 3697 页；卷八八四二第 4 册第 4042 页；《永乐大典》卷九一〇为日本京都大学藏本影印图片；卷一〇八八九第 5 册第 4505—4508 页；卷一一〇七六第 5 册第 4606 页；卷一四四六四第 7 册第 6385 页；卷一九六三六第 8 册第 7305 页；卷一九七八四第 8 册第 7416—7422 页；卷四九〇八，德国柏林民族学博物馆藏影印图片；卷八〇二四，英国国家图书馆藏影印图片。

在众多姓氏书的排序上，《千家姓》也始终居于首位。

综上，类书中设置"姓氏"一门，在《大典》之前已有先例。《大典》编纂官参考《韵府群玉》的体例，将"姓氏"分散于各个作为姓氏使用的字目之下。若一字为姓，此字目下便开列"姓氏"事目。"姓氏"事目在《大典》中出现频次颇高，拥有与"事韵""诗文"等事目一致的编辑体例，属于《大典》中较为重要的一类事目。"姓氏"事目下包含姓氏总述和姓氏名人两部分内容，收载《千家姓》等姓氏书及其他史料。《千家姓》在"姓氏"事目收载频率最高，起到总领作用，具有突出地位。

二、《千家姓》的"御制"性质

《大典》"姓氏"事目首先征引《千家姓》，与《韵府群玉》中"姓氏"事目收载《百家姓》的情况相似。但如果说《大典》编纂官征引文献时将《千家姓》安排在首位，仅仅是仿照《韵府群玉》将《百家姓》放在了首位，那为何不直接征引《百家姓》而替换为《千家姓》呢？

《四库全书总目》对于《千家姓》一书未有著录，但在记述《元和姓纂》《古今姓氏书辩证》时均有所提及。《元和姓纂》提要下云："……仅存七八，此本在《大典》中皆割裂其文，分载于太祖御制《千家姓》下。"[①]《古今姓氏书辩证》提要下云："宋时绍兴有刊本，今已散佚。《永乐大典》散附《千家姓》下，已非旧第。"[②]四库馆臣所言透露出两点信息：一是《元和姓纂》成书于唐代，《古今姓氏书辩证》成书于南宋，而《千家姓》成书于明代，《大典》编纂官在设计"姓氏"事目时，对所引录的各部姓氏书并非按照典籍的成书时代进行排列。《千家姓》似乎成为了《大典》"姓氏"事目的坐标，被固定于"姓氏"之首。二是四库馆臣认为，《千家姓》乃"太祖御制"，具有敕撰性质。清人管庭芬则认为"此书前列名曰'明开国殿元吴伯宗句'，盖当日坊贾所标题，

---

① （清）永瑢等：《四库全书总目》卷一三五《类书类一》，中华书局 1965 年影印本，第 1143 页。

② （清）永瑢等：《四库全书总目》卷一三五《类书类一》，第 1147 页。

颇为陋习。……疑乡曲好事者所为，假托伯宗之名以欺世耳”①。与四库馆臣观点不同的是，管庭芬不仅不认为《千家姓》是“御制”，更怀疑《千家姓》乃书坊伪作。管氏之说有两种情况：一是《千家姓》就是伪托，管氏乃就“此书”而言；二是管氏认为他见到《千家姓》是伪书，乃就“此本”而言。若想厘清四库馆臣与管氏的判断孰是孰非，首先需要对《千家姓》的性质加以讨论。

目前可知《千家姓》的存世版本有四个，各版本《千家姓》的质量不一，内容也有所差异：1.安徽省图书馆藏明刻本《千家姓》一册一卷②。2.私人藏清抄本《千家姓》一册，收单姓1752个，复姓198个，共计姓氏1950个。正文每行四大字，半页行四，大字下有小字，并有少量解释与注音。书后有“友松山人李尚谟于青黎阁为词；李吴玉如书”及八个复姓③。3.国图藏清管庭芬抄本《千家姓》一册，收单姓1746个（含管庭芬所补10个），复姓200个，共计姓氏1946个。书有内管庭芬印章四枚及“国立北平图书馆收藏”印一枚，避“弘”字讳。书前有钟万所题“千家姓弁言”。正文每行四大字，半页行四，大字下有小字，页内有少量校注。正文后有管氏题识及钟氏《千家姓续补》及《百家姓》。4.北京师范大学图书馆藏清末抄本《千家姓》一册，收单姓1768个，复姓200个，共计姓氏1968个。书前有章三枚，漫漶不清，书前附有《进千家姓表》及明人周成德题识。正文每行四大字，半页行四，大字下有小字，页内有部分朱笔及墨字注音。书后附万年历一页，较漫漶，及习字纸一页，内容为抄写的《千家姓》正文大字④。其中北师大本《千家姓》卷前《进千家姓表》内容如下：

> 臣沈等言：臣闻古者天子建德，因生赐姓，胙土命氏，此姓氏所由兴也。三代以前，有姓有氏，姓以别婚姻，氏以辨贵贱，所由来尚

---

① （明）吴沉等：《千家姓》，国家图书馆藏清管庭芬抄本。

② 安徽省图书馆著录信息有：明洪武十四年吴伯宗撰，四行八字，白口，四周单边，无刻工，有洪武十四年序。但笔者暂未见到原书。

③ 详见江巧珍、孙承平：《明代〈千家姓〉的发现与考证》，《明史研究》2005年第1期。

④ 以上四个版本《千家姓》的校勘及相关版本、《千家姓》的流传等问题另作文章进行讨论。

矣。三代以后，姓氏寖广，推原其始，有以帝王名号为氏者；有以王父字为氏者；有以所生之土为氏者；有以官、以爵及谥为氏者；有以所封之国若邑、若乡、若亭为氏者；有以伎、以物为氏者。故往往姓同而氏则分。年代即远，族类益繁，于是以氏为姓而系之族矣。历汉唐宋元生齿之盛、华夷之混，又有以部落为姓者；有因功赐姓者；有因过、因事、因刑改姓者；有避讳、避仇、避难、避嫌改姓者；有慕前贤名字冒姓者；有音讹及音同文异或文同音异转者；有省文、省言转姓者。其区分类别不可胜纪。前代虽有《氏族志》等书流行于世，类皆搜罗未尽，识者病之。恭惟皇帝陛下诞膺天命，混一区宇，车书万里，薄海内外，遐陬僻壤，沾沐圣化，安土乐生，黎庶阜蕃，又非前代之比。臣等谨稽诸史牒，质之图籍，旁搜博访，类萃成编，约为韵语。凡为姓一千九百六十有八，名曰《千家姓》。缮写呈上，极惭肤浅，未能悉备，万几之暇，得赐览观，刊布四方，以便初学习读。庶天下之人，有以知圣朝土地广大，人民众盛，恩深德厚，而思各保其族于悠久，以同跻仁寿之乡也。洪武十四年三月朔日翰林编修臣吴沈等诚惶诚恐稽首顿首谨言。[①]

《明文衡》亦收录吴沉《进千家姓表》一篇，内容与北师本《千家姓》所附进表内容大体一致[②]。据《进千家姓表》所述，书中收录姓氏 1968 个，在已知的四个版本《千家姓》中，只有北师大本内容能够与《进千家姓表》对应。据此判断，相较于国图本和私人藏本，北师大本内容更完整，更接近进呈本的《千家姓》。北师大本落款为"洪武十四年三月朔日……"《明文衡》中进表落款为"洪武十四年五月朔日，翰林编修吴沈，典籍刘仲质、吴伯宗等诚惶诚

---

① （明）吴沉等：《千家姓》，北京师范大学图书馆藏清抄本。

② 二者文字区别如下：北师大本"有姓有氏，姓以别婚姻"，《明文衡》本"有姓以别婚姻"；北师大本"于是以氏为姓而系之族矣"，《明文衡》本"于是以氏为姓而索之族矣"；北师大本"类皆搜罗未尽，识者病之"，《明文衡》本"类皆搜罗未尽，互有详略，识者病之"；北师大本"恩深德厚而思"，《明文衡》本"恩德深厚而思"；北师大本"沾沐圣化，安土乐生，黎庶阜蕃，又非前代之比"，《明文衡》本"咸沾沐恩圣化，安土乐生，黎庶阜蕃，又非前代之比"。

恐稽首顿首谨言"①。《国榷》"洪武十四年五月乙酉"条亦记载："吴沉进《千家姓》。"②因此"三月"应是传抄过程中的讹误，应校正为"五月"。再者，《大典》"姓氏"引录《千家姓》时，多著录为"千家姓"，也有个别著录为"国朝千家姓"，如卷九〇九"诗氏"及卷二四〇六"初氏"。这说明《大典》所引《千家姓》即明初所编《千家姓》。

将管庭芬抄本和北师大本《千家姓》内容进行比对，可确定两者是否为同一文献的不同版本，进而判断管氏的"伪书论"是否合理。管氏抄本《千家姓》收单姓 1746 个（含钟氏所补 10 个），复姓 200 个，共计姓氏 1946 个。《弁言》中提及"脱一叶阙三十二姓"③。而管庭芬抄本《千家姓》除去缺少的 32 个姓氏，其余 1936 个姓氏皆与北师大本《千家姓》一致④。因此，管氏的"伪作"若针对"此书"而言，即判断失误。管氏提出《千家姓》乃好事者假托所为的依据是：此本《千家姓》中"倪之与儿，鼂之与晁，邺之与业，管之与筦，茅之与茆等类系一姓，而强分为二，似好事者所为"。但实际上，在完整收录了 1968 个姓氏的北师大本《千家姓》中，倪、儿、鼂、晁、邺、业、管、筦、茅、茆 10 个姓氏亦见于书中，并且著录内容上并不完全相同，就"此本"而言的"伪作论"也不成立。详见下表：

表3 《千家姓》中的倪、儿等10个姓氏内容

姓氏	内容	姓氏	内容
倪	宫 千乘	儿	角 绛郡
鼂	商 颍川	晁	商 颍川
邺	宫 魏郡	业	角 魏郡
管	征 平昌	筦	角 平昌
茅	商 东海	茆	宫 汝南

① 参见（明）程敏政辑：《明文衡》卷五，上海商务印书馆民国八年《四部丛刊》景明刻本，第 282 叶。

② （明）谈迁：《国榷》卷七，洪武十四年五月乙酉，中华书局 1958 年影印本，第 157 页。

③ （明）吴沉等：《千家姓》，国家图书馆藏清管庭芬抄本，书前《千家姓序》。

④ 两个版本的《千家姓》在姓氏排序问题上有部分差异，具体情况另作文章进行讨论。

至此可以确定，《千家姓》是明洪武十四年（1381）翰林编修吴沉，典籍刘仲质、吴伯宗等人编撰并进呈的一部姓氏书。书中收载姓氏 1968 个，其中单姓 1768 个，复姓 200 个。此书在明代目录中常有著录[①]，如《文渊阁书目》中记载："《千家姓》二册，宙一百七十三。《千家姓》一册，宙一百七十四。"[②] 清代以后的文献中，有关《千家姓》的记载渐少。

《千家姓》的正文主要有两部分。一部分是以皇家姓氏"朱"姓为首的大字姓氏，每四个姓氏为一组，按韵编排，组成相对来说较押韵的句子，如下：

> 朱奉天运，富有万方。圣神文武，道合陶唐。
> 学弘周孔，统绍禹汤。荡平胡狄，混一封疆。
> 爰革夷习，树立典常。尊崇仁义，劝勉农桑。
> 刈锄强暴，显用善良。具备礼乐，和畅阴阳。
> 胥集贡献，恩普蛮荒。敦复太古，智高百王。
> 御镇海宇，胤世茂康。本支绵衍，子孙延长。[③]

另一部分是姓氏之下所附小字，标注姓氏的五声音韵及郡望。如"朱"姓下附小字"角 凤阳"，"角"为五声音韵，"凤阳"为郡望。

在内容上，《千家姓》开篇便是歌颂夸扬明太祖丰功伟绩的内容。后面的文字即使不能完全组成符合文义的句子，也尽量将同类相似的姓氏安排在一起，如：

> 山岳乔秀，华霍恒嵩。江汉淮济，浩荡朝宗。
> 幅员脩广，南北西东。时朔先后，春夏秋冬。[④]

---

① 如《百川书志》《宝文堂书目》《徐氏家藏书目》《澹生堂藏书目》《千顷堂书目》等。
② （明）杨士奇：《文渊阁书目》，国家图书馆藏宋氏漫堂钞本。
③ （明）吴沉等：《千家姓》，北京师范大学图书馆藏清抄本。
④ （明）吴沉等：《千家姓》，北京师范大学图书馆藏清抄本。

前面 1768 个单字姓氏结束后，后接 200 个复姓。复姓的体例与单姓部分相同，但在姓氏排列上则不再刻意追求含义。结合吴沉等人在《进千家姓表》中所言："得赐览观，刊布四方，以便初学习读。庶天下之人，有以知圣朝土地广大，人民众盛。"① 可以看出，吴沉等人编纂此书时，带有明显的宣扬教化、歌功颂德的政治倾向。同时，他们将本朝及前朝史牒中的姓氏搜集整理，以韵排句，整合大量本朝及前代的姓氏字目，是以完成一部官方蒙学读物为目的来进呈的。杨慎《升庵集》中收录《千家姓跋》一篇，其中提及："洪武十四年五月朔，翰林编修吴沉，典籍刘仲质、吴伯宗据户部黄册编为《千家姓》以进，传之天下。今教童子者，犹以宋世《百家姓》训蒙，殊失之矣。"② 这一材料说明：其一，吴沉等人编纂《千家姓》的材料部分来自户部黄册。其二，《千家姓》在进呈之后确实有颁布下发给地方。其三，《千家姓》与《百家姓》同为训蒙读物，但在明代时，《千家姓》的普及就逊于《百家姓》。总之，《千家姓》确实符合"御制"性质。

实际上，上文管氏所提出的情况也可以通过《千家姓》的编订方式及编纂目的来进行解释。《千家姓》尽可能让姓氏四个为一句，组成具有一定宣扬作用的句子。同时，作为"初学习读"之物，作者希望《千家姓》的正文诵读起来能有朗朗上口的效果。职是之故，吴沉等人在编订正文时，就需要重点考虑姓氏之间的组合排列，那么自然而然便会出现一些"硬凑"的情况。因此，即使最终呈现出的姓氏"繁富"一些，只要显得"人民众盛"，也就多多益善了。同时，若从《大典》引录《千家姓》的角度去反推《千家姓》的性质，如果真像管氏猜测的那样，《千家姓》乃好事者随意套名编纂而成，那么将其内容收录于《大典》之中，还固定在切要事目的首位，《大典》编纂者的行为就显得毫无道理。

---

① （明）吴沉等：《千家姓》，北京师范大学图书馆藏清抄本。
② （明）杨慎：《升庵集》卷五〇《千家姓跋》，《文渊阁四库全书》，上海古籍出版社 1993 年影印本，第 1270 册，第 424 页。

三、《大典》"姓氏"引《千家姓》

正如四库馆臣所述，《千家姓》乃明太祖御制。因此《千家姓》之于《大典》"姓氏"事目，正如《洪武正韵》之于《大典》字目总叙。《大典》字目下的音韵训释以《洪武正韵》为主，诸家之说附其下。《大典》"姓氏"事目则以《千家姓》为主，其他姓氏书内容随附其下。

在上文中提到过两种《大典目录》对于"姓氏"的标注。通过《千家姓》、《大典》残卷与两种《大典目录》的互校，我们可以校补《大典目录》的两处脱漏。其一，《大典》卷九〇九"诗氏"前接"诸家诗目五"，收载"国朝千家姓 商音。合浦"①（国朝千家姓为朱字）。《大典目录》中仅标注"诗。诸家诗目五"②。北师大本《千家姓》著录"诗 商。合浦"③。其二，《大典》卷二〇四二五"稷氏"前接"事韵"，收载"千家姓 商音。东海"④（千家姓为朱字），后接下卷"书 益稷篇一"。《大典目录》中标注"稷 诸里社稷二、事韵"⑤。北师大本《千家姓》著录"稷 商。东郡"⑥。《大典目录》可就《大典》及《千家姓》的正文补充"诗""稷"字目下的"姓氏"标注。

并且，从两处遗漏还可以看出，《大典》残卷中"姓氏"事目所引《千家姓》内容多于《大典目录》中标注的"姓氏"。这说明，《大典》实际"姓氏"事目多于前文统计的 1374 个《大典目录》中标注的"姓氏"，《大典》正文中"姓氏"事目的体量比上文预测到的更加可观。

同样通过《千家姓》，我们还可以校正《大典目录》的讹误。张升曾就两种《大典目录》进行讨论，提出国图藏抄本《大典目录》不管是从内容完整度、准确性，还是抄写格式上，都较刻本《大典目录》更加精良⑦。葛小寒对

---

① （明）解缙等：《永乐大典》卷九〇九，日本天理图书馆藏明嘉靖隆庆年间重抄本。

② （明）解缙等：《永乐大典目录》，国家图书馆藏清抄本。

③ （明）吴沉等：《千家姓》，北京师范大学图书馆藏清抄本。

④ （明）解缙等：《永乐大典》卷二〇四二五，第 8 册，第 6762 页。

⑤ （明）解缙等：《永乐大典目录》，国家图书馆藏清抄本。

⑥ （明）吴沉等：《千家姓》，北京师范大学图书馆藏清抄本。

⑦ 参见张升：《抄本〈永乐大典目录〉的文献价值》，《历史文献研究》2014 年第 33 辑。

照刻本和抄本《大典目录》所录诸种"府郡州县"事目，发现两个版本的目录既有单独讹误之处，又有同时抄错的可能①。将两种《大典目录》的"姓氏"部分进行对校，的确存在部分差异，详见下表：

表4 两种《大典目录》"姓氏"著录差异之处

卷数	刻本《大典目录》	抄本《大典目录》
1051	媵	媵　姓氏
13474	仕　事韵　诗文　姓氏	是　事韵　诗文　姓氏
19360	陋　事韵	陋　事韵　姓氏
21921	泊　事韵　三泊县　姓氏	泊　事韵　三泊县　诗文

以上四卷《大典》今未见存，但《千家姓》的著录可以间接验证两种《大典目录》的正误，并进一步对于《大典》正文的复原工作提供依据。以北师大本《千家姓》为例：《千家姓》中未收录"媵""陋""泊""仕"，但收录有"是"，著录"商。北海"②。由于"姓氏"事目不仅征引《千家姓》，还会收载其他姓氏书及史料，因此《千家姓》未收录某字并不能成为某字于《大典》中无"姓氏"事目的依据。如"伾""姤""鐏"这三个姓氏《千家姓》都未见著录，但在《大典》中均有"姓氏"事目③。另一方面，抄本《大典目录》标注了"是"字有"姓氏"事目而刻本《大典目录》无标注，《千家姓》中对于"是"的著录则能够在一定程度上说明此处抄本《大典目录》更准确。刻本《大典目录》中卷一三四七三"仕　事韵、诗文"，卷一三四七四"仕 事韵、诗文、姓氏"④，抄本《大典目录》中卷一三四七三"仕 事韵、诗文"，卷一三四七四"是 事韵、诗文、姓氏"⑤，从内容上看，刻本《大典目录》中这两

---

① 参见葛小寒：《〈永乐大典目录〉所载行政区划勘误》，《史学史研究》2023 年第 4 期。

② （明）吴沉等：《千家姓》，北京师范大学图书馆藏清抄本。

③ 《大典》卷二八〇七"伾氏"引《路史》，卷二八〇七"姤氏"引《路史》，卷三五八五"鐏氏"引《氏族略》。

④ （明）解缙等：《永乐大典目录》，中华书局 1986 年影印本，第 10 册，第 418 页。

⑤ （明）解缙等：《永乐大典目录》，国家图书馆藏清抄本。

卷的内容存在重复。将同样的事目分别拆分在两卷之中，不符合《大典》编纂事目的一贯原则。同时，《大典》的字目是按照《洪武正韵》排序的，《洪武正韵》"仕"字之后即为"是"字①，因此，此处确实是刻本错误。由此可知，《大典》卷一三四七四收载的应为"是"字相关的"事韵""诗文"及"姓氏"内容。虽然，抄本与刻本《大典目录》是目前了解《大典》所收载事目最重要的文献依据，但我们在利用两种《大典目录》时，需要有明确的校勘意识。不仅要将两种《大典目录》进行对校，重视两种《大典目录》存在的偏差，同时也要将两种《大典目录》、《大典》残卷以及相关引文的出处（如《千家姓》）进行互校，指正两种《大典目录》的收载与《大典》正文不符之处。

张升在探究《大典》的编纂方法时提出："文献—词（主题词）—字（韵脚，或入韵字）—韵。编纂者分别阅读文献，从中找出主题词：其一是以书名、篇名或内容作主题词；其二是以文内涉及之名物、典故、词语、事实、制度等作为主题词。相关的材料就抄在此主题词下。然后，确定主题词中的入韵字（一般是末字，有时又以所重字也就是关键字入韵）。最后，将此字归入《洪武正韵》相应的韵部中。"②若遵循这一思路来分析《大典》征引《千家姓》，其过程应该为：《大典》编纂官在阅读《千家姓》时订立"姓氏"这一主题词，将《千家姓》中的 1968 个姓氏逐一纳入"姓氏"主题词，并以这些姓氏所重字（即关键字）为韵字，最后把此字归入《洪武正韵》相应的韵部中。那么 1900 余个姓氏所重字下应该都收载了《千家姓》③，且依照《千家姓》的"御制"特性，《千家姓》在这些"姓氏"事目下的征引文献中排列在首位。

由上文可知，《千家姓》在征引中确实一直被置于"姓氏"事目的首位，但 1968 个《千家姓》的姓氏并非全部都被收载于《大典》"姓氏"事目

---

① （明）乐韶凤等：《洪武正韵》，明嘉靖二十七年衡藩刻本。

② 张升：《〈永乐大典〉流传与辑佚新考》，第 5 页。

③ 由于单姓的字目和覆姓所重字有所重合，如"容氏"和"慕容氏"是在同一事目下的，因此《大典》中收载了《千家姓》的"姓氏"事目，在数量上应略少于 1968 个。

中。从《大典》残卷中的单姓来看:《大典》卷四八九"终氏"收载《通志》《姓氏遥华》《氏族言行录》《通鉴》《路史》,卷二九五五"神氏"收载《元和姓纂》,卷三五八七"屯氏"收载《氏族言行录》,卷五二〇五"原氏"收载《姓纂》《路史》《氏族略》《春秋本末》,卷七五一八"苍氏"收载《路史》《古今合璧》,卷一五〇七五"介氏"收载《路史》《姓氏遥华》《氏族言行》,卷一九七四三"甪氏"收载《古今姓氏辩证》《通志》《路史发挥》,此外卷二八〇七没有列"枚氏"条目,仅收载了"枚根""枚赫"等枚姓名人的内容,卷二〇三〇九没有列"一氏"条目,仅收载了"灵一""昙一"等人物内容[①]。以上这些姓氏在《千家姓》中均有所著录,但《大典》并未征引。就《大典》残卷所见复姓而言,所有复姓均未征引《千家姓》,即使其中一些复姓在《千家姓》中是有著录的,如:如《大典》卷七五一八"仓氏"下收载了《千家姓》"仓"姓的内容,却没有收载《千家姓》"亢仓氏"的内容[②]。《大典》卷八〇二四"成氏"收载了《千家姓》"成"姓的内容及成姓名人相关文献,接下来收载"盆成氏""上成氏""武成氏"等复姓相关文献,其中"盆成氏"这一复姓,虽见于《千家姓》然《大典》却未收载[③]。

《大典》征引《千家姓》出现收载不完整的情况,有以下几种可能的原因。一是《大典》的编纂方法可能并非张升推测那样先阅读文献再确定主题词,而是先确定了"姓氏"主题词,才去寻找材料,所以导致征引《千家姓》不完整。二是《大典》征引其他典籍时,确实是按照张升推测的方法进行的,但《千家姓》由于特殊的"御制"性质,是在拟定"姓氏"事目之后才插入的,所以征引时有所遗漏[④]。三是《大典》的编纂方法可能正如张升推测,但

---

① 《永乐大典》,卷四八九第 1 册第 50 页;卷二八〇七第 2 册第 1444—1446 页;卷二九五五第 2 册第 1604 页;卷三五八七第 3 册第 2167 页;卷五二〇五第 3 册第 2315 页;卷七五一八第 4 册第 3483 页;卷一五〇七五第 7 册第 6798 页;卷一九七四三第 8 册第 7369 页、7371 页;卷二〇三〇九第 8 册第 7592 页。

② (明)解缙等:《永乐大典》卷七五一八,第 4 册,第 3481 页。

③ (明)解缙等:《永乐大典》卷八〇二四,第 4 册,第 6025 页。

④ 《大典》在征引同样具有"御制"性质的《大明清类天文分野之书》时,也有类似的情况出现。

《千家姓》的内容在设计时主要迁就"文意"而非"合韵",这导致诸多姓氏在《千家姓》中无法被迅速地检索和提取出来。《大典》将各姓氏的内容分散在具体的字目之下,查找过程较为混乱,再加上《千家姓》对于每一姓氏的著录仅有三个字,体量太小。因此,在编纂时,可能会出现前期整理文献的人虽然已经把《千家姓》标注在相应字目下,但后期抄录文献的人却在《千家姓》中难以找到对应文本而导致遗漏的情况。

此外,《大典》成书于永乐六年(1408),相较于现存四个版本的《千家姓》,《大典》征引《千家姓》的文本,即《大典》本《千家姓》,才是真正与《千家姓》成书年代最接近的版本。《大典》乃官方编纂,因此《大典》编纂官纂修《大典》时所使用的《千家姓》,即是明初吴沉等人进呈以后由官方颁布的《千家姓》。由此观之,"《大典》本"《千家姓》的内容比现存四个版本《千家姓》的内容更具有说服力。依据时代更接近,内容更可靠的《大典》所引《千家姓》文献,我们可以订正现存各《千家姓》版本在传抄过程中产生的讹误。如国图本《千家姓》"初"姓著录为"初 商。郓城"①,北师大本《千家姓》"初"姓则著录为"初 商。郓城"②。据《大典》卷二四〇六中"初"字"姓氏"事目著录"国朝千家姓 商音。郓城……"③,可以判断此处应为国图本的误抄。

结语

《永乐大典》参考《韵府群玉》,设立"姓氏"事目。"姓氏"事目在《大典》"凡例"中有较为明确的阐述,在《大典目录》中有与"事韵""诗文"等事目一致的标注,在《大典》正文中有相对突出的体量和较为独立的格式。以上均能够说明"姓氏"是《大典》中的切要事目之一,具有重要地位。《大典》"姓氏"事目以明初御制《千家姓》为首,明确体现出《大典》作为官修

---

① (明)吴沉等:《千家姓》,国家图书馆藏清管庭芬抄本。
② (明)吴沉等:《千家姓》,北京师范大学图书馆藏清抄本。
③ (明)解缙等:《永乐大典》卷二四〇六,第2册,第1133页。

类书的政治性和时代性。通过《大典》所引《千家姓》，能够补充《大典目录》之缺漏，校正刻本《大典目录》之讹误。由于《大典》体量庞大，参编人员众多，引书拆解工作繁杂，因此《大典》在实际编纂的过程中对于《千家姓》的引录并不完整。但《大典》所引《千家姓》所产生的"《大典》本"《千家姓》，仍然比目前所见各版本《千家姓》更接近明洪武十四年吴沉等人进呈的《千家姓》定本原貌。因此，将《大典》"姓氏"所引《千家姓》与各版本《千家姓》进行互校互证，可以订正诸版本《千家姓》之讹误。

国家图书馆藏宋刊残本《重添校正蜀本书林事类韵会》考述

杨仕君

类书作为一种知识性的资料汇编①，自魏晋以来历代皆有编写，且可分为类编类书、韵编类书两种主要类型。韵编类书即以韵为纲进行类目编排之类书。四库馆臣称"昔颜真卿编《韵海镜源》，为以韵隶事之祖，然书不传"②，"其传于今者，惟《韵府群玉》为最古"③。以颜真卿《韵海镜源》为韵编类书之权舆盖无疑议，但若以宋末元初阴时夫兄弟所编《韵府群玉》为存世最古韵编类书则失之偏颇④。就《中国古籍总目》记载来看，于《韵府群玉》之前尚有《重添校正蜀本书林事类韵会》《十二先生诗宗集韵》《回溪先生史韵》

---

① 对于类书的定义，刘全波《类书研究通论》第一章《类书的定义》对前人观点进行了详细归纳总结，现暂采其说，以类书为一种知识性的资料汇编。参见刘全波：《类书研究通论》，甘肃文化出版社2018年版，第1—18页。

② （清）纪昀、陆熊锡、孙士毅等著，四库全书研究所整理：《钦定四库全书总目（整理本）》卷一三六《子部·类书类一》，中华书局1997年版，第1788页。

③ （清）纪昀、陆熊锡、孙士毅等著，四库全书研究所整理：《钦定四库全书总目（整理本）》卷一三六《子部·类书类二》，第1796页。

④ 王利伟《宋代类书的排检方式探析》一文指出"学界绝大多数把元代阴时夫的《韵府群玉》作为现存最早的韵排类书是值得商榷的"，"《十二先生诗宗集韵》和钱讽辑的《回溪先生史韵》等则是目前现存较早的韵排类书"，参见氏著：《宋代类书的排检方式探析》，载舒大刚主编《宋代文化研究》第19辑，四川文艺出版社2011年版，第136页。

三书存世。《重添校正蜀本书林事类韵会》刻于南宋初年①，实为目前所见存世最早的韵编类书，且为海内孤本，对于研究中国古代韵编类书的体例演变具有承上启下之用，对于探讨《永乐大典》体例渊源亦有重要价值②。

一、《重添校正蜀本书林事类韵会》与《书林韵会》等书之关系

从目录著录来看，虽《重添校正蜀本书林事类韵会》见诸书目较晚，但南宋以后即有书目著录与其相联系的《书林韵海》《韵类题选》《书林韵会》《书林事类》《眉山重校正浙本书林事类韵会》。因此，在探讨《重添校正蜀本书林事类韵会》作者之前，首先需要明晰《重添校正蜀本书林事类韵会》与《书林韵海》《书林韵会》等书的关系。

（一）《书林韵会》《书林韵海》与许冠《韵海》

首先是《书林韵会》一书，《直斋书录解题》子部类书类载："《书林韵会》一百卷，无名氏。蜀书坊所刻，规模《韵类题选》而加详焉。"③ 同卷载："《韵类题选》一百卷，朝奉大夫知处州鄞袁毂容直撰。以韵类事纂集，颇精要。世所行《书林韵会》，盖依仿而附益之者也。"④ 袁毂，［宝庆］《四明志》有传，其字容直，一字公济，嘉祐六年（1061）中第，有文集七十卷，撰《通题》一百卷⑤。《通题》应即为《韵类题选》之异名。《韵类题选》著录于子

---

① 《重添校正蜀本书林事类韵会》避匡、玄、桓、构、慎等字，不避惇、敦，则其应刻于宋光宗赵惇即位（1190）之前，而《十二先生诗宗集韵》则避匡、玄、桓、构、慎、敦、廓等字，则其应刻于宋宁宗赵扩即位（1195）之后。

② 宋刊残本《重添校正蜀本书林事类韵会》，每半页十二行，行二十字，小字双行二十五字，白口，左右双边。正文页口上方偶见文字，为刻工名或刻字数，下书"书""林"或"书林"加以卷数，再下记叶次。该书现藏于中国国家图书馆，善本书号：06920。

③ （宋）陈振孙撰，徐小蛮、顾美华点校：《直斋书录解题》卷一四《类书类》，上海古籍出版社 2015 年版，第 428 页。

④ （宋）陈振孙撰，徐小蛮、顾美华点校：《直斋书录解题》卷一四《类书类》，第 428 页。

⑤ （宋）胡榘、罗濬纂修：［宝庆］《四明志》卷八《郡志八》，北京图书馆出版社 2003 年影印本，第 22 叶 a。

部类书类且"以韵类事纂集",表其应为一部韵编类书。而陈振孙称《书林韵会》"规模《韵类题选》而加详",则《书林韵会》亦应为韵编类书。又《书林韵会》为蜀书坊所刻,一百卷,与《重添校正蜀本书林事类韵会》卷数、刊刻地同,则《书林韵会》应即为蜀刻本《书林事类韵会》之简称,《重添校正蜀本书林事类韵会》则是在蜀刻本《书林事类韵会》基础上校正增补而成。

其次是《书林韵海》《韵海》两书,《郡斋读书志》卷一四《类书类》载"《书林韵海》一百卷。右不题撰人。分门依韵纂经史杂事,以备寻览。或云皇朝许冠所编"①。孙猛认为《郡斋读书志》所载《书林韵海》盖即《直斋书录解题》所载《书林韵会》,其说盖无误。首先《书林韵会》《书林韵海》皆著录于子部类书类,晁公武称《书林韵海》"分门依韵纂经史杂事,以备寻览",则二者皆为韵编类书。其次《书林韵会》《书林韵海》二书皆为一百卷,且题名仅一字之别。再者《郡斋读书志》所著之书为井度赠书与晁氏历代家藏的汇集,其是"高宗时期四川地区图书流传、收藏的总结"②,而《书林韵会》正为蜀书坊所刻。晁公武《郡斋读书志》所著之《书林韵海》盖即为《书林韵会》之别称。然《郡斋读书志》称"或云皇朝许冠所编",不知所据③。许冠《宋史》无传,《通志·艺文略》类书类著录有《韵海》五十卷许冠编④,《宋史·艺文志》于经部小学类著录许冠《韵海》五十卷⑤,《宋秘书省续编到四库阙书目》同《通志》。《通志》《宋史》所载许冠所撰之书皆为《韵海》五十卷,而非《书林韵海》一百卷,晁氏之说盖误以许冠《韵海》五十卷与《书林韵海》一百卷同。

---

① (宋)陈振孙撰,徐小蛮、顾美华点校:《直斋书录解题》卷一四《类书类》,第426页。

② 马楠:《从杜鹏举、姚应绩二本重审〈郡斋读书志〉》,《文史》2022年第1辑。

③ (明)焦竑:《国史经籍志》卷四下《类家》(王云五主编:《丛书集成初编》,商务印书馆1939年版,第236页)亦著录为"《书林韵海》一百卷,许冠",不知所据,盖抄自《郡斋读书志》。

④ (宋)郑樵撰,王树民点校:《通志二十略·艺文略》,中华书局2009年版,第1734页。

⑤ (元)脱脱等:《宋史》卷二〇二《艺文一》,中华书局2013年版,第5077页。

（二）《书林事类》

除《书林韵会》《书林韵海》外，史志目录有见《书林事类》一书。《宋史·艺文六》"《书林事类》一百卷，并不知作者"①，《文渊阁书目》"《书林事类》一部三十一册残缺"②，《内阁藏书目录》则著录为"《书林事类》二十一册，莫详姓氏残缺不完"③。《书林事类》一书今虽已散佚，但《永乐大典》残卷存有佚文，我们可从《永乐大典》窥见其与《重添校正蜀本书林事类》之关系。

现存残本《永乐大典》引《书林事类》共 14 条，多不见于今存残本《重添校正蜀本书林事类韵会》。将《永乐大典》所引《书林事类》条目与残本《重添校正蜀本书林事类韵会》进行对比，可知《书林事类》与《重添校正蜀本书林事类韵会》非同书异名。《永乐大典》卷一二○四三上声二十有酒字"赐以巵酒"条载：

> 《书林事类》：何武为郡吏时，事太守何寿。寿知武有宰相器，故厚之。……④

何武、何寿之事亦见于宋刊残本《重添校正蜀本书林事类韵会》卷82上去声漾宰相门"宰相器"条：

> 何武初为郎吏时，事太守何寿，寿知武有宰相器，以其同姓故厚之，后何武为大司空。⑤

---

① （元）脱脱等：《宋史》卷二〇七《艺文六》，第 5299 页。

② （明）杨士奇：《文渊阁书目》卷一一《类书》，《丛书集成初编》，商务印书馆 1935 年版，第 143 页。

③ （明）张萱等撰：《内阁藏书目录》卷四《类书部》，《宋元明清书目题跋丛刊·明代卷》，中华书局 2006 年影印本，第 1 册，第 357 页。

④ （明）解缙等：《永乐大典》卷一二〇四三，明嘉靖隆庆间内府重写本，第 7 叶 b。

⑤ 《重添校正蜀本书林事类韵会》卷八二上漾韵上宰相门"宰相器"，北京图书馆出版社 2004 年影印本，第 10 叶 b。

《永乐大典》所引《书林事类》何武、何寿之事与现存残本《重添校正蜀本书林事类韵会》所载明显不同。又何武、何寿之事见于《汉书·何武传》《艺文类聚》。

《汉书·何武传》：

> 初，武为郡吏时，事太守何寿。寿知武有宰相器，以其同姓故厚之。……①

《艺文类聚》卷七三"杂器物部""厄"门载：

> 初，何武为郡吏时，事太守何寿，寿知武有宰相器，故厚之。……②

对比四书记载此事，《汉书·何武传》《重添校正蜀本书林事类》为"寿知武有宰相器，以其同姓故厚之"，《艺文类聚》《书林事类》则皆为"寿知武有宰相器，故厚之"。则《书林事类》所载何武、何寿之事应是抄自《艺文类聚》而非《汉书·何武传》，《重添校正蜀本书林事类韵会》所载何武、何寿之事则是根据《汉书·何武传》编写而成。此外《永乐大典》卷二〇四七九去声二质职字"幕职"条所载二条《书林事类》"萧推节诗""王俭、庾杲、萧缅之事"③，亦应位于《书林事类》去声职字下，然查今存残本《重添校正蜀本书林事类韵会》卷九八至卷九九下"职上""职下"门均无此二条。故据现有资料来看，《宋史·艺文志》《文渊阁书目》所载《书林事类》以及《永乐大典》所引《书林事类》与现存宋刊残本《重添校正蜀本书林事类韵会》应非为同书异名。

---

① （汉）班固：《汉书》卷八六《何武传》，中华书局 1962 年版，第 3483—3484 页。

② （唐）欧阳询撰，汪绍楹校：《艺文类聚》卷七三《杂器物部》，上海古籍出版社 1999 年版，第 1259 页。

③ （明）解缙等：《永乐大典》卷二〇四七九，明嘉靖隆庆内府重写本，第 25 叶 b。

（三）《书林》《眉山重校正浙本书林事类韵会》

《宋史·艺文六》著录有《书林》四卷，不题作者等①，《仪顾堂书目题跋汇编》《四库未收书目提要续编》又著录《眉山重校正浙本书林事类韵会》一书②。《隋书·经籍志》集部总集类著录有"《书林》十卷""《应璩书林》八卷，夏赤松撰"③。新旧《唐志》皆著录《书林》六卷，夏赤松撰④。《通志·艺文略》著录"应璩《书林》八卷，夏赤松集"⑤。姚振宗案：《隋书·经籍志》所载《书林》十卷"似即应璩《书林》"，《应璩书林》八卷"盖夏赤松重编应氏之书，或删节，或注释"⑥。《宋史·艺文志》所载《书林》四卷可能即为应璩《书林》的残本或夏赤松所集应璩《书林》的残本。又今存残本《重添校正蜀本书林事类韵会》版心多有"书""林"或"书林"字样，抑或《宋史·艺文志》所载《书林》四卷为《重添校正蜀本书林事类韵会》残本四卷。

对于《眉山重校正浙本书林事类韵会》一书，胡玉缙称"此归安陆氏所藏明蓝格抄本，首尾完善。标题曰浙本者，盖当时刊本非一也"⑦。《眉山重校正浙本书林事类韵会》与《重添校正蜀本书林事类韵会》，盖即《书林事类韵会》有因刊刻地不同有蜀本、浙本之分，而《眉山重校正浙本书林事类韵会》与《重添校正蜀本书林事类韵会》皆为《书林事类韵会》的增校本。

综上所述，《书林韵会》应为《书林事类韵会》之简称，《书林韵海》应为《书林韵会》之别称，《书林事类》与《书林韵会》非同书异名，《重添校

---

① （元）脱脱等：《宋史》卷二〇七《艺文六》，第 5298 页。

② （清）陆心源著，冯惠民整理：《仪顾堂书目题跋汇编》，中华书局 2009 年版，第 617 页；胡玉缙撰，吴格整理：《续四库提要三种》，上海书店 2002 年版，第 207 页。

③ （唐）魏徵：《隋书》卷三五《经籍四》，中华书局 2019 年版，第 1235 页。

④ （五代）刘昫等：《旧唐书》卷四七《经籍下》，中华书局 1975 年版，第 2079 页；（宋）欧阳修：《新唐书》卷六〇《艺文四》，中华书局 1975 年版，第 1620 页。

⑤ （宋）郑樵撰，王树民点校：《通志二十略·艺文略》，中华书局 2009 年版，第 1797 页。

⑥ （清）姚振宗撰，姚克东、董建国、尹承整理：《隋书经籍志考证》，载王承略、刘心明主编：《二十五史艺文经籍志考补萃编》第 15 卷第 4 册，清华大学出版社 2015 年版，第 2242 页。

⑦ 胡玉缙撰，吴格整理：《续四库提要三种》，第 207 页。

正蜀本书林事类韵会》为蜀刻本《书林事类韵会》之增校本,《眉山重校正浙本书林事类韵会》为浙本《书林事类韵会》之增校本。

二、《重添校正蜀本书林事类韵会》作者蠡测

对于《重添校正蜀本书林事类韵会》作者,目前大致有三种说法:其一,《书林韵会》为后蜀孟昶敕史编修;其二,宋儒王百禄增辑《书林事类韵会》;其三为宋人王敦诗编《书林韵会》。

《中华再造善本总目提要·唐宋编》"《重添校正蜀本书林事类韵会》提要"称"杨慎《丹铅录》卷十五,《谭苑醍醐》卷七皆云后蜀孟昶,表章'五经',纂集《本草》,有功于经学。今之《戒石录》亦昶之所作。又作《书林韵会》,元儒黄绍公《韵会举要》实祖之,然博洽不及也。则孟昶或即'蜀本'《书林韵会》之纂集者,亦未可知"①。

今查杨慎《丹铅录》卷一五字学类"王锴藏书"条,其原文为"五代僭伪诸君,惟吴、蜀二主有文学,然李昪不过作小词、工画竹而以,孟昶乃表章《五经》,纂集《本草》有功于经学矣。今之《戒石铭》亦昶之所作。又作《书林韵会》,宋儒黄公绍《韵会举要》实祖之,然博洽不及也,故以《举要》为名。余及见之于京师,惜未暇抄也"②。后明人曹学佺《蜀中广记》卷一〇二《诗话记第二》又称"孟蜀后主崇尚六经,恐石经本传流不广,乃易为木版。宋世称刻本书,始于蜀也。昶尝曰:'我不效王衍作轻薄小词',乃敕史馆集古今韵会百卷。惜不传今,所传邵武黄公绍者,乃集略耳。……出《丹铅录》"③。

虽然曹学佺等人皆以杨慎所言为是,但是杨慎之说实颇为可疑。首先,

---

① 中华再造善本工程编纂出版委员会编著:《中华再造善本总目提要·唐宋编》,第 452 页。

② (明)杨慎撰,王大淳笺证:《丹铅总录笺证》卷一五《字学类》,浙江古籍出版社 2013 年版,第 621 页。

③ (明)曹学佺:《蜀中广记》卷一〇二《诗话记第二》,上海古籍出版社 1993 年影印本,第 648 页。

黄公绍《古今韵会举要》非祖《书林韵会》，二者并无关系。《四库全书总目》卷四二"《古今韵会举要》提要"案："杨慎《丹铅录》谓蜀孟昶有《书林韵会》，元黄公绍举其大要而成书，故以为名。然此书以《礼部韵略》为主，而佐以毛晃、刘渊所增并，与孟昶书实不相关。"①《古今韵会举要》正如四库馆臣所说，其实质上是一部韵书。

其次《直斋书录解题》称"《书林韵会》一百卷，无名氏。蜀书坊所刻，规模《韵类题选》而加详焉"，如前文所说《韵类题选》乃宋人袁毂所撰，则《书林韵会》必为宋人所撰。且目前所见各种史籍以及新出《王锴墓志》②皆未载孟昶敕令纂集《韵会》之事，未知杨慎所据何处。

《宋史·艺文六》"王敦诗《书林韵会》二十八卷"。王敦诗《宋史》无传，《皇宋名贤五百家播芳大全文粹》"本朝名贤总目"载"王志夫字敦诗"③，《四川通志》卷一二二《选举一》"绍兴中进士年份无考者"中又有"王敦诗，眉山人"④。史籍所见王敦诗事迹始于乾道八年（1172），其早期事迹不详。《紫云先生增修校正押韵释疑·今具校正条例》绍兴新制"韵字沿革条"岐字下载：

> 乾道八年八月，成都通判王敦诗札子，四川省试有押歧字者，五支内即无从止者。……⑤

---

① （清）纪昀、陆锡熊等撰，四库全书研究所整理：《钦定四库全书总目（整理本）》卷四二《小学类三》，第 562 页。

② 高慎涛：《新出王锴墓志考释》，载《唐史论丛》第 29 辑，三秦出版社 2019 年版，第387—395 页。

③ （宋）魏齐贤、叶棻辑：《皇宋名贤五百家播芳大全文粹·本朝名贤总目》，国家图书馆藏宋刻本，第 7 叶 a。

④ （清）常明、杨芳灿等纂修：《四川通志》卷一二二《选举志》，巴蜀书社 1984 年影印本，第 3720 页。

⑤ （宋）欧阳德隆撰，（宋）郭守正增修：《紫云先生增修校正押韵释疑·今具校正条例》，北京图书馆出版社 2004 年影印本，第 3 叶 b—第 4 叶 a。

由此可知王敦诗，乾道八年担任成都府通判一职。又陆游《思蜀》载：

> 玉食峨眉栮，金斋丙穴鱼。常思晚秋醉，未与故人疏。白发当归隐，青山可结庐，梅花消息东，怅望雪初消。余昔在犍为，师伯浑、王志夫、张功夫、王季夷、莹上人辈，以秋晚来访，乐饮旬日而去。①

此处王志夫即为王敦诗，王敦诗与师伯浑等人访陆游，此事当发生于乾道九年（1173）。又《彭州贡院记》载，淳熙三年（1176），王敦诗知彭州与邓公枢等人议修彭州贡院，彭州贡院成，转迁为利州路转运判官②。《宋会要》有载王敦诗任利州路运判一事与之相合。《宋会要辑稿》食货六二"诸州仓库"淳熙三年九月二十六日载：

> 度支郎中史松老言："四川宣抚司有备边桩积粮一石，仓廪类皆卤莽，多致腐败。……"诏利路运判王敦诗、知兴元府李蘩委官点检分明闻奏，或有不实，其当职官吏取旨重罚，不以去官赦降原减。③

"利路"即为上文所指"利州路"，淳熙三年（1176）九月二十六日之前王敦诗应即已升为利州路转运判官。淳熙四年（1177）后，王敦诗作《雄边堂记》④，其后累为潼川府路运判、兴元府知府⑤。

由上可知，王敦诗主要活动于南宋高宗后期及孝宗时期。而严可均跋

---

① （宋）陆游著，钱仲联校注：《剑南诗稿校注》卷二三《思蜀》，上海古籍出版社 2005 年版，第 1721 页。

② （宋）陆游著，马亚中、涂小马校注：《渭南文集校注》卷一八《记·彭州贡院记》，浙江古籍出版社 2015 年版，第 230 页。

③ 刘琳、刁忠民、舒大刚等点校：《宋会要辑稿·食货六二·诸州仓库》，上海古籍出版社 2015 年版，第 7585 页

④ （宋）袁说友等编，赵晓兰整理：《成都文类》卷二七《记·雄边堂记》，中华书局 2011 年影印本，第 536—538 页。

⑤ 刘琳、刁忠民、舒大刚等点校：《宋会要辑稿·职官七二·黜降官九》，第 4987 页。

《重添校正蜀本书林事类韵会》称："宋本宋印，纸连文有三纸阔，襄纸亦是宋纸，古色古香。"①《续修四库全书总目提要》说此书"宋讳匡、殷、贞、征、桓字皆缺末笔。字体端劲、版刻清朗，为南宋初年刻本"②。《中华再造善本总目提要·唐宋编》云："此本遇宋帝名讳则避之，匡、筐、贞、殷、弘、玄、絃、弦、桓、构、慎等字多缺笔，惇、敦则不讳，据此推测当刻于宋光宗赵惇即位（1190）之前。俗字躰、孝、覔、礼等多见，大抵坊间编刻之本。"③从用纸、避讳来看今存宋刊残本《重添校正蜀本书林事类韵会》，盖为南宋初年刊本，刊刻时间在南宋光宗即位（1190）之前，上文所述王敦诗的生平恰好吻合的，基本可以肯定《宋史·艺文志》所载王敦诗即为《重添校正蜀本书林事类韵会》的作者，至于王敦诗是此书原撰者还是增补者，详见下文。

宋濂《韵府群玉后题》曰："右《韵府群玉》一书，元延祐间新吴二阴兄弟之所集也。二阴，一名时夫，字劲弦；一名中夫，字复春。博学而多闻，乃因宋儒王百禄所增《书林事类韵会》，钱讽《史韵》等书，荟萃而附益之，诚有便于检阅。"④王百禄史载不详，然明初尚有全本《眉山重校正浙本书林事类韵会》存世，宋濂所说应非空穴来风。结合《宋史·艺文志》与宋濂所说《重添校正蜀本书林事类韵会》作者则存在两种情况：其一，王敦诗撰《书林事类韵会》，王百禄增补校正《书林事类韵会》而成《重添校正蜀本书林事类韵会》；其二，王敦诗、王百禄为同一人，《重添校正蜀本书林事类韵会》为王敦诗增补校正，其原作者不详。

从相关记载来看，第二种情况更有可能。如前文所述，我们可以基本判定《郡斋读书志》子部类书类所载《书林韵海》一百卷，即为《书林韵会》之别称，则《书林韵会》成书必在《郡斋读书志》之前。《郡斋读书志》分衢

① 瞿良士辑：《铁琴铜剑楼藏书题跋集录》卷三《子部》，上海古籍出版社2005年版，第198页。

② 续修四库全书总目提要编纂委员会编：《续修四库全书总目提要·子部》，上海古籍出版社2015年版，第612页。

③ 中华再造善本工程编纂出版委员会编著：《中华再造善本总目提要·唐宋编》，第452页。

④ （明）宋濂撰，黄灵庚编辑点校：《宋濂全集》卷三八《韵府群玉后题》，人民文学出版社2014年版，第845页。

本、袁本两个版本系统，衢本渊源于晁公武门人姚应绩所刻二十卷本，袁本渊源于晁公武门人杜鹏举所刻四卷本①。袁本、衢本子部类书类皆著录"《书林韵海》一百卷。右不题撰人，分门依韵纂经史杂事以备寻阅。或云皇朝许冠所编"。而《郡斋读书志》初稿本成于绍兴二十一年（1151），杜鹏举本（即袁本）著录下限约在绍兴二十一年，姚应绩本（即衢本）主体内容在绍兴末年亦已稳定②。则《书林韵会》成书亦应在绍兴二十一年之前，且在此之前其作者已不详。又晁公武、王敦诗时代接近，皆于四川作官，王敦诗绍兴中中第，乾道八年担任成都府通判，晁公武乾道元年除集英殿修撰，出知泸州，后改都大提举成都府、利州等路茶事，乾道三年六月，除敷文阁待制，知兴元府、充利州东路安抚使，乾道四年三月，以敷文阁待制为四川安抚制使且"公武居蜀既久，所交多当地文人，如李焘、苏符、程敦厚、赵次公之辈，叶梦得乃其表兄，陆游乃其甥"③，乾道九年王敦诗又曾与陆游交。则如《书林韵会》为王敦诗撰，晁公武不至于不知其名，而谓"《书林韵海》一百卷，右不题撰人"。那么王敦诗很可能并非《书林韵会》原作者，其原作者于绍兴中已不知，王敦诗是在《书林韵会》基础上增补形成了《重添校正蜀本书林事类韵会》一书，宋濂所称宋儒王百禄与王敦诗应为同一人。

三、《重添校正蜀本书林事类韵会》体例

因唐代颜真卿《韵海境源》、宋代袁毂《韵类题选》等早期韵编类书皆已散佚，故《重添校正蜀本书林事类韵会》为现存最早的韵编类书，由其残文，不仅可以窥见早期韵编类书的体例，而且可将其与《韵府群玉》《回溪史韵》

---

① 参考（宋）晁公武撰，孙猛校证：《郡斋读书志校证》，上海古籍出版社 2011 年版前言，第 1—2 页。

② 对于《郡斋读书志》杜鹏举本、姚应绩本，成书时间，孙猛与王重民、王天然、马楠认识有所不同，王天然《〈郡斋读书志〉成书重理》（《文史》2021 年第 4 辑）、马楠《从杜鹏举、姚应绩二本重审〈郡斋读书志〉》二文对这一问题及做了细致探讨，今参考马楠所说。

③ 参考《晁公武传略》，《郡斋读书志校证》附录一，第 1241—1280 页。

《永乐大典》的体例进行对比，用以明晰中国古代韵编类书的发展演变。

一方面，《重添校正蜀本书林事类韵会》《回溪史韵》《韵府群玉》《永乐大典》作为韵编类书皆以声统韵，以上平声、下平声、上声、去声、入声四声排列。另一方面，《重添校正蜀本书林事类韵会》与《回溪史韵》《韵府群玉》《永乐大典》相比，由于成书时间不同，所处韵编类书发展阶段不同，其体例又有所不同。首先，《重添校正蜀本书林事类韵会》是于韵下分门隶事，而《回溪史韵》《韵府群玉》《永乐大典》则是以韵隶字，以字系事。现以入声职韵为例进行说明：《重添校正蜀本书林事类韵会》"职韵"下是按传统类书分类方式，在韵下分门别类，其于职韵下分职门、六职门、八职门、九职门、地职门等；而《回溪史韵》《韵府群玉》皆是在职韵下按照韵书方式，以韵隶字，分为职、织、饰、食等字。虽然《永乐大典》"职"字隶属于入声质韵，与《重添校正蜀本书林事类韵会》等皆不同，但其本质上仍是按照韵书方式排列，只不过它以《洪武正韵》为纲。此外，此处需要指出的是，虽然《重添校正蜀本书林事类韵会》于韵下分门别类，但其门目排列仍是根据按韵书次序排列。

其次，在材料组织上《重添校正蜀本书林事类韵会》与《韵府群玉》也有所不同。《重添校正蜀本书林事类韵会》《回溪史韵》都是按照类事方式编排，而《韵府群玉》《永乐大典》综合了韵书、字书的编排方式。

《重添校正蜀本书林事类韵会》卷九八职韵上"职"门前两条分别为：

> 设官分职，以为民极：住置、冢宰、司徒、宗伯、司马、司寇、司空，各有所职，而官事举极中也。令天下之人，各得其中，不失其所。《周礼·天官》
>
> 并职：晋王彪之议，职事之修在于省官，朝官之澄在于并职。官省则选清而得义，职并则吏简而俗静。[1]

---

[1] 《重添校正蜀本书林事类韵会》卷九八职上"职门"，第 20 叶 b。"澄"底本为"登"，《玉海》卷一二七《官职》载："王彪之曰：'职事之修在于省官，朝官之澄在于并职。官省则选清而得义，职并则吏简而俗静。'"兹据文义及《玉海》改。

《回溪史韵》卷四七二十四职"职"字下载:

> 见谓忧边思职。汉丙吉,见上字。
> 功臣不任以吏职。《后汉[书]·马武传》,见贼字。
> 丁邯耻以孝廉,为令史职。《后汉书·百官志》,见即字。①

《重添校正蜀本书林事类韵会》《回溪史韵》皆采用了类事的方式编排材料,即以一事为一条。而《韵府群玉》则明显承袭了韵书的编排方式,且更便于检索利用。阴中夫又在阴时夫的基础上以《礼部韵略》为次序规范了《韵府群玉》各韵各字的排列次序,其又"于各韵下首入音切连以散事,次用中字书系事韵,料至僧道,事则别以一圈,又其次活套、卦名等共十五类,各用黑牌表而出之"。比如入声十三职"愯"字,其下仅注"愧也"二字,而同韵"职"字则有音切、散事、事韵、活套四部分,详情如下:

> 职,之翼切。
> 《说文》记微也,从耳识声。《礼》六卿分职。《天官》各共尔职。《地官》《孟》能者在职,弗与共天职。《汉宣赞》吏称其职。《庄》万物职以言多也。
> 乐职:汉益州刺史王襄欲宣风化,使王褒作中和职,职诗歌之。
> 雄职:后盖勋董卓曰:"勋明智有余,不可假以雄职。"史。
> ……
> 【活套】臣职;子职。②

音切、散事、事韵皆无"黑牌表而出之",从职字来看"职,之翼切"即

---

① (宋)钱讽:《回溪先生史韵》卷四七入声二十四职"职"字,江苏古籍出版社1988年影印本,第1215页。"书"底本无,兹据文义补之。
② (元)阴时夫编辑,(元)阴中夫编注:《韵府群玉》卷二〇入声十三职"职"字,国家图书馆藏梅溪书院元元统二年(1334)刻本,第7叶b—第8叶a。

为音切，而散事即指"《说文》记微也，从耳识声"这一部分，事韵则是"乐职""雄职"等。显然《韵府群玉》不仅仅使用韵书方式以声统韵，以韵隶字，于字下附以音切、散事，而且继承发展了传统类事、类文类书的材料组织方式，除在以字系事的基础上分事韵、活套、诗篇、书篇外，还融合姓氏等各类知识，将其归类依次排列。

对于《永乐大典》体例四库馆臣称："此书以《洪武正韵》为纲，全如《韵府》之体。"①四库馆臣所言非虚，对比《永乐大典》《韵府群玉》的材料组织编排，可知《永乐大典》体例确如《韵府群玉》，且其作为官修"文献大成"比《韵府群玉》更加详细。所谓《永乐大典》体例繁杂，亦是与成于众人之手，时间仓促有关。从《韵府群玉》凡例来看，《永乐大典》编修之时应亦有详细"韵下类目"。以《永乐大典》平声二支"尸"字为例，其下依次为音韵—字形—总叙—事韵—诗文—姓氏—《洞玄灵宝灭度五炼生尸经》。

综上，对比《重添校正蜀本书林事类韵会》《回溪史韵》《韵府群玉》《永乐大典》四书体例，可知《重添校正蜀本书林事类韵会》作为早期的韵编类书，其虽然以声统韵，以韵为纲，但是实际上它还是保留有很多传统类编类书的特点。《重添校正蜀本书林事类韵会》并非以韵隶字，以字系事，其实际上是在韵下，以分门隶事的方式组织编排内容。《永乐大典》体例实际上与早期韵编类书体例相差很大，其更多的是对《韵府群玉》的继承与发展。

---

① （清）纪昀、陆锡熊等撰，四库全书研究所整理：《钦定四库全书总目（整理本）》卷一三七《类书类存目一》，第1807页。

作者简介（按姓氏首字母排列）

成运楼　山东大学儒学高等研究院博士研究生

杜以恒　北京大学中国语言文学系助理教授

范俊坡　北京师范大学历史学院博士研究生

高树伟　北京大学中国语言文学系博雅博士后

葛小寒　北京师范大学历史学院讲师

李成晴　北京大学中国语言文学系副教授

李思成　四川省社会科学院历史研究所助理研究员

李振聚　山东大学文学院研究员

刘全波　兰州大学敦煌研究所教授

史广超　郑州航空工业管理学院教授

王雪菲　北京师范大学历史学院博士研究生

项　旋　中国人民大学清史研究所副教授

杨仕君　兰州大学敦煌研究所硕士研究生

易晓辉　中国国家图书馆副研究馆员

张　良　复旦大学历史学系青年副研究员

张　升　北京师范大学历史学院教授

张　涛　北京师范大学历史学院教授

张　涛　清华大学人文学院副研究员

周中梁　长江大学人文与新媒体学院讲师